U0085491

.

新世紀法學叢書

CRIMINAL LAW—
SPECIFIC PROVISIONS

修訂五版

刑法各論

甘添貴 著

上

三民書局

國家圖書館出版品預行編目資料

刑法各論／甘添貴著. －－修訂五版一刷. －－臺北
市：三民，2019
　　面；　　公分. －－(新世紀法學叢書)

ISBN 978-957-14-6675-0　(平裝)
1.刑法

585　　　　　　　　　　　　　　　108012273

© 　刑法各論(上)

著 作 人	甘添貴
發 行 人	劉振強
著作財產權人	三民書局股份有限公司
發 行 所	三民書局股份有限公司
	地址　臺北市復興北路386號
	電話　(02)25006600
	郵撥帳號　0009998-5
門 市 部	(復北店) 臺北市復興北路386號
	(重南店) 臺北市重慶南路一段61號
出版日期	初版一刷　2009年6月
	修訂四版一刷　2014年8月
	修訂五版一刷　2019年9月
編　　號	S 585870

行政院新聞局登記證局版臺業字第○二○○號

有著作權・不准侵害

ISBN　978-957-14-6675-0　(平裝)

http://www.sanmin.com.tw　三民網路書店

修訂五版序

　　刑罰法規，不僅為行為規範，且為裁判規範，自需隨時代與環境之不停遞嬗，而與時俱進。近年來，屬於基本法之刑法典，亦時有更易。其中較為引人注目者，如刪除業務過失之規定，誠所謂牽一髮而動全身，刑法法條以及論述上有關業務過失之相關規定及詮釋，自需隨之刪除與修正。再如，酒醉肇事之慘劇，幾乎無日無之，國民對於酒駕惡行，在法感上已達零容忍之地步，因而增加酒駕累犯加重處罰之規定。他如，總則對於沒收已將其定位為有別於刑罰與保安處分之獨立法律效果，不僅擴大沒收之主體範圍，且犯罪所得之客體亦及於財產上之利益及其孳息，甚而第三人無正當理由提供或取得之物或利得，亦得沒收。因而，分則相關規定，如圖利罪等，亦規定沒收其犯罪所得。

　　惟令人不無遺憾者，乃刑法內容之屢次修正，往往係隨社會時事而即興式修法，並無完整通盤之體系性思考。本來，法務部早就設有刑法研修小組，就整部刑法分則之犯罪規定，分章逐步研修，並裁併部分特別或附屬刑法，已歷經十年之久。惟主管機關因種種因素，瞻前顧後，一直躑躅不前，迄未提請立法院審議。吾人常見者，大皆社會發生重大事故，如虐嬰、虐童致死傷或酒駕肇事害人家破人亡等，導致民怨沸騰，始由立法委員發動修法。因係零碎式、即興式修法，致未能兼顧整部刑法典之完整體系。尤其，有關罰金刑之修正，往往因某罪構成要件作小幅度之修正，始因應幣值之改變而提高其罰金刑之幅度。倘犯罪構成要件未做修正，則其罰金刑亦按兵不動，導致有不少犯罪類型，縱係相鄰法條，且其罪質相近，

其罰金刑之幅度則有如天壤之別。此種修法方式，實有加以改正之必要。

甘添貴　謹序

2019.08.20 於挹翠山莊

序 文

　　拙著《體系刑法各論》自 1999 年 9 月出版第 1 卷及 2000 年 4 月出版第 2 卷後（其間曾修訂再版），原擬繼續出版第 3 卷，且大部分均已撰就完成，但因接獲不少學子反應，該第 1 卷及第 2 卷之內容過於豐富與龐雜，閱讀與理解不易，尤其準備考試更感費時與費力，遂躊躇再三，遲遲未再付梓。2007 年 9 月承三民書局劉董事長振強之邀，撰寫《刑法各論》（上、下兩卷），毅然答應後，又已匆匆將近二年，不免感嘆時間飛逝之快速與時之不我與。

　　本書「上卷」之內容，係以侵害個人法益之犯罪作為論述之範圍，其中包含侵害人格專屬法益之犯罪以及財產非專屬法益之犯罪。在撰寫時，應如何與《體系刑法各論》第 1 卷及第 2 卷之內容，作適當之區隔，曾經反覆斟酌，惟因對於個個刑罰法規之闡述，歷年來司法實務早已多所詮釋，個人對於法規之解釋與適用，雖有部分見解可能有昨非今是之改變，但亦有相當固定之看法。因而，書中諸多論點有部分不得不摘取《體系刑法各論》第 1 卷及第 2 卷之精華，並就先前之見解須待加強之處加以作必要及大幅之修正與補充，亦增加不少司法實務之最新見解。「下卷」之內容，則以侵害社會法益及侵害國家法益之犯罪作為論述之對象，除參酌舊著《刑法各論（上）》之部分見解外，無論深度及廣度，均與舊著有相當大之差異，希能有助於讀者之參酌與理解。

　　此外，為節省篇幅，書中參酌其他學者看法部分，均未再引註；惟實務見解在法律之適用上，占有舉足輕重之地位，故對於實務見解，無論係最高法院之判例或判決，均註明其出處，俾供讀者引用之參酌。

甘添貴　謹序

2009.05.15 於挹翠山莊半半齋

刑法各論（上）
contents

第 一 篇

序　論

一、刑法各論之意義

㈠總論與各論

　　刑法，係規定犯罪與刑罰之法律。犯罪為刑罰之根據或前提；刑罰則為犯罪之標示或效果，兩者具有密不可分之關係。刑法學，乃研究犯罪與刑罰之社會科學，一般均將刑法學分為刑法總論與刑法各論分別加以論述。刑法總論，係以刑法典第一編總則之規定作為對象，就個個刑罰法規所共通之原理原則，加以體系性之解說與演繹。刑法各論，則係就刑法典第二編分則之規定，對刑罰法規所規定之個個犯罪，以總論之一般原理原則為基礎，探討其構成要件之內容，並確定其刑罰之種類與程度。

　　因此，在解釋分則之個個刑罰法規時，須以總則所建立之原理原則為前提，進而闡述個個刑罰法規之內容及其適用。例如，故意犯罪，須對於構成要件之所有客觀要素均具有認識，始能成立，此為總則對故意之法理所建立之原理原則。如對於構成要件之客觀要素全部或一部欠缺認識時，即不成立故意犯。又如，實質違法性之理論，為總則所建立之理論，行為須實質違法，亦即須以違反社會倫理之行為態樣侵害法益或造成危險時，始能認為具有違法性，而成立犯罪。因此，父母基於保護及教養之權利與義務，在行使親權之必要範圍內，亦即在不具實質違法性之限度內，其對於未成年子女之信函、文書或圖畫予以開拆等行為，可認為係依法令之行為，而不成立妨害秘密罪。

㈡以刑法典第二編分則為對象

　　刑罰法規個個犯罪構成要件之規定，係屬抽象及類型之規定，須針對其構成要件之要素分別加以適度之解析，始能明瞭其所包攝之範圍。惟刑罰法規，除刑法典外，尚有特別刑法及附屬刑法。例如，貪污治罪條例、懲治走私條例、毒品危害防制條例及洗錢防制法等等，為數甚多，其間往往構成頗為複雜之關係。刑法各論，本應以所有之刑罰法規作為研究對象，

但因刑法典所規定之個個刑罰法規，屬於一般法及基本法之性質，為犯罪之基本類型，倘能加以深入了解，即可發生舉一反三之效。因此，為避免敘述之內容過於龐雜，本書之闡說範圍，係以刑法典第二編分則所規定之個個刑罰法規，作為探討之對象，並未旁及特別刑法及附屬刑法所規定之各種刑罰法規。

二、刑法各論之體系

㈠體系化與法益

　　刑法之規範目的，主要在保護法益之安全，雖同時兼及社會倫理秩序之維護，惟隨著現今價值觀念之轉變，法益保護思想已愈受各國學界與實務所重視。此項思想，堪稱為現代刑法之存在或正當根據。因此，刑法分則所定之各種犯罪，均須有其保護法益存在，始有存在之正當根據。保護法益，實為各種犯罪立法意旨或立法精神之所在，足以影響犯罪構成要件之解釋及罪數之認定。

　　刑法分則所定之各種犯罪，既均有其保護法益存在，應以保護法益作為建立體系之基準，而將個個刑罰法規加以有系統地分類，構築一個完整處罰犯罪之體系。且因保護法益，乃係各種犯罪立法意旨或立法精神之所在，依法益所架構之體系加以理解，始能正確解釋與闡述個個刑罰法規之內容與所蘊含之規範意義。例如，放火罪，在體系上究屬於侵害社會法益之犯罪抑或侵害個人法益之犯罪，各國立法例稍有不同，因而於解釋「燒燬」之定義時，即會有相當之差異存在。

㈡犯罪排列與法益

　　保護法益，依其性質而分類時，雖有將其分為超個人法益與個人法益者；惟就我現行刑法典分則編觀之，則係採國家法益、社會法益及個人法益之三分法，作為罪名排比之標準。此種法益三分法，往昔雖曾以法益之享受主體作為分類之標準，惟現今則自法益之實質內容加以區分，亦即所

謂個人法益，乃指以個人之生命、身體、自由、名譽、秘密及財產之生活利益作為保護內容之法益。所謂社會法益，係指以社會上不特定人或多數人之生命、身體、自由或財產等生活利益作為保護內容之法益。至所謂國家法益，則係指為保護個人或社會上不特定人或多數人之生活利益而以國家之權力作用為內容之法益。

我刑法典第二編分則之規定，大體而言，第一章至第十章屬於侵害國家法益之犯罪；第十一章至第二十一章屬於侵害社會法益之犯罪；第二十二章至第三十五章則為侵害個人法益之犯罪。至新修正或新立法之規定，為顧及刑法原有條文及條次不宜輕易變更，則稍有紊亂原來所建立體系之嫌。例如，第十六章妨害性自主罪，乃侵害個人性自由之犯罪，理應排列於侵害個人法益之範疇，惟目前仍置於侵害社會法益之範圍內。又如，新制定之第三十六章妨害電腦使用罪，在立法理由內明言，本章所定之罪，其保護之法益兼及於個人法益及社會安全法益，且強調不以保護法益之種類作為章節之區別，而採混合式之立法方式。

三、刑法各論之解釋

㈠從嚴解釋

基於罪刑法定原則，對於個個刑罰法規之解釋，不得為不利於被告類推解釋；同時因行為成立犯罪後，係以嚴厲之刑罰手段加以制裁，為保障人權，應採從嚴解釋之態度予以適當之詮釋。例如，竊盜罪行為客體之動產，並非泛指一切之動產，而係指具有主觀或客觀價值之有形動產，不具主觀或客觀價值之有形動產或其他無形利益或權利，則未包含在內。

㈡文理與體系解釋

個個刑罰法規之解釋，首推文理解釋，亦即探求法文上所使用文字之客觀意義。惟刑法因有其一定之規範目的存在，文理解釋，並非僅在了解文字本身之意義，而是探求法文之文字在規範上所具有之涵義。例如，責

任能力之「能力」二字，在一般文化領域內通常係指才能或才幹之意，惟其法規範之意義，則係指一個人之資格或地位。同時，顧全法律體系之一貫性，在了解文字之規範意義時，亦非就個個刑罰法規加以獨立解釋，而須就個個刑罰法規在整體刑罰法規上之地位，以及個個刑罰法規彼此間之關係加以整體考量，始能了解其真正之規範意義何在，此即所謂體系解釋或論理解釋。例如，傷害之概念，原包含輕傷及重傷兩種情形在內，在解釋刑法第 277 條傷害之意義時，因刑法第 278 條另有重傷罪之規定，因而刑法第 277 條之傷害，乃專指輕傷行為而言。

㈢目的性解釋

個個刑罰法規之解釋，須符合刑法規範目的之要求。惟所謂刑法之規範目的，有整體刑罰法規之規範目的及個個刑罰法規之規範目的，探求法文文字之客觀及規範意義時，自須符合整體刑罰法規之規範目的及個個刑罰法規規範目的之要求。例如，刑法第 302 條之剝奪行動自由罪，其整體刑罰法規之規範目的，在保護個人之人身自由法益；而其個個刑罰法規之規範目的，則在保護個人之行動自由，故在解釋上，須具有行動可能性之人，始能成為該罪之行為客體，甫出生之嬰兒或陷於無法行動之植物人，則須將其排除在外，此即所謂限縮解釋。又如，刑法第 165 條湮滅證據罪，其整體刑罰法規之規範目的，在保護國家權力作用；而其個個刑罰法規之規範目的，則在保護國家司法權之正當行使。因此，該罪法文上所規定之「關係他人刑事被告案件之證據」，在解釋上，不僅指已經告訴或告發後之刑事被告案件證據，即將來得為刑事被告案件之證據，亦即只要關係他人刑事案件之證據，如有湮滅行為，即得成立該罪，此即所謂擴張解釋。

㈣擴張與類推解釋

整體刑罰法規之規範目的及個個刑罰法規之規範目的，因解釋者各人價值觀之差異，難免會有見仁見智之情形出現。因而在目的性解釋之下，法文上之文字，即可能出現各種不同之結論，而有違反刑法從嚴解釋之虞。

尤其，擴張解釋與類推解釋，本質上均屬於目的性解釋，在「禁止類推解釋，但容許擴張解釋」之原則下，兩者之區分，頗為困難。例如，刑法第186條之製造行為，是否包含修理在內，即存有重大之爭議。依學界一般通說之看法，兩者之區別，應視其解釋是否超越法文可能理解之意義範圍為準。以一般國民之立場觀察，如已超越法文可能理解之意義範圍者，為類推解釋；未超越此範圍，僅較日常用語之涵義稍廣者，則為擴張解釋。

㈤司法實務之解釋

我刑法典自民國 24 年頒布施行迄今，業已八十餘年，歷年來司法實務對於個個刑罰法規之解釋所累積之判例與判決，不計其數。其中，有見解甚為寶貴者，亦有看法令人存疑者，惟不論何者均足供研究者思考之參酌。因此，對於刑法分則所定之個個刑罰法規，除參酌學說理論之見解外，歷年來司法實務所作之詮釋，應充分加以認識與了解，始能使理論與實務發揮融合之效果。

四、刑法各論之罪數

㈠罪數評價之基礎

刑法分則所定之個個刑罰法規，係以保護法益作為建立體系之基準，個個刑罰法規之間，既各自獨立，又多互為聯屬。惟因實際上犯罪之態樣，形形色色，頗為錯綜複雜。有一個行為而實現數個刑罰法規者，亦有數個行為而實現一個刑罰法規者；且刑罰法規所規定之各個犯罪構成要件，有抽象地包括數次之實現行為者，亦有同時保護數個法益之安全者；同時，各個犯罪構成要件之間，並非均處於排他之關係，而往往具有重複或交錯之複雜關係存在。因此，罪與罪間之關係以及罪數之認定，其判斷頗為不易，且為刑罰法規在適用上主要困擾之所在。

惟刑法之規範目的，既重在法益之保護，犯罪乃係對於法益加以侵害或危險之行為，行為須具有法益之侵害性或危險性，始能成立犯罪。因此，

應以法益侵害性作為罪數評價之基礎。某行為事實所侵害之法益，如刑法對於該法益，已盡其必要及充分之保護時，即應禁止重複評價，否則，即為評價過剩；反之，如刑法對於該法益，尚未盡其必要及充分之保護時，此時即應充分適當評價，否則，即屬評價不足。

(二)法益與罪數

　　罪數既以法益侵害作為評價之基礎，則一罪或數罪之判斷，自應以法益侵害之個數作為主要之標準。原則上，侵害一個刑法所具體保護之法益時，為一罪；侵害數個刑法所具體保護之法益時，則為數罪。惟因個個刑罰法規所保護之法益，並非全屬於單一法益，有同一刑罰法規所保護之法益同時有二個以上，而呈現法益競合或重疊之現象，尤以國家或社會法益與個人法益同時競合之情形，較為常見。對此情形，應就刑罰法規在體系上之地位，並探求立法精神之所在，而以第一優位之法益為基準，其他次位之法益為補充基準，作為解釋個個刑罰法規之指導理念。在判斷犯罪之個數時，應以侵害優位法益之個數計算犯罪之個數。例如，放火罪，同時在保護社會之公共安全法益及個人之財產法益，而以社會之公共安全為其優位法益，因而放一把火雖燒燬數棟房屋，因僅侵害一個社會之公共安全法益，仍只成立一個放火罪。

第 二 篇

侵害個人法益之犯罪

一、個人主義之價值觀

　　第二次世界大戰後，人類社會之價值觀念急遽轉變，已由國家主義之價值觀轉換為個人主義之價值觀。所謂國家主義之價值觀，乃人類社會之價值，以國家之利益為依歸，個人之利益與國家之利益相衝突時，須以國家之利益為優先。我國社會過去所流行之口號「國家第一、民族至上」，可謂係國家主義價值觀之最佳寫照。所謂個人主義之價值觀，則以個人為人類社會價值之根源，國家負有保障國民生命、自由與追求幸福權利之義務。因此，刑法所應優先保護者，乃為屬於個人人性尊嚴基礎之生命、身體、自由、名譽、秘密與財產等個人法益。國家刑罰權之根據與界限，應就侵害此等個人法益之行為，以及侵害為保護此等法益所不可或缺之外部前提條件之行為，始能認其為犯罪，而臨之以刑罰。

　　在個人主義價值觀之影響下，已有部分國家之刑事立法例，對於犯罪之體系，首先規定侵害個人法益之犯罪，其次規定侵害社會法益之犯罪，最後始規定侵害國家法益之犯罪。例如，瑞士、奧地利、巴西等國刑法及美國模範刑法等是。

二、個人法益之保護

　　個人法益，乃以具體之人或物之生活利益為保護對象之法益。性質上屬於具體之法益，而非抽象之法益。我刑法所保護之個人法益，依其種類，得區分為生命、身體、自由、名譽、秘密及財產等六種。

　　此六種個人法益，在刑法規範上，1.有同一種法益同時由數個刑罰法規加以保護者，例如，殺人罪與過失致死罪，均在保護人之生命法益；竊盜罪與詐欺罪，均在保護個人之財產法益等是。2.有一個刑罰法規直接保護二個以上之個人法益者，例如，剝奪行動自由致死罪，同時在保護自由法益與生命法益是。3.有刑罰法規除保護社會之公共法益外，同時在保護個人法益者，例如，放火罪除在保護社會之公共安全外，亦在保護個人財產之安全是。

三、個人法益之分類

個人法益，依其屬性，得區分為個人專屬法益與個人非專屬法益。

㈠個人專屬法益

所謂個人專屬法益，係指某種法益與享有該法益之主體具有依存性而密不可分。不但無法移轉或繼承，且法益主體不存在時，該法益亦隨之消失。例如，生命、身體、自由、名譽及秘密等法益是。

㈡個人非專屬法益

所謂個人非專屬法益，係指某種法益與享有該法益之主體，並無密切之依存關係。不但得予移轉或繼承；且法益主體不存在時，該法益並不當然消滅，而得由他人繼續享有。例如，財產法益是。

四、侵害個人法益犯罪之分類

就我國之刑法立法體例而論，侵害個人法益之犯罪，得大別為以下六類：

㈠侵害生命與身體法益之犯罪

屬於此類犯罪者，為第二十二章殺人罪、第二十三章傷害罪、第二十四章墮胎罪及第二十五章遺棄罪。

㈡侵害自由法益之犯罪

屬於此類犯罪者，為第二十六章妨害自由罪。

㈢侵害名譽及信用法益之犯罪

屬於此類犯罪者，為第二十七章妨害名譽及信用罪。

㈣侵害秘密法益之犯罪

屬於此類犯罪者，為第二十八章妨害秘密罪。

㈤侵害財產法益之犯罪

屬於此類犯罪者，為第二十九章竊盜罪、第三十章搶奪強盜及海盜罪、第三十一章侵占罪、第三十二章詐欺背信及重利罪、第三十三章恐嚇及擄人勒贖罪、第三十四章贓物罪及第三十五章毀棄損壞罪。

㈥侵害綜合法益之犯罪

屬於此類犯罪者，為第三十六章妨害電腦使用罪。

第一章 殺人罪

一、犯罪類型

殺人罪之犯罪類型，有第 271 條「普通殺人罪」；第 272 條「殺尊親屬罪」；第 273 條「義憤殺人罪」；第 274 條「殺嬰罪」；第 275 條「加工自殺罪」及第 276 條「過失致死罪」。

二、生命之基本理念

㈠生命之絕對價值

殺人罪，為侵害他人生命之犯罪。殺人罪，須發生被害人死亡之結果，始為既遂，性質上屬於實害犯。尊重生命，為人類從事社會生活之基本要求，且為人類社會普世奉行之價值。傳統自由主義者，即基於生命神聖不可侵犯之思想，承認個人之生命具有至高無上之絕對價值，除非係自然消滅，否則應排除一切人為之干涉，各人終生均享有生命繼續存在之自由。惟功利主義者，則認為生命之意義，在於質，而不在於量，僅認生命具有相對之價值。

惟不問時代之遞嬗與環境之變遷，尊重個人之生命，仍係現代社會生活之基本理念，除非有相當及合理之理由，例如，戰爭、正當防衛或緊急避難等。否則，任何人均不得恣意否定他人生命之存在。

㈡個人無自由處分權

個人對其生命有否自由處分權，亦即個人可否否定自己生命之存在？頗值深思。現行刑法所規定之囑託或承諾殺人罪，即立論於人對其生命並無自由處分權，否則如認其有自由處分權，則受其囑託或得其承諾而殺人者，乃為協助其行使權利，即難以犯罪相繩。且如認其有自由處分權，則

其行使處分權時，他人即負有不得加以妨害之義務，否則即有可能成立刑法第 304 條之妨害自由罪；在民法上，亦有可能負侵權行為之損害賠償責任。若然，不僅現行民、刑法有不少之規定須重行修正，且依現在國民之道德意識，亦勢必難以接受。更有甚者，如承認個人對其生命有自由處分權，則自殺即為行使處分權之一種表現，反而有助長自殺歪風之虞。

三、生命與人性尊嚴

(一)保護人之生命

殺人罪之保護法益，為個人生命之安全。在個人法益中，生命之安全法益為最值得保護之法益。惟所謂保護生命之安全，究在保護「生命」存在本身？抑在保護享有生命之「人」？則仍有些微之差別。固然，有人始有生命，有生命亦始有人，兩者密不可分。惟質言之，「人」與「生命」，仍有不同。如所保護者僅係「生命」本身，則胎兒與人均屬同一生命之延續，對於生命之侵害，胎兒與人並無差別，因而即無法說明殺人罪與墮胎罪分別規定之原因，且安樂死亦難以尋覓其合法化之理由。惟如所保護者係享有生命之「人」，則刑法自須顧及享有生命之「人」是否能獨立享有其生命以及其對生命之理念。胎兒雖有生命，但尚非法律上所承認之「人」，不能獨立享有其生命，因而即有將胎兒與人加以區分之必要。如有侵害時，即得分別以殺人罪或墮胎罪加以規範，且安樂死之合法化亦得有想像之空間。

現代之人權思想，普遍認為基本人權之基礎，在於「人性尊嚴」。生命存在時，始足以彰顯人性尊嚴，但尊重「人」對生命之獨立享有及其對生命之理念，則為「人性尊嚴」與「生命」有所區別之所在。因此，殺人罪所保護之法益，不僅為「生命」，且為「人之生命」，亦即人能獨立享有之生命。

(二)人性尊嚴

所謂人性尊嚴，質言之，乃人所以為人所應具有之尊嚴。亦即每個人

在從事社會生活時，其個人之生命、身體、自由、名譽、秘密以及財產等，應受平等之尊重與保護。

德國基本法第 1 條第 1 項規定：「人性尊嚴具有不可侵犯性，所有國家權力必須尊重與保護之。」日本憲法第 13 條規定：「所有國民，均以個人地位而受尊重。」我國憲法增修條文第 10 條第 6 項規定：「國家應維護婦女之人格尊嚴，保障婦女之人身安全，消除性別歧視，促進兩性地位之實質平等。」司法院大法官會議釋字第 372 號解釋認為，人格尊嚴之維護與人身安全之確保，乃世界人權宣言所揭示，並為我國憲法保障人民自由權利之基本理念。憲法增修條文第 10 條第 6 項規定，即在宣示上述理念。

蓋基於天賦人權之思想，人類生存具有一定之天賦固有權利，基於主權在民之國家理論下，乃將此源自人類固有之尊嚴，由憲法加以確認為實證法之基本人權。我國憲法雖未明文宣示普遍性「人性尊嚴」之保護，為貫徹保障人權之理念，在憲法法理上，亦當解釋加以尊重與保護。

四、普通殺人罪

❖

第 271 條　殺人者，處死刑、無期徒刑或十年以上有期徒刑。

前項之未遂犯罰之。

預備犯第一項之罪者，處二年以下有期徒刑。

❖

㈠行為客體

1. 人之意義需作限縮解釋

本罪之行為客體，為人，亦即具有生命之自然人。何謂「人」？依向來傳統見解，人始於出生，終於死亡。須於出生後死亡前具有生命之自然人，始能稱為「人」。惟侵害生命與身體之犯罪，對於人之意義，則需作限縮解釋，無論係殺人罪、傷害罪或遺棄罪，⑴以自然人為限，法人不包含在內。⑵以他人為限，自殺、自傷或自我遺棄者，不成立犯罪。⑶加工自殺或自傷罪，不但以自然人為限，且須限於能了解自殺或死亡之意義，並具有得

自由決定其意思之能力者，始能成立。

2.具有生命之自然人

本罪之行為客體，除行為人以外，只要具有生命之自然人，均得為殺人罪之行為客體。至其性別為男為女，年齡為老為幼，形體為正常為畸形，健康狀態為良為惡等，均非所問。故因早產發育不良，將來顯無成長希望之嬰兒；重傷瀕死之人；生命垂危之人；雙頭或連體之畸形兒；受死刑宣告之人以及依民法受死亡宣告之人等，均無妨其為本罪之行為客體。

3.傳統上有關人之意義

人之前身為胎兒，惟胎兒成長至何時，始能稱其為「人」？法學界向來均以是否出生作為認定之標準。已出生者，為人；尚未出生者，則為胎兒。故出生時期，乃為人與胎兒區別之界限所在。惟關於出生之時期，則說法紛歧，有分娩開始說、一部露出說、全部露出說及獨立呼吸說等不同見解存在。此等學說，雖以醫學為基礎，但均純就法學獨自之觀點，依形式上是否出生作為標準，企圖界定出生之時期，以為認定胎兒與人之區別。

⑴民法對人界定之意義

民法第 6 條規定，人之權利能力，始於出生，終於死亡。權利能力，乃享受權利、負擔義務之資格。為使人成為權利義務主體之關係明確化，乃明文規定其始期與終期。且在民法上，為使胎兒獨立於母體，而具有享受權利主體之資格，特於第 7 條規定，胎兒以將來非死產者為限，關於其個人利益之保護，視為既已出生。故民法學者通說，均採全部露出說及獨立呼吸說作為人之出生時期。

⑵刑法對人界定之意義

刑法之規範目的與民法迥然有別，刑法殺人罪之規定，旨在保護人生命之安全。而生命乃為一持續進展之過程，出生前後之生命，均為整體生命之一部分，代表同一生物體之生理現象。因此，胎兒與人既均屬同一生命之延續，則何時為胎兒，何時為人，完全與權利義務主體之資格認定無關。

歷年來，在民法上，法學界均以出生作為人與胎兒界定之標準，其目的在決定權利義務主體之資格。而在刑法上，則著重於人生命之保護。人

之生命，乃源自於精卵結合而著床於子宮壁之時。因而，在刑法上，不宜受民法學說之拘束，而以出生作為人與胎兒界定之標準，應自刑法獨自之觀點，探討胎兒之生命進展至何時始能稱其為刑法上之「人」，而值得在刑法上將其作為「人」加以保護。

4.刑法上人之意義

⑴須具有獨立存活能力

人之生命，乃源自精卵結合後，歷經前胚胎（受精後十三日以前）、胚胎（受精後十四日以後）、胎兒而至人之階段逐步形成。經醫學研究證實，精卵受精十四日後，已有生命存在，約六至八週後，其四肢五官已逐漸成形，雖尚無法脫離母體而獨立存活，惟經逐漸成長，迄二十四週（約六個月）時，已可脫離於母體之外，而具有獨立存活之能力。此際，雖仍須藉助保溫設備等之輔助，惟其可獨立生存於人間之情形，已與其他早產兒或須藉助人工呼吸器之病人，並無何差異。

在現代醫學上，因產婦學及胎兒學之進步，已將未出生之胎兒，視為具體完整之生命體；在臨床上，更視胎兒為獨立於母體外之第二個生命體，可完整予以評估與治療。因此，胎兒成長至何時，始能稱其為「人」，不必俟全部露出於母體或能獨立呼吸之時，如該胎兒成長至約二十四週，已可脫離於母體之外，而具有獨立存活能力之時，似已有將其視為人而加以保護之必要。

⑵胎兒與人之區別

自受精後十四日成為胚胎以迄成長至約二十四週時，為胎兒。如有侵害行為，應受墮胎罪之規範。至約二十四週已具有獨立存活能力之時，在刑法上得視其為人予以保護，如有侵害其生命、身體之行為，應與侵害已出生，亦即已全部脫離母體，而能獨立呼吸之人，同受法律平等之保護。因此，胎兒與人之區別，不應以已否出生為認定之標準，而應以是否已有獨立存活之能力，作為判斷之準據。

我優生保健法第4條規定，經醫學上認定胎兒在母體外不能自然保持其生命之期間內，得以醫學技術，使胎兒及其附屬物排除於母體外。依此

規定之反面解釋，如胎兒在母體外已能自然保持其生命者，即不得再實施人工流產手術。惟於胎兒在母體外不能自然保持其生命之期間內，實施人工流產手術，將其排除於母體外，未必為死產，仍可能有生命存在，但醫師所實施之人工流產手術，係依法令之行為，得以阻卻違法。此際，優生保健法之規定，即可能與墮胎罪本身，存有矛盾之現象。為避免此種矛盾現象，亦有將已具有獨立存活能力之時，視為「人」加以保護之必要。

5.刑法上死亡之意義

⑴死亡判斷之學說

人死亡後，即為屍體。人之死亡，在刑法上，向與殺人既遂、未遂及侵害屍體等犯罪之認定，具有決定性關係。人與屍體之區別，學界向來均依其已否死亡，以為認定。至於已否死亡，則涉及死亡時期之判斷，主要視其有否生命跡象為準。有否生命跡象之認定，在醫學界向有脈搏停止說、呼吸停止說、綜合判斷說及腦死說等不同見解存在。

關於死亡之時期，早期通說採脈搏停止說，惟近年來，則傾向於綜合判斷說，即以脈搏停止、呼吸停止及瞳孔反射停止等三個徵候加以綜合判斷。目前醫界或法界，於判斷人之死亡時期時，仍依綜合判斷說作為認定之標準，且為社會一般人所廣泛接受，具有所謂習慣法之地位。惟隨著醫療科技之發展，器官移植手術日益進步，為取得新鮮可用之器官，咸認有提早判定死亡時期之必要；且因人工呼吸器及人工心臟之使用，得以取代原有心臟之功能，頗難再以心臟停止作為認定之基準。因此，腦死說，已逐漸成為醫界或法界之有力主張。

⑵腦死說之崛起

腦死之概念，向有二種不同之主張，有認為腦幹機能喪失時，即為腦死；亦有認為包含腦幹及大腦在內之腦全體之機能喪失時，始為腦死。腦幹固有控制人之各種器官之機能，且為人維持生命跡象之中樞，一旦腦幹機能完全喪失，不但失去自發呼吸能力，且將陷入無意識狀態。惟僅有腦幹機能喪失，而仍具有生命跡象之情形，亦非罕見。因此，腦全體之機能喪失時，始判定其為腦死，似較妥適。此外，大腦機能雖已喪失，腦幹機

能仍殘存時，因仍可維持自發呼吸及腦幹反射能力，即所謂「植物狀態」，仍與腦死有別。

(3)綜合判斷說

人之死亡，不僅係醫學上之問題，更牽涉複雜之社會、宗教或倫理之問題；且在法律上，無論係民事、刑事或其他法律關係，更有重大之影響。死亡之判定，除死亡宣告之情形外，在法律上一般均委諸醫師之專業判斷。例如，戶籍法第 14 條規定，由醫療機構出具死亡證明書為死亡之登記是。由於醫療科技之發展，人工呼吸器可以繼續維持人之呼吸，人工心臟或心臟移植亦可取代原有心臟之跳動與血液循環。醫學界向來所建立之三徵候綜合判斷說，雖已面臨空前之挑戰，但因醫學界對於腦之組織，了解仍極有限，貿然以腦死作為死亡之判定基準，實存在有高度之風險。因此，在目前之現狀下，對於一般死亡之判定，仍宜以綜合判斷說作為判定之基準；在有器官移植之需要時，始可以腦死說取而代之。

(二)實行行為

本罪之實行行為，為「殺」人。「殺」人之手段，並無限制，凡一切足以使他人喪失生命之行為，均屬之。例如，射殺、斬殺、刺殺、絞殺、毒殺或燒殺等是。無論其為有形或無形；作為或不作為；直接或間接之方法，均得成立。無形之方法，例如，造成他人精神上之痛苦，而使其鬱鬱寡歡而死是。不作為之方法，例如，對於身患重病之親屬，故不延醫救治是。間接之方法，例如，利用精神病人為道具而殺人之情形是。對於無普通意思能力，且不解自殺意義之人，教唆或幫助其自殺者，亦得成立間接殺人罪。

(三)故　意

本罪為故意犯，殺人行為，須具有故意，始能成立本罪。此項故意，不問其為直接故意或未必故意，均得成立。

1.殺意之認定

殺人之故意，與一般犯罪之故意同，均屬於人類之心理事實，除自白

外，並無直接證據存在。因此，殺意之認定，每需求之於情況證據，諸如兇器之種類、形狀、用法，創傷之部位、程度，行為之動機以及犯行前後之言行等，均須予以綜合判斷。

我實務認為，殺人之犯意，不以出於行為人之自白為必要；在客觀上就其犯罪情節，足以證明行為人對其事實有一般之認識或預見者，亦得認定其有故意存在。例如，先後刺殺二人，均自背後猛刺二刀，又悉在要害之處，顯見被告行為時，有殺害之決意與死亡之預見❶。

2.附條件之故意

所謂附條件之故意，例如，行為人俟對方不從時，始有意將其殺害之情形是。此種故意，為殺人行為未確定之心理狀態，仍屬於故意之範圍，應視具體情事判斷其係直接故意抑或未必故意，而成立本罪。

㈣預備、未遂與既遂

1.預備犯

預備殺人，乃實施殺人行為以前之準備行為。例如，購買毒品、攜槍埋伏路旁等是。其與殺人實行行為之區別，全視其已否著手以為斷。殺人行為之著手時期，以行為人開始實施密切接近於殺人行為，且足以辨識其殺人之意思時。例如，持槍殺人者，以手指扣動扳機之時；下毒殺人者，以毒藥開始置放飲料之時是。

2.預備罪之共犯

預備罪之教唆或幫助行為可否成立教唆犯或幫助犯？採否定見解者，認為無論係教唆犯或幫助犯，刑法第 29 條既規定為「實行犯罪行為」，其所謂實行，須該當於基本犯罪構成要件之行為，始足當之。故被教唆或被幫助之正犯行為，須已達著手實行之階段，始能成立教唆犯或幫助犯，預備行為既尚未達著手實行之階段，自不包含在內。採肯定見解者，認為預備罪與其基本構成要件之關係，屬於一種修正之形式，其本身亦為犯罪構成要件之規定，預備行為即為預備罪犯罪構成要件之實行行為，故被教唆

---

❶ 最高法院 59 臺上 3915（決）。

或被幫助之正犯行為，如已達預備階段，即該當預備罪犯罪構成要件之實行行為，自得成立教唆犯或幫助犯。對於「實行行為」之概念，如採從嚴解釋，僅限於該當基本犯罪構成要件之行為，始為「實行犯罪行為」，則陰謀與預備行為，均非基本犯罪構成要件所規定之行為，自不包含在內。故以否定見解為妥。

3. 既遂時期

本罪既遂與未遂之區別，以被害人已否發生死亡之結果為準，未發生死亡結果，或雖已生死亡結果，惟與殺人行為無因果關係者，為未遂。已發生死亡結果，且其死亡結果與其殺人行為具有因果關係時，則為既遂。至殺人行為與死亡結果間，只須具有相當因果關係，即足成立。其時間之長短，則非所問。故殺人行為後，縱經過數十日或數個月，被害人始行死亡，亦應成立普通殺人罪之既遂犯。

㈤罪數及與他罪之關係

1. 罪數之認定標準

本罪之保護法益，為個人之生命安全。生命屬於個人之專屬法益，應分別獨立予以評價。因此，倘被害人為數人者，因其侵害之生命法益為數個，即應成立數罪；被害人為一人，且其所實施之殺人行為係一個時，因係對一個生命法益為一次之侵害，應為單純一罪。如以一個行為殺害數人時，成立數個殺人罪，依想像競合犯處斷。以一個殺人之意思，先預備，進而殺人未遂，最後將人殺死者，則成立包括一罪。

2. 殺人罪與傷害罪

行為人於實施殺人行為時，除具有殺人之故意外，對於其身體之傷害，亦同時具有預見或認識。因此，殺人罪與傷害罪之區別，固以行為人主觀上有否殺意以為斷，亦即具有殺意時，成立殺人罪；僅具有傷害之故意時，則成立傷害罪。惟因殺人時，當然含有傷害之成分在內，故二者間具有吸收關係，殺人罪為吸收規定，傷害罪為被吸收規定，成立法條競合時，應優先適用吸收規定之殺人罪，排除被吸收規定傷害罪之適用。

　　我實務亦認為，殺人行為之傷害事實，除其先只有傷害人故意，嗣後另行起意殺人者應併合論罪外，當然吸收於殺人行為之內；因強灌毒藥，致傷害被害人之身體，此種傷害行為，即已吸收於殺人行為之內，並不另成立傷害罪名❷。

　　至所謂轉念殺人，即行為人起先只有傷害之意思，嗣於傷害過程中，始起意加以殺害者，在主觀方面，行為人前後之傷害與殺人犯意，乃基於同一犯意之延伸；客觀方面，其前後之傷害與殺人行為具有密接性。因此，其整體行為所觸犯之傷害罪與殺人罪，具有法益侵害之同一性，仍僅成立一個殺人罪。

五、殺尊親屬罪

第 272 條　對於直系血親尊親屬，犯前條之罪者，加重其刑至二分之一。

㈠立法旨趣

　　本罪之保護法益，亦為人生命之安全。基於傳統倫理之思想，弒親，乃為嚴重逆倫之行為，故予加重處罰。惟生命之價值，在法律上並無軒輊之分，尊親屬之生命與一般人之生命，均屬等價。如有殺尊親屬之行為，認其嚴重違反社會之倫理秩序，儘可在普通殺人罪之法定刑內從重量處，實無另行規定本罪之必要。本罪規定為他國立法例之所無，日本戰前亦有類似本罪之規定，戰後曾引起違憲之重大爭議，現已將其刪除。

㈡行為主體

　　本罪之行為主體，為直系血親卑親屬，屬於身分犯。如係旁系血親卑親屬或直系姻親卑親屬，則不包括在內。本罪乃因身分關係而予加重處罰，屬於加重身分犯或不真正身分犯之一種。因此，無身分之共犯，僅能科以普通殺人罪之罪刑，不能論以殺直系血親尊親屬之罪，而科以普通殺人罪

❷　最高法院 23 上 2783；19 上 1336。

之刑❸。

㈢行為客體

1.父系及母系

本罪之行為客體，須為行為人之直系血親尊親屬，不問其為父系或母系，均包括在內。例如，父母、祖父母、曾祖父母或外祖父母、外曾祖父母等是。倘為旁系血親尊親屬，例如，伯叔父或舅父等；或直系姻親尊親屬，例如，岳父母、繼父母等，則不得為本罪之行為客體。

2.非婚生子女之生父

直系血親之認定，依民法第967條規定，只須己身所從出，或從己身所出之血親，均屬之。其為婚生子女抑或非婚生子女，均非所問。非婚生子女之生母，其為直系血親尊親屬，固無疑義；非婚生子女之生父，亦係己身所從出，或從己身所出之血親，自得認係本罪之直系血親尊親屬，而為本罪之行為客體。至父母離婚後，不論其有無監護權，對其直系血親關係之認定，並無影響，均仍得為本罪客體。

3.養子女之本生父母

養父母，在養親關係存續中，亦為直系血親尊親屬。至養子女與其本生父母，原屬直系血親，其與養父母之關係，縱與婚生子女同而成為擬制血親，惟其與本生父母之自然血親，仍屬存在。民法第1083條雖規定，養子女自收養關係終止時起，回復其與本生父母之關係，惟係指回復其相互間之權利義務關係而言，其固有之自然血親，並無改變。故養子女殺死其本生父母者，仍應成立本罪。

㈣故　意

本罪為故意犯，行為人除須具有殺人之故意外，於行為時，更須認識其為自己之直系血親尊親屬，始能成罪。倘未有認識而殺害之者，僅成立普通殺人罪。至認識其為自己之直系血親尊親屬，而教唆或幫助他人加以

---

❸　最高法院 27 上 1338。

殺害者，仍成立教唆或幫助殺尊親屬罪。

㈤預備、未遂與既遂

預備犯本罪者，亦予處罰。既遂與未遂之區別，以被害之直系血親尊親屬已否發生死亡之結果為準。

㈥本罪與他罪之關係

1. 本罪與殺人罪

殺尊親屬罪，屬於殺人罪之加重犯罪類型，故本罪與普通殺人罪間具有特別關係，本罪為特別規定，普通殺人罪則為一般規定。成立法條競合時，應優先適用特別規定之本罪處斷，而排除一般規定普通殺人罪之適用。

2. 本罪與侵害屍體罪

本罪之保護法益，為個人之生命安全；侵害屍體罪之保護法益，則為國民之正常宗教感情，二罪間不具保護法益之同一性，應分別成罪，而予數罪併罰。例如，殺直系血親尊親屬後，另行起意將屍體遺棄於荒郊野外之情形是。

我實務亦認為，被告殺死其父後，因其父生前與楊姓有嫌，起意將屍身遺棄楊姓門口以圖嫁禍，是其遺棄屍體別有目的，與殺人後為湮滅罪證起見而為遺棄之情形，顯有不同，則其殺直系尊親屬及遺棄屍體兩行為，應各獨立論罪❹。

六、義憤殺人罪

第273條 當場激於義憤而殺人者，處七年以下有期徒刑。
　　　　　前項之未遂犯，罰之。

---

❹ 最高法院 18 非 5。

㈠當場激於義憤之法的性質

1. 通說採減輕責任要素說

本罪為殺人罪之減輕犯罪類型，行為人如當場激於義憤而殺人者，即得適用本條規定減輕其刑。惟何以當場激於義憤而殺人，得以減輕其刑？其減輕其刑之理由，究係違法減輕抑或責任減輕？不無探討之餘地。

本罪行為人乍然目睹被害人實施足以引起一般人公憤之行為，憤激難忍，遽而實施殺人行為，往往屬於人類情緒之本能反應，法規範之期待可能性較為薄弱，其非難可能性遠較普通殺人之行為低❺，故通說向來將當場激於義憤之法的性質，認為係減輕責任之要素，本罪則為殺人罪之減輕責任類型。

2. 義憤與憤怒不同

本罪須當場激於義憤而殺人，始得減輕其刑。所謂義憤，與單純之憤怒不同。憤怒純屬於個人之情緒作用，義憤在性質上雖亦屬個人之情緒作用，但須在客觀上足以引起一般人正義之公憤者，始足當之；如僅係出於個人一己之憤怒者，並非義憤。例如，因停車糾紛，遭對方辱罵，致一時憤激難忍者，仍屬於個人之憤怒，並非義憤。因此，是否為正義之公憤，須以社會一般人之客觀標準，而非以行為人個人為標準加以判斷。

3. 宜採減輕違法要素說

依「違法為客觀，責任為主觀」之體系思考基準❻，此項義憤，既以社會一般人之客觀標準為判斷，性質上屬於違法性有無及強弱之判斷，而與依個人主觀情事加以判斷之有責性有別。因此，行為人當場激於義憤而

---

❺　義憤殺人行為，⑴因被害人所實施者為不義之行為，不但引起正義之公憤，且已違背社會之倫理；⑵因其行為出於人類情緒之作用，即所謂激情犯，頗難防範；⑶則因其反社會性較低，且出於維護社會倫理之動機，遂予減輕處罰。

❻　違法性之評價，應以社會上一般人為標準予以判斷；至其判斷之對象，除外部情事外，行為人之內部心理，亦包含在內。責任之評價，則以行為人主觀之個人情事為標準而為判斷，並不以內心狀態為限。

殺人，因其行為反價值較一般殺人行為顯然較為輕微，在法的性質上，應認其為殺人罪之特別減輕違法事由，而非個人減輕責任事由。

㈡主體與客體

本罪之行為主體，並無任何限制，被害人以外之自然人，均足當之。直系血親尊親屬或卑親屬，亦得成立本罪。

本罪之行為客體，為人，亦即具有生命之自然人。直系血親尊親屬或卑親屬，亦得為本罪之行為客體。

㈢當場激於義憤之意涵

1.當場之意義及要件

所謂當場，乃被害人實施不義行為之當時當地，其性質兼含「時間」與「場所」二種情形在內。易言之，義憤，須為當場所激起，亦即行為人殺人之犯意，須起於當時；其殺人之犯行，亦須即時施於當地。故所謂當場，須具有「時間之密接性」與「場所之密接性」二個要件。

⑴時間之密接性

所謂時間之密接性，係指行為人實施殺人之犯意及行為，須緊接於被害人實施不義行為之著手後或甫告終了之時，在時間上須與被害人實施不義行為頗為密切接近。若義憤非激於當場❼，或於他人實施不義行為前，預定計劃，而於其實施之際或事後將其殺害者，即與當場激於義憤之情形不同❽，自無本條規定之適用。

⑵場所之密接性

所謂場所之密接性，係指行為人實施殺人之犯意及行為，須緊接於被害人實施不義行為之當地。固不以尚未離去現場為限。如係自現場追躡而

---

❼　例如，上訴人因兒媳某氏將其子打死，趕回看視見子之慘狀，不勝痛憤，欲置某氏於死地，遂將其納入棺中，擬予活埋未遂，雖屬出於一時之憤激，究與當場之情形不符，自難以當場激於義憤而殺人罪論處（最高法院29上1566）。

❽　最高法院31上1156。

至者，例如，撞見他人與其妻行姦，激起憤怒，因姦夫淫婦逃走，乃追至丈外，始將其槍殺❾，亦屬於當場。如被害人實施不義行為後，行至中途始被撞遇，則該中途，已不具場所之密接性，自不得謂為當場。

2. 義憤之意義

所謂義憤，乃道義之憤慨，亦即乍睹他人實施不義行為之際，因猝然遇合，而憤激難忍之謂。義憤，不僅以被害人先有不義行為為已足，且須該行為在客觀上令人無可容忍，而足以引起公憤❿。例如，目睹他人強姦婦女，氣憤難忍，而將其殺害之情形是。因此，是否屬於義憤，應依社會上一般人之客觀標準加以判斷。倘在客觀上尚不足引起公憤者，例如，遭對方毆辱欺凌，一時憤怒者，非屬義憤。

㈣義憤殺人與正當防衛之區別

義憤殺人罪，為殺人罪之特別減輕違法類型，雖得減輕處罰，但仍成立犯罪。正當防衛，則為一般犯罪之阻卻違法事由，得以阻卻違法，而不成立犯罪。一則減輕違法，一則阻卻違法，兩者並非相同之概念。

1. 義憤殺人與正當防衛不同

義憤殺人與正當防衛，有如下之不同：(1)前者不必有特定人現受不法侵害，後者則須有特定人現在正受不法之侵害。(2)前者須激於義憤，後者則不必激於義憤。(3)前者為犯罪行為，後者則為權利行為。(4)前者為特別減輕違法事由，後者則為一般阻卻違法事由。

2. 義憤殺人與正當防衛之競合

義憤殺人與正當防衛，在概念及性質上固然不同，惟兩者是否為不相容之概念？則似有思考之空間。我司法實務似認為義憤殺人與正當防衛二者為不相容之概念，成立義憤殺人罪時，即不得再主張正當防衛⓫。

---

❾　最高法院 33 上 1732。

❿　最高法院 28 上 2564。

⓫　我司法實務曾認為：「本夫或第三人於姦夫姦婦行姦之際，殺死姦夫，是否可認為當場激於義憤而殺人，應依實際情形定之，但不得認為正當防衛」；「姦夫

　　惟揆諸實際，義憤殺人與正當防衛，有時似亦有互相競合之可能。例如，目睹他人搶奪行人錢財，並不斷揮刀砍殺該行人，一時氣憤，乃撿拾地上石頭將他人擊斃之情形是。其擊斃他人之行為，係當場激於義憤所實施，得成立義憤殺人罪；同時，其殺人行為，亦係對於現在不法之侵害，而出於防衛他人權利之行為，亦得主張正當防衛。此際，義憤殺人與正當防衛，即處於競合適用之狀態。因義憤殺人，僅係減輕違法事由，仍成立犯罪；而正當防衛則係阻卻違法事由，得以阻卻犯罪之成立。因此，基於犯罪判斷之經濟考量，應適用正當防衛之規定，阻卻其違法性而不罰，不另成立義憤殺人罪。

㈤本罪與他罪之關係

1. 本罪與殺人罪

　　義憤殺人罪，為殺人罪之減輕犯罪類型，故本罪與普通殺人罪間具有特別關係，本罪為特別規定，普通殺人罪則為一般規定。成立法條競合時，應優先適用特別規定之本罪處斷，排除一般規定之普通殺人罪之適用。

2. 本罪與義憤殺尊親屬罪

　　當場激於義憤而殺害直系血親尊親屬時，該當普通義憤殺人罪與義憤殺尊親屬罪。普通義憤殺人罪與義憤殺尊親屬罪，其所侵害之法益，均屬同一被害人個人之生命安全，具有法益侵害之同一性，而成立法條競合。因在構成要件之關係上，兩罪間具有特別關係，應優先適用義憤殺害尊親屬罪，排斥普通義憤殺人罪之適用。

3. 殺尊親屬罪與義憤殺尊親屬罪

　　殺尊親屬罪與義憤殺尊親屬罪，其所侵害者均屬同一生命法益，得以

　　與姦婦正在行姦之際，或可以續姦時，本夫將其殺害，係當場激於義憤而殺人，不能認為正當防衛。」司法實務所以採此看法，係因基於男女平權之觀念，現代法已不承認有所謂夫權或妻權之存在，配偶之一方與他人通姦時，並無侵害夫權或妻權可言。配偶之另一方自不得以出於防衛自己之權利為理由，而主張正當防衛。

成立法條競合。惟自行為與社會倫理之關係觀之，殺尊親屬罪為消極地維護社會倫理；義憤殺尊親屬罪則在積極地維護社會倫理，兩者相較，似應認其適用減輕規定，亦即適用義憤殺尊親屬罪處罰較妥。

七、殺嬰罪

第274條　母因不得已之事由，於生產時或甫生產後，殺其子女者，處六月以上五年以下有期徒刑。
前項之未遂犯罰之。

㈠不得已事由之法的性質

本罪當初立法時，原認為母子天性相愛，苟非名譽攸關、經濟壓迫或其他不得已之情形，孰肯將自己生產之子女，置之死地（刑法修正案要旨77）。在論理上，母愛出於天性，誠如俗語所云，虎毒不食子，何況人類！其所以親弒甫出生之子女，必有其難言之苦衷，且此項苦衷，純屬個人之主觀情事，情屬可憫，其非難可能性較普通殺人為輕，且一般人處於同等情狀，亦未必出以相同之行為。因此，既以個人不得已之主觀情事為認定之理由，在法的性質上，自屬特別減輕責任事由。

㈡行為主體

本罪之行為主體，以被害人之生母為限，生父未兼及之。生父將其甫出生之子女殺害時，仍成立普通殺人罪。至生父與生母共同殺嬰者，其生母固可適用本罪，從輕處罰；其生父則仍應成立普通殺人罪，而科以通常之刑。代理孕母，其所生子女，亦為從己身所出，自得為本罪之主體。

㈢行為客體

本罪之行為客體，法文上僅規定為子女，惟並非泛指行為人之所有子女，須依本罪之規範目的作限縮解釋，僅限於行為人己身所出，且為生產

時或甫生產後之子女。簡言之，本罪之行為客體，須為甫出生之嬰兒。至其為婚生或非婚生子女，則非所問。倘為其他子女或養子女者，並不成立本罪，仍應成立普通殺人罪。

㈣生產時或甫生產後之意涵

依本條規定之文義解釋，所謂生產時，乃指臨盆分娩之當時。所謂甫生產後，乃指嬰兒甫經出生以後，其時間緊接於生產時。

惟本罪亦為殺人罪之一種犯罪類型，故其行為客體，前提上須為「人」，始能構成。依通說或實例見解，關於人之始期，如採全部露出說或獨立呼吸說，則所謂生產時，應指胎兒之身體全部露出母體時或開始獨立呼吸時，但此時亦屬於甫生產後。倘作如此解釋，將無法區別「生產時」與「甫生產後」之界限，頗為不妥。如採具有獨立之存活能力時（即自受精後第十四日起已滿六個月），即視其為「人」，則法文上所謂「生產時」與「甫生產後」，即得依其文義而為解釋。

至甫生產後之「甫」，固為不確定之概念，無法下一明確之界限，惟在解釋上，其時間須緊接於生產時。倘於出生後數日，始予殺害者，即應構成普通殺人罪，不成立本罪❶❷。

㈤故　意

本罪為故意犯，行為人除須具有殺人之故意外，於行為時，更須認識被害人係自己甫出生之子女，始能成罪。倘未有認識而殺害之者，僅成立普通殺人罪，不成立本罪。

㈥既遂、未遂

本罪之未遂犯，罰之。既遂與未遂之區別，以被害之子女已否發生死亡之結果為準。倘未發生死亡結果，或雖已生死亡結果，惟與殺人行為無

---

❶❷　我實務認為：「上訴人扼死其所生女孩，已在出生後之第五日，自與刑法所定於母甫生產後，殺其子女之情形不合。」（最高法院 28 上 2240）

因果關係者，即屬本罪之未遂犯。如已發生死亡結果者，則為本罪之既遂犯。

(七)本罪與他罪之關係

1.本罪與殺人罪

本罪為殺人罪之減輕犯罪類型，故本罪與普通殺人罪間具有特別關係，本罪為特別規定，普通殺人罪則為一般規定。成立法條競合時，應優先適用特別規定之本罪，排除一般規定之普通殺人罪之適用。

2.本罪與侵害屍體罪

本罪之保護法益，為個人之生命安全；侵害屍體罪之保護法益，則為國民之正常宗教感情，二罪間不具保護法益之同一性，應分別成罪，而依具體情形成立想像競合犯或予數罪併罰。例如，未婚生子，產後發現該嬰兒死亡，遂將其丟棄於附近垃圾桶者，得成立本罪與侵害屍體罪之想像競合犯是。

八、加工自殺罪

第 275 條　受他人囑託或得其承諾而殺之者，處一年以上七年以下有期徒刑。
　　　　　教唆或幫助他人使之自殺者，處五年以下有期徒刑。
　　　　　前二項之未遂犯罰之。
　　　　　謀為同死而犯前三項之罪者，得免除其刑。

(一)立法旨趣

本罪教唆或幫助自殺之行為，其構成要件行為，係教唆或幫助自殺之行為；囑託或承諾殺人之行為，其構成要件行為，則係殺人之行為，而非被害人之自殺行為，性質上並不相同，本罪原將其合併規定為一罪，在立法論上是否妥適，頗受非議。此次修正，鑒於受他人囑託或得其承諾而殺之行為，本質上既為殺人行為，其犯罪情節較為嚴重，而與情節較輕之教唆或幫助自殺行為不同，爰將其分開規定，並調整其法定刑。惟被害人既

囑託或承諾他人加以殺害，顯見其亦有自殺之意思。囑託或承諾以及教唆或幫助，均得認其為自殺之加功行為。因此，學界向來均將本罪稱為「加功自殺罪」或「加工自殺罪」。

㈡可罰性之根據

1.囑託或承諾殺人罪之可罰性根據

受囑託或得承諾而殺人之行為，其構成要件行為，仍係殺人之行為，只因獲有本人之囑託或承諾，而與普通殺人罪不同。何以殺人行為獲有本人之囑託或承諾，即得減輕處罰？實不無斟酌之餘地。人之生命神聖不可侵犯，任何人均不得恣意剝奪他人之生命，縱受被害人之囑託或得其承諾，因被害人對其生命亦無完全之自由處分權，故仍不得為之。因此，立於實質違法性之觀點，囑託或承諾殺人行為之結果反價值與行為反價值，實與一般殺人罪相較，並無軒輊之分，自屬違法行為。現行法之所以將囑託與承諾殺人行為予以減輕處罰，乃因行為人受有囑託或承諾，其殺人之原因或動機，較一般之殺人情形，其非難可能性較低，因而減輕其責任。故獲有本人之囑託或承諾，屬於殺人罪之特別減輕責任事由。

2.教唆或幫助自殺罪之可罰性根據

在現行法上，自殺並不成立犯罪。惟何以對自殺者加以教唆或幫助，卻成立犯罪？其可罰性根據何在？頗有加以推敲之必要。有認為依共犯從屬性理論，自殺者既不處罰，則其教唆或幫助行為，亦無處罰之必要者[13]。

自殺行為，本質上亦為侵害人之生命法益之行為，何以自殺行為不予處罰？其說不一。有認為自殺仍屬違法行為，只因對於自殺者加以非難，過於殘酷，故不令其負責任者。如依此說，則依限制從屬性理論，正犯行為只要具有違法性，雖無責任，共犯亦得成立。故教唆或幫助自殺之加工行為，自得予以處罰。亦有認為自殺屬於放任行為，並未違法。如依此說，欲說明加工自殺罪之處罰根據，即有黔驢技窮之感[14]。蓋人之生命，只有

---

[13]　例如，德國刑法受此理論之影響，並無處罰加工自殺罪之規定。

[14]　按暫行新刑律原案理由，謂「各國往昔自殺之罰頗多，現今此種罰例已不復見，

本人能加以左右，自殺者自由處分其生命法益，自難認其為違法。故對於加工自殺罪之處罰根據，無法以一般共犯之理論加以說明。

對自殺者加以教唆或幫助之行為，固與本人之自殺行為迥異，惟性質上係屬否定他人生命之行為，具有實質之違法性存在，其教唆或幫助行為，仍屬違法行為。同時，自殺既非犯罪行為，則教唆或幫助他人自殺者，亦與教唆或幫助他人實行犯罪行為之教唆犯或幫助犯不同，自不能適用總則有關教唆犯或幫助犯之規定。因此，本罪可罰性之根據，實因其教唆或幫助自殺行為，仍屬否定他人生命之違法行為，屬於對他人生命之一種特殊侵害行為，性質上為獨立之正犯形態。

(三)行為客體

本罪之行為客體，為他人，即行為人以外之自然人。惟本罪之他人，須作限縮解釋，須為能了解自殺或死亡之意義，且具有得自由決定其意思之能力者，始能構成。而普通殺人罪之他人，則僅須具有生命之自然人，即為已足。倘係無自由決定其意思之能力者，如心神喪失者、幼童或在強脅下已失去自由意思者等，則不得為加工自殺罪之客體，應成立普通殺人罪。

但以自殺教唆他人或幫助之或為自殺之人動手者，仍不能無罰。」而暫行新刑律補箋則謂「上古歐洲大陸南部，有獎勵自殺之風，凡年八十以上，不願生存者，得請求政府給予毒藥以自殺，至耶教盛行，則自殺懸為屬禁，其時政教混合，國家遂依據宗教規則，訂成法律，凡自殺既遂者，沒收其財產，不得用禮式安葬，自殺未遂者，則加以處罰，或剝奪其名譽權，現今各國則皆無此辦法。其理由有二：(一)法理上不便。刑罰之極端，不過能令人死，自殺者既不畏死，則刑罰失其效力。(二)實際上不便。自殺既遂，既無處罰之餘地，則可處罰者，惟未遂者耳，未遂者有罰，既遂者無罰，適足以獎勵自殺之既遂，非立法之本意也。故自殺者無論既遂未遂，概不加刑，惟加功者在所必罰耳。」可知現行法不處罰自殺者，乃基於刑事政策之考量，並非承認自殺者對於生命法益擁有處分權。

㈣實行行為

本罪實行行為之態樣，有四個類型。茲分述如次：

1. 囑託殺人

所謂受囑託殺人，乃行為人接受被害人之囑託，而將被害人殺害之行為。囑託須由被害人親自為之，且須該被害人具有普通辨別事理之能力，並有自由及真意之表示。因此，幼兒及高度精神病人之囑託、受強制之囑託以及出於戲謔之囑託，均不發生囑託之效果。惟無責任能力人，倘具有普通辨別事理之能力，則仍得為有效之囑託。此外，囑託之方法，雖無限制，不問其為言語、文書或動作，均屬無妨，惟須出於明示之表示，否則仍不生囑託之效果。

2. 承諾殺人

所謂得承諾殺人，乃行為人獲得被害人之承諾，而將被害人殺害之行為。承諾殺人罪之成立要件，與前述囑託殺人同，惟承諾之表示，不以明示為限，即默示亦屬無妨。得承諾而殺人，須於著手殺人行為前已獲有承諾，倘於殺人行為中途，始獲被害人承諾而續行其殺人行為，則不成立本罪。

至決鬥行為，雖非法之所許，惟決鬥時，雙方事前業已明知會有所死傷，而仍進行決鬥，在通常情形下，實可認其已符合「得其承諾而殺之」之犯罪構成要件，決鬥之一方，將對方殺害者，得成立承諾殺人罪。惟我實務認為，決鬥並非自甘被殺，顯與承諾他人殺己之情形不符❿。

3. 教唆自殺

所謂教唆他人使之自殺，乃對於原無自殺意思之人，唆使其產生自殺之決意，進而實施自殺之行為。

教唆自殺罪為正犯，並非教唆犯，惟其教唆之涵義與方法，則與教唆

---

❿　我實務認為：「決鬥一事，非法所許。被害人當時並無決鬥之意思，被害人抽刀猛刺，既不在決鬥場所，亦非在決鬥進行之中，則被害人之被殺傷，尤非由於所謂決鬥行為所致。蓋決鬥亦非自甘被殺，何能強謂與承諾他人殺己之情形相符。」（最高法院 50 臺上 1946（決））

犯之教唆，並無差異。教唆行為，須對於原無自殺意思之人，唆使其產生自殺之決意；且其方法，亦無限制，無論係勸誘、慫恿、欺罔、脅迫、命令、指示或請求等，皆屬之。通常固多以明示之方法為之，惟以暗示之方法為之者，亦無不可。至其以脅迫或欺罔為教唆者，須自殺者願否自殺，尚未失其自由意思者，始足當之；如已達喪失自由意思之程度者，即非教唆自殺，而應以普通殺人罪論處。倘教唆者主觀上具有殺人之故意，而以教唆自殺之方法，達其殺人之目的時，因被教唆者要否自殺，仍有自由意思之決定能力，與間接正犯將被利用人視為工具或加以行為支配之情形不同，應仍成立教唆自殺罪。

　　我實務認為，教唆他人自殺，係指被教唆人於受教唆後願否自殺，仍由自己之意思決定者而言。如被教唆人之自殺，係受教唆人之威脅所致，並非由於自由考慮之結果，即與教唆他人自殺之情形不同，其教唆者自應依殺人罪論處 ❶❻ 。

4. 幫助自殺

　　所謂幫助他人使之自殺，乃對於已有自殺意思之人，從旁予以物質或精神上之助力，因而促成或便利其自殺之行為。

　　幫助自殺罪為正犯，並非幫助犯，惟其幫助之涵義與方法，亦與幫助犯之幫助，並無差異。幫助行為，須對於已有自殺意思之人，從旁予以物質或精神上之助力，因而促成或便利其自殺；且其方法，亦無限制，其以積極或消極手段，有形或無形之方法，皆無不可。故無論其為物質、精神、言語或動作之助力，均包括在內。例如，對於已決意自殺之人，指示自殺之方法、提供自殺之器具、激勵自殺之勇氣或促成自殺之實行等是。

　　我實務認為，幫助他人自殺罪，須於他人起意自殺後，對於其自殺行為加以助力，以促成或便利其自殺為要件。若事前對於他人因其他原因有所責詈，或縱有欺騙侮辱情事，而於其人因羞忿難堪自萌短見之行為，並未加以助力，僅作旁觀態度，不加阻止者，尚不能繩以幫助他人使之自殺罪 ❶❼ 。

---

❶❻　最高法院 29 上 2014。

　　惟幫助自殺之行為，限於實施殺人行為以外之其他一切幫助行為。倘他人實行自殺時，有直接參與殺人之行為者，例如，於他人飲藥自盡時，協助其將毒藥灌進口中者，應成立殺人罪；如獲有自殺者之囑託或承諾時，應成立囑託或承諾殺人罪，不成立幫助自殺罪。

㈤故　意

1.故意之內涵

　　本罪為故意犯，在教唆自殺，須行為人具有使被害人產生自殺決意之意思；在幫助自殺，除行為人對於被害人之自殺行為具有認識外，尚須認識其精神或物質上之助力，足以促成或便利其自殺，始足當之。在囑託或承諾殺人罪，除行為人對於囑託或承諾具有認識外，尚須有殺人之意思存在，始能成立。至行為人之動機何在，則非所問。其係為謀自己之利益，抑或為免除被害人之苦痛，均無妨於本罪之成立。

2.認識錯誤

⑴囑託或承諾之錯誤

　　①雖無囑託或承諾存在，行為人誤認為有囑託或承諾而加以殺害者，依其所犯，應成立普通殺人罪，惟依其所知，則應成立囑託或承諾殺人罪。依所犯重於所知從其所知之原則，應依囑託或承諾殺人罪處斷。

　　②雖有囑託或承諾存在，行為人誤認為無囑託或承諾而加以殺害者，依其所犯，應成立囑託或承諾殺人罪，惟依其所知，則應成立普通殺人罪。依所犯輕於所知從其所犯之原則，仍應依囑託或承諾殺人罪處斷。

⑵幫助自殺之錯誤

　　被害人並無真正自殺之意思，行為人誤認其有自殺之意思，而實施幫助自殺之行為，致被害人因而自殺者，例如，夫妻吵架時，一方再三揚言要自殺，其實並無真正自殺之意思，行為人信以為真，乃提供毒藥一瓶，致其因而自殺之情形，此種主觀認識之錯誤，對於幫助自殺之故意並無影響，仍應成立幫助自殺罪。

---

❶　最高法院 32 上 187；41 臺上 118。

㈥既遂、未遂

1.著手時期

　　囑託或承諾殺人罪之著手時期，以殺人行為開始時為準，學說並無異見。惟教唆或幫助自殺罪之著手時期，則學說不一。有認為應以教唆或幫助行為開始實施之時者；亦有認為應以自殺者開始實施自殺行為之時者。惟因教唆或幫助自殺罪，性質上屬於獨立之正犯形態，且除教唆或幫助行為外，別無其他實行行為存在，其教唆或幫助行為已有促使或便利他人自殺之危險。因此，應以教唆或幫助行為開始實施之時為其著手時期。如有教唆或幫助行為，縱被教唆者或被幫助者並未實施自殺，亦得成立本罪之未遂犯。

2.既遂時期

　　本罪既遂與未遂之區別，以被害人已否發生死亡之結果為準，被害人已發生死亡結果時，即為既遂。尚未發生死亡結果時，則為未遂。

　　本罪之囑託或承諾殺人，其實行行為仍為殺人行為，故其既、未遂之判斷標準，亦與普通殺人罪同；而有否囑託或承諾存在，僅係殺人罪之特別減輕責任事由，而與本罪既、未遂之判斷無關。

　　至教唆或幫助行為，屬於正犯行為，並非總則所規定之教唆犯或幫助犯，乃係對於他人生命之一種特殊侵害形態。其第 3 項未遂犯規定，其意旨即在處罰此種獨立犯罪類型之未遂情形。教唆或幫助自殺，其重點並非僅在教唆或幫助他人自殺，而係著重於教唆或幫助他人「使之自殺」。因此，倘僅有教唆或幫助行為，雖已有實行之著手，尚須進而有「使」被害人為「自殺」之行為，始足當之。是以教唆或幫助自殺罪之既遂，除須行為人實行教唆或幫助自殺之行為外，尚須被害人果因其教唆或幫助自殺之行為而自殺身亡，方始該當。我實務亦認為，教唆或幫助自殺，應以他人之行為有無結果，即已否死亡為既遂、未遂之標準❶⑧。

---

❶⑧　司法院院字 774。

㈦謀為同死

謀為同死而犯前三項之罪者，得免除其刑（刑 275 IV）。

1. 謀為同死之意義

所謂謀為同死，乃自己與他人同具有自殺之決意，互相謀議，而實施自殺或殺人之行為。謀為同死，為個人免除刑罰之事由。至自己果否自殺以及他人是否因而死亡，則非所問。

我實務認為：「刑法第 275 條第 3 項（現行法第 4 項）之謀為同死而幫助自殺罪不罰未遂犯。被害人之死，並未死於所服之殺鼠藥，乃係臥軌自殺，是與被告謀為同死，僅止未遂之程度，自不負刑事上之責任。」[19]

2. 謀為同死之要件

謀為同死，須具備以下要件：

⑴須共同具有自殺之決意

謀為同死者，須共同具有自殺之決意。倘自己並無自殺之意思，而以訛言詐語騙使他人自殺者，不得免除其刑。我實務認為上訴人自己無自殺之決意，僅虛與委蛇詭稱同死，而使被害人服毒自殺，對於被害人吞服農藥必發生死亡之結果，已有預見，且不違背其本意，自應負殺人之未必故意，論以殺人罪[20]。

⑵須有互相謀議之事實

謀為同死者，須有互相謀議之事實。如未互相謀議，而係以脅迫或欺罔之方式，而使對方失去自由意思者，應成立普通殺人罪。

⑶同謀者須具有普通辨別事理之能力

同謀者須具有普通辨別事理之能力，倘他人顯無自殺之意思能力，自己縱有謀為同死而殺之之意思，不得免除其刑。我實務認為，死者年僅五歲，顯無自殺或囑託或承諾自殺之意思能力，上訴人縱有謀為同死而殺之之意思，亦與刑法第 275 條第 4 項得免除其刑之規定不合[21]。

---

[19]　最高法院 47 臺上 544（決）。

[20]　最高法院 56 臺上 1767（決）。

㈧罪數及與他罪之關係

1.罪數之認定標準

本罪之保護法益，亦為個人之生命安全。生命屬於個人之專屬法益，應分別獨立予以評價。因此，倘被害人為數人者，因其侵害之生命法益為數個，即應成立數罪。

2.教唆自殺罪與幫助自殺罪

教唆他人使之自殺，繼而幫助其自殺者，得同時該當教唆自殺罪與幫助自殺罪。成立法條競合時，應優先適用基本規定之教唆自殺罪，排除補充規定之幫助自殺罪之適用。

3.教唆自殺罪與普通殺人罪

教唆他人使之自殺，自殺未死之際，繼而下手將其殺害者，得同時該當教唆自殺罪與普通殺人罪。成立法條競合時，應優先適用基本規定之普通殺人罪，排除補充規定之教唆自殺罪之適用。

4.教唆自殺罪與囑託承諾殺人罪

教唆他人使之自殺，繼而受其囑託或得其承諾而將其殺害者，得同時該當教唆自殺罪與囑託或承諾殺人罪。成立法條競合時，應優先適用基本規定之囑託或承諾殺人罪，排除補充規定之教唆自殺罪之適用。

九、過失致死罪

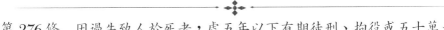

第276條　因過失致人於死者，處五年以下有期徒刑、拘役或五十萬元以下罰金。

㈠行為主體

本罪之行為主體，並無限制，或為普通一般人，或為從事業務之人。所謂從事業務之人，乃指實際上從事於某項特定業務之人，屬於身分犯。

㉑　最高法院 48 臺上 380（決）。

例如，公車或計程車司機、醫師、護士以及修車技工等是。

㈡實行行為

過失致死罪之行為，為行為人違反客觀注意義務所實施之行為，不問其為作為或不作為，均足當之。

至客觀注意義務之內涵，包含結果預見義務與結果迴避義務，而以一般人為標準加以判斷。如就一般人之標準觀之，行為人違反結果預見義務與結果迴避義務，致有疏失行為時，即得認為具有構成要件之過失。

㈢因果關係

本罪為結果犯，須被害人因行為人之過失行為，致生死亡之結果，始得成立。至過失行為與死亡之結果間，須具有因果關係為必要。倘無因果關係存在，因過失犯並無處罰未遂犯之規定，自不成立犯罪。

在過失競合之情形，亦即有二個或二個以上行為人之過失行為競合發生一個犯罪結果。在此情形，其因果關係應如何判斷？亦即究應以哪一個過失行為認定其為實行行為，而與死亡間具有因果關係？學說上向有過失階段說與過失併行說見解之不同。通說採過失併行說，認為凡與結果具有相當因果關係之任何危險行為，均屬於過失犯之實行行為，而與死亡間具有因果關係。例如，甲開車不慎將行人撞倒，隨後開車之乙因超速煞車不及，致將該行人輾斃時，如甲未因其過失行為將行人撞倒，乙縱因有超速之過失行為，亦不會將該行人輾斃；反之，如未有乙之超速過失行為將該行人輾斃，縱因甲之過失行為將該行人撞倒，該行人亦不會被輾斃。因此甲、乙二人均應負過失致死之罪責。

雖然，行為人之過失與被害人自己之過失併合而為危害發生之原因時，雖不能阻卻其犯罪責任，但僅被害人之過失為發生危害之獨立原因者，則行為人縱有過失，與該項危害發生之因果關係已失其聯絡，自難令負刑法上過失之責❷。

---

❷ 最高法院 58 臺上 2145 （決）。

㈣本罪與他罪之關係

過失致死罪與過失輕傷、重傷罪間，具有保護法益之同一性。成立法條競合，應優先適用基本規定之過失致死罪，排除過失輕傷、重傷罪之適用。

第二章　傷害罪

一、犯罪類型

傷害罪之犯罪類型，有第 277 條「輕傷罪」；第 278 條「重傷罪」；第 279 條「義憤傷害罪」；第 280 條「傷害尊親屬罪」；第 281 條「施暴尊親屬罪」；第 282 條「加工自傷罪」；第 283 條「聚眾鬥毆罪」；第 284 條「過失傷害罪」以及第 286 條「妨害自然發育罪」。

二、身體之享有與自由處分權

(一)僅次於生命之重要法益

傷害罪，為傷害他人身體或健康之犯罪。傷害罪，須被害人發生傷害之結果，始能成罪，性質上屬於實害犯。身體為生命之所寄，無身體存在，生命即無所附麗。故身體安全，在個人法益中，為僅次於生命之最重要法益。

(二)非純粹之個人法益

身體之享有者，自己傷害其身體時，即所謂自傷行為，刑法上並無處罰之規定，而不成立犯罪。惟是否因自傷行為不成立犯罪，在刑法上即得承認個人對其身體擁有自由處分權？實不無疑問。如認個人對其身體擁有自由處分權，則其囑託或承諾他人傷害自己身體之行為，乃為其自由處分權之行使，自得阻卻違法，不應成立犯罪。惟觀諸我刑法將受囑託或得承諾而傷害之行為，其僅導致輕傷者，雖可不罰，但成重傷或致死者，則仍予以處罰；在特別法上，例如，妨害兵役治罪條例（第 3、4、5、6、7 條）對於意圖妨害兵役，而毀傷身體之行為，亦以刑罰相繩。足徵我刑法對於個人之身體，並不承認身體之擁有者具有完全之自由處分權，亦即在輕微傷害身體之限度內，除特別法外，在刑法上雖承認個人對身體擁有自由處

分權，但如有重大侵害身體或健康者，仍不承認個人對身體擁有自由處分權。因此，身體安全之法益，在刑法上仍受有一定之限制，並非純粹之個人法益。

三、輕傷罪

第277條　傷害人之身體或健康者，處五年以下有期徒刑、拘役或五十萬元以下罰金。

　　　　　　犯前項之罪因而致人於死者，處無期徒刑或七年以上有期徒刑；致重傷者，處三年以上十年以下有期徒刑。

㈠立法瑕疵

　　傷害，原包含輕傷與重傷二種情形在內。凡不屬於刑法第10條第4項重傷之定義者，即為輕傷。本條第1項法文規定「傷害人之身體或健康者」，在解釋上，依傷害之文義，本可將輕傷或重傷二種情形，皆賅括在內。但觀諸本條第2項設有「致重傷者」加重結果犯之規定以及第278條另設有重傷罪之規定，可知本條所定之「傷害」，應作限縮解釋，專指輕傷之情形而言。我實務對此情形，均以普通傷害稱之，罪名亦稱為普通傷害罪。惟輕傷與重傷乃為相對之用語，本條傷害之涵義既指輕傷而言，不如將本罪逕稱為輕傷罪，法文上，亦可修訂為「輕傷人之身體或健康者，……」較能清楚區分輕傷與重傷兩者規定之差異。

㈡行為客體

　　本罪之行為客體，為人之身體或健康。所謂人，解釋上，乃指行為人以外有生命之自然人，包含出生前已具有獨立存活能力之生命體在內。至無生命之法人，不得為本罪之客體。行為人傷害自己身體之自傷行為，除特別法，如妨害兵役治罪條例有處罰之規定外，在解釋上可認其因欠缺構成要件該當性，而不成立輕傷罪。

1. 身體及健康之意義

身體，指人生理之有形組織，著重於五官四肢或五臟六腑等之器官本身。至裝置於身體而成為其一部之義足、義手、義眼、假髮、假牙或鋼骨等，是否屬於身體之一部，則應視情形而定。如已與身體密切結合，非毀損身體，即無法予以分離者，應視其為身體之一部分。反之，如未毀損身體，即得輕易分離者，則屬於物，而非身體。例如，得隨時取下清洗之假髮或假牙是。至因移植之目的而由身體所摘取之器官，自其與身體分離之時，已非身體之一部，如予以毀損，不成立傷害罪。

健康，指人生理與精神之健全狀態，著重於五官四肢或五臟六腑等之機能作用。如使人產生精神障礙或其他心智缺陷之情形，即有損其健康。

2. 胎兒之傷害

對於尚未具有獨立存活能力之胎兒，如因故意或過失予以侵害，致波及出生後之人，而有殘障或畸形之情形，在刑法上究應如何處理？例如，婦產科醫師為高齡產婦實施絨毛膜篩檢手術，致胚胎發育成形時，兩側下肢缺損之情形是。

⑴學說見解

對此問題，學說見解不一。有認為胎兒生命或身體之安全，屬於墮胎罪保護之對象。行為人實施侵害行為時，仍為胎兒，除可能成立墮胎罪外，不另成立他罪者。有認為對胎兒加以侵害，致波及出生後之人的生理機能，得成立傷害罪者。亦有認為胎兒為母體之一部，侵害胎兒即為侵害母體，應成立母體之傷害罪者。

⑵立法解決

惟為隨著醫學之進展，現在在醫學上已將胎兒與母體認為係二個獨立之生命體，胎兒雖依存於母體而存在，惟與母體各具有獨立之器官，並不屬於母體之一部分❶；且刑法僅規定對人之傷害，對於胎兒之傷害，並無處罰明文。縱其傷害影響及於出生後之人，惟此係其傷害之結果，實施傷害行為時之客體，僅為胎兒，仍欠缺傷害罪之構成要件該當性，不應成立

---

❶　刑法對孕婦自行墮胎之行為，亦設有處罰規定（刑288），足微胎兒與母體有別。

傷害罪。倘為保護胎兒身體之安全，僅能於立法上尋求解決之道，在解釋上，強行將傷害胎兒之行為，以傷害罪相繩，似非正確解釋法律之方法。

㈢實行行為

本罪之實行行為，為傷害。所謂傷害，須限縮解釋，指輕微傷害身體之行為，亦即對於身體之有形組織與生理機能產生妨害，或導致人之精神障礙或其他心智缺陷之行為。茲分述如次：

1.傷害之意義

⑴傷害之學說

傷害之意義如何，學說見解，頗為分歧。歸納言之，約有以下三說：①生理機能障礙說：此說立於生理學之觀點，認為使人之生理機能發生障礙，或使健康狀態導致不良變更者，即為傷害。倘僅使外貌發生變更者，例如，剔掉眉毛、剪光頭髮等，因對其生理機能並無影響，則非傷害。②身體完全性侵害說：此說處於外觀物理變化之觀點，認為凡有害於人身體之完全性者，即為傷害。因此，不僅妨害生理之正常機能或不良變更健康狀態，屬於傷害，即改變身體之外貌者，亦為傷害。例如，刮掉鬍鬚、碰斷指甲等，均屬於傷害。③折衷說：此說立於前二說之折衷觀點，認為妨害人之正常生理機能或使其形體發生重大變化者，即為傷害。

依身體完全性侵害說，則碰斷指甲等輕微形體之侵害，亦認其屬於傷害，顯過度擴張傷害之概念，有違常情；依折衷說，其所謂使形體發生重大變化者，亦為傷害，則侵害達於何種程度始為重大變化，其判斷標準不明，易滋爭議。

⑵通說及實務見解

通說及實務見解，均採生理機能障礙說。例如，我實務認為強行剪去他人頭髮，尚不能構成刑法上之犯罪是❷。

輕傷罪，除傷害人之身體外，尚包含健康在內。生理機能障礙說，認為使人之生理機能發生障礙，或使健康狀態導致不良變更者，即為傷害。

---

❷　司法院院解 3711。

其使健康狀態導致不良變更者，例如，以言語加以刺激，致對方罹患憂鬱症之情形是。因此，凡是對於身體之有形組織與生理機能產生妨害，或導致人之精神障礙或其他心智缺陷，尚未達重傷之程度者，均得認其為傷害。

2.輕傷之方法

輕傷之方法，並無限制。無論係有形或無形、作為或不作為、直接或間接之方法，均足當之。有形之方法，例如，以刀片割傷他人之皮膚是；無形之方法，例如，施詐使其誤掉陷阱，以致負傷是。作為之方法，例如，以木棒毆擊，致人受傷是；不作為之方法，例如，不延醫治療，以致健康狀態惡化是。直接之方法，例如，親持武器將人打傷是；間接之方法，例如，唆犬咬人是。

(四)輕傷與暴行

輕傷行為，雖不限於暴行，但通常均以暴行為之。暴行，即強暴行為之簡稱，一般稱為暴力，在刑法上稱為強暴，在社會秩序維護法上則稱為暴行。惟暴力與強暴或暴行，在概念上仍有些許差異。暴力，乃物理學上有形力或物理力之單純行使行為；強暴或暴行，乃指有形力或物理力之不法行使而言，係經規範評價後所得之法律概念。如非不法行使有形力或物理力，尚難認其為強暴或暴行。例如，摔角、柔道或拳擊等有形力或物理力之行使，雖屬於暴力，但並非法律上之強暴或暴行是。

暴行雖為傷害行為通常所使用之手段，但暴行與傷害兩者在刑法上之評價，則有差異。單純之暴行，除刑法第 281 條施暴尊親屬罪外，並非刑法所處罰之犯罪行為；傷害行為，則可能成立輕傷或重傷罪。因此，暴行與傷害間之區別，每成為學界所討論之議題。

1.暴行之意涵

(1)有形力或物理力之範圍

暴行，係對人或物為有形力或物理力之不法行使。至何謂有形力或物理力？學說意見不一。其基於力學之作用者，例如，拳打腳踢或推撞拖拉等，固為有形力或物理力；惟基於化學或生理之作用，例如，病菌、毒物、

腐敗物、麻醉藥等；或基於能量之作用，例如，光、熱、電氣、毒氣、音聲等以及利用他力之作用，例如，利用動物、植物、昆蟲等，是否亦屬於有形力或物理力？則不無疑義。

將有形力或物理力之範圍，僅限於拳打腳踢等基於力學之作用，似嫌過於狹隘；惟將有形力或物理力之範圍，擴及因五官之作用而產生不快或痛苦之性質者，均涵蓋在內，範圍亦嫌過廣，不僅易使暴行與脅迫或恐嚇之概念，混淆不分；且與一般社會觀念，亦嫌扞格不合。因此，所謂有形力或物理力，固可將力學、化學、生理及他力等所產生之作用，均包括在內。惟因此等作用所生不快或痛苦之感覺，須在客觀上為一般人所難以忍受，而對人之身體或健康有侵害之虞者，始屬之。因而，諸如拳打腳踢、推摔碰撞、食物下毒、唆犬追咬、強光照射、惡臭熏鼻、裝鬼嚇人、感染性病或噪音干擾等，均可認其屬於暴行之範圍。

⑵**無形力之行使**

暴行須為有形力或物理力之不法行使，如係以無形力為之者，則非暴行。因此，使用辱罵、侮辱、諷刺等無形力（即所謂語言暴力），使他人之聽覺等作用產生不快或痛苦之感覺，或頻繁打電話給他人而噤聲不語，造成他人精神之緊張或困擾者，均非暴行。

2.**暴行與傷害之區別**

⑴**暴行與傷害概念之差異**

如前所述，輕傷行為之態樣，可以有形、無形；作為、不作為或直接、間接方法為之；而暴行之態樣，則限於以有形力或物理力之方法為之，兩者之內涵，不盡相同。因此，傷害之涵義較廣，暴行僅屬於傷害行為之一種行為態樣。

就有形力或物理力之行使而言，暴行與輕傷，皆為對人之身體加以不法攻擊之行為。依「生理機能障礙說」，其有形力或物理力之行使，如已妨害人之正常生理機能時，即為傷害；否則，即為暴行，兩者屬於質之區別。而依「身體完全性侵害說」，其有形力或物理力之行使，則以其是否達於毀損人身體之完全性，為暴行與傷害之區別標準。其毀損程度大者，為傷害；

程度小者，則為暴行，兩者屬於量之差異。

(2)以行為之結果為區別標準

生理機能障礙說為通說及實務所採之主張，因而傷害行為如以暴行作為手段時，傷害與暴行之區別，無法自行為手段本身加以區分，只能以其行為之結果作為區別之標準。倘對人之身體加以攻擊，未生輕傷之結果，亦即對於身體之有形組織與生理機能尚未產生妨害，或尚未導致人之精神障礙或其他心智缺陷者，為暴行；如已生輕傷之結果，亦即已對於身體之有形組織與生理機能產生妨害，或已導致人之精神障礙或其他心智缺陷者，則屬於輕傷之範圍。故傷害與暴行之區別，得以其有形力或物理力之行使已否造成輕傷之結果為準。例如，刮人耳光，使其臉上稍微紅腫者，為暴行；如致其牙齦出血者，因已妨害正常之生理機能，則為傷害。又如，製造噪音，使人睡不安枕、坐不安席者，為暴行；如因而使人神經衰弱或心臟病發者，則為傷害等是。

3.極輕微之生理機能障礙與傷害

生理機能之障礙極為輕微，在日常生活中，不足引起一般人之重視者，尚難認其為傷害。蓋不論係暴行或輕傷，均屬於法律概念，非物理學或醫學上之概念，兩者在意涵上未必一致。因此，在醫學上得予認為係創傷或病變者，在刑法之概念構成上，並非均得認其為傷害。倘在日常生活上，依一般社會觀念，均認為極端輕微，並未達於值得重視之程度者，例如，輕微之破皮、紅腫或縱未治療短時間即可痊癒之病痛者，在醫學上縱使認其為創傷或病變，在刑法上仍無認其為傷害之必要，僅認其為暴行之當然事態即可。

(五)故　意

1.輕傷故意

本罪為故意犯，自以具有輕傷之故意為必要。行為人以輕傷之故意而為有形力或物理力之不法行使，尚未生輕傷之結果者，因刑法並無處罰輕傷未遂之規定，僅能認其為暴行，不能成立犯罪。

2.施暴致傷

行為人僅具暴行之故意，致生輕傷之結果者，是否亦得成立輕傷罪？則不無疑問。例如，推人一把，致其撞及牆壁，因而手臂破皮流血之情形是。此種基於暴行之故意，而發生輕傷之結果，即所謂「施暴致傷」之情形。惟對人之身體不法行使有形力或物理力，往往會導致輕傷之結果，每為一般人所能預見，既能預見，仍有意為之，至少亦得認其具有輕傷之未必故意。因而，施暴行而生輕傷之結果者，仍得成立輕傷罪。

㈥結　果

本罪為結果犯，故我實務認為，傷害罪，以有傷害人之意思並發生傷害之結果者，始能成立。若加害者以傷害人之意思而加暴行，尚未發生傷害之結果，除法律對於此項暴行另有處罰規定者外，自不成立何種罪名 ❸。

㈦加重結果

1.預見可能性

本罪設有輕傷致死罪與輕傷致重傷罪之加重結果犯。輕傷致死罪與輕傷致重傷罪之成立，須其輕傷行為與被害人之死亡或重傷結果之發生，具有因果關係之聯絡為必要。蓋加重結果犯之成立，除須重結果與構成要件行為間具有因果關係之聯絡外，尚須行為人能預見重結果之發生。所謂能預見，乃指客觀情形下行為人有無預見之可能而言，與行為人主觀上有無預見之情形不同；若行為人主觀上有預見，而結果之發生又不違背其本意時，則屬故意範圍。

我實務認為，刑法第 17 條所謂行為人不能預見其結果之發生者，係指結果之發生出於偶然，為行為人所不能預見者而言。上訴人對於被害人臀臀各部以腰帶抽擊，原無致死之決心，顧傷害係破壞人身組織之行為，其受傷後因治療無方而致死亡，究非不能預見之偶然結果，該被害人受傷後既因調治無效身死，上訴人自應負傷害致人於死之罪責。❹

---

❸　最高法院 23 上 763。

2.特殊情事之介入

此項因果關係之存否，如行為時存有被害人之特殊情事或行為後有特殊情事介入時，其因果關係之判斷，則不無疑義。我司法實務之見解，不無參考之價值。茲分述如次：

(1)行為時存有被害人之特殊情事者

行為時如存有被害人之特殊情事者，我實務認為，被害人因被毆而忿激，痰壅氣閉身死，加害者之實施暴行，既為激發痰壅氣閉之原因，則其加害之行為與死亡之結果，顯有相當聯絡關係，不能不負輕傷致死之責。又如傷害後，因被追毆情急落水致生死亡之結果，其追毆行為，即實施傷害之一種暴行，被害人之情急落水，既為該項暴行所促成，自不得不認為因果關係之存在❺。

(2)行為後有特殊情事介入者

行為後如有特殊情事介入者，我實務認為，傷後如因自然力之介入，致助成傷害應生之結果；傷後因精神虧乏，致原有之營養不足以抵禦外來之凍餒；傷後因營養不佳，致傷口不收久而潰爛以及身體瘦弱、傷後因不能自主，致跌磕成傷身死等等，則其傷害之原因與死亡之結果，即不能謂無相當因果關係❻。惟若被害人所受傷害，原不足引起死亡之結果，係因加害者以外之他人行為（包括被害人或第三人）而致死亡，則該死亡結果與加害者之行為，並無相當因果關係，自難令其負傷害人致死之罪責。

(八)罪數及與他罪之關係

1.罪數之認定標準

本罪之保護法益，為個人之身體安全。身體安全法益為個人之專屬法益，應分別獨立予以評價。因此，倘被害人為數人者，因其侵害之身體法

---

❹　最高法院 47 臺上 920；24 上 1403。

❺　最高法院 21 上 206；22 上 674。

❻　最高法院 19 上 1438；19 上 1592；19 上 1956；22 上 3589；28 上 3268；32 上 2548。

益為數個，即應成立數罪；被害人為一人，且其所實施之輕傷行為係一個時，因係對一個身體法益為一次之侵害，應為單純一罪。

2.輕傷罪與輕傷致死罪、輕傷致重傷罪

輕傷罪與輕傷致死罪、輕傷致重傷罪具有特別關係，輕傷致死罪、輕傷致重傷罪為特別規定，輕傷罪為一般規定。成立法條競合時，應優先適用輕傷致死罪、輕傷致重傷罪之特別規定，而排除輕傷罪之一般規定之適用。

3.輕傷罪、重傷未遂罪與殺人未遂罪

輕傷罪、重傷未遂罪與殺人未遂罪三者，在外觀上極難分辨，故三者之區別，須視其犯意如何而定。行為人如以輕傷之故意，而發生輕傷之結果，成立普通輕傷罪。如以重傷之故意，而發生輕傷之結果，成立重傷未遂罪。如以殺人之故意，而發生輕傷之結果，則成立殺人未遂罪。

四、重傷罪

第278條　使人受重傷者，處五年以上十二年以下有期徒刑。

犯前項之罪因而致人於死者，處無期徒刑或十年以上有期徒刑。

第一項之未遂犯罰之。

㈠行　為

本罪之構成要件行為，為使人受重傷。使人受重傷之方法，並無任何限制，不問有形或無形、作為或不作為、直接或間接之方法，凡足以使人受重傷者，均屬之，不以實施暴行為限。至重傷之涵義，依刑法第10條第4項規定，除毀敗外，尚包含嚴重減損之情形在內。例如，毆人眼睛，因視神經受損，雖仍有微光，但已無法清晰視物之情形是。

㈡故　意

本罪為故意犯，行為人須有重傷之故意，始能成立。惟在重傷致死罪，對於被害人致死之加重結果，行為人主觀上無須認識，只須在客觀上具有認識之可能性，即足成罪。

㈢既遂、未遂

本罪之未遂犯罰之。既遂、未遂之區別，以被害人已否發生重傷之結果為準。如尚未發生重傷之結果者，即為未遂。輕傷亦屬於重傷未遂之一種態樣，兩者之區別，依司法實務見解，須以其主觀上之故意內容為準。例如，使人受重傷未遂與普通傷害之區別，應以加害時有無致人重傷之故意為斷。至於被害人受傷之部位以及加害人所用之兇器，有時雖可藉為認定有無重傷故意之心證，究不能據為絕對之標準。又如用硫酸潑灑被害人之面部，顯有使其受重傷之故意，雖被害人及時逃避，僅面部胸部灼傷，疤痕不能消失，雙目未致失明，自亦無解於使人受重傷未遂之罪責❼。

㈣本罪與他罪之關係

1.本罪與重傷致死罪

本罪與重傷致死罪間，具有特別關係，本罪為一般規定，重傷致死罪為特別規定。成立法條競合時，應優先適用特別規定之重傷致死罪，排除一般規定之重傷罪之適用。

2.本罪與輕傷致重傷罪

本罪與輕傷致重傷罪間，具有補充關係，本罪為基本規定，輕傷致重傷罪則為補充規定。成立法條競合時，應優先適用重傷罪之基本規定，排除補充規定之輕傷致重傷罪之適用。

---

❼　最高法院 55 臺上 1703；51 臺上 600。

五、義憤傷害罪

第 279 條　當場激於義憤犯前二條之罪者，處二年以下有期徒刑、拘役或二十萬元以下罰金。但致人於死者，處五年以下有期徒刑。

(一)立法瑕疵

　　本罪係當場激於義憤犯前二條之罪而成立。所謂前二條之罪，解釋上包含前二條所規定之各種輕傷與重傷之犯罪在內。行為人當場激於義憤而實施傷害行為者，雖得因違法性之降低而減輕其處罰，惟不問其主觀上係基於輕傷或重傷之故意，客觀上造成輕傷或重傷之結果，只須激於義憤而實施，均適用相同之法定刑加以處罰，似有違罪刑均衡原則之嫌。

(二)實行行為

　　本罪實行行為之態樣，包含輕傷與重傷行為在內。易言之，當場激於義憤而實施輕傷或重傷行為者，均得成立本罪。

(三)本罪與輕傷罪、重傷罪之關係

　　本罪為輕傷罪、重傷罪之一種減輕犯罪類型，義憤傷害之行為，得同時該當輕傷罪、重傷罪與義憤傷害罪。成立法條競合時，應優先適用特別規定之義憤傷害罪，排除一般規定之輕傷罪、重傷罪之適用。

六、傷害尊親屬罪

第 280 條　對於直系血親尊親屬，犯第二百七十七條或第二百七十八條之罪者，加重其刑至二分之一。

　　傷害尊親屬罪，其構成要件之行為態樣，為輕傷或重傷行為。法文規定「犯第二百七十七條或第二百七十八條之罪」，則凡以輕傷故意，使尊親

屬受輕傷或因而致重傷或致死；或以重傷之故意，使尊親屬受重傷或因而致死者，均得加重其刑至二分之一。

七、施暴尊親屬罪

第281條　施強暴於直系血親尊親屬，未成傷者，處一年以下有期徒刑、拘役或十萬元以下罰金。

㈠傷害罪之補充規定

　　本罪須行為人所施強暴行為，未使被害人發生傷害之結果，始能成立；倘已生傷害之結果，則已屬輕傷罪或重傷罪之成立範圍。故本罪之性質，乃侵害身體法益之抽象危險犯；而傷害罪，則係侵害身體法益之實害犯，兩者罪質有異。因此，本罪在性質上，為傷害罪之補充規定，須未成傷者，始有本罪成立之可能。如施暴已成傷者，應依法條競合之法理，適用其他傷害罪之相關規定處罰。

㈡行為客體

　　本罪之行為客體，以行為人之直系血親尊親屬為限，其旁系血親尊親屬或直系姻親尊親屬，自不及之。至非婚生子女之生母以及生父、養親關係存續中之養父母以及本生父母，亦均得為本罪之客體。

㈢實行行為

　　本罪之實行行為，為施強暴之行為。所謂施強暴，舉凡因力學、化學、生理及他力等作用所生，而足使他人產生不快或痛苦之感覺，在客觀上為一般人所難以忍受，而對人之身體或健康有傷害之虞者，均屬之。例如，與尊親屬爭吵時，用手推其身體或刮其耳光等是。所謂「足使他人產生不快或痛苦之感覺」，不以他人現實上有立即察覺之不快或痛苦為限；其雖未使他人立即產生不快或痛苦之感覺，如超音波或輻射線之使用，亦屬之。

如前所述，暴行與傷害，皆為對人之身體加以不法攻擊之行為。對人實施暴行，每易發生傷害之結果，亦為一般人所能預見，既能預見暴行可能造成傷害之結果，仍有意為之，至少亦具有輕傷之未必故意。對尊親屬施暴行而生輕傷之結果者，已成立輕傷尊親屬罪；倘未生傷害之結果者，其性質仍屬輕傷未遂行為之特別態樣，因輕傷未遂為法所不罰，應成立施暴尊親屬罪。

㈣故　意

本罪為故意犯，行為人在主觀上須認識其為直系血親尊親屬，而有施暴之故意，始能成罪。如行為人並未認識其為直系血親尊親屬而施暴未成傷者，並不成立本罪。

㈤本罪與他罪之關係

1.本罪與輕傷罪

施強暴於直系血親尊親屬，因而成傷者，得成立本罪與輕傷罪。成立法條競合時，應優先適用基本規定之輕傷罪，排除補充規定之施暴尊親屬罪之適用。

2.本罪與重傷罪

施強暴於直系血親尊親屬，因而成重傷者，得成立本罪與重傷罪。成立法條競合時，應優先適用基本規定之重傷罪，排除補充規定之施暴尊親屬罪之適用。

八、加工自傷罪

第282條　受他人囑託或得其承諾而傷害之，因而致死者，處六月以上五年以下有期徒刑；致重傷者，處三年以下有期徒刑。

教唆或幫助他人使之自傷，因而致死者，處五年以下有期徒刑；致重傷者，處二年以下有期徒刑。

㈠立法旨趣

本罪囑託或承諾傷害之行為，其構成要件行為，係傷害行為，而非被害人之自傷行為；教唆或幫助自傷之行為，其構成要件行為，則係教唆或幫助行為，性質上雖略有不同，惟被害人既囑託或承諾他人加以傷害，顯見其亦有自傷之意思。囑託或承諾以及教唆或幫助，均得認其為自傷之加功行為。因此，本罪學界向來均以「加功自傷罪」或「加工自傷罪」名之。

㈡行為客體

本罪行為客體之他人，亦與加工自殺罪同，不但限於行為人以外之自然人，且須為能了解自傷或傷害之意義，具有得自由決定其意思之能力者。倘係無自由決定其意思之能力者，如心神喪失之人、幼童或在強脅下已失自由意思者，則不得為加工自傷罪之客體，應逕依傷害罪論處。

㈢實行行為

本罪實行行為之態樣，有四種類型。茲分述如次：

1. 囑託傷害

所謂受他人之囑託而傷害之，乃行為人接受被害人之囑託，而傷害被害人身體或健康之行為。

我刑法對於個人之身體，並不承認身體之擁有者具有完全之自由處分權，其囑託或承諾他人加以傷害，如致生重傷或死亡之結果，受囑託或得承諾之行為人仍不能阻卻其傷害行為之違法性，僅得因受有囑託或得有承諾，非難可能性較為輕微，而得減輕其刑。如僅發生輕傷之結果，雖已具備輕傷罪之構成要件該當性，但因受有囑託或得有承諾，即得阻卻輕傷罪之違法性而不成罪。故在輕傷範圍內，現行刑法仍容許本人擁有法益處分權。

2. 承諾傷害

所謂得他人之承諾而傷害之，乃行為人獲得被害人之承諾，而傷害被

害人身體或健康之行為。此種承諾傷害之情形，得否成立傷害罪，不能一概而論。約有以下四種類型：

⑴治療傷害

醫師對於病人所實施之治療行為，如外科手術、投藥、照射放射線等所造成之傷害，如獲有病人之同意時，不成立傷害罪；如未得病人之同意時，即所謂專斷之治療行為，除法律另有規定或有緊急情形外，原則上不能阻卻違法。

⑵移植傷害

得被害人之同意，摘取器官，施行移植手術，得阻卻違法（人體器官移植條例 8）。

⑶輕微傷害

得被害人之囑託或承諾而為輕微傷害之行為，如刺青等，亦得阻卻違法，不成立犯罪。

⑷違法傷害

雖獲有被害人之承諾，惟基於違法之目的而為者，是否可罰？學說甚為分歧。德國刑法（第 226 條 a）規定，傷害行為，須違反善良風俗時，始為違法；美國模範刑法 (2.11–21a) 規定，對於重大傷害，縱有同意，仍成立傷害罪。我刑法對受囑託或得承諾而成重傷或致死者，規定成立囑託或承諾傷害罪，予以處罰。

3.教唆自傷

所謂教唆他人使之自傷，乃對於原無自傷意思之人，唆使其產生傷害之決意，進而實施自行傷害之行為。

在現行刑法上，自傷原屬於放任行為，不成立犯罪。惟人之身體，為個人之專屬法益，在輕微身體法益範圍內，現行刑法雖容許本人擁有法益處分權，例如，以刀片劃破皮膚，或以水果刀切掉一根手指等是。因而，教唆或幫助他人自行實施輕傷之行為，雖不成立犯罪；但重大之身體法益，仍不許本人任意自由處分；如對本人自行實施重傷加以教唆或幫助者，性質上更與本人之自傷行為迥異，故仍具有實質之違法性。

　　惟自傷既非犯罪行為，則教唆他人自傷者，自與教唆他人犯罪之教唆犯有異，乃屬於獨立之行為形態，且為對他人身體之一種特殊侵害形態，自不適用總則有關教唆犯之規定。至意圖妨害兵役，而故毀身體者，妨害兵役治罪條例既將其規定為犯罪行為，則教唆他人故毀身體者，自得成立教唆故毀身體罪，性質上為共犯，此與本罪之教唆自傷為正犯者有別，且其保護法益亦互不相同，應依想像競合犯，從其一重處斷。幫助自傷之情形，亦同。

4. 幫助自傷

　　所謂幫助他人使之自傷，乃對於已有傷害決意之人，從旁予以物質或精神上助力，因而促成或便利其實施自行傷害之行為。

　　幫助自傷之方法，並無限制，其以積極或消極手段、有形或無形之方法，皆無不可。故無論其為物質、精神、言語或動作之助力，均包括在內。例如，對於已決意自傷之人，指示自傷之方法、提供自傷之器具、激勵自傷之勇氣或促成自傷之實行等是。幫助自傷，亦為獨立且為特殊之行為形態，不適用總則有關幫助犯之規定。

　　惟幫助自傷，限於實施傷害行為以外之一切幫助行為。倘他人實行自傷時，有直接參與傷害本身之行為者，例如，於他人賭博輸錢，擬斷掌示其決心時，持尖刀將其手掌砍斷者，如獲有自傷者之囑託或承諾時，應成立囑託或承諾傷害罪，並非幫助自傷罪。

(四)本罪與他罪之關係

1. 教唆自傷罪與幫助自傷罪

　　教唆自傷罪與幫助自傷罪，具有補充關係，教唆自傷罪為基本規定，幫助自傷罪為補充規定。成立法條競合時，應優先適用基本規定之教唆自傷罪，排除幫助自傷罪之適用。

2. 本罪與輕傷致重傷罪、輕傷致死罪

　　本罪與輕傷致重傷罪、輕傷致死罪，具有補充關係，輕傷致重傷罪、輕傷致死罪為基本規定，本罪為補充規定。成立法條競合時，應優先適用

基本規定之輕傷致重傷罪、輕傷致死罪，排除加工自傷罪之適用。

九、聚眾鬥毆罪

第283條　聚眾鬥毆致人於死或重傷者，在場助勢之人，處五年以下有期徒刑。

(一)助勢與幫助

　　聚眾鬥毆時，除下手實施傷害者外，其在鬥毆現場助張聲勢之行為，頗類似於精神幫助犯。惟幫助犯須對於特定正犯之特定犯罪行為予以物質上或精神上之助力，始能成立。在聚眾鬥毆之現場助勢行為，如係以特定人及特定罪為對象者，固得處以幫助犯；惟一般聚眾鬥毆，其所助勢之對象，通常並非特定之鬥毆者，有時亦非特定之犯罪；且在聚眾鬥毆之現場，場面混亂，其究係幫何一鬥毆者助勢，亦無從分辨，致無從依總則幫助犯之規定予以論處。因此，本法爰將在場助勢行為規定為獨立之犯罪行為，予以處罰。

(二)助勢之性質

　　本罪之保護法益，為生命與身體之安全。在場助勢之行為，足以刺激鬥毆者之心理與氣氛，且易擴大鬥毆之規模與程度，其行為本身已具有獨自之危險性。因此，助勢之性質，屬於侵害生命、身體法益之抽象危險犯。

(三)行為主體

　　本罪之行為主體，為在場助勢之人。在場助勢者，僅係於聚眾鬥毆之現場，在旁助張聲勢，既未下手實施，亦未從旁予以物質上之幫助，如更進而下手實施傷害，則仍依傷害各條之規定處斷。

㈣實行行為

本罪之實行行為為在場助勢。所謂在場助勢，乃於聚眾鬥毆之現場，在旁助張聲勢之行為。其為口頭或行動，均非所問。例如，在旁吆喝或聲援之情形是。行為人只須有在場助勢之行為，即為已足，其是否有助於鬥毆之實施，對於本罪之成立，並無影響。

行為人助勢之對象，雖不論其為聚眾鬥毆之一方或雙方，惟須為聚眾之不特定人或不特定之犯罪，如係為其中之特定行為人之特定犯罪助勢者，則仍應依幫助犯之規定處斷。此外，行為人之行為，須僅止於助勢，並未下手實施鬥毆。如於助勢行為外，更進而參與鬥毆者，則與聚眾鬥毆者之刑責相同，應視其具體情形，成立輕傷罪、輕傷致重傷罪或輕傷致死罪之共同正犯或同時犯；其助勢行為，即為傷害行為所吸收，不另論罪。

㈤行為情狀

本罪之行為情狀，為聚眾鬥毆。所謂聚眾鬥毆，乃不特定之多數人聚集在一起而互相爭鬥毆擊，即一般所謂打群架之情形。參與聚眾鬥毆之行為人，或基於暴行之故意，或基於傷害之故意，而實施鬥毆行為。參與聚眾鬥毆之行為人如有殺人或重傷之直接或未必故意，則其行為已不止於鬥毆，自非本條所能包括❽。

所聚之眾，雖無限制，惟須一方或雙方為多數人，始能成立。此所謂多數人，應否限於不特定之多數人？特定之多數人，有否包括在內？學說不無異見。我實務認為，參與鬥毆之多數人，須有隨時可能增加之狀況，如係事先約定，並無隨時可以增加之狀況，則與聚眾鬥毆之情形不合❾。

惟聚眾鬥毆之行為，本質上為聚眾犯，須一方或雙方聚集多眾，始能成立。多眾之涵意，實與公眾同，在解釋上，應包含不特定之多數人以及特定之多數人在內。因此，所聚集之多眾，既包含特定之多數人在內，自

❽　最高法院 26 渝上 243。

❾　最高法院 28 上 621。

不以有隨時可能增加之狀況為必要。

㈥行為結果與客觀處罰條件

本罪所規定之「致人於死或致重傷」，究係結果犯之結果抑或為客觀處罰條件，論者不一。有認其為結果犯之結果者；有認其為客觀處罰條件者。

所謂客觀處罰條件，乃犯罪成立後，客觀上賦予刑罰權之條件。此項條件之存在，並非犯罪構成要件之要素，故與犯罪之成否無關，不僅行為人在主觀上無認識之必要，且與行為人行為之規範評價無涉，行為人對於此項條件之存否，並無左右之能力。

因此，本罪之「致死或致重傷」，雖為聚眾鬥毆者下手實施傷害行為之結果，惟就在場助勢者而言，此項「致死或致重傷」之結果，並非在場助勢之行為所造成，且在場助勢之人，並未下手實施傷害行為，亦無發生「致死或致重傷」結果之可能。職是，本罪之「致死或致重傷」，在性質上，就下手實施傷害者而言，乃為其行為之結果；就在場助勢者而言，則為在場助勢者之客觀處罰條件。

㈦故　意

本罪為故意犯，下手實施傷害者在主觀上須有暴行或傷害之故意；在場助勢者則須有助勢之故意，始能成立本罪。至其為直接故意抑或未必故意，則非所問。

㈧罪數及與他罪之關係

1.罪數之認定標準

在場助勢者，如僅有一個在場助勢行為，固得依想像競合犯處理。如有數次在場助勢行為，亦應就其具體狀況，依接續犯處理或予以併合論罪。至在場助勢者有數人時，應依在場助勢之共同正犯或同時犯處罰。

2.在場助勢罪與輕傷罪、重傷罪

在場助勢罪與輕傷罪、重傷罪間，均在保護個人身體之安全，具有侵

害法益之同一性。惟本罪在場助勢之性質，屬於抽象危險犯；輕傷罪、重傷罪，則為實害犯。因此，在場助勢罪與輕傷罪、重傷罪間，具有補充關係，在場助勢罪為補充規定，輕傷罪、重傷罪則為基本規定。成立法條競合時，應優先適用基本規定之輕傷罪、重傷罪，排除補充規定之在場助勢罪之適用。

十、過失傷害罪

第284條　因過失傷害人者，處一年以下有期徒刑、拘役或十萬元以下罰金；致重傷者，處三年以下有期徒刑、拘役或三十萬元以下罰金。

㈠主體與客體

　　本罪之行為主體，或為普通一般人，或為從事業務之人。本罪之行為客體，並無任何限制，不以普通人為限，即直系血親尊親屬，亦包括在內。

㈡實行行為

　　本罪之實行行為，係過失傷害行為，即行為人違反客觀注意義務所實施之行為。不問其為作為或不作為，均足當之。

㈢行為結果

　　本罪為結果犯，須被害人發生輕傷或重傷結果，始得成立。惟過失行為與傷害之結果間，須具有因果關係為必要。倘無因果關係存在，因過失犯並無處罰未遂犯之規定，自不成立犯罪。

㈣本罪與他罪之關係

　　本罪與傷害致死罪、傷害致重傷罪具有特別關係，傷害致死罪、傷害致重傷罪為特別規定，本罪為一般規定。成立法條競合時，應優先適用傷害致死罪、傷害致重傷罪之特別規定，而排除本罪之一般規定之適用。

十一、妨害自然發育罪

第 286 條 對於未滿十八歲之人，施以凌虐或以他法足以妨害其身心之健全或發育者，處六月以上五年以下有期徒刑。

意圖營利，而犯前項之罪者，處五年以上有期徒刑，得併科三百萬元以下罰金。

犯第一項之罪，因而致人於死者，處無期徒刑或十年以上有期徒刑；致重傷者，處五年以上十二年以下有期徒刑。

犯第二項之罪，因而致人於死者，處無期徒刑或十二年以上有期徒刑；致重傷者，處十年以上有期徒刑。

㈠主體與客體

本罪之行為主體，並無任何限制，除一般人外，他如父母、江湖藝人、妓院鴇母或保鏢、繼母或養母等，均得成立本罪。

本罪之行為客體，為未滿十八歲之人。祇須為未滿十八歲之「人」，至其為男或女，抑或同時具備男女生理特徵，甚或無法確定為男或女之人，均包括在內。其是否已婚，亦非所問。

㈡實行行為

本罪之實行行為，為施以凌虐或以他法足以妨害其身心之健全或發育。所謂凌虐，乃以強暴、脅迫或其他違反人道之方法，對他人施以凌辱虐待之行為（刑 10 VII）。可能為作為，例如，鞭笞成傷、衣不使暖、食不使飽、夜不使眠等是。亦可能為不作為，例如，病不使醫，傷不使療等是。他法，則指除凌虐外，其他一切足以妨害其身心之健全或發育之行為，例如，持續長期言詞侮辱、鄙視，或施予壓力、刻意疏離等予以折磨，或故意大量餵食，不予節制，致身體過度肥胖之情形，均屬之。

㈢凌虐與懲戒

父母在親權範圍內行使懲戒權，或學校教師或輔導人員基於教育或生活輔導之目的行使懲戒權，例如，罰站、罰跪、舉椅凳過肩、學青蛙跳躍或橫加鞭笞等情形，是否為凌虐？其與懲戒行為區別之界限何在？

依民法規定，父母對於未成年之子女，有保護及教養之權利義務。父母亦得於必要範圍內懲戒其子女（民1084、1085）。學校教師或輔導人員，為達教育之目的，適當行使懲戒權，亦為教育權之一環。惟懲戒權之行使，有其一定之限度，不得超過必要之範圍，始能阻卻違法。至是否超過必要之範圍，則視其有否違反社會相當性而定，亦即是否為社會健全之一般觀念所容許。如為通常社會一般健全觀念所無法容許者，則已超出懲戒之範圍，而可能屬於凌虐。至其是否已妨害被害人身體之自然發育，則為行為之結果，與凌虐之概念及是否成罪無關。我實務認為，若偶有毆傷，而非通常社會觀念上所謂凌辱虐待之情形，只能構成傷害人身體之罪❿。

㈣具體危險犯

本罪為具體危險犯，凌虐行為，不僅足以使被害人之身體或健康遭受傷害，亦可能使被害人精神或心理之健全發生嚴重之刺激，致產生偏差行為，而影響其人格發展。惟本罪之成立，祇須足以妨害被害人身心之健全或發育，即得成立，無需業已產生妨害身心健全或發育之結果為必要。

㈤故意與意圖

普通妨害自然發育罪，行為人須有凌虐或以他法妨害被害人身心之健全或發育之故意，同時對於因此可能導致妨害其身體自然發育之結果，亦須具有認識。至營利妨害自然發育罪，行為人除上述之故意外，尚須具有營利之意圖者，始得成罪。

---

❿　最高法院30上1787。

㈥本罪與他罪之關係

1.普通妨害自然發育罪與營利妨害自然發育罪

普通妨害自然發育罪與營利妨害自然發育罪，具有特別關係，普通妨害自然發育罪為一般規定，營利妨害自然發育罪為特別規定。成立法條競合時，應優先適用特別規定之營利妨害自然發育罪，而排除普通妨害自然發育罪之適用。例如，為適於街頭賣藝賺錢，故使幼童食不使飽，以保持清瘦身材之情形是。

2.本罪與傷害罪

本罪與傷害罪間，具有保護法益之同一性，二罪為特別關係，傷害罪為一般規定，本罪為特別規定。成立法條競合時，應優先適用特別規定之妨害自然發育罪，而排除傷害罪之適用。

3.本罪與妨害自由罪

本罪之保護法益，為個人之身體安全；妨害自由罪之保護法益，為個人之人身自由，二者不具保護法益之同一性，應分別成罪，而依具體情形成立想像競合或予併合論罪。例如，妓院老鴇將雛妓禁錮於囚室，不予飲食或繼母將幼童懸吊於半空，日夜毒打之情形等是。

第三章　墮胎罪

一、犯罪類型

墮胎罪之犯罪類型，有第 288 條「懷胎婦女墮胎罪」；第 289 條「囑託承諾墮胎罪」；第 290 條「營利囑託承諾墮胎罪」；第 291 條「使人墮胎罪」及第 292 條「公然介紹墮胎罪」。

二、罪　質

墮胎罪，乃在自然分娩期前，以人為方法，將胎兒殺死或排出母體外之犯罪。墮胎罪，在本質上究為實害犯抑為危險犯？見解不一。依我刑法當初之立法理由，對於墮胎行為之涵義，採早產說，不問胎兒之生死，凡未至自然分娩時期，以人為令其早產者，均為墮胎，故國內學者大皆認本罪為危險犯。德國刑法則將墮胎與殺人、囑託殺人及殺嬰等罪並列為對於生命法益之犯罪，故德國通說均認本罪為實害犯。

惟依前所述，如將胎兒定義為自受精後十四日成為胚胎具有生命始，以迄成長至約二十四週具有獨立之存活能力時，為胎兒。則未至自然分娩時期，將胎兒殺死於母體之內，固屬侵害胎兒之生命；即事先以人為方法將其排出於母體之外，亦因其無獨立之存活能力，而不可能存活。因此，本章各罪，除公然介紹墮胎罪外，在本質上，為實害犯，而非危險犯。

三、保護法益

墮胎罪之保護法益何在？學者意見不一，有 1.胎兒生命安全說；2.胎兒生命、身體安全說以及 3.胎兒與懷胎婦女之生命、身體安全說等。一般通說認為，墮胎罪之主要保護法益，為胎兒生命、身體之安全，次要則為保護母體生命、身體之安全。

胎兒為成長中之生命，自精卵受精後十四日起，即有獨立於母體之新

生命存在。人之生命，既受刑法之保護；胎兒為成長中之生命，其與人之生命並無須臾中斷，亦應同受刑法之保護；且胎兒附麗於母體中，對於胎兒實施侵害行為時，亦必同時波及於母體，此觀之我刑法規定墮胎行為，有否得孕婦之同意，而分別設計不同之刑罰制裁以及發生致死傷加重結果之特別規定，前述通說見解，自非無據。

惟如前所述，未至自然分娩時期，將胎兒殺死於母體之內，固屬侵害胎兒之生命；即事先以人為方法，將其排出於母體之外，亦因其無獨立之存活能力，而不可能存活。因此，本罪之保護法益，應為胎兒之生命法益；至懷胎婦女之生命與身體安全，僅其次要之保護法益而已。

四、墮胎之犯罪化與除罪化

(一)犯罪化

墮胎行為因侵害成長中之生命，應否予以犯罪化或除罪化？迄今仍為各國所爭論之課題。各國對於墮胎之處罰範圍，雖寬嚴或有不同，惟大皆設有墮胎之處罰規定。我刑法基於醫學之原因，雖設有免除其刑之個人刑罰阻卻事由（刑 288 III），但仍將墮胎犯罪化，認為應成立犯罪。

對胎兒生命權之保護與對於懷胎婦女自我決定權之尊重，孰輕孰重？每為學界、宗教界及其他社會各界所爭論。以人性尊嚴或自我決定權為根據，在成長中之生命與孕婦本身之利益二者間如何取得平衡？實為一值得深思之問題。惟因時代環境不斷地變動，國民之規範意識，亦隨之發生變化，為尊重懷胎婦女之自我決定權，在一定範圍內，並非無承認墮胎可以合法化之可能。

(二)除罪化

我優生保健法亦隨著國民規範意識之改變，於該法第 9 條規定人工流產之條件。懷胎婦女經診斷或證明有下列情事之一者，得依其自願，施行人工流產：1.本人或其配偶患有礙優生之遺傳性、傳染性或精神性疾病者；

2.本人或其配偶之四親等內血親患有礙優生之遺傳性疾病者；3.有醫學上理由，足以認定懷孕或分娩有招致生命危險或危害身體精神健康者；4.有醫學上理由，足以認定胎兒有畸型發育之虞者；5.因被強制性交、誘姦或與依法不得結婚者相姦而受孕者；6.因懷孕或生產，將影響其心理健康或家庭生活者。因此，依優生保健法之規定，在一定條件下，可以實施人工流產，實無異承認在一定範圍內之墮胎行為，亦可除罪化。

五、墮胎與人工流產

㈠墮胎與人工流產之不同

我刑法處罰墮胎行為，優生保健法則允許在一定條件下實施人工流產。墮胎與人工流產間之分際何在？不無探討之必要。

所謂人工流產，乃經醫學上認定胎兒在母體外不能自然保持其生命之期間內，以醫學技術，使胎兒及其附屬物排除於母體外之方法。人工流產與結紮手術不同，所謂結紮手術，係不除去生殖腺，以醫學技術將輸卵管或輸精管阻塞或切斷，而使停止生育之方法。至於墮胎，依傳統定義，除將胎兒殺死於母體內之情形外，自受胎時起迄自然分娩期止，凡以人為方法將胎兒排出於母體外者，亦屬於墮胎。

由人工流產與墮胎之定義比較觀察，人工流產之實施時期，須於胎兒在母體外不能自然保持其生命之期間內為之；其實施方法，則係將胎兒及其附屬物排除於母體外；其實施主體，須由合格醫師為之。至於墮胎，其實施時期，只要在自然分娩期前，均可為之；其實施方法，除將胎兒排出於母體外之情形外，亦可將胎兒殺死於母體內；其實施主體，除合格醫師外，非合格醫師、懷胎婦女以及其他第三人，均得為之。此外，人工流產須符合一定條件，始得為之；墮胎，則無任何限制。

㈡阻卻違法或阻卻責任

優生保健法所規定人工流產之條件，基於優生學、倫理學或醫學等理

由，極為明顯。醫師依該法之規定實施人工流產手術者，乃屬於依法令之行為，自得阻卻其行為之違法性。縱未符合該法之規定，如具有其他阻卻違法事由之要件時，亦得阻卻違法，例如，具有緊急避難之情形是。且縱未具備阻卻違法事由之要件，倘具有阻卻責任事由時，例如，無為適法行為之期待可能性，亦得阻卻責任。雖然，該法第 9 條第 1 項第 6 款規定，因懷孕或生產，將影響其心理健康或家庭生活者，亦得實施人工流產。因懷孕或生產，是否會影響其心理健康或家庭生活，實屬見仁見智，顯乏客觀之判斷標準。此種立法，是否妥當，實有待商權。

六、懷胎婦女墮胎罪

> 第 288 條　懷胎婦女服藥或以他法墮胎者，處六月以下有期徒刑、拘役或一百元以下罰金。
>
> 懷胎婦女聽從他人墮胎者，亦同。
>
> 因疾病或其他防止生命上危險之必要，而犯前二項之罪者，免除其刑。

㈠行為主體

本罪之行為主體，以懷胎婦女為限，屬於身分犯。所謂懷胎婦女，只須有懷孕之事實為已足，其受孕之原因如何，並非所問。其已婚或未婚、通姦或被姦，甚或因人工受精或試管嬰兒而懷孕者，均包括在內。

至婦女事實上未懷孕，而誤信自己已懷孕，而實施墮胎行為，即所謂「想像妊娠」之情形。因本罪為身分犯，且不處罰未遂犯，而該婦女亦無懷孕之事實，欠缺構成要件該當性，應認其不成立本罪。

㈡行為客體

本罪之行為客體，雖法無明文，解釋上應為胎兒。所謂胎兒，乃自受精後十四日起至具有獨立存活能力止之生命體而言。其妊娠期間長短以及

發育程度如何，均非所問。惟墮胎時須為有生命之胎兒，如係死胎，則不包含在內。只須對於有生命之胎兒實施墮胎行為，即得成立本罪。至墮胎後，該胎兒有否生命，縱係死產，對於懷胎婦女墮胎罪之成立，並無影響。

(三)實行行為

本罪可分為自行墮胎罪（第 1 項）與聽從墮胎罪（第 2 項）二種犯罪類型。

1. 自行墮胎罪

自行墮胎罪，係由孕婦自行服藥或以他法實施墮胎行為。

(1)墮胎之意義

自行墮胎罪之實行行為，為墮胎。所謂墮胎，乃以人為方法，將胎兒於其具有獨立存活能力前，排出於母體或將其殺死於母體內之行為。關於墮胎之定義，其說不一。有主張胎兒殺死說者，僅令早產，而胎兒猶生，非墮胎。有主張人為早產說者，不問胎兒之生死，凡未至自然分娩時期，以人為令其早產者，即為墮胎。本法採後說（本罪立法理由）。我實務見解，則採折衷說，認墮胎罪之成立，以殺死胎兒或使之早產為要件❶。

(2)墮胎之方法

墮胎之方法，係以服藥或以他法為之，亦即孕婦處於主動之地位，自行服藥或以他法而為墮胎行為。服藥，為服用得發生墮胎效果之藥物，乃例示之規定。例如，服用 RU486 墮胎藥是。他法，乃除服藥以外，得以發生墮胎效果之一切方法。例如，強力毆打腹部或故作劇烈運動等是。

(3)自殺未遂

以自殺為墮胎之方法，自殺未遂，而墮胎既遂時，可否成立本罪？自殺雖為放任不罰之行為，其以自殺為手段而致生墮胎之結果者，為保護胎兒生命之安全，應認其成立墮胎罪，較合本法處罰自行墮胎罪之意旨。縱依優生保健法尊重孕婦之自我決定權，在其自願之下，得實施有條件之人工流產，惟仍須由合格醫師為之，始能阻卻違法，孕婦自行為之，縱以自

❶　最高法院 25 上 1223。

殺為方法，亦不能無罰。

2.聽從墮胎罪

聽從墮胎罪，則係孕婦聽從他人為其實施墮胎行為，或聽從他人教唆而自行實施墮胎行為。

聽從墮胎罪，係孕婦處於被動地位，而聽從他人為其墮胎，或聽從他人教唆而自行墮胎。至該他人，倘係教唆孕婦自行墮胎者，得成立本罪之教唆犯；倘係得孕婦之同意，為其實施墮胎行為者，則成立囑託承諾使人墮胎罪或營利囑託承諾使人墮胎罪。

㈣故　意

本罪為故意犯，行為人對於懷胎之事實以及將胎兒排出或殺死之事實，須具有認識或預見。如欠缺此項認識或預見，因偶爾服藥過量，或誤食藥物，或因自殺未遂，致生墮胎之結果者，均不能成立本罪。惟行為人縱非以自殺作為墮胎之方法，如於自殺時，具有此項認識或預見，雖自殺未遂，倘致生墮胎之結果，則仍應負墮胎之罪責。

㈤行為結果

本罪為結果犯，須發生胎兒死亡結果，始能成罪。若未發生胎兒死亡結果，因本罪並無處罰未遂犯之規定，應不予論罪。

㈥個人免除刑罰事由

1.防止生命危險

因疾病或其他防止生命上危險之必要，而自行墮胎或聽從墮胎者，免除其刑（刑 288 III）。此為基於醫學上之理由而設，懷胎婦女為防止其生命上危險之必要，而自行墮胎或聽從墮胎，不能阻卻違法或責任，僅能阻卻處罰而已，故我刑法規定為免除其刑，而屬於個人免除刑罰事由。

所謂疾病，例如，孕婦患有嚴重心臟病，恐因來日分娩時危及其生命是；所謂其他防止生命上危險之必要，例如，孕婦因體外受孕或胎位不正，

有因難產而危害其生命之虞等是。

此項個人免除刑罰事由，只須有防止生命危險之必要為已足，亦即僅具有防止生命危險之必要性，不必具有不得已之補充性。如已具有不得已之補充性，則不論孕婦本人、醫師或其他第三人，均可直接適用緊急避難之規定而阻卻違法。

2.效力僅及於一身

個人免除刑罰事由，其效力僅及於孕婦本人，其他共犯不在其內。故教唆或幫助懷胎婦女墮胎者，縱其動機係為防止孕婦生命上危險之必要，亦不得適用此項規定免除其刑。

自優生保健法施行後，指定醫師依該法第 9 條之規定為孕婦實施人工流產之行為，固可認其為依法令之行為，而阻卻違法；該孕婦為防止生命危險之必要，其囑託或承諾人工流產之行為，亦可認其為法令所容許之行為，而不成立犯罪，非僅阻卻處罰而已。惟如係由非指定醫師為之者，縱具有該法第 9 條所規定之情形，該非指定醫師仍應成立囑託、承諾使人墮胎罪；該孕婦則應成立自行墮胎罪，僅於為防止生命危險之必要，得以阻卻處罰；至因其他原因，而實施人工流產者，則未包括在內。

㈦罪數及與他罪之關係

1.罪數之認定標準

本罪之保護法益，為胎兒生命之安全，應分別獨立予以評價。被害胎兒為數名者，因其侵害胎兒生命法益為數個，應成立數罪；被害胎兒為一名，且其所實施之墮胎行為係一個時，因係對一個生命法益為一次之侵害，應為單純一罪。

2.自行墮胎罪與聽從墮胎罪

自行墮胎罪與聽從墮胎罪，二罪間具有補充關係，自行墮胎罪為基本規定，聽從墮胎罪為補充規定。成立法條競合時，應優先適用基本規定之自行墮胎罪，排除聽從墮胎罪之適用。

3.懷胎婦女墮胎罪與殺人罪

　　懷胎婦女自行墮胎，而將胎兒排出母體後，隨即將其殺害者，有認其應成立本罪與殺人罪之數罪併罰者；有認其應成立本罪與殺人罪之牽連犯者。

　　懷胎婦女自行墮胎時，如該胎兒尚未滿二十四週，尚無獨立存活之能力，僅能成立本罪；且該胎兒尚非人，自無從成立殺人罪。如已逾二十四週尚未分娩之時，以墮胎之故意，而實施墮胎行為，因其客體為人，而非胎兒，屬於不同構成要件之客體錯誤，如因該墮胎行為造成其死亡，則應成立過失致人於死罪。倘未生死亡結果，因過失致死罪之未遂犯，為本法所不罰，應不予論罪；惟如於出生後並未死亡，隨即將其殺害者，則應成立殺嬰罪。

七、囑託承諾墮胎罪

第289條　受懷胎婦女之囑託或得其承諾，而使之墮胎者，處二年以下有期徒刑。

　　　　　因而致婦女於死者，處六月以上五年以下有期徒刑。致重傷者，處三年以下有期徒刑。

㈠行為主體

　　本罪之行為主體，並無何限制，僅須係懷胎婦女以外之人，即足當之；縱係醫師、助產士、藥劑師抑或藥商等從事一定業務之人，亦均包括在內。

㈡實行行為

　　本罪之實行行為，乃使之墮胎。所謂使之墮胎，究係由懷胎婦女自行實施墮胎行為抑或由受囑託或承諾者實施墮胎行為？不無疑義。如由「使之墮胎」之字面觀之，似係行為人受懷胎婦女之囑託或得其承諾後，使懷胎婦女自行實施墮胎行為。若作此解釋，則行為人受囑託或承諾後，如何「使」懷胎婦女自行實施墮胎行為，則頗費推敲。倘受懷胎婦女之囑託，

為其介紹墮胎手術或提供手術費用時，得依自行墮胎罪之幫助犯加以處罰；倘係教唆懷胎婦女自行墮胎，並獲得其承諾，進而自行實施墮胎行為，則行為人亦得依自行墮胎罪之教唆犯予以論處。若然，則本罪所規定之囑託或承諾已無任何意義。因此，在解釋上，本罪乃係行為人受懷胎婦女之囑託或得其承諾後，進而為懷胎婦女實施墮胎行為。如行為人受懷胎婦女之囑託或得其承諾後，自己不為墮胎行為，另囑託他人為其墮胎時，則應成立本罪之教唆犯。

㈢故　意

本罪為故意犯，行為人對於因墮胎而有害於胎兒之生命，須具有預見或認識。如相信不會有害於胎兒之生命，而受懷胎之婦女之囑託或得其承諾，造成胎兒死亡之結果者，即不具本罪之故意。此際孕婦如有死傷，僅成立過失致死傷罪。

㈣本罪與優生保健法之關係

優生保健法人工流產之規定，具有刑法特別法之性質。故未婚之未成年孕婦，縱符合優生保健法第 9 條第 1 項各款情形之一，但未得其法定代理人之同意，猶故意為之施行人工流產者，即不得阻卻違法，依其情節，仍應成立刑法第 289 條、第 290 條之加工墮胎罪或營利加工墮胎罪❷。

八、營利囑託承諾墮胎罪

❖

第 290 條　意圖營利，而犯前條第一項之罪者，處六月以上五年以下有期徒刑，得併科五百元以下罰金。

因而致婦女於死者，處三年以上十年以下有期徒刑，得併科五百元以下罰金，致重傷者，處一年以上七年以下有期徒刑，得併科五百元以下罰金。

❖

---

❷　最高法院 94 臺上 6463（決）。

㈠行為主體

本罪之行為主體，並無限制，僅須係懷胎婦女以外之人。除醫師、助產士、藥劑師或藥商等從事一定業務之人，具有營利之意圖時，得成立本罪外，即其他之人，苟意圖營利者，亦足當之。

㈡實行行為

本罪之實行行為，亦為「使之墮胎」。

㈢故意與意圖

本罪為故意犯及目的犯，行為人除對於因墮胎而有害於胎兒之生命，須具有預見或認識外，尚須有營利之意圖。行為人只須於行為時，具有營利意圖為已足，實際上果否得利，則非所問。若行為人於行為時，並無此意圖，僅於事後獲有報酬者，仍成立囑託承諾墮胎罪，不成立本罪。

㈣本罪與囑託承諾墮胎罪

本罪與囑託承諾墮胎罪，具有特別關係，本罪為特別規定，囑託承諾墮胎罪為一般規定。成立法條競合時，應優先適用特別規定之本罪，排除囑託承諾墮胎罪之適用。

九、使人墮胎罪

第291條　未受懷胎婦女之囑託或未得其承諾，而使之墮胎者，處一年以上七年以下有期徒刑。
　　　　因而致婦女於死者，處無期徒刑或七年以上有期徒刑。致重傷者，處三年以上十年以下有期徒刑。
　　　　第一項之未遂犯罰之。

(一)行為主體

本罪之行為主體，須為懷胎婦女以外之人，且須未受囑託或未得承諾者，始足當之。縱係醫師、助產師或助產士，亦得成立本罪。

(二)實行行為

本罪之實行行為，亦為「使之墮胎」。其方法，無任何限制。其以強暴、脅迫、詐術或其他不法之方法，使婦女自行墮胎；或以強暴、脅迫或詐術，而受婦女之囑託或得其承諾使之墮胎；或未得婦女之承諾，以強暴、脅迫、詐術或其他不法之方法使之墮胎；或知為懷胎婦女而施以強暴、脅迫以致小產者（暫行新刑律 334）等，均屬之。

(三)故　意

本罪為故意犯，行為人須有直接或間接之墮胎故意為必要。倘無使之墮胎之故意，僅因彼此毆打，因毆打之結果，以致墮胎；或由另一原因發生墮胎之結果，或僅因毆傷懷胎婦女之結果，致其胎兒墮落者❸，均不成立本罪。

(四)既遂、未遂

本罪既、未遂之區別，以胎兒已否死亡為準❹。

(五)使人墮胎罪與囑託承諾墮胎罪

使人墮胎罪為墮胎罪之基本規定，囑託承諾墮胎罪則係補充規定。成立法條競合時，應優先適用基本規定之使人墮胎罪，排除囑託承諾墮胎罪

---

❸　最高法院 22 上 2143；29 上 3120；30 上 1930。

❹　如依傳統對於胎兒及墮胎之定義，則以殺害胎兒為墮胎行為者，胎兒尚未死亡者，即為未遂；以使之早產為墮胎行為者，則以尚未排出於母體之外者，為未遂；倘已排出母體之外，該胎兒縱未死亡，亦屬既遂。

之適用。

十、介紹墮胎罪

> **第292條**　以文字、圖畫或他法，公然介紹墮胎之方法或物品，或公然介紹自己或他人為墮胎之行為者，處一年以下有期徒刑、拘役或科或併科一千元以下罰金。

(一)行為態樣

　　本罪之行為態樣有二：一為公然介紹墮胎之方法或物品；一為公然介紹自己或他人為墮胎之行為。惟均須以文字、圖畫或他法為其行為方法。例如，藉電視媒體廣告介紹某種墮胎藥物，或在雜誌上介紹自己有豐富為人墮胎之經驗，或散發傳單介紹自己有墮胎之祖傳秘方等是。

　　本罪之性質為舉動犯，且為抽象危險犯，行為人只須有公然介紹之行為，犯罪即行成立。至婦女是否因其介紹而為墮胎，或使用其介紹之方法或物品，或使其為墮胎，均與本罪之成立無關。

(二)行為情狀

　　本罪之行為情狀，為「公然」。所謂公然，乃不特定人或多數人得以共見共聞之狀況。所謂多數人，包括特定之多數人在內。至其人數，應視立法意旨及實際情形，已否達於公然之程度而定。因此，如對於特定之少數人實施介紹行為者，則不成立本罪。

(三)故　意

　　本罪為故意犯，行為人對於公然介紹墮胎之方法或物品，或公然介紹自己或他人為墮胎行為之事實，須有直接或間接故意，始得成立本罪。

㈣罪數及與他罪之關係

1. 罪數之認定標準

本罪之保護法益，為不特定或特定多數胎兒之生命安全；且性質上，本罪為保護胎兒生命安全所設之抽象危險犯。因此，本罪罪數之判斷標準，應以介紹墮胎行為之個數為斷。倘僅有一個公然介紹墮胎行為者，固僅成立一罪；縱有數次公然介紹墮胎行為，倘行為人在主觀上，係基於一個犯意決意；客觀上，其所實施之數次介紹墮胎行為，乃係利用同一機會而為者，亦僅能成立包括一罪。

2. 介紹墮胎罪與懷胎婦女墮胎罪

行為人為公然介紹行為後，復進而提供墮胎之方法或物品或為之墮胎者，有認為應分別情形，成立自行墮胎罪之幫助犯或使人墮胎罪之正犯，不另成立本罪者。惟本罪僅須有公然介紹之行為，即足成立；至行為人有否進而提供墮胎之方法或物品，對於本罪之成立並無影響。設行為人果進而提供墮胎之方法或物品，而由婦女自行為墮胎者，固得成立懷胎婦女墮胎罪之幫助犯；惟因前者為正犯，後者為幫助犯，二者犯罪性質有別；且其法定刑亦復輕重有異，前者較重，後者較輕，倘認其僅成立自行墮胎罪之幫助犯，無異鼓勵行為人避重就輕，逃避重罪之制裁。故在此情形，應視具體情形，認其成立本罪與懷胎婦女墮胎罪之幫助犯，數罪併罰。

第四章　遺棄罪

一、犯罪類型

遺棄罪之犯罪類型，有第 293 條「單純遺棄罪」；第 294 條「義務遺棄罪」及第 295 條「遺棄尊親屬罪」。

二、罪　質

㈠危險犯

遺棄罪，係將無自救力人之生命、身體置於危險狀態之犯罪。行為人只需將無自救力人之生命、身體置於危險狀態，不必發生實害之結果，即足成罪。因此，遺棄罪，無論係單純遺棄罪抑或義務遺棄罪，在性質上均屬於危險犯。行為人縱有遺棄行為，如被遺棄人之生命、身體並未處於危險狀態者，仍不成立遺棄罪。

我刑法立法時，曾認為義務遺棄罪以不履行義務而成立，雖被害人無何等危險，亦不得不以本罪論。例如，遺棄嬰兒於警廳內，雖有巡警即時為保護之處置，亦當以遺棄論❶。判例亦有從之者，例如，遺棄罪之成立，非必須致被害人於寥衢無人之地，亦非必須使被害人絕對無受第三人保護之希望，但有法律上扶養義務者，對於無自救力之人，以遺棄之意思，不履行扶養義務時，罪即成立。義務遺棄罪之本質，只需不履行義務，縱被害人無何等危險，即足成立❷。此種見解，端視行為人有否違反保護義務而定，而將義務遺棄罪認為係單純之義務違反犯，而非危險犯。

惟判例嗣後改變見解，認為須對於被害人之生命具有危險時，始能成立。例如，刑法第 294 條第 1 項後段之遺棄罪，必以對於無自救力之人，

---

❶　本罪立法理由。

❷　最高法院 18 上 1457。

不盡扶養或保護義務，而致其有不能生存之虞者，始克成立。若負有此項義務之人，不盡其義務，而事實上尚有他人為之養育或保護，對於該無自救力人之生命，並不發生危險者，則難成立該條之罪❸。

㈡抽象危險犯或具體危險犯

危險犯，有抽象危險犯與具體危險犯之分。遺棄罪究為抽象危險犯抑或具體危險犯，學說不一。有主張其為具體危險犯者；有主張其為抽象危險犯者；亦有主張單純遺棄罪，屬於具體危險犯；義務遺棄罪，則為抽象危險犯者。

抽象危險犯與具體危險犯之重要差異，自危險之程度觀之，抽象危險犯只須有發生危險之可能，即足成立；具體危險犯則需實際上已經發生危險為必要。自構成要件之形式視之，抽象危險犯，構成要件上並未以危險之發生為其要素。具體危險犯，則以危險之發生作為構成要件要素。無論單純遺棄罪或義務遺棄罪，法條上均未以危險之發生為其構成要件要素。再者，遺棄罪，只須將無自救力人之生命、身體置於危險狀態，即足成立。此種危險狀態，不必已經發生危險，只須有可能發生危險，對於無自救力人之生命、身體業已造成重大之威脅。因此，為保護無自救力人生命、身體之安全，應採抽象危險說之見解，認其屬於抽象危險犯。

我實務見解，亦採抽象危險犯之見解。例如，刑法第 294 條第 1 項後段遺棄罪之成立，以有法令上扶助、養育、保護義務者，對於無自救力之人，以遺棄之意思，不履行扶助、養育、保護義務，於無自救力人之生存，有危險之虞，罪即成立，不以果已發生危險為必要，屬危險犯之一種❹。

三、保護法益與被害者承諾

本罪之保護法益，有認為在保護無自救力人之生命安全者；亦有認為在保護無自救力人之生命、身體安全者。惟遺棄罪，既為將無自救力人之

---

❸ 最高法院 29 上 3777。

❹ 最高法院 91 臺上 4394 （決）；90 臺上 2607 （決）。

生命、身體置於危險狀態之犯罪。因此，其保護法益，基本上仍為無自救力人生命、身體之安全，而屬於侵害個人生命、身體法益之犯罪。

至遺棄行為，如獲有被遺棄者之承諾，可否阻卻其違法性？學說不無異見。惟生命、身體之安全，雖屬個人之專屬法益，如同前述承諾殺人或承諾傷害般，我刑法對於個人之生命、身體，並不承認生命、身體之擁有者具有完全之自我處分權。因此，遺棄行為如已危及無自救力人生命、身體之安全，縱獲有被遺棄者之承諾，仍應認其成立犯罪，不能阻卻遺棄行為之違法性。

四、單純遺棄罪

第 293 條　遺棄無自救力之人者，處六月以下有期徒刑、拘役或一百元以下罰金。
　　　　　因而致人於死者，處五年以下有期徒刑；致重傷者，處三年以下有期徒刑。

㈠行為主體

1.無保護義務之人

本罪之行為主體，並無任何限制，無論何人，只須將無自救力人之生命、身體置於危險狀態，均得成立本罪。惟如係有保護義務之人，違反其保護義務時，因本法已另設有義務遺棄罪之規定，在解釋上，本罪須行為人對於無自救力之人並未負有保護義務者，始能成立。

2.作為犯

惟保護義務與作為義務，在概念上，雖有相當重疊之處，但仍不盡相同。保護義務係遺棄罪加重處罰之根據，作為義務則為不作為之可罰性根據。有作為義務者，其違反作為義務之不作為，或有成立本罪之可能，但因本罪之行為主體，係以有否保護義務作為認定之基準，須未負有保護義務者，有積極之作為行為，始有認其成立本罪之必要。例如，見路人病倒

於自家門口，如將其移動至道路中者，固應成立本罪；如僅將其放置原處不予理睬者，則尚難以本罪律之。因此，在解釋上，本罪為作為犯，無不真正不作為犯成立之問題。

(二)行為客體

1.無自救力之人之涵義

本罪之行為客體，為無自救力之人。所謂無自救力之人，係指無自行維持生存所必要能力之人。例如，重病、殘廢、老弱或幼齡等是。他如，白痴者、泥醉者、麻醉狀態中者、車禍重傷昏迷者、飢餓已陷於衰弱中者等，亦得視為無自救力之人。惟熟睡中者、微醉者或迷路者，因尚有自行維持生存之能力，則不屬之。

2.無自救力之認定

被遺棄者是否為無自救力之人，須在具體情形下，視其有無自行維持生存之能力而定。至其有否職業以及經濟能力如何，則非所問。倘身體健壯，而非老弱病殘，縱係貧無立錐之地，亦非無自救力之人。我實務認為若係年力健全之人，儘有謀生之途，不能僅以無資金、技能或未受教育，作為無自救力之原因❺。

3.重傷者未必為無自救力之人

重傷者是否屬於無自救力之人，須視具體情形而定。如僅毀敗或嚴重減損一目、一耳或一手之機能，雖得視為重傷，但未必屬於無自救力之人。例如，因車禍撞瞎被害人一目之視能，未陷於昏迷，尚非無自救力之人，肇事者縱棄之不顧而逃逸，雖可能成立肇事逃逸罪（刑185-4），仍不成立本罪。惟如因車禍將被害人撞成重傷，已昏迷在地，不省人事者，則屬於無自救力之人。

(三)實行行為

1.遺棄之涵義

---

❺ 最高法院 32 上 2497；27 上 1765。

本罪之實行行為，為遺棄。所謂遺棄，乃將無自救力人之生命、身體置於無法受保護之危險狀態之行為。

本罪之性質，為抽象危險犯，在解釋上，遺棄行為，雖不必使無自救力之人，處於絕對無法受保護之狀態，惟須使其生命、身體處於較原來更高危險之狀態，始足當之。如使其處於較原來危險減低之狀態者，尚難認為遺棄。例如，將山中迷路之小孩帶至市區，即撒手而去；或見車禍重傷者昏迷於馬路中央，乃將其移至人行道上，即不顧而離開者，則不能認其為遺棄行為。

我實務見解，亦採相同看法。例如，本罪之成立，須有故意使無法以自己力量維持保護自己生存之被害人，由安全場所移置於危險場所，或由危險場所移置於更高危險場所，或妨礙他人將之移置於尋求保護之安全場所等積極之棄置行為，致被害人之身體、生命處於更高危險之狀態，始足當之❻。

2.遺棄之態樣

本罪之性質，為作為犯，不作為之消極行為，不能成立本罪。例如，目睹他人因車禍受傷而昏迷，消極地不予聞問，任其留置現場之行為，即非屬本罪之遺棄行為。因此，本罪之遺棄行為，須有積極之作為，始足當之。其態樣有二：

(1)移置：乃移動而棄置之作為行為，即將無自救力之人，自原來場所，移轉至其他場所，而使其生命、身體陷於危險或更高危險狀態之行為。易言之，即將無自救力之人，由安全場所移置於危險場所，或由危險場所移置於更高危險場所之行為。例如，見他人騎機車撞電線桿受傷昏迷，乃以車輛將其載赴荒郊野外丟棄是。

(2)積極棄置：乃未移動而放置原地，並有積極之作為介入其中之行為。易言之，即妨礙他人將無自救力之人移置於尋求保護之安全場所之積極棄置行為。故所謂棄置，並非僅消極地棄之離去，尚須同時有「其他積極之作為」介入，使其生命、身體陷於危險之狀態。所謂「其他積極之作為」，

❻　最高法院 95 臺上 7250（決）。

其使無自救力之人無法接近保護者之情形，固屬之；例如，目睹盲人接近橋端時，故將橋面破壞，使其無法通過是；其使保護者無法接近無自救力之人，亦屬之。例如，見鄰居急性盲腸炎發作，未將其送醫，反以卡車堵住路口，使救護車難以進入是。

㈣故　　意

本罪為故意犯，行為人須具有遺棄之故意，始足當之。如因沉迷酒醉，致疏未注意照顧其子，尚難認有遺棄之故意❼。因本罪為抽象危險犯，故其遺棄之故意，僅需具有危險之故意，即僅具有使無自救力人之生命、身體處於危險狀態之意思存在即可。倘行為人在主觀上具有使無自救力人死亡之直接或未必故意時，除成立本罪外，尚應成立殺人罪。

㈤加重結果

本罪之性質，為舉動犯，僅須有遺棄之行為，即得成立，並不以被害人發生死傷結果為必要。惟如發生死傷結果時，則成立遺棄致死或致重傷罪，屬於加重結果犯。此項加重結果犯須被害人因行為人之遺棄行為，致生死亡或重傷之結果，且其遺棄行為與被害人之死亡或重傷結果間，具有因果關係之聯絡為必要。

㈥罪數及與他罪之關係

1.罪數之認定標準

本罪之保護法益，乃為個人生命、身體之安全，屬於個人之專屬法益，應分別獨立予以評價。因此，倘被害人為數人者，因其侵害之生命、身體法益為數個，即應成立數罪；被害人為一人，且其所實施之遺棄行為係一個時，因係對一個生命、身體法益為一次之侵害，應為單純一罪。

至對同一被害人實施數次遺棄行為時，其侵害之法益固為同一被害人個人生命、身體之安全，惟須係對同一生命、身體法益為一次性之侵害，

---

❼　最高法院 86 臺上 5498（決）。

方得評價為一罪，否則，應就其侵害同一生命、身體法益之次數，判斷為數罪。至對同一法益為一次性侵害之判斷標準，應以行為人主觀上，係基於一個犯意決意；客觀上，其所實施之數次遺棄行為，乃利用同一機會所為時，始能認其係一次性之侵害。

2.遺棄罪與殺人罪

單純遺棄罪與殺人未遂罪，性質上均為危險犯，殺人未遂罪為基本規定，遺棄罪為補充規定。成立法條競合時，應優先適用基本規定之殺人未遂罪，排除遺棄罪之適用。

遺棄致死罪與殺人既遂罪，性質上則均為實害犯，殺人既遂罪為基本規定，遺棄致死罪為補充規定。成立法條競合時，應優先適用基本規定之殺人既遂罪，排除遺棄致死罪之適用。

3.遺棄致死或致重傷罪與過失致死或致重傷罪

遺棄致死或致重傷罪與過失致死或致重傷罪，具有特別關係，遺棄致死或致重傷罪為特別規定，過失致死或致重傷罪為一般規定，成立法條競合時，應優先適用特別規定之遺棄致死或致重傷罪，排除一般規定過失致死或致重傷罪之適用。

五、義務遺棄罪

第 294 條　對於無自救力之人，依法令或契約應扶助、養育或保護而遺棄之，或不為其生存所必要之扶助、養育或保護者，處六月以上、五年以下有期徒刑。

因而致人於死者，處無期徒刑或七年以上有期徒刑；致重傷者，處三年以上十年以下有期徒刑。

㈠行為主體

本罪之行為主體，須對於無自救力人負有保護義務，亦即負有扶助、養育或保護義務之人，始足當之，故為身分犯。

1. 保護義務之根據

本罪保護義務之根據，依第 294 條法文規定為「法令或契約」。惟除法令或契約外，習慣或條理，是否包含在內？則不無疑義。就國民社會生活之實情加以觀察，如僅以法令或契約為限，在適用上似有過分狹隘之虞，且與國民之法意識或法感情，亦有扞格之憾。例如，好友二人假日相約爬山，其中一人不慎跌斷腳踝，另一人竟不顧逕自下山而去；或家中所雇之佣人深夜突發疾病，雇用人未將其送醫急救等情形，朋友或雇用人雖依法令或契約並無保護之義務，惟如任令坐視不管，實有違社會之常情。

因此，在解釋上，此之所謂法令，應與刑法第 15 條第 1 項所規定之「法律上」，作相同之解釋。所謂「法律上」，依實務見解，認為不限於明文規定，即就法律之精神觀察，亦得承認有作為義務存在❽。因此，本罪於法文上所規定之「法令或契約」，為使本罪之適用範圍不致過分狹隘，且與一般國民之法律感情稍相契合，應解釋為包含無因管理、習慣或條理在內。

2. 保護義務與作為義務

如前所述，保護義務與作為義務，在概念上，雖有相當重疊之處，但仍不盡相同。保護義務係遺棄罪加重處罰之根據，作為義務則為不作為之可罰性根據。因此，法令所規定之作為義務，並非即屬於本罪之保護義務，有作為義務者，未必即有保護義務；有保護義務者，亦未必即有作為義務，應就個別之具體情形加以檢討，視法令所規定之作為義務，其性質與內容是否與本罪所規定之保護義務相符而定。例如，父親拋棄妻子及稚童，離家他去，該父親雖有養育其稚童之作為義務，惟因稚童尚有其母親養育，稚童之生命、身體並未置於危險狀態，該父親雖違反其作為義務，仍不成立遺棄罪。又如，先順位之扶養義務人未盡扶養義務，捨家不顧，無自救力之人與後順位之扶養義務人同居時，該後順位之扶養義務人，依扶養順序，雖尚無立即之作為義務，惟因與無自救力之人同居，即負有保護義務是。

我實務見解，亦採相同看法。例如，刑法第 294 條第 1 項後段之遺棄罪，必以對於無自救力之人，不盡扶養或保護義務，而致其有不能生存之

---

❽ 最高法院 31 上 2324。

虞者，始克成立。若負有此項義務之人，不盡其義務，而事實上尚有他人為之養育或保護，對於該無自救力人之生命，並不發生危險者，即難成立該條之罪❾。

3.保護義務之類型

⑴基於法令規定之保護義務

所謂法令，係泛指一般法令，不問公法、私法，抑或刑事、民事、行政法令，均包括在內。且除法令明文規定者外，依該法令之精神觀察所得出之保護義務，亦兼含及之。茲就民法上之扶養義務、道路交通管理處罰條例之救護義務及危險前行為之作為義務三者，略為闡述如次：

①民法上之扶養義務

民法上之扶養義務，除提供受扶養人生活上所必要之資源外，亦包含避免受扶養人生命、身體發生危險在內。因此，民法上之扶養義務，即得成為本罪之保護義務。民法上之扶養義務者有數人之情形，在決定其是否為本罪之保護義務者時，與其扶養順序並無必然之關係。縱有先順位之扶養義務者，如其後順位者對於無自救力之人現正處於看護或照料之狀態中者，該後順位者，在民法上雖尚無立即之扶養義務，惟基於法令之全體精神觀察，則應以該後順位者與最優先順位者，同為本罪之保護義務者❿。數同順位之扶養義務者，無論是否與無自救力之人同居，均負有保護之義務。倘此數同順位者均不負扶養義務時，則依具體情形，可能成立本罪之同時犯或共同正犯。

惟依法令或契約負有扶養義務者，縱不履行義務，如受扶養者並非無自救力之人，或事實上尚有他人為其扶養、保護，對於該無自救力人之生命，並不發生危險者，仍不成立遺棄罪名⓫。此外，依新增修民法第 1118 條之 1 規定⓬，受扶養權利者對負扶養義務者或其配偶、直系血親故意為

---

❾　最高法院 29 上 3777。

❿　我實務見解採不同之態度。例如，最高法院 27 上 1405。

⓫　最高法院 23 上 2259；27 上 1765；29 上 3777；31 上 1867。

⓬　民國 99 年 1 月 27 日增訂本條規定。

虐待、重大侮辱或其他身體、精神上之不法侵害行為；或無正當理由未盡扶養義務，且情節重大者，法院得免除其扶養義務。因此，在法院免除其扶養義務前，負扶養義務者如不履行其扶養義務，仍得成立遺棄罪。惟經法院免除其扶養義務後，如未履行義務，則不得以遺棄罪相繩。

②**道路交通管理處罰條例之救護義務**

道路交通管理處罰條例第 62 條第 3 項規定：「汽車駕駛人駕駛汽車肇事致人受傷或死亡者，應即採取救護措施及依規定處置，並通知警察機關處理……。」依此規定所採取之救護措施，即在避免負傷者發生生命、身體之危險。此項救護措施，在內容與性質上，實與遺棄罪中之保護義務，並無差別。因此，道路交通管理處罰條例所規定之救護措施，應可認其為遺棄罪中依法令所生保護義務之一種。

我實務亦認為道路交通管理處罰條例第 62 條之規定，亦包括在本條法令之內。因此，肇事後致被害人受有頭部外傷、顱內出血等嚴重傷害而倒地不起，行為人對於當時無自救能力之被害人，依前開法令規定應負救護之責，竟未停車為必要之救護或其他措施，仍駕車逃逸，應成立本罪❸。

③**危險前行為之作為義務**

基於危險前行為之作為義務，刑法第 15 條第 2 項既有明文規定，自為基於法令規定所生之保護義務。例如，駕車肇事逃逸之行為，不問係將被害之無自救力人自事故現場移置他處抑或將其棄置於現場，均得構成本罪。

此項危險前行為，是否須具有故意始能成立，抑或僅須具有過失即得成立？學說不一。我實務見解，似認為不論故意或過失，均得成立。例如，依刑法第 15 條不純正不作為犯之規定，因自己之行為，致有發生犯罪結果之危險者，應負防止該結果發生之義務；違反該防止義務者，其消極不防止之不作為，固應課予與積極造成犯罪結果之作為相同之非難評價。然此所稱防止結果發生之義務，並非課予杜絕所有可能發生一切犯罪結果之絕對責任，仍應以依日常生活經驗有預見可能，且於事實上具防止避免之可能性為前提，亦即須以該結果之發生，係可歸責於防止義務人故意或過失

---

❸　最高法院 90 臺上 7547（決）。

之不作為為其意思責任要件，方得分別論以故意犯或過失犯，否則不能令負刑事責任，始符合歸責原則 ❹。

⑵基於契約所生之保護義務

所謂契約，不問其為書面或口頭，亦不問其為明示或默示，均包含在內。至契約有否具備法律上之手續，則非所問。例如，收養他人之幼兒為養子，縱尚未完成收養之手續，如已抱回自宅養育，即負有保護該幼兒之義務。

基於契約所生之保護義務，例如，醫療契約、看護契約或雇用契約等是。惟僅係違反契約，並非當然成立本罪，仍須視具體之情形而定。例如，基於看護契約，保姆固有照顧幼兒之保護義務；惟該保姆如違反契約，並未依約定時間前往照顧，該幼兒之父母仍負保護義務，如將其丟置家中，逕行外出者，即應成立本罪，該保姆僅負違反契約之民事責任。

⑶基於無因管理、習慣或條理之保護義務

此項義務，係就具體情形，由法律之全體精神所導出之義務。同居或同行者，有否保護義務，應就個別之具體情況，依無因管理、習慣或條理等加以認定。例如，出租公寓，其分別承租之房客，雖均在相同之屋簷下，除另有約定外，彼此並不互負保護義務。又如，為慶祝某節日所舉辦之萬人登山活動，雖一齊同行爬山，彼此亦不互負保護義務是。惟如組成登山隊登山，登山隊友摔斷腿無法自行下山者，同行之其他隊友即負有保護義務是。

㈡行為態樣

本罪實行行為之態樣有二：1.遺棄；2.不為生存所必要之扶助、養育或保護。茲分述如次：

1.遺　棄

本罪在性質上，除係危險犯外，同時為義務違反犯。行為人因係負有保護義務之人，其作為之遺棄行為，固足成立本罪；即其不為保護之不作

---

❹　最高法院 96 臺上 2250（決）。

為行為，亦得以本罪律之。因此，本罪之遺棄行為，除移置及積極之棄置行為外，消極之棄置行為，亦得成立本罪。故本罪除屬於作為犯外，亦屬於不真正不作為犯。例如，駕車將人撞成重傷，昏迷在地，未將其送赴醫院急救，即得成立本罪之不真正不作為犯。

2.不為生存所必要之扶助、養育或保護

所謂不為生存所必要之扶助、養育或保護，簡稱不保護，乃指對於無自救力人生存所必要之扶助、養育或保護不為提供或提供不足，致無自救力人之生存有危險之行為。例如，基於無因管理對飢寒交迫者未提供食物或衣服；父母對落水小孩未及時將其拉上岸等是。因此，不為生存上所必要之扶助、養育或保護，非指單純地未提供無自救力人任何扶助、養育或保護之行為，而係須未為無自救力人「生存上所必要」之扶助、養育或保護之行為，始足當之。

3.不保護與消極棄置之區別

不保護之行為，屬於不作為之行為，性質上為真正不作為犯。惟前述遺棄行為內涵之「消極棄置」行為與「不為生存所必要之扶助、養育或保護」行為，性質上均為不作為之行為，在行為之內涵上，應如何區別？頗值探究。通說為區隔此二個不作為之行為，乃以有否場所之隔離，作為區別兩者之標準。亦即消極棄置之不作為，在遺棄者與被遺棄者間須有場所之隔離。例如，父親與其幼子相偕登山，中途其幼子迷路走失，而竟捨棄不顧是。不保護之不作為，則無場所之隔離。例如，母親不給嬰兒餵奶，而任其營養失調者是。惟何以消極棄置之不作為，須有場所之隔離；而不保護之不作為，則無須有場所之隔離，並未見有何說理，亦乏條文上之根據。例如，護士立於病患病床之旁，任其病發，而不予救護之情形，既可解為所謂「消極棄置」之行為，亦可解為「不保護」之行為。在此情形，實難區別消極棄置之行為與不保護之行為，其不同之處何在。

倘勉強將兩者加以區隔，「消極棄置」行為，既屬於遺棄之內涵，在解釋上乃係將本無危險或危險較低之無自救力人置於有危險或更高危險狀態之行為，蘊含有發生或創造危險之意涵在內。「不保護」行為，則係對於已

經處於危險狀態之無自救力人，放任不理，以致提高或擴大危險之行為，隱含有利用既存危險之意涵在內。實際上，本條法文所規定之「不為生存所必要之扶助、養育或保護」行為，縱加以刪除，亦不影響本罪之適用。蓋前述遺棄行為內涵之「消極棄置」行為，已可將「不為生存所必要之扶助、養育或保護」之情形，含括在內。

㊂故　意

本罪之行為人，除須對於無自救力之人，具有遺棄或不為生存所必要之扶助、養育或保護之故意外，其對於自己與無自救力人之間有保護義務存在，亦須具有認識。如因錯誤而欠缺認識時，則阻卻本罪之故意，僅為單純遺棄罪是否成立之問題。

㊃加重結果

義務遺棄或不為保護致死或致重傷罪，其犯罪之成立，須被害人因行為人之遺棄或不為保護行為，致生死亡或重傷之結果。易言之，須其遺棄或不為保護行為，與被害人之死亡或重傷結果之發生，具有因果關係之聯絡為必要。

我實務認為，遺棄致人於死罪，乃犯遺棄罪因而致人於死之加重結果犯，必須遺棄行為與被遺棄者之死亡間，有因果關係者，始克相當。原判決認定，被告輾壓被害人時，被害人已當場死亡。足見本案之被害人係因車禍致顱內出血當場死亡，並非因被告之遺棄行為致發生死亡之結果，從而被告肇事後之逃逸與被害人之死亡，並無相當因果關係，自與刑法第 294 條第 2 項前段之遺棄致人於死罪無涉❺。

㊄阻卻罪責事由

依新增修刑法第 294 條之 1 規定❻，對於無自救力之人，依民法親屬

---

❺　最高法院 91 臺上 5772（決）。

❻　民國 99 年 1 月 27 日增訂本條規定。

編應扶助、養育或保護，因有下列情形之一，而不為無自救力之人生存所必要之扶助、養育或保護者，不罰：

1.無自救力之人前為最輕本刑六月以上有期徒刑之罪之行為，而侵害其生命、身體或自由者。

2.無自救力之人前對其為第 227 條第 3 項、第 228 條第 2 項、第 231 條第 1 項、第 286 條之行為或人口販運防制法第 32 條、第 33 條之行為者。

3.無自救力之人前侵害其生命、身體、自由，而故意犯前二款以外之罪，經判處逾六月有期徒刑確定者。

4.無自救力之人前對其無正當理由未盡扶養義務持續逾二年，且情節重大者。

【增修理由】

1.按民法扶養義務乃發生於有扶養必要及有扶養能力之一定親屬間。惟徵諸社會實例，行為人依民法規定，對於無自救力人雖負有扶養義務，然因無自救力人先前實施侵害行為人生命、身體、自由之犯罪行為，例如，殺人未遂、性侵害、虐待，或是未對行為人盡扶養義務，行為人因而不為無自救力人生存所必要之扶助、養育或保護，應認不具可非難性。若仍課負行為人遺棄罪責，有失衡平，亦與國民法律感情不符。

2.刑法第 294 條所謂之「依法令」應扶助、養育或保護，不以民法親屬規定之扶養、保護及教養義務為限，尚包含其他法令在內，例如，海商法之海難救助義務、道路交通管理處罰條例第 62 條之肇事救護義務。爰明定本條之適用，以依民法親屬編規定應負扶助、養育或保護者為限。

3.刑法第 294 條遺棄罪之遺棄行為，包含積極遺棄無自救力人之行為，以及消極不為無自救力人生存所必要之扶助、養育或保護之行為。爰明定僅限於「不為無自救力人生存所必要之扶助、養育或保護」之消極遺棄行為，始有本條之適用。若行為人積極遺棄無自救力人，即便有本條所定之事由，仍不能阻卻遺棄罪之成立。

4.法定最輕本刑六月以上有期徒刑之罪，已非屬輕罪。無自救力人侵害行為人之生命、身體、自由而為是類犯罪行為，顯難苛求行為人仍對之

為生存所必要之扶助、養育或保護。所謂為侵害生命、身體、自由之犯罪行為，不以侵害個人法益之犯罪行為為限，凡侵害國家法益或社會法益之犯罪行為，致個人之生命、身體、自由間接或直接被害者，亦包括在內。

5.無自救力人對行為人為227條第3項、第228條第2項、第231條第1項、第286條之行為或人口販運防制法第32條、第33條之行為者，雖非法定最輕本刑六月以上有期徒刑之罪，惟亦難期待行為人仍對之為生存所必要之扶助、養育或保護。

6.無自救力人對行為人故意犯本條第1款、第2款以外之罪，而侵害行為人之生命、身體、自由者，考量可能成立之罪名不一、個案之侵害結果軒輊有別，復審酌是類犯罪多為輕罪，為避免因無自救力人之輕微犯罪，即阻卻行為人遺棄罪之成立，造成輕重失衡，爰明定是類犯罪，必須經判處逾六月有期徒刑確定，始得阻卻遺棄罪之成立。又併受緩刑之宣告者，於緩刑期滿而緩刑之宣告未經撤銷者，依刑法第76條之規定，刑之宣告失其效力。刑既已消滅，即不符合本款之規定，從而不能阻卻遺棄罪之成立。

7.無自救力人對行為人負法定扶養義務，竟無正當理由而未盡扶養義務，雖因行為人另有人扶養，致其生命未陷於危險狀態，無自救力人方未成立遺棄罪。所謂正當理由，例如，身心障礙、身患重病。若不論無自救力人未盡扶養義務之原因、期間長短、程度輕重，皆可阻卻行為人遺棄罪之成立，造成阻卻遺棄罪成立之範圍過大，影響無自救力人的法益保護，有失衡平。故須無正當理由未盡扶養義務持續逾二年，且情節重大者，始能阻卻遺棄罪之成立。依民法第1119條規定，扶養之程度，應按受扶養權利者之需要與負扶養義務者之經濟能力及身分定之。所謂「未盡扶養義務」，包含未扶養及未依民法第1119條規定之扶養程度扶養。所謂「持續逾二年」，係指未盡扶養義務之期間必須持續至逾二年。若係斷斷續續未盡扶養義務，且每次未盡扶養義務之期間持續皆未逾二年，即便多次未盡扶養義務之期間加總合計已逾二年，仍非此處所謂之「未盡扶養義務持續逾二年」。所謂「情節重大」，係用以衡量未盡扶養義務之程度輕重。

8.無自救力人對行為人若有本條阻卻遺棄罪成立事由以外之事由，行

為人因而不為無自救力人生存所必要之扶助、養育或保護者，例如，無自救力人傷害行為人，經判處有期徒刑四月確定，則仍成立遺棄罪，惟依個案之情節輕重、影響，檢察官可依刑事訴訟法之規定裁量給予緩起訴處分，起訴後法院可依刑法第 57 條之規定，作為量刑之因素，甚或依刑法第 59 條之規定，予以減輕其刑。

　　9.依民法第 1118 條之 1 之規定，扶養義務之減輕或免除，須請求法院為之。法院減輕或免除扶養義務之確定裁判，僅向後發生效力，並無溯及既往之效力。因而於請求法院裁判減輕或免除扶養義務之前，依民法規定仍負扶養義務。本條所定阻卻遺棄罪成立之事由，與民法第 1118 條之 1 扶養義務之減輕免除事由相同者，事由是否存在，民刑事案件各自認定，彼此不受拘束。

　　茲就本條阻卻罪責事由，略為說明如次：

　　1.對於無自救力之人，行為人依法令本應有扶助、養育或保護之義務，竟不為其生存所必要之扶助、養育或保護，係因無自救力人前對行為人有性侵、虐待、惡意遺棄等特殊事由，若仍課負行為人遺棄罪責，顯屬過苛，有違事理之平，且與國民法律感情不符。遇有諸此事由，即便依民法規定只能減輕行為人之扶養義務，惟揆諸刑法謙抑思想或刑罰最後手段性原則，仍不宜課負遺棄罪責。至行為人因無自救力人前對其有性侵、虐待、惡意遺棄等特殊事由，亦僅係消極的不為無自救力人生存所必要之扶助、養育或保護，而非進一步為積極遺棄行為。因此，適用遺棄罪排除條款之遺棄行為，僅限於消極的不為其生存所必要之扶助、養育或保護之行為。若行為人積極的遺棄無自救力人，即便無自救力人前對其有性侵、虐待、惡意遺棄等特殊事由，仍無法排除遺棄罪之適用。

　　2.最輕本刑六月以上有期徒刑之罪，包括刑法第 221 條強制性交罪、第 222 條加重強制性交罪、第 224 條強制猥褻罪、第 224 條之 1 加重強制猥褻罪、第 225 條乘機性交猥褻罪、第 228 條第 1 項利用權勢性交罪（不包含第 2 項利用權勢猥褻罪）、第 271 條殺人罪、第 277 條傷害致重傷罪、第 278 條重傷罪、第 294 條遺棄罪、第 296 條使人為奴隸罪、第 296 條之

1 買賣人口罪、第 297 條詐術使人出國罪及第 300 條使人隱避罪等。此外，無自救力之人對行為人為侵害財產法益之犯罪，而其最輕本刑為六月以上有期徒刑者，例如，刑法第 321 條加重竊盜罪是，如阻卻遺棄罪之成立，顯非合理。故無自救力人之行為須侵害行為人之生命、身體或自由，始足當之，侵害財產法益之犯罪，並未包含在內。

　　3.無自救力之人前對行為人為與幼年男女性交罪（刑 227 III）、利用權勢猥褻罪（刑 228 II）、誘介性交猥褻罪（刑 231 I）、妨害自然發育罪（刑 286）之行為或強制勞動罪（人口販運防制法 32）❶❼、圖利媒介勞動罪（人口販運防制法 33）❶❽之行為，亦得阻卻遺棄罪之成立。

　　4.刑法規定之遺棄罪阻卻罪責事由與民法親屬編規定之扶養義務免除減輕事由，並不盡相同，應各自認定。有刑法遺棄罪之阻卻罪責事由存在，並非等同於民法親屬編之扶養義務可以全部免除。刑法遺棄罪之阻卻罪責亦不以民法扶養義務免除為前提。依民法第 1118 條之 1 之規定，扶養義務之減輕或免除仍須請求法院為之。因此，於請求法院裁判減輕或免除扶養義務之前，仍負有扶養義務。法院減輕或免除扶養義務之確定裁判僅向後發生效力，並無溯及既往之效力。行為人有刑法所規定之遺棄罪阻卻罪責事由，認為不成立遺棄罪者，縱民事案件法院僅減輕其扶養義務，或遺棄罪之阻卻罪責事由與扶養義務之減輕事由相同，嗣後行為人仍未履行減輕後之扶養義務時，亦得阻卻遺棄罪之成立。

---

❶❼　人口販運防制法第 32 條規定，意圖營利，以強暴、脅迫、恐嚇、拘禁、監控、藥劑、詐術、催眠術或其他違反本人意願之方法，使人從事勞動與報酬顯不相當之工作者，處七年以下有期徒刑，得併科新臺幣五百萬元以下罰金。意圖營利，利用不當債務約束或他人不能、不知或難以求助之處境，使人從事勞動與報酬顯不相當之工作者，處三年以下有期徒刑，得併科新臺幣一百萬元以下罰金。前二項之未遂犯罰之。

❶❽　人口販運防制法第 33 條規定，意圖營利，招募、運送、交付、收受、藏匿、隱避、媒介、容留未滿十八歲之人，使之從事勞動與報酬顯不相當之工作者，處七年以下有期徒刑，得併科臺幣五百萬元以下罰金。前項之未遂犯罰之。

㈥本罪與他罪之關係

1. 本罪與單純遺棄罪

單純遺棄罪與義務遺棄罪間，具有特別關係。成立法條競合時，應優先適用特別規定之義務遺棄罪，排除單純遺棄罪之適用。例如，未婚生子後，將該幼兒丟棄於路旁垃圾桶之情形，即得同時成立單純遺棄罪與義務遺棄罪，應優先適用特別規定之義務遺棄罪處斷。

2. 義務遺棄致死罪與消極殺人罪

義務遺棄致死罪與消極殺人罪，性質上均為實害犯，消極殺人罪為基本規定，遺棄致死罪為補充規定。成立法條競合時，應優先適用基本規定之消極殺人罪，排除遺棄致死罪之適用。例如，駕車將被害人撞成重傷昏迷，為逃避罪責，乃將被害人載至荒郊野外丟棄，致被害人流血過多死亡之情形，其將被害人積極移置荒郊野外丟棄致死，得成立義務遺棄致死罪；同時，其未將被害人及時送醫救治之不作為，亦有被害人死亡之預見，得成立消極殺人罪。兩罪依法條競合之補充關係，適用基本規定之消極殺人罪處斷。

3. 本罪與駕車肇事逃逸罪

本罪與駕車肇事逃逸罪，皆屬侵害人身安全之犯罪。前者之有保護義務者，其範圍較廣；後者之有保護義務者，僅限於「駕駛動力交通工具肇事致人死傷」者；前者之行為客體，限於「無自救力之人」，後者之行為客體，則限於「駕駛動力交通工具肇事因而死傷之人」。如認為二罪之保護法益，均為個人生命、身體之安全時，則具有保護法益之同一性，得成立法條競合，二罪間具有補充關係，義務遺棄罪為基本規定；駕車肇事逃逸罪，則為補充規定，應優先適用基本規定之義務遺棄罪，排除駕車肇事逃逸罪之適用。惟如認為駕車肇事逃逸罪之保護法益為社會之公共安全時，則與義務遺棄罪即不具保護法益之同一性，應依具體情形成立想像競合犯。

惟我實務見解，似有不同看法。例如，刑法第 185 條之 4 肇事致人死傷逃逸罪，乃為加強救護，減少被害人之死傷，促使駕駛人於肇事後能對

被害人即時救護，是該罪之成立只以行為人有駕駛動力交通工具肇事，致人死傷而逃逸之事實為已足，不以行為人之肇事有無過失，被害人是否因之成為無自救力人為必要。故在肇事致人受傷而逃逸之情形，其處罰之要件既較同法第 294 條第 1 項遺棄罪為寬，且兩者之法定刑度相同，刑法第 185 條之 4 自為同法第 294 條第 1 項之特別規定，應優先適用。又同法第 294 條第 2 項之遺棄因而致人於死（重傷）罪，為同條第 1 項違背義務遺棄罪之結果加重犯規定。是在駕駛動力交通工具肇事致人死傷，使陷於無自救力而逃逸之情形，倘被害人因其逃逸，致發生客觀上能預見而不預見之重傷或死亡之加重結果者，自應對行為人之肇事逃逸行為，論以該遺棄之加重結果犯罪責，不再適用同法第 185 條之 4 肇事致人受傷逃逸罪。惟如係屬肇事致死而逃逸之情形，依前開說明，應係分別成立刑法第 276 條第 1 項之過失致死罪及同法第 185 條之 4 之肇事致人死傷而逃逸罪，仍無適用同法第 294 條第 1 項之遺棄罪論處之餘地❶⑨。

六、遺棄尊親屬罪

第 295 條　對於直系血親尊親屬犯第二百九十四條之罪者，加重其刑至二分之一。

㈠行為主體

本罪之行為主體，以直系血親卑親屬，且限於對直系血親尊親屬負有扶助、養育或保護義務之人，故為身分犯。至旁系血親卑親屬或直系姻親卑親屬，則不包括在內。

㈡行為客體

本罪之行為客體，為行為人之直系血親尊親屬，且係無自救力之人，

---

❶⑨　最高法院 88 臺上 7396（決）；90 臺上 6786（決）；91 臺上 3364（決）；92 臺上 4552（決）。

始足當之。至其為父系或母系，則非所問。例如，父母、祖父母、曾祖父母或外祖父母、外曾祖父母等是。倘為旁系血親尊親屬，例如，伯叔父或舅父等；或直系姻親尊親屬，例如，岳父母、翁姑、繼父或繼母等，則不得為本罪客體。

本罪尊卑親屬之關係，固包含自然血親與法定血親在內，惟自然血親之認定，究應以戶籍記載之關係為準？抑或以事實上之關係為已足？則不無疑義。本罪加重處罰之性質與殺尊親屬罪不同，重在保護義務之違反。因此，應以戶籍記載之關係為準，較為妥適。如戶籍上登記為他人之兒女者，遺棄該「他人」時，應得以本罪律之。縱有遺棄其親生父母之情形，亦不能依本罪予以加重。

㈢實行行為

本罪之實行行為，為遺棄與不為生存所必要之扶助、養育或保護。

㈣故　意

本罪行為人，除須對於無自救力之人，具有遺棄或不為生存所必要之扶助、養育或保護之故意外，其對於自己與無自救力人之間有保護義務，以及有直系血親尊卑關係之存在，亦須具有認識。如因錯誤而欠缺認識時，則不具本罪之故意，不能依本罪加重處罰。

㈤本罪與他罪之關係

1.本罪與義務遺棄罪

本罪與義務遺棄罪間，具有特別關係。成立法條競合時，應優先適用特別規定之尊親屬遺棄罪，排除義務遺棄罪之適用。

2.尊親屬遺棄致死罪與殺尊親屬罪

尊親屬遺棄致死罪與殺尊親屬罪，具有補充關係。成立法條競合時，應優先適用基本規定之殺尊親屬罪，排除尊親屬遺棄致死罪之適用。

第五章　妨害自由罪

一、犯罪類型

　　妨害自由罪之犯罪類型，有第 296 條「使人為奴隸罪」；第 296 條之 1「買賣質押人口罪」；第 297 條「營利詐使出國罪」；第 298 條「略誘婦女罪」；第 299 條「移送被誘婦女出國罪」；第 300 條「加工略誘婦女罪」；第 302 條「剝奪行動自由罪」；第 303 條「剝奪尊親屬行動自由罪」；第 304 條「強制罪」；第 305 條「恐嚇個人安全罪」；第 306 條「妨害住居自由罪」及第 307 條「違法搜索罪」。

二、自由之內涵

　　妨害自由罪，為侵害他人人身自由之犯罪。人身自由，為憲法所保障基本人權之核心，他人不得恣意加以侵犯。惟在人類日常之社會生活中，自由並非漫無限制，須不侵犯他人之自由，始為真正之自由。因此，自由僅具有相對之價值，如為防止妨礙他人自由、避免緊急危難、維持社會秩序或增進公共利益所必要者，亦得以法律加以限制（憲 23）。

㈠自由之兩面性

　　自由，依其行使之型態，可分為積極自由與消極自由二種，此為自由一體之兩面。積極自由，係積極為一定行為之自由，亦即作為之自由。例如，遷徙之自由、信仰宗教之自由或結婚之自由等是。消極自由，則係消極不為一定行為之自由，亦即不作為之自由。例如，不遷徙之自由、不信仰宗教之自由或不結婚之自由等是。因此，自由，在本質上，實為一個人得為一定作為或不作為之自由。

　　自由屬於人格權之一種，無論積極自由與消極自由，均不許任意拋棄（民 17 I），倘被害人任意拋棄其自由，例如，同意為他人之奴隸，該他人

仍應成立使人為奴隸罪，不能阻卻違法。縱同意他人限制其自由，如違背公序良俗時（民17 II），亦不能阻卻違法。例如，同意他人將其禁閉於狗籠中示眾之情形是。惟如無背於公序良俗時，因自由具有積極自由與消極自由之兩面性，例如，同意他人將自己禁閉於某一房間內，其不離開該房間，乃其消極自由之行使，並非拋棄其自由，尚難認其成立本罪。

㈡自由兩面性之衝突

　　積極自由與消極自由發生衝突時，究以何者為刑法所優先保護之對象？不無疑問。因自由之行使，須不侵犯他人之自由；且自由之精義，在於不受他人恣意之剝奪或侵犯。因此，積極自由與消極自由發生衝突時，應以消極自由作為優先保護之對象。例如，民意代表選舉時，投票或不投票，均屬個人之自由，兩者發生衝突時，應以不投票之自由為優先。又如，夫妻二人共居一宅，關於住居自由之行使，倘夫邀女人至家中聚會，妻則不願其住居自由受夫之女人干擾時，應以不受干擾之自由為優先是。

三、人身自由之保護

　　刑法對於個人自由之保護，除本章妨害自由罪外，在其他各章內，其保護個人自由之規定，亦不在少數。有保護政治性之個人自由者，例如，妨害自由投票罪（刑142）是；有保護社會性之個人自由者，例如，妨害宗教信仰儀式罪（刑246 II）是；亦有保護性自主之個人自由者，例如，妨害性自主罪（刑221–229）是。惟本章妨害自由罪，並非在保護政治性或社會性等抽象之自由，而是在保護含有具體內容之自由，即所謂個人之人身自由，亦即個人意思決定之自由與身體活動之自由。

四、保護法益

　　妨害自由罪之保護法益，為個人之人身自由。所謂個人之人身自由，包含意思自由與活動自由在內。意思自由，為個人內在之意思決定自由；活動自由，則為個人外在之身體活動自由。妨害自由罪所保護之自由，有

著重於意思自由者，例如，恐嚇個人安全罪是。有著重於活動自由者，例如，剝奪行動自由罪是。惟大多數均係意思自由與活動自由兩者並重，例如，使人為奴隸罪、買賣質押人口罪、強制罪或妨害居住自由罪等是。

五、使人為奴隸罪

> 第 296 條　使人為奴隸或使人居於類似奴隸之不自由地位者，處一年以上七年以下有期徒刑。
> 前項之未遂犯罰之。

㈠保護法益

本罪之保護法益，為個人之人身自由，包含意思決定自由以及身體活動自由在內。

㈡主體與客體

本罪之行為主體，並無何限制，不問其為本國人、外國人或無國籍之人，亦不論其犯罪地為國內或國外，均得成立本罪（刑 5）。

本罪之行為客體，為「人」，亦即行為人以外之自然人，不問其為本國人、外國人或無國籍之人，且不論其年齡或性別如何，均包括在內。

㈢實行行為

本罪實行行為之態樣有二，即 1.使人為奴隸；2.使人居於類似奴隸之不自由地位。

1.使人為奴隸

所謂「使人為奴隸」，乃使人居於自己或第三人不法實力支配之下，而失去其普通人格者應有之自由❶。詳言之，乃基於供自己或第三人役使之目的，將被害人置於自己或第三人實力支配之下，而聽從自己或第三人使

---

❶　最高法院 32 上 1542。

喚，使其失去一般人應享有之人性尊嚴者而言。

「使」之方法，並無限制，無論係強暴、脅迫、詐術或其他非法之方法，均無不可。我實務認為，蓄婢固屬違背法令所禁止之行為，而其是否成立刑法上使人為奴隸罪，應就其有無使為奴隸之事實為斷，不能僅因其名義係屬婢女，而即可推定為使為奴隸❷。因自由不得拋棄（民17），縱同意限制其自由，亦不得違背公序良俗。故行為人獲有被害人之承諾，而使其為奴隸時，亦不能阻卻本罪之成立。

2.使人居於類似奴隸之不自由地位

所謂「使人居於類似奴隸之不自由地位」，係指雖非使人為奴隸，而不以人道相待，使之不能自由，有似於奴隸者而言❸。詳言之，乃非基於供自己或第三人役使之目的，將被害人置於自己或第三人實力支配之下，使其失去一般人皆應享有之人性尊嚴，而居於類似奴隸之地位者而言。例如，江湖賣藝之幼童、鴇婦蓄養之娼妓等是。因此，我實務認為名義上雖為養女，實際上則為婢女，而使其喪失法律上之自由權者，即為使人居於類似奴隸之不自由地位。惟對於年甫七歲之養女，每日痛打，不給飲食，只能認為凌虐行為，與使人居於類似奴隸之不自由地位有別❹。

㈣故　意

本罪為故意犯，行為人須具有使人為奴隸，或使居於類似奴隸之不自由地位之直接或未必故意，始能成罪。

㈤既遂、未遂

本罪之未遂犯，罰之。既遂、未遂之區別，以事實上已否使人失去自由，而處於奴隸地位或居於類似奴隸地位為準。倘尚未使人失去自由者，即為本罪之未遂犯。如行為人事實上已使人失去自由，而處於奴隸地位或

---

❷　最高法院20上880。

❸　最高法院31上1664。

❹　最高法院24.7刑議；最高法院25上2740。

居於類似奴隸地位時，即為本罪之既遂犯。

㈥罪數及與他罪之關係

1.罪數之認定標準

本罪為侵害人身自由之犯罪，人身自由屬於個人之專屬法益，自應依其人格主體之數，分別計算其罪數。倘被害人為數人者，因其侵害之自由法益為數個，即應成立數罪。同時，本罪為繼續犯，其犯罪行為事實，究應成立一罪或數罪，應依繼續犯之法理予以判斷。例如，使人為奴隸，期間持續長達數年，仍僅成立本罪之單純一罪。

2.本罪與略誘罪

本罪與略誘罪，均屬侵害人身自由之犯罪。本罪在罪質上含有略誘行為之性質在內。因此，二者間具有吸收關係，本罪為吸收規定，略誘罪為被吸收規定。成立法條競合時，應優先適用吸收規定之本罪，排除略誘罪之適用。

我實務認為，擄掠人為奴或擄掠人賣與他人為奴，如係意圖營利，應視被掠人之年齡性別及有無家庭或其他監督權之人，分別適用刑法第 241 條第 2 項，或第 298 條第 2 項處斷。如並非圖利，而被掠人為未滿二十歲之男女，且有家庭或其他監督權之人，應適用刑法第 241 條第 1 項處斷。若被掠人為已滿二十歲之男子，僅使其為奴，而非圖利，或單純出賣男女與人為奴，並無擄掠情形者，均應依刑法第 296 條論科❺。

六、買賣質押人口罪

第 296 條之 1　買賣、質押人口者，處五年以上有期徒刑，得併科五十萬元以下罰金。

意圖使人為性交或猥褻之行為而犯前項之罪者，處七年以上有期徒刑，得併科五十萬元以下罰金。

❺　司法院院解 2941。

以強暴、脅迫、恐嚇、監控、藥劑、催眠術或其他違反本
人意願之方法犯前二項之罪者，加重其刑至二分之一。

媒介、收受、藏匿前三項被買賣、質押之人或使之隱避者，
處一年以上七年以下有期徒刑　，得併科三十萬元以下
罰金。

公務員包庇他人犯前四項之罪者，依各該項之規定加重其
刑至二分之一。

第一項至第三項之未遂犯罰之。

(一)犯罪類型

　　本罪罪名，雖稱為買賣質押人口罪，實際上則包含有五個犯罪類型在
內，即 1.普通買賣質押人口罪（第 1 項）；2.加重買賣質押人口罪（第 2 項）；
3.強制買賣質押人口罪（第 3 項）；4.加工買賣質押人口罪（第 4 項）及 5.
公務員包庇買賣質押人口罪（第 5 項）。

(二)保護法益

　　買賣質押人口罪各罪之保護法益，均為個人之人身自由，包含意思決
定自由以及身體活動自由在內。

(三)行為主體

　　1.普通、加重及強制買賣質押人口罪之行為主體，並無何限制，不問
其為本國人、外國人或無國籍之人，均得成立本罪。

　　2.加工買賣質押人口罪之行為主體，須為買賣、質押行為以外之人，
始能成立。如係買賣、質押行為人自為藏匿或使之隱避之行為，原屬買賣、
質押行為繼續中應有之手段，並不另成立犯罪。第三人於買賣、質押行為
繼續中，參與收受、藏匿或使之隱避之行為者，為買賣、質押人口罪等罪
之承繼共同正犯，亦非本罪。因此，收受、藏匿、隱避人口等罪，須買賣、

質押行為人以外之人，於買賣、質押行為完成後，而為收受、藏匿或使之隱避之行為，始能成立。

3.公務員包庇買賣質押人口罪之行為主體，則為公務員。只須具有公務員之身分，且其身分足資包庇為已足，其具體職務如何，則非所問。又本罪已因公務員之身分而加重其刑，故不再適用刑法第 134 條之規定。

㈣行為客體

1.普通、加重及強制買賣質押人口罪之行為客體，為「人口」。法條上雖稱為「人口」，實際上與前條使人為奴隸罪所稱之「人」，並無意義上之差別，係指行為人以外之自然人而言。不問其為本國人、外國人或無國籍之人，且不論其年齡或性別如何，均包括在內。

2.加工買賣質押人口罪之行為客體，為前三項被買賣、質押之人。

3.公務員包庇買賣質押人口罪之行為客體，為「他人」，係指前四項犯罪之行為人。

㈤實行行為

1.普通及加重買賣質押人口罪之實行行為，為買賣及質押。

⑴買賣，乃行為人與他人就人口及價金為合致之意思表示，並將被害人置於他人實力支配下之行為。因買賣人口，為侵害人身自由之犯罪，僅有買賣之合意，尚有未足，須將被害人置於他人實力支配之下時，始有侵害人身自由可言。買賣之方式，並無限制，無論其為口頭或書面，均得成立本罪。至該他人為誰，亦非所問。惟實例認為買賣之涵義，則與販賣稍有差異。所謂販賣，係指意圖營利而販入或賣出而言。其販入或賣出之時，若非以營利為目的，則非所謂販賣❻。

⑵質押，乃以人為質，而將被害人置於他人實力支配下之行為。因質押人口，亦為侵害人身自由之犯罪，僅有質押之合意，尚有未足，須將被害人置於他人實力支配之下時，始能成罪。至其以人為質之動機何在，並

---

❻　最高法院 80 臺上 5976（決）；81 臺上 2270（決）。

非所問。或為逼使還債，或為要求釋放人犯，或為達其他政治目的，均無解於本罪之成立。

　　2.強制買賣質押人口罪之實行行為，為強制買賣及質押。

　　本罪須以強暴、脅迫、恐嚇、監控、藥劑、催眠術或其他違反本人意願之方法，而為買賣、質押人口行為，始能成立。法條上，雖列舉強暴、脅迫、恐嚇、監控、藥劑或催眠術，以為例示，惟所謂其他方法，並不須具有強制之性質，只要以違反被害人主觀意願之方法，而為買賣、質押人口之行為，即足當之。例如，施用詐術是。因此，本罪行為之手段，只要違反被害人主觀之意願，可能係以強脅等具有強制性質之方法為之，亦可能係以不具強制性質之方法為之。

　　3.加工買賣質押人口罪之實行行為，為媒介、收受、藏匿及使之隱避。

　　⑴媒介，是從中介紹之意。⑵收受，係將被害人移入自己實力支配下之行為。其係因買受、贈與或寄託；係因直接或間接承受，均非所問。⑶藏匿，係將被害人置於他人不易發見其處所之行為。⑷使之隱避，則係以藏匿以外之方法，使被害人隱藏避匿之行為。不問積極或消極行為，均屬之。

　　4.公務員包庇買賣質押人口罪之構成要件行為，為包庇，即包容庇護之意。

㈥故意與意圖

　　買賣質押人口罪各罪均屬故意犯，惟加重及強制買賣質押人口罪，除故意外，尚須具有使人為性交或猥褻行為之意圖，始能成罪。只須具有此項意圖，而為買賣或質押人口，即為已足。至其意圖是否實現，則非所問。

㈦既遂、未遂

　　普通、加重及強制買賣質押人口罪之未遂犯，罰之。既遂、未遂之區別，以是否已將被害人置於他人實力支配下為準。買賣或質押之意思表示雖已合致，惟尚未將被害人置於他人實力支配下時，仍為本罪之未遂犯。行為人如已將被害人置於他人實力支配之下時，即為本罪之既遂犯。加工

及包庇買賣質押人口罪，雖不處罰未遂犯，惟其既遂仍須將被害人置於他人實力支配之下時，始足當之。

(八)本罪與他罪之關係

1.本罪與略誘罪

本罪與略誘罪，均屬侵害人身自由之犯罪。本罪在罪質上含有略誘行為之性質在內。因此，二者間具有吸收關係，本罪為吸收規定，略誘罪為被吸收規定。成立法條競合時，應優先適用吸收規定之本罪，排除略誘罪之適用。

2.本罪與使人為奴隸罪

使人為奴隸罪，其「使」之方法，並無限制，無論係擄掠、誘拐、賣出或買入，甚或質押，均無不可。因此，在概念上，使人為奴隸之行為，得將買賣或質押之行為，涵攝在內，亦即使人為奴隸之行為，通常含有買賣或質押之成分在內。因此，二者間應具有吸收關係，使人為奴隸罪為吸收規定，本罪為被吸收規定。成立法條競合時，應優先適用吸收規定之使人為奴隸罪，排除本罪之適用。惟在法定刑上，本罪則重於使人為奴隸罪，輕重顯有失衡。

七、營利詐使出國罪

❖❖❖

第 297 條　意圖營利，以詐術使人出中華民國領域外者，處三年以上十年以下有期徒刑，得併科三十萬元以下罰金。
　　　　　　前項之未遂犯罰之。

❖❖❖

(一)行為客體

本罪之行為客體，為「人」，亦即行為人以外之自然人，不分年齡或性別，均足當之。

㈡實行行為

本罪之實行行為，係以詐術使人出中華民國領域之外。詐術，是以欺罔之方法，使他人陷於錯誤之行為。例如，詐稱介紹國外工作，或誘使出國結婚等是。

所謂「使人出中華民國領域外」，僅須被害人因行為人之詐術，使其陷於錯誤，因而同意出中華民國領域外。至被害人之出境，究係自行前往，抑係由行為人或第三人陪同前往，均無不可。惟如係在行為人之實力支配下，而被移送出國，則非本罪，應依被害人之年齡及性別，分別依第 242 條第 1 項所定之「移送被誘人出國罪」，或第 299 條第 1 項所定之「移送被誘婦女出國罪」之規定處斷。

㈢故意與意圖

本罪除須具有詐使他人出國之故意外，尚須具有營利之意圖，始能成罪。只須具有營利之意圖存在為已足，至其果否獲利，則非所問。

㈣既遂、未遂

本罪之未遂犯，罰之。既遂、未遂之區別，以被害人是否已出中華民國之領域外為準。倘被害人尚未出中華民國領域外者，為本罪之未遂犯。如被害人已出中華民國領域外者，即為本罪之既遂犯。本法第 3 條「在中華民國領域外之中華民國船艦或航空器內犯罪者，以在中華民國領域內犯罪論」，係就犯罪地所作之規定；本罪係就犯罪之目的地所作之規定。因而，詐使出國，縱在中華民國領域外之中華民國船艦或航空器內，亦為出中華民國領域外，得以成立既遂犯。

㈤本罪與他罪之關係

1. 本罪與略誘罪

本罪與略誘罪，均屬侵害人身自由之犯罪。本罪在罪質上含有略誘行

為之性質在內。因此，二者間具有吸收關係，本罪為吸收規定，略誘罪為被吸收規定。成立法條競合時，應優先適用吸收規定之本罪，排除略誘罪之適用。

2.本罪與移送被誘人出國罪

移送被誘人出國罪（刑 242 I）之罪質，通常包含營利詐使出國罪之罪質。因此，二者間具有吸收關係，移送被誘人出國罪為吸收規定，本罪為被吸收規定。成立法條競合時，應優先適用移送被誘人出國罪，排除本罪之適用。

3.本罪與使人為奴隸罪

本罪與使人為奴隸罪，均屬侵害人身自由之犯罪，惟本罪並不以剝奪或限制被害人之人身自由為必要，故二者間具有吸收關係，使人為奴隸罪為吸收規定，本罪為被吸收規定。成立法條競合時，應優先適用吸收規定之使人為奴隸罪，排除本罪之適用。

八、略誘婦女罪

第 298 條　意圖使婦女與自己或他人結婚而略誘之者，處五年以下有期徒刑。
　　　　　意圖營利、或意圖使婦女為猥褻之行為或性交而略誘之者，處一年以上七年以下有期徒刑，得併科一千元以下罰金。
　　　　　前二項之未遂犯罰之。

㈠行為客體

本罪之行為客體，為婦女。只須為婦女，其年齡大小、已婚未婚、有無職業、國籍為何等，均非所問。因此，已成年之婦女，不論已否結婚；未滿二十歲已結婚之婦女、未滿二十歲且未結婚但無家庭或其他監督權人之婦女、未滿十六歲而有監督權之婦女❼，均得為本罪之客體。至略誘已

❼　最高法院 20 上 21；21 上 63；司法院院字 1927；2034；940；2133。

滿二十歲之男子者，因男子非本罪之客體，僅能依其情節，論以第 302 條至第 304 條之罪。

㈡實行行為

本罪之實行行為，為略誘，即以強暴、脅迫或詐術等不正之方法，違反被誘人之意思，而將其置於自己實力支配下之行為。例如，攔路擄人、強搶成親、鎖禁室內❽等是。若被誘人尚有自主之意思，或得其承諾時，即屬和誘之範圍，不能以略誘論。

㈢故意與意圖

行為人在主觀上，除須具有略誘之故意外，並至少須具有以下四種意圖之一，始能成罪：

1. 意圖結婚

行為人須意圖使被誘人與自己或他人結婚，而實施略誘行為，始能構成意圖結婚略誘婦女罪。行為人只須具有此項意圖為已足，被誘人是否果與自己或他人結婚，則非所問。例如，意圖與甲女結婚，強行架走，被軍警中途追捕，其時甲女既已在被告等實力支配之下，略誘行為已完全成立，不能以尚未成婚，認為未遂。略誘行為之目的，在使被誘人與自己或他人結婚。所謂結婚，係指正式結為婚姻而言，與通常之姘居關係不同❾。行為人與被誘人，縱定有婚約，如糾眾強搶成親，仍成立本罪。至被誘人於略誘結婚後，願意相從，對於本罪之成立，並無影響。

2. 意圖營利

行為人須意圖營利，而實施略誘行為，始能構成意圖營利略誘婦女罪。所謂意圖營利，係指依略誘行為，而使自己或他人得財產上之利益為目的，不以營業為必要，亦不限於繼續或反覆獲得利益，縱僅圖一次之利益，亦屬無妨。所取得之利益，亦不以不法者為限。又財產上之利益，不論自略

---

❽ 司法院院字 864；最高法院 28 上 2297；28 上 3514。

❾ 最高法院 30 上 532；21 上 328。

誘行為本身，或自第三人，或使被誘人工作，而獲取利益，均包括在內。只須意圖營利，結果是否獲利，亦非所問。

實務認為假納妾名義，予以價賣，使之為娼營利；將妻押入娼寮，賣淫圖利；以轉賣之目的，故為買受；偽稱帶其出外作工，實行價賣等 ❿，均得構成本罪。

3. 意圖猥褻

行為人意圖使婦女為猥褻之行為，而實施略誘行為者，成立意圖猥褻略誘婦女罪。本罪亦以有猥褻之意圖為已足，不以果有猥褻之行為為必要。至其使被誘人自為，或與行為人共為，或與他人共為猥褻之行為，均非所問。

4. 意圖性交

行為人意圖使婦女性交，而實施略誘行為者，成立意圖性交略誘婦女罪。本罪亦以有性交之意圖為已足，不以果有性交之行為為必要。至其使被誘人自為，或與行為人共為，或與他人共為性交之行為，均非所問。實務認為略誘婦女意在為妾，因納妾不得謂之結婚，仍應認為意圖性交 ⓫。

㈣既遂、未遂

略誘婦女罪之未遂犯，罰之。既遂、未遂之區別，以被誘人已否置於行為人實力支配之下為準。倘被誘人尚未置於行為人實力支配之下，即為本罪之未遂犯。如已使被誘人置於實力支配之下者，則為本罪之既遂犯。

㈤個人減輕刑罰事由

犯本罪，於裁判宣告前，送回被誘人或指明所在地，因而尋獲者，得減輕其刑（刑 301）。

㈥追訴條件

犯本罪，須告訴乃論；惟犯意圖結婚略誘婦女，其告訴以不違反被略

---

❿　最高法院 19 上 1227；21 上 394；22 上 1861；29 上 1981。

⓫　最高法院 18 上 1362。

誘人之意思為限（刑 308）。

(七)本罪與他罪之關係

1. 本罪與略誘罪

略誘罪，係妨害家庭之犯罪，以未滿二十歲之男女為對象，且係以家庭之監督權作為其保護法益。略誘婦女罪，係目的犯，須有結婚、營利、猥褻或性交等意圖，始能成罪，且其性質為妨害人身自由之犯罪，係以個人之意思自由及身體自由作為其保護法益。因略誘罪（刑 241）之罪質，當然包含妨害個人人身自由之成分在內。因此，二者間具有吸收關係，略誘罪為吸收規定，本罪為被吸收規定。成立法條競合時，應優先適用吸收規定之略誘罪，排除本罪之適用。

2. 本罪與使人為奴隸罪

使人為奴隸罪之罪質，因包含本罪之罪質在內，兩罪間具有吸收關係，使人為奴隸罪為吸收規定，本罪為被吸收規定。成立法條競合時，應優先適用使人為奴隸罪，排除本罪之適用。

九、移送被誘婦女出國罪

第 299 條　移送前條被略誘人出中華民國領域外者，處五年以上有期
　　　　　徒刑。
　　　　　前項之未遂犯罰之。

(一)行為客體

本罪之行為客體，為略誘婦女罪之被誘人，亦即以已成立略誘婦女罪被誘人之婦女為限。營利詐使出國罪（刑 297）之行為客體，並無年齡或性別之限制；移送被誘人出國罪（刑 242）之行為客體，則以未滿二十歲之男女、有配偶之男女及未滿十六歲之男女為限，均與本罪之行為客體，有所不同。

㈡實行行為

本罪之實行行為，為移送出中華民國領域外。移送，乃使被誘人在行為人實力支配之下，移動而送出中華民國領域之外。

㈢故　意

本罪為故意犯，行為人須具有移送被害人出中華民國領域外之直接或未必故意，始能成罪。

㈣既遂、未遂

本罪之未遂犯，罰之。既遂、未遂之區別，以被誘人已否被移送出中華民國領域外為準。倘被誘人尚未被移送出中華民國領域外者，即為本罪之未遂犯。倘被誘人已被移送出中華民國領域外者，則為本罪之既遂犯。

㈤個人減輕刑罰事由

犯本罪，於裁判宣告前，送回被誘人或指明所在地，因而尋獲者，得減輕其刑（刑301）。

㈥本罪與他罪之關係

1.本罪與移送被誘人出國罪

移送被誘人出國罪（刑242）之罪質，因含有移送被誘婦女出國罪之罪質在內，二者間具有吸收關係，移送被誘人出國罪為吸收規定，本罪為被吸收規定。成立法條競合時，應優先適用移送被誘人出國罪，排除本罪之適用。

2.本罪與營利詐使出國罪

營利詐使出國罪之罪質，當然包含移送被誘婦女出國罪之罪質，二者間具有吸收關係，營利詐使出國罪為吸收規定，本罪為被吸收規定。成立法條競合時，應優先適用營利詐使出國罪，排除本罪之適用。

十、加工略誘婦女罪

第 300 條 意圖營利，或意圖使被略誘人為猥褻之行為或性交，而收受、藏匿被略誘人或使之隱避者，處六月以上五年以下有期徒刑，得併科五百元以下罰金。
前項之未遂犯罰之。

(一)行為主體

加工略誘婦女罪之行為主體，須為略誘人以外之人，始能成立。如係略誘人自為藏匿或使之隱避之行為，原屬略誘行為繼續中應有之手段，並不另成立犯罪。第三人於略誘行為繼續中，參與收受、藏匿或使之隱避之行為者，為略誘婦女罪之承繼共同正犯，亦非本罪。因此，本罪須略誘人以外之人，於略誘行為完成後，而為收受、藏匿或使之隱避之行為，始能成立。

(二)行為客體

本罪之行為客體，為被略誘人，雖未明定以婦女為限，惟本罪條文既係承接第 298 條、第 299 條而來，就該兩條之文義及條文排列之順序比較觀察，則其所謂被略誘人，自係指第 298 條之被略誘婦女而言❶❷。

(三)實行行為

本罪實行之行為態樣有三：即收受、藏匿及使之隱避。

(四)故意與意圖

本罪行為人，除須具有收受、藏匿或使之隱避之故意外，尚須具有營利、使為猥褻行為或性交之意圖，始能成罪。其僅意圖使被誘人與自己或

---

❶❷ 最高法院 29 上 1325。

他人結婚者，尚難以本罪相繩。

(五)既遂、未遂

本罪之未遂犯，罰之。既遂、未遂之區別，以收受、藏匿或使之隱避之行為已否完成，而將被害人置於實力支配之下為準。倘收受、藏匿或使之隱避之行為尚未完成者；或雖已完成構成要件行為，惟未生被害人已置於其實力支配之下之結果者，即為本罪之未遂犯。至其意圖是否實現，並非所問。如其收受、藏匿或使之隱避之行為已完成，而將被害人置於實力支配之下者，則為本罪之既遂犯。

(六)個人減輕刑罰事由

犯本罪，於裁判宣告前，送回被誘人或指明所在地，因而尋獲者，得減輕其刑（刑 301）。

(七)本罪與他罪之關係

1. 本罪與加工和略誘罪

加工和略誘罪之罪質，當然包含妨害個人人身自由之成分，二者間具有吸收關係，加工和略誘罪為吸收規定，本罪為被吸收規定。成立法條競合時，應優先適用加工和略誘罪，排除本罪之適用。

2. 本罪與略誘婦女罪

本罪與略誘婦女罪，具有侵害法益之同一性，略誘婦女罪為基本規定，本罪為補充規定。成立法條競合時，應優先適用略誘婦女罪，排除本罪之適用。

十一、剝奪行動自由罪

第 302 條　私行拘禁或以其他非法方法，剝奪人之行動自由者，處五年以下有期徒刑、拘役或三百元以下罰金。

因而致人於死者，處無期徒刑或七年以上有期徒刑，致重傷者，處三年以上十年以下有期徒刑。

第一項之未遂犯罰之。

㈠保護法益

本罪之保護法益，為個人之行動自由，亦即身體活動之自由，此與恐嚇個人安全罪純在保護個人意思自由之情形不同。

㈡行為客體

本罪之行為客體，為「人」，亦即行為人以外之自然人。惟因本罪為侵害他人行動自由之犯罪，故宜稍作限縮解釋，須具有行動自由之人，亦即須具有身體活動可能性之人，始得為本罪之行為客體。

1.身體活動可能性

本罪行為客體之自然人，須為具有身體活動可能性之人。只需具有身體活動之可能性，至其有無責任能力或行為能力，則非所問。至何謂身體活動之可能性？茲略為闡述如次：

⑴須為能依自己意思而為任意活動之可能性

所謂身體活動之可能性，須為能依自己意思，而任意移動身體之可能性。因此，縱在一定範圍內，有移動之自由，如以有形或無形之方法，使其無法或難以依自己意思而為任意活動之可能性時，仍得成立本罪。例如，將他人拘禁於室內，雖有起居活動之自由，但房門上鎖，無法任意出外者是。

⑵須為事實上具有任意活動之可能性

所謂身體活動之可能性，須為事實上具有任意活動之可能性。事實上不具有依自己意思而為任意活動可能性之人，例如，甫初生之嬰兒或意識陷於喪失狀態中之植物人等，不得為本罪之客體；惟幼兒或精神病人，因事實上仍有為身體活動之可能性，則無妨為本罪之客體。身體活動之可能性，不以現實存在為必要，只須具有活動之可能性為已足。縱一時失去活

動之可能性，如泥醉者或熟睡者之類，因仍具有活動之可能性，亦得為本罪之客體。因此，將泥醉或熟睡者加以拘禁，而於其回復意識前予以解禁者，仍得成立本罪。

此外，藉他人之扶助或器具、機械之幫助，始能行動者，如雙腿殘廢者、漸凍人或盲人等，因事實上仍具有任意活動之可能性，自得為本罪之客體。例如，雙腿殘廢者，卸下義足，躺於床上睡覺時，倘將其義足取走，使其無法行動者，自得以本罪律之。

2.無需意識其自由被剝奪

身體活動之自由，只須具有身體活動之可能性為已足，不以現實存在為必要。因此，只要客觀上使被害人處於無法任意移動其身體自由之情狀時，即得成立本罪，被害人有否意識其自由被剝奪，並非所問。例如，將泥醉者或熟睡者，禁閉於幽室，該被禁閉者雖未意識其被禁閉之事實，亦得成立本罪是。

㈢實行行為

本罪之實行行為，係以私行拘禁或以其他非法之方法剝奪人之行動自由。私行拘禁或其他非法之方法，係「剝奪人之行動自由」行為之方法行為❸。私行拘禁，為例示規定；其他非法之方法，則為概括規定。因此，本罪之罪名，應稱為「剝奪行動自由罪」，不宜以其方法行為之例示規定，作為罪名。實務上有部分實例將本罪罪名逕稱為「私行拘禁罪」，實有欠

---

❸　本罪之構成要件行為，係剝奪人之行動自由。私行拘禁或其他非法之方法，則為剝奪人之行動自由之方法行為，並非本罪之實行行為。惟我實務認為，刑法第302條第1項之妨害自由罪，其犯罪行為包括「私行拘禁」及「以其他非法方法剝奪人之行動自由」兩種行為態樣；且所謂「以其他非法方法剝奪人之行動自由」，係對於「私行拘禁」之補充規定，如犯罪行為已符合「私行拘禁」之規定，即無論處「以其他非法方法剝奪人之行動自由」罪名之餘地（最高法院93臺上3723（決））。實務此種見解，對於本罪之構成要件之構造顯有誤解，頗值商榷。

妥適❹。

1.方法行為

本罪之方法行為，為私行拘禁或其他非法之方法。所謂私行拘禁，係以非法之方法，將他人拘捕監禁，使其無法或難以自由行動之行為，包含拘捕行為及監禁行為在內。拘捕行為，係將他人之身體直接加以拘束之行為。例如，以手銬將他人銬住之情形是。監禁行為，則係將他人禁閉於一定場所之行為。例如，將他人鎖閉於屋內之情形是。監禁之場所，並不以房屋或建築物等為限，即以粉筆在地上畫一圓圈，而令其不得擅自離開之情形，亦包括在內。

所謂其他非法之方法，則指除拘禁外，泛指其他一切剝奪行動自由之非法方法，包括強暴、脅迫等情事在內。例如，強押他人上車，並嚇稱如跳車，即予輾死之情形是。

2.實行行為

⑴剝奪行動自由之涵義

本罪之實行行為，係剝奪人之行動自由。所謂剝奪人之行動自由，乃使他人身體活動之可能性完全喪失或有顯著困難之行為。剝奪之意涵，宜稍放寬解釋，不以使他人之行動自由完全喪失為必要，如使其行動自由發生顯著困難時，亦應包括在內。例如，將他人禁閉於室內，雖有隱密之出口，但難以發現；或雖有離開之方法，但須冒生命、身體之危險或須以違反公序良俗之方法，始能回復自由者，亦為剝奪。例如，趁他人於屋頂工作時，將其扶梯撤走；或乘他人洗澡時，將其衣服取走之情形等是。惟如他人極易回復其自由者，例如，雖將前門上鎖，惟被害人打開後門即可輕易離開時，固非剝奪；或僅拘束被害人身體之一部分者，例如，將被害人之雙手反綁，被害人仍可自由行動時，亦非剝奪。

⑵剝奪行動自由之態樣

剝奪人之行動自由，其行為態樣，形形色色，不勝枚舉。有出於有形、物理之方法者，例如，以繩索捆綁、房門上鎖、入口監視或以狼犬看管等

❹ 最高法院 29 上 2330；29 上 2592。

是；亦有出於無形、心理之方法者，例如，以恐嚇、脅迫或使用偽計，使他人不敢擅離等是。有出於直接之方法者，例如，前舉各例是；亦有出於間接之方法，即利用不知情之第三人為之者，例如，誣指他人為小偷，而使不知情之警察加以逮捕是。有出於作為之方法者，例如，前舉各例是；亦有出於不作為之方法者，例如，誤將房門上鎖，旋知有人在內，仍逕自不顧而去是。

(3)剝奪行動自由之性質

剝奪行動自由之行為，係行為繼續，而非狀態繼續，即自剝奪被害人之行動自由起至回復其行動自由為止，均在犯罪行為繼續進行之中。通常均有相當時間之繼續，性質上為繼續犯。所謂相當時間，雖時間長短不拘，惟須在某種程度內繼續拘束他人之自由；如係瞬間即行結束者，則成立強制罪，而非本罪。

我實務認為，刑法第 302 條之妨害自由罪，既係以私行拘禁為其非法剝奪人行動自由之例示，則本罪在性質上，其行為自須持續相當之時間，始足當之，倘若其目的在使人行無義務之事，僅有瞬間之拘束，則屬同法第 304 條之範圍，不構成上開剝奪行動自由罪 ❶❺。

(四)故　意

本罪為故意犯，行為人須有剝奪他人行動自由之故意，始能成立。行為人只須認識其係以私禁或其他非法之方法剝奪他人之行動自由，而容認或決意為之，即得成立本罪。其為直接或未必故意，以及目的或動機何在，均非所問。至被害人之行為是否觸犯法令，亦不影響本罪之成立。

惟行為人如出於善意保護之動機者，雖對其故意之成立，並不生影響；但因本罪之成立，以不法為前提。因此，行為人剝奪他人之行動自由時，倘出於善意保護之動機，因無行為反價值，得認其欠缺實質違法性，而阻卻違法，不成立本罪。例如，學校宿舍舍監於深夜鎖門，不讓住宿生任意進出之情形等是。

---

❶❺　最高法院 75 臺上 6857（決）。

㈤阻卻違法事由

本罪剝奪人之行動自由，須出於不法。不法與違法同義，乃違法性一般要件之表現，並無特別之意義。因此，得依一般阻卻違法事由之原理加以認定。

1.依法令之行為

持有合法之拘票逮捕通緝犯，任何人逮捕現行犯等，均為依法令之行為，得以阻卻違法。若逮捕現行犯後，因事實上之障礙造成不可抗力，未能依刑事訴訟法之規定，即時解送該管公務員，而以防止現行犯脫逃之意思，暫予留置，不成立本罪。惟無逮捕羈押人犯之權者，明知上級公務員拘捕命令違法，而因與被羈押人有隙，故意將其逮捕；或逮捕現行犯後，不即時送官究辦；或並無逮捕權責，而藉口奉命私擅逮捕人者，均應以非法方法剝奪人行動自由論罪，縱被害人觸犯法令，仍不能以此為行為人免責之根據❶。

2.權利之行使

權利人為行使其權利，而將被害人加以拘禁者，是否成立本罪？應依具體情形視其有否違反社會相當性，亦即有否超出一般社會通念所能容許之限度而定。如已超出一般社會通念所能容許之限度者，仍應成立本罪。例如，父母因其兒子經常在外鬼混，為行使其親權，而將其兒子拘禁在家數日者，因尚未超出一般社會通念所能容許之限度，不成立本罪。惟如將其拘禁數月或數年者，則仍應以本罪律之。同理，債權人為行使其債權，而將債務人加以拘禁，藉以逼使其還債者，則已超出一般社會通念所能容許之限度，自得依本罪處斷。

㈥既遂、未遂

本罪之未遂犯，罰之。本罪既遂、未遂之區別，以被害人之行動自由

---

❶　最高法院 26 渝上 849；28 上 2974；30 上 1811；30 上 2393；32 上 228；30 上 1719。

已否完全喪失或有顯著困難為準。倘被害人之行動自由，尚未完全喪失或尚未處於顯著困難之狀態，即為本罪之未遂犯。如被害人之行動自由已完全喪失或已處於顯著困難之狀態時，即為本罪之既遂犯。

(七)罪數及與他罪之關係

1.罪數之認定標準

本罪之保護法益，為個人之行動自由，屬於個人專屬法益，應依人格主體之數，計算其罪數。因此，同時將數人加以拘禁或剝奪其行動自由時，應依所拘禁或剝奪其行動自由之人數成立數罪。

我實務認為：「某甲於某日將某氏私禁於室後，又遷入場園屋內，派人輪流把守，禁至某日，始行放出，其私禁地點，雖有分別，而私禁行為並未間斷，仍為包括的一個實行行為之繼續，只應論以單純一罪。」[17]此外，對同一被害人先拘捕後，繼而加以監禁者，仍僅成立本罪之單純一罪。

2.本罪與強制性交或強制猥褻罪

強制性交或強制猥褻行為本身，當然含有妨害被害人行動自由之成分在內。因此，本罪與強制性交或強制猥褻罪間具有吸收關係，強制性交或強制猥褻罪為吸收規定，本罪為被吸收規定。成立法條競合時，應優先適用強制性交或強制猥褻罪，排除本罪之適用。惟如以剝奪行動自由之方法，以達其強制性交或強制猥褻之目的時，因刑法修法後已廢除牽連犯之規定，應分別成立本罪及強制性交或強制猥褻罪，予以併合論罪。例如，將陌生女子強押上車，載至荒郊將其強制性交之情形是。

我實務亦認為，強制性交罪固包含使人行無義務之事等妨害自由之性質，然此乃指著手強制性交行為後，至強制性交行為完畢前之強制性交行為本身而言。若於著手強制性交行為之前，行為人為達到強制性交之目的，又有妨害自由之行為，自不能為強制性交行為所吸收[18]。

3.本罪與使人為奴隸罪

---

[17]　最高法院 29 上 2553。

[18]　最高法院 93 臺上 6175（決）。

使人為奴隸之行為，當然含有妨害行動自由之成分在內。因此，二罪間具有吸收關係，使人為奴隸罪為吸收規定，本罪為被吸收規定。成立法條競合時，應優先適用使人為奴隸罪，排除本罪之適用。

4.本罪與略誘罪

略誘行為，當然含有妨害行動自由之成分在內。因此，二罪間具有吸收關係，略誘罪為吸收規定，本罪為被吸收規定。成立法條競合時，應優先適用吸收規定之略誘罪，排除本罪之適用。

我實務亦認為，略誘罪原包括詐誘與掠取人身之行為，故妨害被誘人之行動自由，已構成略誘之內容，無另行論罪之餘地。被告等將某女誘至店內關禁，其關禁即屬略誘行為之繼續，不應於略誘罪外，更論以私行拘禁之牽連罪名。又刑法第 241 條及第 298 條之略誘罪，雖均不免侵害被誘人個人之自由，但其侵害個人之自由，已包括於各該罪成立要件之中，自不得謂其本罪之方法上，又犯以非法方法剝奪人行動自由之罪[19]。

5.本罪與傷害罪

本罪之保護法益，為個人之行動自由；傷害罪之保護法益，為個人之身體安全，二罪間不具保護法益之同一性，自應分別論罪，而依其具體情形，論以想像競合犯或數罪併罰。

我實務認為，以強暴之方法剝奪人之行動自由時，若無傷害之故意，而於實施強暴行為之過程中，致被害人受有傷害，乃實施強暴之當然結果，固不另論傷害罪。惟妨害自由罪，並非以傷人為當然之手段，若行為人另具有傷害故意，且發生傷害結果，自應成立傷害罪名，如經合法告訴，即應負傷害罪責[20]。

十二、剝奪尊親屬行動自由罪

❖

第 303 條　對於直系血親尊親屬犯前條第一項或第二項之罪者，加重其刑

---

[19]　最高法院 29 上 2359；30 非 22。

[20]　最高法院 94 臺上 4781（決）。

至二分之一。

㈠行為主體與客體

本罪之行為主體，以直系血親卑親屬為限，故為身分犯。至旁系血親卑親屬或直系姻親卑親屬，則不包括在內。

本罪之行為客體，以行為人之直系血親尊親屬為限，其旁系血親尊親屬或直系姻親尊親屬，不包括在內。至非婚生子女之生母以及生父、養親關係存續中之養父母以及本生父母，亦均得為本罪之客體。

㈡實行行為

本罪之實行行為，為私行拘禁或以其他非法之方法剝奪直系血親尊親屬之行動自由。私行拘禁或以其他非法之方法，為本罪構成要件行為「剝奪直系血親尊親屬之行動自由」之方法行為。

㈢故　意

本罪除須有剝奪他人行動自由之故意外，於行為時，更須認識其為自己之直系血親尊親屬，始能成罪；倘未有認識而對該尊親屬實施剝奪行動自由之行為，不成立本罪，僅得成立剝奪行動自由罪。至本罪之成立，以行為人有剝奪他人行動自由之故意，即為已足，其目的或動機何在，則非所問。

㈣本罪與剝奪行動自由罪

本罪與剝奪行動自由罪間，具有特別關係，本罪為特別規定，剝奪行動自由罪為一般規定。成立法條競合時，應優先適用本罪，排除剝奪行動自由罪之適用。

十三、強制罪

第304條　以強暴、脅迫使人行無義務之事或妨害人行使權利者，處三年以下有期徒刑、拘役或三百元以下罰金。

前項之未遂犯罰之。

(一)保護法益

強制罪之保護法益，為個人之意思決定自由以及身體活動自由。

(二)行為客體

本罪行為客體，固係指行為人以外之自然人，惟因本罪之保護法益，為人之意思決定自由與身體活動自由，故須具有意思及活動可能性之人，始足當之。只要具有意思及活動可能性，至其精神是否正常，心智是否缺陷，甚或幼童，均非所問。

(三)實行行為

本罪之實行行為，其類型有二：1.以強暴、脅迫使人行無義務之事；2.以強暴、脅迫妨害人行使權利。茲就其行為方法與實行行為，分述如次：

1.行為方法

本罪之行為方法，為強暴、脅迫。本罪須以強暴、脅迫為手段，如未實施強暴、脅迫之手段，縱有使人行無義務之事或妨害人行使權利，並不成立本罪。例如，扣他人之貨物抵債或單純扣留他人之國民身分證等情形是。

(1)強脅之對象

本罪強暴、脅迫之手段，須以人為實施之對象，但不以直接對人之身體實施為必要，縱對於第三人或物實施，而對於被害人產生影響者，亦足當之。至強暴、脅迫之對象，與使行無義務事之人，或被妨害行使權利之

人，未必須屬於同一人。此際，成為強暴、脅迫之對象，其與使行無義務事之人，或被妨害行使權利之人，須具有一定之利害關係，始足當之。

(2)強脅之程度

本罪強暴、脅迫行為之程度，只須達於足以妨礙他人意思決定或身體活動之自由為已足，並不以完全喪失自由或其反抗遭受壓抑，或有顯著困難為必要。如強暴、脅迫之手段，已使他人達於完全喪失自由或其反抗遭受壓抑，或有顯著困難之程度者，應成立剝奪行動自由罪，不成立本罪。

我實務亦認為：刑法第 304 條之強暴、脅迫，只以所用之強脅手段足以妨害他人行使權利，或足使他人行無義務之事為已足，並非以被害人之自由完全受其壓制為必要。如果上訴人雇工挑取積沙，所使用之工具確為被告強行取走，縱令雙方並無爭吵，而其攜走工具，既足以妨害他人工作之進行，要亦不得謂非該條之強暴、脅迫行為 ❷。

2.實行行為

本罪實行行為之態樣有二：一為使人行無義務之事；二為妨害人行使權利。惟究係使人行何種無義務之事或妨害人行使何種權利？概念上甚為概括與抽象，頗具不明確性，須待裁判官就具體情事加以補充。因此，本罪性質上為開放性構成要件。裁判官於判斷之際，行為人要求對方履行一定義務理由之存否、程度，或者妨害對方行使權利理由之存否、程度，對方自由遭受妨礙之程度，以及行為人所用手段之態樣、逸脫之程度等等，均應加以綜合考慮，視其是否已逾越社會生活上所能忍受之範圍而為決定。

(1)使人行無義務之事

所謂使人行無義務之事，係指行為人並無任何權利或權力，對方亦無義務，而使對方為一定之作為或不作為之行為。例如，超商老闆命令竊賊免費擦窗；或強令寫悔過書；或罰處相當貨款百倍之罰款，否則即移送法辦之情形是。作為或不作為之行為，不問其為法律行為抑為事實行為，均足當之。至所謂義務，僅限於法律上之義務；道德上之義務，並不包含在內。所謂道德上之義務，例如，強使他人沿街撿拾垃圾或颱風沖垮橋樑，

---

❷　最高法院 28 上 3650。

迫使他人入湍急水流中救人等情形是。因此，他人雖有道德上之義務，並無法律上之義務，行為人如強使為之，自得成立本罪。

以強暴、脅迫使行無義務之事，須被害人在行為人強制之下，仍有幾分自主之意思。如已無自主之意思，而純屬於機械式之行動時，應成立剝奪行動自由罪。再者，其使行無義務事之行為，如係犯罪行為，除成立本罪外，應依其強制之程度，另成立他罪之間接正犯、直接正犯或教唆犯。

(2)妨害人行使權利

所謂妨害人行使權利，係指妨害被害人在法律上所得為之一定作為或不作為。此所謂權利，不問其為公法上或私法上之權利，均包括在內。除債權、物權等民法上之權利外，基於其他法律上所認可之地位所作之活動，亦屬之。例如，妨害他人行使選舉權、妨害他人行使告訴權等是。以強暴、脅迫妨害人行使權利，須被害人實際上有行使權利之意思存在，如全無行使之意思者，則無妨害行使權利之可言。

在我實務上，如在租賃關係存續中，屋主施用強暴脅迫手段將屋拆毀，以妨害房客之使用權利；將染店內所承染各戶布疋及物件搬運回家，妨害他人行使營業權；強力利用他人設備，自行取水於水澤中，妨害他人對於設備之管理及使用權；聞將倒閉，情急強搬財物，意在抵債等 ❷，均為妨害人行使權利之行為。

㈣故　意

本罪為故意犯，行為人須有以強暴、脅迫使人行無義務之事或妨害人行使權利之意思，且對於使行無義務之事，或妨害他人行使權利具有認識，始能成立。

㈤既遂、未遂

本罪之未遂犯，罰之。既遂、未遂之區別，以強暴、脅迫行為之結果，他人已否行無義務之事或行使權利已否受其妨害為斷。本罪之著手時期，

---

❷　司法院院字 2355；大理院 6 上 4；最高法院 24 上 5464；53 臺上 475。

以強暴、脅迫之手段行為是否開始為準。我實務亦認為，某甲強令某乙承頂其所購置之公物，如尚未達於強暴、脅迫之程度，即不應論罪❷❸。

　　本罪之未遂犯，乃強暴、脅迫行為開始後，被害人尚未行無義務之事或其行使權利尚未受妨害之時。至強暴、脅迫與被害人之作為、不作為之間，未存有因果關係者，自亦包含在內。其強暴、脅迫行為之結果，倘已使他人行無義務之事或行使權利已受其妨害者，即為本罪之既遂犯。

㈥罪數及與他罪之關係

1.罪數之認定標準

　　本罪之保護法益，為個人之意思決定自由以及身體活動自由，屬於個人專屬法益，應依其人格主體之數，計算其罪數。倘被害人為數人者，因其侵害之自由法益為數個，即應成立數罪；被害人為一人，且其所實施之構成要件行為係一個時，因係對一個自由法益為一次性之侵害，應為單純一罪。

2.本罪與剝奪行動自由罪

　　本罪與剝奪行動自由罪之保護法益，均為個人之人身自由，二者間具有保護法益之同一性。因剝奪人之行動自由行為，乃使人行無義務之事或妨害人行使權利之特別態樣，亦即強制罪為剝奪行動自由罪之概括規定。因此，二者間具有特別關係。普通剝奪行動自由罪為特別規定，強制罪為一般規定。成立法條競合時，應優先適用特別規定之普通剝奪行動自由罪，排除強制罪之適用。

　　惟我實務向採法條競合之吸收關係，認為使人行無義務之事，或妨害人行使權利之低度行為，應為剝奪人行動之高度行為所吸收，僅應論以剝奪行動自由罪，排除強制罪之適用。例如，本罪係妨害他人自由之概括規定，故行為人具有一定目的，以非法方法剝奪人之行動自由者，除法律別有處罰較重之規定（例如略誘及擄人勒贖等罪），應適用各該規定處斷外，如以使人行無義務之事，或妨害人行使權利為目的，而其強暴、脅迫復已

---

❷❸　司法院院解 3567。

達於剝奪人行動自由之程度，即只成立本罪，不應再依同法第 304 條論處。誠以此項使人行無義務之事，或妨害人行使權利之低度行為，應為剝奪人行動之高度行為所吸收，不能以其目的係在使人行無義務之事，或妨害人行使權利，認為係觸犯刑法第 302 條第 1 項及刑法第 304 條第 1 項之二罪名，依同法第 55 條，從一重處斷❷。

3.本罪與其他侵害個人自由法益性質之犯罪

本罪在性質上為開放性構成要件，同時本法有不少規定，本質上即為以強脅之手段，使人行無義務之事或妨害人行使權利之犯罪。例如，妨害自由投票罪、妨害公務執行罪、強制性交罪、強制猥褻罪、搶奪罪或強盜罪等是。因此，本罪實具有一般或概括規定之性質。

本罪之保護法益，為個人之行動自由；而妨害自由投票罪、妨害公務執行罪、強制性交罪、強制猥褻罪、搶奪罪或強盜罪等之主要保護法益，或有不同，惟皆兼及個人行動自由之保護。因此，強制罪與妨害自由投票罪等，具有保護法益之同一性，二者間具有特別關係，本罪為一般規定，妨害自由投票罪等為特別規定。成立法條競合時，應優先適用特別規定之妨害自由投票罪等罪，排除本罪之適用。

我實務亦認為，刑法第 304 條之強制罪，係屬概括補充性之規定，屬廣義法之一種，本法以強暴、脅迫使人行無義務之事，或妨害人行使權利之規定頗多，如其行為合於其他特別規定者，則應依各該規定處斷，不能論以本罪❷。例如，搶奪及強取財物罪之內容，當然含有使人行無義務之事，或妨害人行使權利等妨害自由之性質，各該罪一經成立，則妨害自由之行為，即已包含在內，自無另行成立妨害自由罪名之餘地❷。

---

❷　最高法院 29 上 2359；81 臺上 526（決）；86 臺上 2504（決）；87 臺上 619（決）；87 臺上 2337（決）；93 臺上 3309（決）。

❷　最高法院 84 臺上 3870（決）。

❷　最高法院 32 上 1378。

十四、恐嚇個人安全罪

第 305 條 以加害生命、身體、自由、名譽、財產之事，恐嚇他人致生危害於安全者，處二年以下有期徒刑、拘役或三百元以下罰金。

㈠保護法益

本罪之保護法益，為個人意思決定之自由，亦即個人免於恐懼之自由，同時兼及個人生命、身體、自由、名譽及財產等之安全。

㈡行為客體

1. 自然人

本罪之行為客體，為「他人」，即行為人以外之自然人。至法人或其他非法人之團體是否包含在內？學說不一。有認為法人或其他非法人之團體，亦有其自己之意思決定機關，得基其意思決定而從事社會活動；且以加害法人之名譽或財產予以告知，亦間接對其個人之名譽或財產予以加害，故顯乏排除法人之理由者。惟本罪之保護法益既為個人之意思決定自由，自僅限於得為意思自由享受主體之自然人，始得為行為客體。

2. 意思能力

本罪既為對於個人意思決定自由之犯罪，其行為客體，自須具有意思能力，始足當之。只要具有理解恐嚇內容意義之程度者，縱係幼童或精神病人，亦屬無妨。

3. 特定或可得特定之人

本罪所謂他人，須為特定或可得特定之一人或少數人；倘係多數人或係難以特定之不特定多數人或少數人，應成立恐嚇公眾罪（刑 151），並非本罪。

㈢實行行為

本罪之實行行為，係以加害生命、身體、自由、名譽、財產之事為恐嚇。茲分述如次：

1.恐嚇之意義

所謂恐嚇，係指以足使人心生畏怖之惡害告知他人之行為。恐嚇行為，只須以足使人心生畏怖之惡害告知他人，即足成立；至被害人實際上有否心生畏怖，則為恐嚇行為之結果，並非恐嚇概念之內涵。例如，告知他人將加以殺害，惟該他人不以為意，了無恐懼者，仍得成立恐嚇是。至其有否心生畏怖，則為恐嚇罪是否既遂之判斷問題，而與恐嚇行為之成立無涉。

⑴惡害告知之方式

惡害告知之方式，並無限制，無論其為口頭、書面、言語或態度，甚或明示或暗示，均非所問。告知者親為告知或透過第三人代為轉知，亦屬無妨。其以書面告知者，不問其名義人為誰，縱或匿名，甚或虛無其人，亦均無不可。惟行為人須以將加惡害之意告知於他人，若僅在外揚言加害，並未對於被害人為惡害之通知，尚難構成本罪。

我實務認為，恐嚇罪之通知危害方法，並無限制，除以積極明示之言語舉動外，凡以其他足使被害人理解其意義之方法或暗示其如不從，將加危害而使被害人心生畏怖者，均應包括在內。被告對殘廢之被害人以聲色俱厲之惡劣態度要求其交付財物，顯然暗示其如不從將加危害而使被害人心生畏怖，仍不失為恐嚇❷❼。

⑵惡害告知之內容

行為人須以加害生命、身體、自由、名譽、財產之事，作為惡害告知之內容，始能成立本罪。我刑法所保護之個人法益，除生命、身體、自由、名譽及財產外，尚有秘密法益。行為人如以洩露秘密之事作為加害內容，可否成立本罪？不無疑義。惟秘密亦為人格法益之一種，與法條所列舉之自由、名譽等法益具有同等保護之價值，應無加以排除在外之理。因此，

---

❷❼　最高法院 73 臺上 1933（決）。

如以洩露秘密之事作為惡害告知之內容，解釋上宜認其得以成立本罪為妥。至貞操，得解釋為包含於身體、自由或名譽概念之內；信用或營業，亦得解釋為涵蓋於名譽概念之中。

(3)惡害之實現或支配可能性

惡害告知之內容，除在客觀上具有發生之可能性外，尚須行為人有直接或間接實現或支配之可能性，始能成立本罪。如在客觀上並無發生之可能性，行為人對該惡害亦無實現或支配可能性者，例如，告知被害人，將襄請惡靈予以懲罰，並不成立本罪。至所告知之惡害，係由行為人直接加以實現抑或由第三人加以實現，均包括在內。例如，告知被害人，將雇請黑道加以殺害之情形是。惟由第三人加以實現者，須行為人對該第三人實施加害行為之決意具有影響之地位告知被害人始可，實際上是否確有影響之地位，則非所問。蓋恐嚇係對他人心理作用之壓迫，告知之內容在客觀上或現實上是否可能實現，並不重要，只要使被告知者在心理上具有可能實現之印象，即為已足。

(4)惡害之違法性

所告知之惡害，須為未來之惡害，亦即須為將來加害之告知；如僅係過去加害行為之告知，則非恐嚇。且告知惡害時，縱附有條件，亦屬無妨。至惡害未來實現時，是否須具有違法性而構成犯罪？則其說不一。有認為須違法且構成犯罪始可者；有認為只須使被告知者心生畏怖為已足，不以違法為必要者；亦有認為須違法，但無須構成犯罪者。

惟本法對於惡害內容之實現，並無成立犯罪之限制；且因本罪之保護法益，為個人免於恐懼之自由，告知未達犯罪程度之惡害，亦有危及被害人免於恐懼自由之危險。例如，告知被害人如不從其所求，將就其以前性騷擾女性之事實告知其主管以影響其升遷之情形是。因此，惡害之實現，無須具有違法性及犯罪性之必要。

2.畏怖之程度

(1)足生畏怖

惡害之告知，須在客觀上達於足使一般人心生畏怖之程度，如僅使他

人產生困惑、嫌惡、不快或稍許不安者，尚非恐嚇。至被告知者是否果心生畏怖，則非所問。

(2)客觀判斷

客觀上是否達於足使一般人心生畏怖之判斷，應就告知之內容、方法與態樣、被告知者之個人特殊情事等，自一般人之立場予以客觀判斷。因此，惡害之告知，雖已達於足使一般人心生畏怖之程度，而被告知者現實上並未心生畏怖者，因恐嚇行為不以對方果生畏怖為必要，仍應成立恐嚇。例如，告知他人將加以痛毆，因被告知者係武術高手，並未心生畏怖之情形是。反之，惡害之告知，客觀上雖尚未達於足使一般人心生畏怖之程度，而被告知者因個人之原因已心生畏怖者，自一般人之立場，考量被告知者之個人特殊情事，仍得成立恐嚇。例如，被告知者素有神經質，且特別迷信鬼神，告知將祈請鬼神降禍其家人，致被告知者極度惶恐不安之情形是。

因此，惡害之告知，原則上如就其告知之內容、方法與態樣等，客觀上尚不足以使一般人心生畏怖者，尚難認其為恐嚇。例如，告知債務人如不履行債務，將提起訴訟，雖使債務人心生畏懼，仍與恐嚇之意義不符，不能成立恐嚇罪。惟如被告知者具有個人之特殊情事，有時亦有成立恐嚇之可能。

(四)恐嚇與戲言、戲謔、警告

恐嚇，須以足使他人心生畏怖之惡害告知他人。戲言或戲謔，則純出於遊戲之心，尚未足以使他人心生畏怖，自非恐嚇。至警告，乃為日常生活之事實概念，屬於評價之對象；恐嚇，則為刑法上之規範概念，屬於對象之評價。因此，事實概念之警告行為，應經涵攝之過程，判斷其是否合於刑法上恐嚇行為之規範概念。在論理上，應依具體情形，視其在客觀上是否足以使人心生畏怖為準，如足以使人心生畏怖者，為恐嚇；否則，為警告。我實務上認為寫信告訴他人「早死早超生」以及「小心你的雙胞胎」等語，得成立恐嚇罪❷。至日常生活中常聽聞：「不憑良心做事，將死無葬

---

❷　例如，報載「一名張姓大學應屆畢業生，因所修科目半數不及格，乃要求老師

身之地」或「蒙昧良心，天誅地滅」等語，因其性質尚不足以使一般人心生畏怖，僅為警告，並非恐嚇。

(五)權利行使與恐嚇

行為人行使權利時，如以告知惡害作為手段，以達實現權利之目的者，因其係以加害生命、身體、自由、名譽、財產之事為惡害之告知，已逾越社會相當性，具有行為反價值，得成立恐嚇罪。例如，告知債務人，如不清償債務，將予以殺害之情形是。惟如告知他人，如不返還借款，將向法院提出告訴，使其名聲掃地者，雖使該他人因而心生畏怖，仍屬依法令之正當行為，得以阻卻違法，不成立恐嚇罪。因此，權利行使行為，是否成立恐嚇，應視其告知惡害之行為是否具有實質違法性而定。倘未具有實質違法性者，自得阻卻違法，而不成立犯罪。

(六)行為結果

本罪之行為結果，為致生危害於安全。所謂致生危害於安全，係指行為人以加害生命、身體、自由、名譽、財產之事，恐嚇被害人，致被害人之個人安全，在客觀上已經發生危險或實害而言。因此，本罪實兼具有危險犯與實害犯之性質。

本罪行為人以加害生命、身體、自由、名譽、財產之事，恐嚇他人，其恐嚇行為完成後，倘在客觀上，對於被害人之生命、身體、自由、名譽、財產等法益，發生具體之危險或實害時，即為本罪之既遂。至其恐嚇行為，倘尚未完成，或在客觀上，對於被害人之生命、身體、自由、名譽、財產等法益，尚未發生具體之危險或實害時，因本罪並無處罰未遂犯之規定，應不予論罪。

1.危險犯

開恩放水，老師未同意，乃寫信祝老師『早死早超生』以及『小心你的雙胞胎』等語恐嚇老師，經臺北地院審結，依恐嚇罪判處拘役五十天，得易科罰金，並緩刑三年。」（87年2月11日《聯合晚報》）

　　所謂在客觀上已經發生危險，係指恐嚇行為對於被害人之生命、身體、自由、名譽、財產等法益，已經有發生實害之可能，屬於具體危險犯。例如，被害人遭受恐嚇後，心裡惶惶不安，每日睡不安枕，坐不安席之情形是。

　2.實害犯

　　所謂在客觀上已經發生實害，係指恐嚇行為對於被害人之生命、身體、自由、名譽、財產等法益，已經發生實害，屬於實害犯。例如，被害人接受恐嚇後，心生畏怖，致血壓升高，而發生腦中風之情形是。

㈦故　意

　　本罪為故意犯，行為人須有恐嚇之直接或未必故意，始能成立。惟行為人對於惡害實際發生之可能性，並無認識之必要。其有否真正實現惡害之意思，更非所問。至行為人之最終目的或動機何在，亦與本罪之成立無關。

㈧罪數及與他罪之關係

　1.罪數之認定標準

　　本罪之保護法益，為個人之意思決定自由，屬於個人專屬法益，應依其人格主體之數，計算其罪數。倘被害人為數人者，因其侵害之自由法益為數個，即應成立數罪；被害人為一人，且其所實施之構成要件行為係一個時，因係對一個自由法益為一次之侵害，應為單純一罪。至對同一被害人實施數次恐嚇行為時，其侵害之法益固為同一被害人免於恐懼之自由，惟須係對同一自由法益為一次性之侵害，方得評價為一罪，否則，應就其侵害同一自由法益之次數，評價為數罪。

　　我實務亦認為，因女友與被害人訂婚，致函恐嚇被害人雖不止一次，但其致函之行為，無非欲達最終之使其退婚目的，乃組成一個犯罪行為之各部動作，僅應成立一個恐嚇罪，與連續數行為而犯同一之罪名者，迥乎不同❷❾。

　2.本罪與強制罪

---

❷❾　最高法院52臺上283。

　　強制罪以強暴、脅迫手段，使人行無義務之事，或妨害人行使權利，當然含有侵害個人意思決定自由之性質。因此，本罪與強制罪二罪間具有吸收關係，強制罪為吸收規定，本罪為被吸收規定。成立法條競合時，應優先適用強制罪，排除本罪之適用。

　　我實務亦認為，刑法第 305 條之恐嚇罪，係指單純以將來加害生命、身體、自由、名譽、財產之事，恐嚇他人致生危害於安全者而言。如對於他人之生命、身體等，以現實之強暴脅迫手段加以危害要挾，使人行無義務之事或妨害人行使權利，應構成刑法第 304 條之強制罪，而非同法第 305 條之恐嚇安全罪❸⓪。

3. 本罪與剝奪行動自由罪

　　剝奪行動自由罪以拘禁或其他非法方法剝奪人之行動自由，當然含有侵害個人意思決定自由之性質。因此，本罪與剝奪行動自由罪二罪間具有吸收關係，剝奪行動自由罪為吸收規定，本罪為被吸收規定。成立法條競合時，應優先適用吸收規定之剝奪行動自由罪，排除本罪之適用。

　　我實務亦認為，刑法第 302 條第 1 項、第 304 條第 1 項及第 305 條之罪，均係以人之自由為其保護之法益。而刑法第 302 條第 1 項之罪所稱之非法方法，已包括強暴、脅迫或恐嚇等一切不法手段在內。因之，如以非法方法剝奪他人行動自由行為繼續中，再對被害人施加恐嚇，或以恐嚇之手段迫使被害人行無義務之事，則其恐嚇之行為，仍屬於非法方法剝奪行動自由之部分行為，應僅論以刑法第 302 條第 1 項之罪，無另成立同法第 304 條或第 305 條之罪之餘地❸①。

4. 本罪與殺人、放火等罪

　　本罪與殺人、放火等罪，其保護法益各異，無從成立法條競合。因此，行為人告知惡害後，進而實現惡害之內容者，例如，如以殺人、放火等手段為恐嚇後，進而實現其殺人、放火等之行為者，應分別成罪，予以數罪併罰。

---

❸⓪　最高法院 72 臺上 5618（決）；93 臺上 3309（決）。

❸①　最高法院 89 臺上 780（決）；80 臺上 5061（決）；80 臺上 4913（決）。

5.本罪與加重危險物罪

本罪與加重危險物罪（刑 187），其保護法益各異，無從成立法條競合。因此，行為人以爆裂物或槍砲子彈，作為恐嚇之手段者，例如，於信內附子彈一顆寄給被害人，應分別成立本罪與加重危險物罪，予以數罪併罰。

6.本罪與略誘罪

略誘罪，係以強暴、脅迫等非法方法，違反被誘人之意思，使其脫離家庭或其他有監督權之犯罪，當然含有侵害個人意思決定自由之性質。因此，本罪與略誘罪二罪間具有吸收關係，略誘罪為吸收規定，本罪為被吸收規定。成立法條競合時，應優先適用略誘罪，排除本罪之適用。

我實務亦認為，刑法上之略誘罪，係以強暴、脅迫等非法方法，違反被誘人之意思，使其脫離家庭或其他有監督權之人，置諸自己實力支配之下，且屬繼續犯，則於略誘期間，犯罪行為既均在繼續中，如另對被誘人有恐嚇其不得逃跑之言詞，似仍屬略誘手法之一，應包含於其略誘行為之中，不再論以恐嚇罪❸❷。

十五、妨害住居自由罪

第 306 條　無故侵入他人住宅、建築物或附連圍繞之土地或船艦者，處一年以下有期徒刑、拘役或三百元以下罰金。

無故隱匿其內，或受退去之要求而仍留滯者，亦同。

㈠保護法益

本罪之保護法益，有認為在保護居住權者，有認為在保護居住之平穩者，亦有認為在保護居住之自由者，論者見解不一。

1.居住權說

居住權說認本罪之保護法益，為個人之居住權。至居住權之內涵，則說法不一，有認為係享有私生活平安之權利者；有認為係伴隨於居住事實

---

❸❷　最高法院 86 臺上 2353（決）。

之權利者；亦有認為係允許他人進入住宅之自由權者等。至居住權之歸屬，有認為屬於家長者，有認為凡營私生活或共同生活之全員，均得享有是項權利者。惟因居住權之根據、內涵與歸屬等，在概念上頗為模糊；且將犯罪本質求之於權利之侵害，乃十九世紀初葉思想之遺跡，顯不足採。

2.平穩說

平穩說認本罪之保護法益，並非法律上之權利，而係事實上居住之平穩，亦即事實上居住之和平與安全。本說認為刑法重在保護居住之事實狀態，至其有無合法居住之權利，則可不問。其有正當居住權者，苟不依正當方法排除無權住用之現住人，而侵入其住處者，仍應成立本罪。此說雖較前說為合理，惟其所謂居住之平穩，其內容仍稍嫌抽象；且因本罪之行為客體，除住宅外，尚有建築物及船艦，故本說尚無法完整說明所有行為客體之保護法益。

3.自由說

自由說認本罪之保護法益，為允許他人進入其住宅、建築物及船艦之自由，亦即住宅、建築物及船艦之居住人或管理人所擁有是否允許他人進入此等場所之自由。

4.本書立場

本罪在體系上既屬於妨害自由之一種犯罪型態，應從自由之本質加以理解，較能符合本罪之罪質。正如西諺所云，住宅形同個人之城堡，為個人安身立命之所在。為維護個人之隱私權，個人自得基於其自我決定權，自由決定是否允許他人進入其住宅。因此，應以自由說之主張，較為妥適。因本罪之行為客體，除住宅外，尚有建築物及船艦，為周圓起見，本罪之保護法益，得認為係住宅之居住人或建築物及船艦之管理人是否允許他人進入其住宅、建築物或船艦之自由。

(二)行為客體

本罪之行為客體，為他人之住宅、建築物或附連圍繞之土地或船艦。茲分述如次：

1.他　人

⑴非營共同生活

所謂他人，係指行為人以外之自然人。凡單獨居住或非與行為人營共同生活之人，均屬於他人。本與行為人營共同生活，嗣已自營生活者，亦屬於他人。例如，夫妻分居後，一方擅自進入另一方之居處者，亦得成立本罪。

數人共同或分別承租一層公寓居住，因並非營共同生活，其所承租之各個房間，均屬於他人之住宅。惟親子等親屬營共同生活者，其各個房間，則不具獨立性質，不得認係他人之住宅。

⑵現供使用之狀態

所謂他人之住宅、建築物或船艦，解釋上，只須該住宅、建築物或船艦現正處於供他人使用之狀態，即足當之，不必該他人現正使用之中。因此，單獨居住者甫告死亡時，因該住宅尚處於供人使用之狀態，仍屬於他人之住宅。例如，獨居老嫗深夜暴斃，竊賊適侵入行竊者，仍得成立本罪。

⑶出租或出借

房屋所有人將房屋或房間出租或出借予他人後，該房屋或房間，亦屬於他人之住宅。縱租賃或借貸契約屆滿或已解除，在未搬離前，亦同。因此，所謂他人，並不以合法之居住人為必要。

⑷法人或非法人之團體

本罪所謂他人，是否僅限於自然人，法人或非法人之團體有否包含在內？不無疑義。本罪之保護法益，固為個人之住居自由，此種自由，僅為自然人所得享有，法人並不具此種自由。惟法人或非法人之團體所有之建築物或航艦，實際上，亦由自然人所管理或支配。倘未經允許而擅入該法人或非法人團體之建築物或船艦時，即為侵害該法人或非法人團體之管理人所擁有是否允許他人進入此等場所之自由。因此，解釋上，該他人，除自然人外，法人或非法人之團體亦應包含在內。

2.住　宅

⑴長期或一時使用

所謂住宅，係指供人日常生活所使用之房宅。住宅，不問其係供長期使用抑或一時使用者，均屬之。供一時使用者，例如，旅館、賓館或飯店等客房，經旅客入宿後，縱僅短暫時間使用，亦得認係住宅。度假別墅，僅供一定期間使用者，亦為住宅。住宅，不以定著物為限，故不以定著於土地為必要。船艦、遊艇、汽車或貨櫃屋等，如有某種程度之設備或構造，且作為日常生活使用者，亦不失為住宅。

(2)日常使用，不必供起居飲食使用

住宅，除供人日常使用外，是否尚須供人起居飲食之用？例如，研究室、實驗室或事務室之類，雖供人日常使用，但並非供人起居飲食之用，可否視其為住宅？則存有爭議。為保護個人之隱私權，應以供人日常使用為已足，無須供人起居飲食之用。因此，研究室、實驗室或事務室等，亦得以住宅視之。

(3)使用設施

住宅，既為供人日常使用，自須有一定之使用設施存在為必要，如桌椅、衣櫥等是。故下水道、人行地下道或高架橋下等場所，流浪漢縱以之為日常使用，或因無繼續供使用之設施，或因無值得保護其居住自由之必要，則不得以住宅視之。

(4)共用樓梯或平臺

公寓房屋或大廈邸宅，不論其是否雙拼建築，其住戶共同使用之樓梯，倘有與外界隔離之設備，亦屬於共同使用者住宅之一部。前後陽臺，不問有無鐵窗等設備，固得認其為住宅之一部；惟屋頂平臺，因非供人日常生活所使用，則不屬之。

3.建築物

所謂建築物，係指上有屋頂，周有門壁，得以遮避風雨，供人出入而定著於土地之工作物。例如，辦公大廈、倉庫、店鋪、學校等是。如係以草料支搭，並無牆垣門窗之棚舍，或並非供人自由出入之豬舍、牛棚，或其大小不能供人自由出入之犬屋等，則非建築物。

至建築物僅其中一部分作為住宅之用者，是否將該建築物之全體均視

為住宅？例如，辦公大廈之某部分設有管理員之寢室、或建築物之一樓為店鋪、二樓為住家、或一、二樓為診所、三樓為住家之情形。我實務於放火罪中，似認為建築物之一部分作為住宅用者，則該建築物全體，均視為住宅❸。惟因放火罪之保護法益，重在公共安全之維護；本罪則在保護居住之自由，兩者保護法益有異，似不宜作相同解釋，仍應依其各自之用途，分別予以認定，亦即作為日常生活使用之部分，為住宅；其他之部分，則仍屬於建築物。

4.圍繞地

所謂圍繞地，即附連圍繞之土地，係指附連圍繞於住宅或建築物，四周設有圍障，禁止他人隨意進入之土地。圍繞地，須具有以下二個要件：一為須為住宅或建築物之附屬地；二為須設有禁止他人隨意進入之圍障設備。茲分述如次：

⑴附屬地

所謂附連圍繞之土地，乃指附連圍繞於住宅或建築物，而附屬於住宅或建築物之土地。因此，四周雖設有圍障，內部亦有住宅或建築物，其圍障內之土地，如非屬於住宅或建築物之附屬地，即非此處所謂之圍繞地。例如，高爾夫球場，其四周縱設有圍障，且在其中某一角落，亦有會員俱樂部之建築物，但該球場全體，則非該建築物之圍繞地。倘四周設有圍障，內部並無任何住宅或建築物者，亦非此處所謂之圍繞地。

是否屬於住宅或建築物之附屬地，應視該圍障係為保護住宅或建築物抑或為保護土地而設。如係為保護住宅或建築物而設，即為該住宅或建築物之附屬地，亦為此處所謂之圍繞地。如係為保護土地而設者，則非圍繞地。至住宅或建築物以及土地之大小如何，則非所問。例如，富豪之別墅，雖有綿延數里之圍障，亦為該別墅之附屬地是。

⑵圍障設備

圍障設備，指為禁止他人隨意進入所設之圍牆、壕溝、籬笆或鐵絲網等設備。圍障設備之材料，並無限制，無論係鋼筋、石頭、磚塊、竹木、

---

❸　最高法院 27 上 2739；81 臺上 2734（決）。

甚或泥土，皆無不可，惟其程度至少須達於使人無法以步行之方式通過者，始能稱為圍障設備。倘未達此程度，而僅以簡單之繩索或以極易移動之「禁止通行」鐵架，加以設圍者，尚不能稱為圍障設備。

5.船　艦

所謂船艦，係指船舶或艦艇而言。因本罪之保護法益，為居住之自由。因此，船舶或艦艇，固不問其大小，亦不分其為公有或私有，惟至少須達於可供人居住，並可能於水面活動者，始足當之。

㈢實行行為

本罪之實行行為，為侵入、隱匿及留滯。因此，本罪之犯罪類型有三：即侵入住居罪、隱匿住居罪及留滯住居罪。

1.侵　入

侵入住居罪之實行行為，為侵入。所謂侵入，係指違反居住人或管理人之意思或推定之意思而擅自進入之行為。倘獲有居住人或管理人之承諾或推定之承諾者，即與侵入之概念不合，應阻卻本罪之構成要件該當性。又侵入，限於身體之進入。如僅推窗伸手入室，尚難謂為侵入。

2.隱　匿

隱匿住居罪之實行行為，為隱匿。所謂隱匿，乃於進入他人之住宅或建築物等後，隱伏藏匿於其內，使居住人或管理人難予發現之行為。至其先前進入他人住宅等之原因為何，有無正當理由，在所不問。

3.留　滯

留滯住居罪之實行行為，為受退去之要求而仍留滯。所謂受退去之要求而仍留滯，乃於進入他人之住宅或建築物等後，已受居住人或管理人退去之要求，而仍留滯不退之行為，為真正不作為犯。至其先前進入他人住宅或建築物等之原因為何，有無正當理由，並非所問。退去之要求行為，不論其為言語或動作，均無不可，惟須能使對方了解為必要。且此項要求，不必為反覆不斷之表示，但須為明示之意思表示。

留滯，即留在原處不退去之行為。行為人已受退去之要求時，並非即

行成罪；縱有即時退出之要求，仍須經必要合理之時間，而仍未退去者，始能成罪。例如，居住人對於推銷員下逐客令時，須有使該推銷員收拾其所推銷物品之相當時間；雇主辭退佣人時，須有使該佣人整理其衣物之相當時間等是。至須經多久之時間，始為必要合理之時間？此為不確定之概念，無法劃定清楚之界線，須就行為人留滯之目的、違反居住人或管理人意思之程度以及留滯之時間等，依具體情形，參酌一般健全之社會通念而為判斷。

㈣故　意

本罪為故意犯，行為人須有侵入或隱匿他人住宅或建築物等之故意，或認識退去之要求而有留滯不退之故意，始能成立。倘因過失而誤闖民宅，或居住人、管理人僅作暗示，行為人尚未能體會其有退去之要求者，自不得以本罪律之。

㈤阻卻構成要件該當事由

1.居住人或管理人之承諾
⑴任意及真意

如前所述，所謂侵入，係指違反居住人或管理人之意思或推定之意思而擅自進入之行為。如獲有居住人或管理人之承諾者，既未違反其意思，已非侵入行為，應阻卻本罪之構成要件該當性。此項承諾，須出於居住人或管理人之任意及真意者，始足當之。因威嚇、脅迫或錯誤等而為承諾，或逾越承諾之範圍者，不生承諾之效力。居住人承諾之意思，不以明示為必要，倘在習慣上所容忍之範圍內者，縱僅有默示承諾，亦無不可。例如，至親好友未請而入者，如未經明示拒絕，即得推定有默示承諾。

⑵違法目的進入

行為人基於違法之目的，例如，強盜、強制性交、詐欺、殺人或行賄之目的而進入時，可否成立本罪？應視其進入是否獲有居住人或管理人任意及真意之承諾而定。苟得居住人或管理人任意及真意之承諾，縱以違法

之目的進入，即難認其為侵入。例如，以行賄之目的，而至他人住宅探訪之情形是。如係以殺人、傷害或強盜等目的而進入時，縱獲有居住人或管理人之承諾，因非任意及真意之承諾，則不發生承諾之效力，仍為侵入。

(3)包括承諾

公共場所或公眾得出入之場所，例如，執行職務時間中之公務機關、車站，或營業時間中之銀行、商店、百貨公司等，若無禁止進入之意思表示，應認為預先已有包括承諾。此項包括承諾之範圍，應依該住宅或建築物等之用途、構造及機能等，依社會通念而為判斷。

2.承諾權人

本罪之保護法益，既為允許他人進入其住宅或建築物等之自由，則有權為承諾者，在住宅，為所有營共同生活之居住人；在建築物或船艦，則為其所有人或管理人。至無承諾能力之幼兒或精神病人等，自非承諾權人。偶爾來訪之親友，亦無承諾權，惟如受託代為看管住宅、建築物或船艦者，如未逾越授權範圍，其所為承諾，仍屬有效。例如，房屋仲介受託代為看管擬出售之房宅，於購屋者查看房屋時，允其進入之情形是。

3.承諾權之衝突

承諾權人有二人以上時，是否僅須得其中一人之承諾為已足？抑或須得全體承諾權人之承諾始為有效？倘二人以上之承諾權人意見不一時，應如何處理？實不無疑義。例如，夫將其賭友約至家中賭博，而其妻表示反對；夫出國旅行，妻將情夫邀至家中通姦；兒女將不良惡少請至家中，父母未示同意等，其進入者，得否成立本罪？揆諸現實社會生活之實態，倘認為須獲得居住人全體之承諾，而進入他人之住宅，始能阻卻本罪之成立，顯與事實有悖；且對於已為承諾之居住人之意思及自由，亦有漠視之嫌。

(1)潛在衝突與顯在衝突

關於共同居住人、管理人之承諾意思衝突情形，可分為「潛在衝突」與「顯在衝突」兩種。所謂「潛在衝突」，係指共同居住人或管理人之一部同意他人進入住宅或建築物等，與其他現時不在之共同居住人或管理人之意思所發生之衝突。例如，前舉妻於夫出國時，邀情夫至家中通姦之情形

是。而所謂「顯在衝突」，係指共同居住人或管理人之一部同意他人進入住宅或建築物等，其他現實上正在住居或管理之共同居住人或管理人則為反對之表示所發生之衝突。例如，前舉夫將其賭友約至家中賭博，而其妻表示反對之情形是。

(2)有監督關係時

共同居住人或管理人間，若有監督關係存在者，在監督人與被監督人間，以監督人之意思為準。例如，父母與未成年子女間，監督人所為之承諾，應為有效之承諾；惟被監督人所為之承諾，倘監督人未有相反之意思表示，亦應為有效之承諾；如監督人有反對之意思時，該承諾即非有效之承諾。

(3)無監督關係時

共同居住人或管理人間，如不具監督關係時，皆應享有同等之居住自由。因此，各居住人或管理人所為之承諾，若無其他共同居住人或管理人之反對意思，皆為有效之承諾；惟共同居住人或管理人間，倘有反對之意思者，則發生積極住居自由與消極住居自由衝突之情形。積極住居自由，即允許他人進入之自由；消極住居自由，則為不允許他人進入之自由。

(4)積極與消極住居自由

在「潛在衝突」之情形，因不在住宅等內之共同居住人，其消極住居自由，並未受有現實之侵害，此時，原則上應以積極住居自由為優位，該居住人或管理人之承諾應為有效之承諾。因此，前舉妻於夫出國時，邀情夫至家中通姦之情形，妻之承諾為有效之承諾，該情夫不成立本罪。至在「顯在衝突」之情形，現實居住或管理中之他共同居住人之消極住居自由，乃現實遭受侵害，此時應以消極住居自由為優位，該為承諾之居住人或管理人所為之承諾，即不得認為有效之承諾。因此，前舉夫將其賭友約至家中賭博，而其妻表示反對之情形，夫之承諾，並非有效之承諾，該賭友仍可能成立本罪。

㈥阻卻違法事由

本罪須無故侵入、隱匿或受退去之要求而仍留滯於他人之住宅、建築物或附連圍繞之土地或船艦者，始能成立。所謂無故，即無正當理由之意。所謂正當理由，不以法律有明文規定者為限，即習慣上或道義上所許可，而無背於公序良俗者，亦屬之。因此，如非無故，亦即有正當理由時，即得阻卻違法，不成立本罪。

㈦追訴條件

犯本罪者，須告訴乃論（刑 308 I）。

㈧罪數及與他罪之關係

1. 罪數之認定標準

本罪之保護法益，為個人居住自由之安全，屬於個人專屬法益。其罪數，應依人格主體之數，以為計算。惟數人共同使用、管理同一住宅或建築物者，應認為僅有一個居住自由法益。因此，倘被害人為數人者，且無共同使用住居空間之情形者，因其侵害之居住自由法益為數個，即應成立數罪；被害人為一人，或雖為數人，而係共同使用、管理同一住宅或建築物，且其所實施之構成要件行為係一個時，因係對一個居住自由法益為一次之侵害，應為單純一罪。

2. 本罪與隱匿或留滯住居罪

侵入住居行為，乃妨害住居自由罪之基本行為態樣；而隱匿住居行為、受退去之命令而仍留滯行為，則為補充行為態樣。因此，侵入住居罪與隱匿住居罪、留滯住居罪間，具有補充關係，侵入住居罪為基本規定，隱匿住居罪、留滯住居罪為補充規定。成立法條競合時，應優先適用侵入住居罪，排除其餘兩罪之適用。

3. 本罪與殺人、強制性交或竊盜等罪

本罪與殺人、強制性交或竊盜等罪，其保護法益各不相同，自應分別

成罪。因此，以殺人之目的，而侵入他人之住居時，應成立預備殺人罪與侵入住居罪，依想像競合犯處斷。如已實施殺人行為時，則成立殺人罪與侵入住居罪，予以併合論罪。至於日間侵入他人住居，實施竊盜行為者，亦同。惟如係於夜間侵入他人住居，實施竊盜行為者，則應成立加重竊盜罪。

十六、違法搜索罪

第 307 條　不依法令搜索他人身體、住宅、建築物、舟、車或航空機者，處二年以下有期徒刑、拘役或三百元以下罰金。

㈠保護法益

本罪之保護法益，亦為個人之人身自由，亦即個人之隱私自由與居住自由。

㈡行為主體

本罪之行為主體，並無任何限制，僅須為自然人，且具有意思能力與行動能力者，即足當之。如公務員假借其職務上之權力、機會或方法犯本罪者，應依刑法第 134 條加重其刑。

本罪之行為主體，是否以有搜索權之人為限？頗有爭議。我實務一向認為，刑法第 307 條所定不依法令搜索他人身體、住宅、建築物、舟、車、航空機之罪，係以有搜索權之人違法搜索為成立要件。若無搜索職權之普通人民，侵入他人住宅擅行搜索，只應成立刑法第 306 條第 1 項之罪，要不能執同法第 307 條以相繩❸❹。

惟本罪旨在保護人身及住宅等處所不受任何人侵犯之自由，並不具瀆職罪之罪質。任何人如非法予以擅行搜索，即有加以處罰之必要，不應以有搜索權之人為限。實務此種見解，實有商榷之餘地。

---

❸❹　最高法院 32 非 265。

㈢行為客體

本罪之行為客體，為他人之身體、住宅、建築物、舟、車或航空機。他人，除身體外，均兼含自然人及法人或非法人之團體在內。住宅、建築物，詳見妨害住居自由罪之說明。舟、車或航空機，則不問其為公有或私有，亦不論其是否供公眾使用，均包含在內。

㈣實行行為

本罪之實行行為，為搜索。所謂搜索，係指一切對人之身體、住宅、建築物、舟、車或航空機所實施之搜查行為。除有搜索權之人依刑事程序法（如刑事訴訟法、軍事審判法等）規定所為搜索之強制處分行為外，其他無搜索權之人所為之搜索行為，亦均包括在內。例如，父母對未成年子女、教師對學生、老闆對生徒或歹徒對行人等，所實施之搜查身體、物品或處所等行為均是。

㈤故　意

本罪為故意犯，行為人除對於本罪之行為客體須具有認識外，並須認識其係實行搜索行為，始能成罪。至行為人誤認其搜索行為有法令依據或符合法定程序而實施搜索時，則屬於違法性認識錯誤之問題，而與故意之成立無關。

㈥阻卻違法事由

本罪須不依法令實施搜索行為，始能成立。所謂不依法令，兼指無法令依據及不依法定程序二種情形而言。例如，懷疑他人竊取其物，而擅自搜索他人之身體；或司法警察未持搜索票，而擅行搜索民宅等情形是。

如有法令依據或依法定程序，而實施搜索，自得視為正當行為，而阻卻行為之違法性。例如，依刑事訴訟法第 122 條規定：「對於被告或犯罪嫌疑人之身體、物件、電磁紀錄及住宅或其他處所，必要時得搜索之。對於第三

人之身體、物件、電磁紀錄及住宅或其他處所，以有相當理由可信為被告或犯罪嫌疑人或應扣押之物或電磁紀錄存在時為限，得搜索之。」至父母對其未成年子女，或教師對於學生，基於教養或輔導之目的，而實施搜索行為，倘未逾越社會相當性者，因不具實質違法性，亦得阻卻其行為之違法性。

㈦罪數及與他罪之關係

1.罪數之認定標準

本罪之保護法益，亦為個人之人身自由，屬於個人專屬法益。其罪數應依人格主體之數，以為計算。搜索他人身體之情形，固無疑義；惟同一住宅、建築物、舟、車或航空機等，由數人共同使用或管理者，則僅有一個自由法益存在。因此，搜索數人之身體、住宅、建築物、舟、車或航空機者，應成立數罪。惟搜索數人共同使用或管理之同一住宅或建築物者，則僅成立一罪。

2.本罪與妨害住居自由罪

搜索住宅等之行為，當然含有妨害住居自由之性質。因此，二者間具有吸收關係，本罪為吸收規定，妨害住居自由罪為被吸收規定。成立法條競合時，應優先適用吸收規定之本罪，排除妨害住居自由罪之適用。

我實務亦認為，刑法第 307 條之不依法令搜索他人之住宅之罪如果成立，則無故侵入他人住宅乃為該罪之部分行為，當不另構成刑法第 306 條第 1 項之無故侵入他人住宅之罪❸❺。

3.本罪與強制性交、強制猥褻罪或強盜罪

本罪與強制性交、強制猥褻罪或強盜罪，因分別侵害不同之法益，應各自成罪，並視具體情形，依想像競合犯或數罪併罰處斷。

惟我實務則認為，刑法第 307 條之罪，係指以真正搜索之意思，而不依法令實行搜索者而言。上訴人僅託詞搜索，以遂行其強制猥褻之目的，即非以真正搜索之意思實行搜索，自不應論以該條罪名❸❻。此項見解，頗值商榷。

---

❸❺　最高法院 49 臺上 139 （決）。

❸❻　最高法院 26 滬上 57。

第六章　妨害名譽及信用罪

一、犯罪類型

　　妨害名譽及信用罪之犯罪類型，有第 309 條「公然侮辱罪」；第 310 條「誹謗罪」；第 312 條「妨害死者名譽罪」及第 313 條「妨害信用罪」。

二、罪　質

　　妨害名譽罪，係侵害他人名譽及信用之犯罪。行為人只要實施侮辱或誹謗行為，或散布流言或施詐術足以損害他人信用，即足成罪，性質上屬於抽象危險犯。且妨害名譽罪屬於即成犯，行為人只要實施侮辱或誹謗行為，罪即成立，並不以發生結果為必要；縱以散布文字圖畫之方式為之，其所散布之文字圖畫繼續存在，仍屬狀態之繼續，並非行為之繼續。

　　惟侵害他人名譽之犯罪，無論係侮辱罪或誹謗罪，均著重於個人人格方面之評價；侵害他人信用之犯罪，則重視個人經濟生活方面之評價。至侮辱罪或誹謗罪之區別，我實務一向認為，侮辱罪與誹謗罪，均為妨害他人名譽之犯罪，亦即均為侵害他人人格價值之犯罪。惟誹謗罪，須意圖散布於眾而指摘或傳述具體之事實；侮辱罪，則僅以抽象之言詞或行動表示輕蔑或予人難堪，並未指摘或傳述具體之事實。

三、保護法益

　　妨害名譽罪，係以個人之名譽為其保護法益。惟何謂名譽？並無固定之內涵。在理論上，名譽之概念，可自事實之立場加以理解，亦可自規範之概念加以詮釋。茲略為分述如次：

㈠事實名譽

　　事實名譽，又稱為社會名譽或外在名譽，乃係社會一般人對於一個人

之人格價值所作之評價。此種名譽，為事實上之一種社會評價，至其真實之人格價值如何，則非所問。此種名譽，類似於一般所謂之形象或名聲。

㈡規範名譽

規範名譽，乃係一個人之人格價值應為社會一般人正當認識與尊重之地位或狀態。規範名譽，並非現實存在之名譽，而係應當存在之名譽，亦即對於自己人格之社會評價，應當受社會一般人所尊重之地位。

㈢主觀名譽

主觀名譽，又稱為感情名譽，乃係一個人對於他人就其人格價值所為評價之主觀感受或反應。此種名譽，因純屬個人主觀之感受或反應，可否作為法益加以保護，學界向有爭議。持肯定見解認為侮辱罪與誹謗罪保護法益有別，侮辱罪，以個人之主觀名譽為其保護法益；誹謗罪，則以個人之事實名譽為其保護法益。惟持否定見解者則認為無論侮辱罪或誹謗罪，均以個人之事實名譽為其保護法益。

㈣本書立場

在社會生活中，倘指摘具體之事實攻擊他人，例如，爆料他人承辦某件工程有貪污受賄之情事，縱該他人實際上清廉自持，此種爆料每足以影響社會一般人對該他人之社會評價，且使其人格價值應為社會一般人正當認識與尊重之地位或狀態，遭受極大之傷害。因此，毀謗罪以社會名譽及規範名譽為其保護法益，實甚妥當。至以空泛之言詞辱罵他人「瘋子」或「智障」等，並不會影響社會一般人對該他人人格之社會評價，且亦不足以影響該他人人格價值應為社會一般人正當認識與尊重之地位或狀態，至多僅使該他人精神上或心理上感受相當之難堪或不快，所影響者僅係該他人之主觀感受或反應而已。

因此，侮辱罪之保護法益，似以主觀名譽較符合實情。職是，毀謗罪之保護法益，為個人之社會名譽及規範名譽；侮辱罪之保護法益，則為個

人之主觀名譽。

四、公然侮辱罪

> 第309條　公然侮辱人者，處拘役或三百元以下罰金。
>
> 以強暴犯前項之罪者，處一年以下有期徒刑、拘役或五百元以下罰金。

(一)行為客體

本罪之行為客體，為「人」，解釋上，乃指行為人以外之自然人。

1.主觀之感受或反應

本罪之保護法益為個人之主觀名譽，故此之自然人，宜作限縮解釋，須為對感情名譽具有主觀感受或反應能力之人。如不具主觀感受或反應能力之嬰兒、植物人或白痴等重大精神病人、法人或非法人之團體，自不應包含在內。只要具有主觀感受或反應能力，不問其素行如何，均得為本罪之行為客體。

2.特定或可得特定之人

本罪行為客體之「人」，須為特定或可得特定之人，但不限於指名道姓，且不限於個人，即侮辱特定多數人，亦無不可。如無從特定為何人者，例如，僅以臺灣人、外省人或大學生、媒體記者等為對象，則無由成立本罪。

(二)實行行為

本罪實行行為之態樣有二：一為公然侮辱；一為強暴侮辱。

1.公然侮辱

(1)侮辱之意義

所謂侮辱，乃對他人為輕蔑表示之行為。因本罪之保護法益為感情名譽，對他人所作之輕蔑表示，須有害於其感情名譽，亦即須有足使他人在精神上、心理上感受到難堪或不快之虞者，始足當之。例如，嘲笑、詈罵

或挪揄等是。因此，同儕或同事間之嬉笑怒罵，不但無侮辱之故意，且亦不足以使他人在精神上、心理上有感受到難堪或不快之虞，自非侮辱。至輕蔑之表示，是否有害於他人之感情名譽，宜就具體情況，視行為人與被害人之關係、年齡、教育程度、職業、方言或用詞習慣等，自客觀予以判斷。例如，「狗拿耗子多管閒事」為民間慣用之歇後語，並無侮辱他人人格之意思，故因一時氣憤而脫口說出，不構成侮辱罪❶。

(2)侮辱之內容

侮辱之內容，並無限制，不問係對他人之能力、德行、身分、地位、容貌、學歷、身體或婚姻狀況等，加以嘲笑、詈罵或挪揄者，均足當之。其未指摘任何事實時，如罵人「混帳」、「低能」、「智障」或「廢物」等，固為侮辱；即僅指摘抽象之事實時，如挪揄他人五短身材、反應遲鈍等，亦得成立侮辱。惟如指摘具體之事實時，如罵人「駕駛高貴名車，係承辦某件水利工程包商所送」之情形，則應構成誹謗罪❷。

(3)侮辱之方法

侮辱之方法，亦無限制，不問其為口頭、文書、圖畫、姿態或動作，均無不可。侮辱之方法，通常固多以作為之方式為之，其以不作為之方式為之者，如已逾越單純失禮之程度，有時亦得成立侮辱。例如，有向特定人敬禮之義務，而故意不敬禮之情形是。惟單純不作為之動作，則尚難認為侮辱。例如，於宴客敬酒時，未向某人敬酒之情形是。

2.強暴侮辱

所謂強暴，乃指一切有形力或物理力之不法行使而言。強暴侮辱行為，有直接對人之身體實施者，例如，摑人耳光、潑人污水或撕人衣褲等情形是。有對物實施，而對人在物理上或心理上產生強烈影響者。例如，向他人住宅潑灑豬糞、丟擲雞蛋或在住處外灑冥紙，並噴紅漆等情形是。

---

❶ 法務部 (74) 檢㈡字第 554 號函覆臺高檢。

❷ 司法院院字 2179。

㈢行為情狀

1. 不特定人或多數人

公然侮辱罪之情狀要素，為「公然」。所謂公然，乃不特定人或多數人直接得以共見共聞之狀態。至被害人是否在場聞見以及現場實際上有多少人聞見，均非所問。不特定人，不問其為不特定之少數人或不特定之多數人，均包含在內。且所謂公然，不以被害人在場聞見或知悉其內容為必要，只須可能聞見為已足；縱係特定之一人或數人，如係公共場所，亦有使不特定人聞見之可能；以文字或圖畫分發予特定之少數人，而有輾轉傳閱使多數人知悉其內容之虞時，亦屬之。

2. 樓梯間或通道口

樓梯間或通道口，是否屬於不特定人或多數人直接得以共見共聞之狀態？我實務認為，公寓大廈樓梯設立之本質，即屬供全體住戶及得以進入該公寓大廈之不特定人所使用，不以公寓大廈是否另設有電梯供住戶選擇使用，或住戶是否選擇使用該樓梯而影響其設立之本質。樓梯間或通道口，其本質為住戶全體或得以進入該公寓之人隨時可能選擇使用之處，即屬隨時可能有不特定人或多數人增加之地方，應屬不特定人或多數人得共聞共見之場所，且係在不特定人或多數人得以共聞共見之狀態❸。

㈣故　意

本罪為故意犯，行為人主觀上，須具有侮辱他人之直接或未必故意，始能成立本罪。日常社會生活常見之口頭禪或慣用語，例如，傻瓜、低級等，通常並無侮辱故意，固不成立本罪，惟仍須視具體情形而定❹。倘係

---

❸　高等法院 95 上易 1091（決）。

❹　例如，被告於政見發表會上公然為「幹你娘」之語，顯有侮辱其他候選人之犯意，衡諸被告學經歷及競選時身為××與××公司董事長之身分，尚難謂當時口出「幹你娘」之語，僅係其口頭禪（高等法院 81 上易 949（決））。惟查「幹」一字，依社會通念及一般人之認知，係不雅、輕蔑之詞，雖因個人之修為不同，

無心或出於戲謔者，則欠缺故意。例如，演藝人員於舞臺上就對方身體之缺陷予以揶揄者，通常不能認為具有本罪之故意。至行為人有否侮辱他人之意圖或目的，則非所問。

至長官訓示部屬、師父訓誡徒弟或教師訓誨學生等，有時亦難謂無侮辱故意。惟須就具體情形視其有否違反社會相當性而定，倘未逾越社會相當性之程度者，則得阻卻違法。例如，長官訓斥部屬糊裡糊塗或笨手笨腳等情形是。又鬥毆時，口手並用，不僅揮拳打人，同時口出穢言者，除有特殊情形，得認其別具侮辱之故意外，通常情形，均得認其並無侮辱之故意，不成立本罪。

㈤特別阻卻違法事由

行為人雖係公然侮辱，惟出於善意發表言論，而有 1.因自衛、自辯或保護合法之利益者；2.公務員因職務而報告者；3.對於可受公評之事，而為適當之評論者；4.對於中央及地方之會議或法院或公眾集會之記事，而為適當之載述者等特別阻卻違法事由者，不罰（刑 311）。

刑法第 311 條所規定之四項不罰事由，一般均認為係誹謗罪之特別阻卻違法事由，侮辱罪並未包含在內。惟刑法第 311 條係規定於第 309 條侮辱罪及第 310 條誹謗罪之後，並未限定僅適用於誹謗罪，且行為人基於善意所發表之言論，亦可能出之以抽象之言詞或動作，例如，公務員接受媒體訪問時，宣稱誣陷其受賄者，乃信口開河或胡說八道；學者評述他人之學術研究報告時，公開指稱抽象空洞或不知所云；電視記者報導公務員之貪污惡行時，直言其厚顏無恥或喪盡天良等等，或因自衛、自辯或保護合法之利益，或為對於可受公評之事，而為適當之評論，雖係公然侮辱，惟得認其係出於善意而不罰。

漸有成口頭禪之習慣。惟本件係因員警依法執行公務，綜合被告當時前後語意、聲調判斷，應認有侮辱之意（屏東地方法院 90 易緝 54（決））。

㈥罪數及與他罪之關係

1. 罪數之認定標準

本罪之保護法益，為個人之感情名譽，屬於個人專屬法益。故其罪數，應依被害人人格主體之數，以為認定。倘被害人為數人者，因其侵害之感情名譽法益為數個，即應成立數罪；被害人為一人，且其所實施之侮辱行為係一個時，因係對一個感情名譽法益為一次之侵害，應為單純一罪。至對同一被害人實施數次侮辱行為時，其侵害之法益固為同一被害人個人之感情名譽，惟須係對同一感情名譽為一次性之侵害，方得評價為一罪，否則，應就其侵害同一感情名譽之次數，判斷為數罪。例如，在他人家樓下先後多次以「禽獸」、「無賴」等言語公然侮辱他人之行為，係基於同一公然侮辱犯意下之接續行為，僅侵害一個法益，僅得論以一罪。

2. 本罪與強暴侮辱罪

本罪與強暴侮辱罪，兩罪間具有特別關係，本罪為一般規定，強暴侮辱罪為特別規定。成立法條競合時，應優先適用特別規定之強暴侮辱罪，排除本罪之適用。

我實務亦認為，以丟擲雞蛋施強暴之方式，公然侮辱他人，同時以言語加以辱罵，均係基於同一公然侮辱之犯意所為之侮辱行為，僅論以較高度之強暴公然侮辱人罪；就較低度之言詞侮辱行為，不另論罪❺。

3. 本罪與侮辱公務員罪

侮辱公務員罪（刑 140），每附隨有本罪之罪質在內。因此，二者間具有吸收關係，侮辱公務員罪為吸收規定，本罪為被吸收規定。成立法條競合時，應優先適用侮辱公務員罪，排除本罪之適用。

惟我實務見解，則認其成立想像競合。例如，駕駛大貨車超載經交警取締，開車離去時將車內裝置之無線電調入警用頻道，公然在該頻道上辱罵員警。以無線電在警用頻道上辱罵員警及其職務，該頻道足供該隊警員及不特定民眾收聽，為不特定人得以共聞之狀態，其所為已達公然侮辱之

---

❺　高等法院 87 上易 1188（決）。

程度。所為已觸犯刑法第 140 條第 1 項後段之公然侮辱公務員依法執行之職務罪及同法第 309 條第 1 項之公然侮辱罪。其以一行為於同時、地觸犯上述二罪名，為想像競合犯，應從一重之公然侮辱公務員依法執行之職務罪處斷❻。

4.強暴侮辱罪與剝奪行動自由罪

強暴侮辱罪之保護法益，為個人之感情名譽；剝奪行動自由罪之保護法益，則為個人行動自由，二罪間不具保護法益之同一性，應分別成罪，予以數罪併罰。例如，將他人捆綁，並遊街示眾之情形是。

5.強暴侮辱罪與傷害罪或過失傷害罪

強暴侮辱罪之保護法益，為個人感情名譽之安全；傷害罪或過失傷害罪之保護法益，為個人身體之安全，二者間並不具保護法益之同一性，應分別成罪，成立想像競合犯。例如，公然刮人耳光，致其牙齦出血之情形是。

五、誹謗罪

第 310 條　意圖散布於眾，而指摘或傳述足以毀損他人名譽之事者，為誹謗罪，處一年以下有期徒刑、拘役或五百元以下罰金。
　　　　　散布文字、圖畫犯前項之罪者，處二年以下有期徒刑、拘役或一千元以下罰金。
　　　　　對於所誹謗之事，能證明其為真實者，不罰。但涉於私德而與公共利益無關者，不在此限。

㈠行為主體

本罪之行為主體，並無任何限制。民意代表，於會議時所為無關會議事項之不法言論，亦得成立本罪❼。至報社或雜誌，如有不實之報導，而侵害他人之名譽時，應以其負責人、代表人或編輯人等，為本罪之行為主體。

❻　高雄地方法院 85 易 3926（決）。

❼　司法院院解 3735；大法官會議釋字 122。

㈡行為客體

本罪之行為客體，為「他人名譽」。

1.特定或可得特定之人

所謂「他人」，在解釋上，除自然人外，尚包括法人或非法人之團體在內。例如，經核准設立之社區發展協會是。本罪行為客體之自然人，不問係嬰兒、精神病人或犯罪之人，亦均包含在內；且他人，須為特定或可得特定之人。雖未指名道姓，如就行為人表示之旨趣以及其他情事綜合觀察，得推知其所指為何人者，亦足當之。

2.事實及規範名譽

所謂名譽，乃指事實名譽及規範名譽，亦即社會一般人對其人格價值所為之評價或應予尊重之地位或狀態。此種評價、地位或狀態，不問是否與其真實價值一致，均屬於刑法保護之對象。因此，縱與其真實價值不符，或僅係虛名，亦屬於此之所謂名譽。

至社會、規範評價之對象，並不限於人之行為或人格之倫理價值，即有關其政治、社交、藝術或學術之能力，甚或身體、精神之資質、職業、身分、容貌、家世或血統等在社會生活上具有價值者，均廣泛包含在內。有關經濟生活上信用之社會評價，亦屬於廣義名譽之一種，惟因現行法將其作為「信用」另予保護，故不包含在此所謂名譽概念之內。

㈢實行行為

本罪實行行為之態樣有二：一為普通誹謗行為；一為加重誹謗行為。

1.普通誹謗行為

所謂誹謗，乃指摘或傳述具體事實足以毀損他人社會評價之行為。因此，誹謗，須指摘或傳述足以毀損他人名譽之具體事實，倘僅抽象地公然為謾罵或嘲弄，並未指摘具體事實，則屬侮辱罪之範疇。茲就誹謗行為之涵義略為析述如次：

⑴指摘或傳述之內涵

　　指摘，乃指示摘發，即就某種事實予以揭發之行為。傳述，則為宣傳轉述，即就已揭發之事實予以宣傳轉述之行為。指摘或傳述之行為，只須有毀損他人社會及規範評價之危險，即足成立，性質上為抽象危險犯。至實際上他人之社會及規範評價是否受損，並非所問。

　　(2)**指摘或傳述之方法**

　　指摘或傳述之方法，無何限制，不問係言詞或行動，均得成立。至指摘或傳述之行為，不以公然為必要，縱係私相傳述，亦得成立。惟不問係依何種方法，只須處於使第三人得予認識之狀態為已足，他人已否認識，甚或無人認識，亦屬無妨。

　　(3)**指摘或傳述之事實**

　　指摘或傳述之事實，須為足以毀損他人社會及規範評價之具體事實。至該事實之時間、場所或手段等，是否具體描述或鉅細靡遺，則非所問。如係抽象事實，或僅為意見或價值判斷之表示，可能成立侮辱罪，並非本罪。

　　指摘或傳述之事實，不問其為真實之事實抑或虛偽之事實，亦不論其為過去之事實、現在之事實抑或將來之事實，只須足以毀損他人之社會評價者，均包含在內。又所指摘或傳述之事實，不論係行為人直接見聞抑或由其他事實推測之結論，自撰文字抑或轉載他人投稿，亦不問係聽說、傳聞抑或謊言，甚至有否主張其為真實，均非所問。惟雖係引述傳言，其旨趣如係在否定事實之存在者，則不屬之。

　2.**加重誹謗行為**

　　所謂加重誹謗行為，乃以散布文字、圖畫之方法，指摘或傳述足以毀損他人社會評價之具體事實之行為。例如，投書報紙、刊登雜誌、印發傳單、張貼通衢或沿途散發等是。

　　隨科技之發展，傳播事業日益發達，傳播工具愈益進步，廣播電臺、無線電視、有線電視、光碟以及網際網路等之使用，日趨普遍，如有假借此等傳播工具毀損他人名譽者，其侵害之程度，更遠甚於文字或圖畫，惟在修法前，此等傳播工具如無文字或圖畫者，基於罪刑法定原則，仍只能依第1項之普通誹謗罪處罰。惟如有文字或圖畫者，仍得依本罪論科❽。

㈣故意與意圖

1. 故　意

　　本罪為故意犯，行為人只須對於所指摘或傳述之行為，足以貶損他人之社會評價具有認識，即足成立，並不以具有毀損他人名譽之目的為必要。又行為人對其所指摘或傳述之事，是否相信其為真實，亦非所問。

　　行為人對於所誹謗之事，誤信其能證明為真實，事後卻無法舉證證明，或行為人誤信其係以善意發表言論，並為適當之評論或載述，實際上卻不適當者，是否得阻卻本罪故意之成立？頗堪探究。此問題與事實之證明及善意發表言論之性質有關。

　　惟本罪之故意，既以認識自己所為指摘或傳述之行為，足以毀損他人之名譽為已足。至其是否能證明，或是否以善意發表言論，並為適當之評論或載述，僅係發生是否能阻卻違法之效果而已。因此，行為人誤信其能證明，或誤信其係以善意發表言論，並為適當之評論或載述，係屬於違法性認識之錯誤，如其錯誤有正當理由而無法避免者，得阻卻責任；如係得以避免者，則減輕責任。

2. 意　圖

　　本罪為目的犯，行為人須有散布於眾之意圖，始能成罪。例如，登載報紙、印發傳單等是。如僅密告特定人或僅向檢察機關檢舉者，則不能認為有此意圖。至是否有此意圖，為事實認定之問題，應就具體案情加以審酌認定。

---

❽　被告在網路遊戲官方網站討論區刊登系爭文字，指摘告訴人之道德形象及人格評價，屬負面、貶抑之文字，依一般社會通念，已足以毀損告訴人之名譽。核被告所為，係犯刑法第 310 條第 2 項之加重誹謗罪。被告散布誹謗告訴人之文字，其先後二次舉動，在時間及空間上均具有密切之關連性，且係侵害同一法益，無非係在同一討論期間，欲達同一目的之接續動作，在主觀上顯係基於一貫之犯意，核屬接續犯之性質，應論以接續犯之實質上一罪（板橋地方法院 97 簡 5064（決））。

(五)事實之真實性及公益性與阻卻違法

對於所誹謗之事，能證明其為真實者，不罰。但涉於私德而與公共利益無關者，不在此限（刑 310 III）。行為人所指摘或傳述之事實，固不問其為真實或虛偽之事實，只要足以毀損他人之名譽，均得構成誹謗罪。惟如不問其是否真實，均加以處罰，勢必與憲法保障言論自由之精神發生衝突與矛盾。

為保護個人名譽與保障言論自由，必其所指摘或傳述之事實，係屬虛偽，或雖為真實，但不能證明，或雖能證明，但僅涉私德而與公共利益無關者，始予以處罰。茲分述如次：

1.不罰之性質

對於所誹謗之事，能證明其為真實者，不罰。此項不罰之性質如何？學者不一其說。有主張處罰阻卻事由說者，有主張違法阻卻事由說者，亦有主張構成要件阻卻事由說者。

惟本罪之成立，只須意圖散布於眾，而指摘或傳述足以毀損他人名譽之事，即足當之。其所指摘或傳述者，如係虛偽之事，固足毀損他人之名譽；縱係真實之事，例如，傳述他人過去曾有貪污前科之事實，亦足以毀損他人之名譽。因此，行為人所指摘或傳述者，不問其為真實或虛偽之事實，如足以毀損他人之名譽，即具有本罪之犯罪構成要件該當性。

雖然，指摘或傳述之行為，雖具有犯罪構成要件該當性，但如能證明其具有真實性，並具有公益性時，則其行為仍屬正當行為，而欠缺實質之違法性。職是，此項不罰之規定，應認其為阻卻違法事由，較為妥適。

2.真實性

行為人對於所誹謗之事，須能證明其為真實者，始能不罰。惟只須能證明其為真實即可，無需已經證明其為真實，故不必業經法院裁判證明其係真實為必要。

真實性證明之對象，為事實本身，而非以該事實為內容之傳聞或風評等之存在與否。事實真實性之證明，舉證責任轉換由被告，亦即由行為人

負擔。是否能證明其為真實，自須有足以判斷其為真實之相當證據即可。如行為人雖不能證明言論內容為真實，但依其所提證據資料，有相當理由確信其為真實者，即不能以誹謗罪之刑責相繩❾。

3. 公益性與私德性

對於所誹謗之事，雖能證明其為真實，但僅涉私德而與公共利益無關者，仍不能阻卻違法。所謂私德，乃私人之德行，亦即有關個人私生活之事項。例如，抽菸、喝酒、釣魚或打麻將等是。所謂公共利益，乃與社會上不特定人或多數人有關之利益。不限於與國家或社會全體有關之利益，即與限定一定範圍內之小社會有關之利益，亦包括在內。例如，社區發展協會是。

至是否僅涉私德而與公共利益無關，應就事實之內容、性質，以及被害人之職業、身分或社會地位等，依一般健全之社會觀念，客觀予以判斷。例如，百姓酗酒，雖僅涉私德而與公共利益無關，但如係國家元首或政府首長，其酗酒無度者，則與公共利益有關。又如，在報上刊登啟事，指他人偷竊騙款，即非僅涉私德而與公共利益無關，如能證明其為真實，即可不罰❿。

㈥善意發表言論與阻卻違法

憲法第 11 條規定，人民有言論、講學、著作及出版之自由，此即憲法所保障之表現自由。此等表現自由，乃為人民之基本權利，國家自應給予最大限度之維護，俾其實現自我、溝通意見、追求真理及監督各種政治或社會活動之功能得以發揮。惟為兼顧對個人名譽、隱私及公共利益之保護，法律尚非不得對此等表現自由為合理之限制⓫。

因此，刑法第 311 條特別規定，以善意發表言論，而有下列情形之一者，不罰：1.因自衛、自辯或保護合法之利益者；2.公務員因職務而報告

---

❾　大法官會議釋字 509。

❿　最高法院 48 臺上 1235（決）。

⓫　大法官會議釋字 509。

者；3.對於可受公評之事，而為適當之評論者；4.對於中央及地方之會議或法院或公眾集會之記事，而為適當之載述者。

1. 不罰之性質

行為人如以善意發表言論，而有刑法第 311 條所規定四種情形之一者，不罰。此項不罰之性質如何？學者亦不一其說。有主張處罰阻卻事由說者，有主張違法阻卻事由說者，亦有主張構成要件阻卻事由說者。

(1)善意與故意

所謂善意，乃指非以貶損他人名譽為目的之謂。善意與故意不同，故意乃行為人對於犯罪事實具有認識，而有意或容認其發生，即足成立；至其主觀上為善意或惡意，對於故意之成立，並不生影響。因此，行為人只須對於所指摘或傳述之行為，足以貶損他人之社會評價具有認識，而有意或容認其發生，即具有妨害名譽罪之構成要件故意。其以善意為之時，因無行為反價值，致欠缺實質之違法性，而不成立犯罪。

(2)阻卻違法

刑法第 311 條所列舉之四種情形，或為權利行為，或為職務上之義務行為，或對於可受公評之事或公眾記事予以適當之評論或載述，雖可能足以毀損他人之社會評價，而具有妨害名譽罪之構成要件該當性，惟此等行為，在性質上均屬於正當行為，且行為人係以善意為之，並無行為反價值，而欠缺實質之違法性。職是，此項不罰之性質，應認其為違法阻卻事由，如符合本條所規定之四種情形，即可阻卻違法，而不罰。

2. 阻卻違法事由

(1)因自衛、自辯或保護合法之利益者

行為人因自我防衛、自己辯白或保護自己在法律上可得享受之利益，而發表言論者，本質上為正當行為，自可阻卻違法。例如，主管對於不需持有領據之特別費，私自花用，被移送法辦。為自衛或自辯，而公開聲稱歷屆主管均係如此使用，其自己僅係依循慣例，蕭規曹隨而已。其聲明內容，雖足以毀損歷屆主管之名譽，惟因出於自衛或自辯，得阻卻違法而不罰。如係為他人防衛、辯白或保護他人之合法利益者，則不得依本款規定

阻卻違法。

(2)公務員因職務而報告者

公務員在其職務範圍內，所提出之報告，或涉及他人隱私，或述及足以毀損他人名譽之事，惟既係基於職務行為所為之報告，本有據實陳述之義務，自可阻卻違法。例如，警政督察員奉命調查員警風紀，而陳報該員警有包娼包賭之情事等情形是。

(3)對於可受公評之事，而為適當之評論者

所謂可受公評之事，即依該事實之性質，在客觀上係可接受公眾評論者。例如，國家或地方之政事、個人之著作、演藝人員之醜聞或公眾人物之緋聞等是。評論之內容，固有依大眾之意見為導向者，亦有純屬評論者個人之主觀價值判斷者，惟均須就事論事，始能謂為適當之評論，而阻卻違法。如借題發揮，而涉及人身攻擊時，則非適當之評論，仍應負妨害名譽罪之罪責。

(4)對於中央及地方之會議或法院或公眾集會之記事，而為適當之載述者

民主社會，因公共事務，涉及人民之權益，人民有知之權利。中央或地方之會議或法院或公眾集會之記事，其內容或可能涉及毀損他人之社會評價、或足以侵害他人感情名譽之事，惟予以適當之載述，仍屬正當行為，自可阻卻違法而不罰。惟載述時，須就該記事之內容，在合理範圍內，未匿飾增減，而予以記載轉述，始為適當之載述。如為聳動聽聞，而故加渲染，或斷章取義者，則非適當之載述，仍不能阻卻違法。

(七)本罪與他罪之關係

1.普通誹謗罪與加重誹謗罪

普通誹謗罪與加重誹謗罪，二罪間具有特別關係，普通誹謗罪為一般規定，加重誹謗罪為特別規定。成立法條競合時，應優先適用特別規定之加重誹謗罪，排除普通誹謗罪之適用。

2.本罪與侮辱罪

本罪，每附隨有公然侮辱罪之罪質在內。因此，二者間具有吸收關係，本罪為吸收規定，侮辱罪為被吸收規定。成立法條競合時，應優先適用吸收規定之本罪，排除侮辱罪之適用。

六、妨害死者名譽罪

第312條　對於已死之人公然侮辱者，處拘役或三百元以下罰金。
　　　　　對於已死之人犯誹謗罪者，處一年以下有期徒刑、拘役或一千元以下罰金。

㈠保護法益

　　妨害死者名譽罪之保護法益何在？見解頗為紛紜：有 1.遺族名譽說；2.遺族虔敬感情說；3.社會評價說及 4.死者名譽說等等。就中，似以死者名譽說較為可採。

　　蓋遺族名譽說及遺族虔敬感情說，均以遺族為其保護對象，如死者並無遺族者，即無法益遭受侵害，自無由成立犯罪。社會評價說，則將死者之社會評價（追憶），認為屬於社會之公共法益，顯與本罪之罪質與體系不符。至死者名譽說，認為名譽乃對個人人格之社會評價，係客觀存在，縱於人死後，社會仍可能對其人格為價值判斷；且認死者為名譽之主體，並不因此即認其具有權利主體性或人格性，兩者觀念不能混為一談。此說所論，固有道理，惟侮辱罪之保護法益，如認係感情名譽，侮辱死者，不可能使死者在精神上、心理上感受相當之難堪或不快。因此，侮辱死者罪，即無法以死者名譽為其保護法益。職是，侮辱死者罪，既難究明其保護法益何在，實可予以除罪化。對於侮辱死者之行為，無庸以刑罰加以制裁之必要。如因侮辱或誹謗死者，致妨害其遺族之名譽時，可依侮辱或誹謗罪處斷。

㈡客　體

　　本罪之行為客體，為已死之人，亦即事實上業已死亡之人，至其死亡之久暫，則非所問。如其人現尚生存，縱已依民法之規定宣告死亡，仍不得為本罪之行為客體。至法人，因與有生命之自然人不同，自不得為本罪之行為客體。

㈢行　為

　　侮辱死者罪之行為，為公然侮辱。誹謗死者罪之行為，為誹謗，即指摘或傳述足以毀損死者名譽之事的行為。

㈣特別阻卻違法事由

　　行為人雖該當於妨害死者名譽罪之構成要件，惟如出於善意發表言論，而有 1.因自衛、自辯或保護合法之利益者； 2.公務員因職務而報告； 3.對於可受公評之事，而為適當之評論者； 4.對於中央及地方之會議或法院或公眾集會之記事，而為適當之載述者等特別阻卻違法事由者，不罰。

㈤罪　數

1.侮辱死者罪與誹謗死者罪

　　誹謗死者罪之罪質，得包含侮辱死者罪在內，二罪間具有吸收關係，誹謗死者罪為吸收規定，侮辱死者罪為被吸收規定。成立法條競合時，應優先適用吸收規定之誹謗死者罪，排除侮辱死者罪之適用。

2.本罪與侵害屍體罪

　　本罪與侵害屍體罪，所侵害之法益，並不具同一性，應分別成罪。如觸犯毀損屍體罪與妨害死者名譽罪時，應就具體情形，分別成立想像競合犯或數罪併罰。例如，於他人因車禍死亡時，對其屍體辱罵並吐口水者，得成立污辱屍體罪與侮辱死者罪，依想像競合犯處斷是。

七、妨害信用罪

第313條　散布流言或以詐術損害他人之信用者，處二年以下有期徒刑、
拘役或科或併科一千元以下罰金。

㈠保護法益

　　本罪之保護法益，為他人之經濟信用。經濟信用，為他人從事社會活
動時有關經濟生活方面之社會評價，實與名譽具有共通性；同時，因其為
有關經濟生活之評價，亦具有財產之近似性。因此，本罪之罪質，有認為
屬於財產罪者；有認為屬於妨害名譽罪者；亦有認為屬於獨立罪者。就本
章章名將名譽及信用同時並列觀之，似以獨立罪說為當。蓋妨害名譽罪，
著重於個人人格之社會評價；而妨害信用罪，則著眼於個人經濟活動之社
會評價。故信用，既非財產，亦不屬於名譽，而為一種獨立之法益。

㈡行為客體

　　本罪之行為客體，為「他人之信用」。所謂他人，即行為人以外之人，
原則上固以自然人為限，惟因本罪重在經濟活動之社會評價，解釋上似應
將法人包括在內為妥。非法人之團體，如屬於社會經濟生活上具有獨立性
之團體，亦應兼括及之。至所謂信用，乃指他人有關經濟生活方面之社會
評價。不以對於他人支付能力或支付意思之評價為限，即有關產品品質、
售後服務以及經營方針等一切履行經濟上義務之評價，均包含在內。

㈢實行行為

　　本罪實行行為之態樣有二：一為散布流言；一為詐術。

1.散布流言

　　所謂流言，乃指流傳之風言，即一般所謂之謠言。例如，散播某公司
體質不良，即將倒閉；傳言某賣場所售電器產品，多為劣等品質或宣稱某

公司之奶製品含有三聚氰胺等消息是。至其出處或根據是否完全不明，其來源是否為行為人自行捏造、個人揣測抑或聽自傳聞，均非所問。

(1)虛偽不實

流言之內容，須為全部或一部虛偽不實。如係真實之事實，即非流言。是否為虛偽不實之判斷，有認為應視其是否與客觀之事實相反而定者；有認為應視其是否與行為人直接經驗或認識之事實相反而定者。

惟散布之流言，如在客觀上適為真實者，例如，依行為人之經驗或認識，某公司之債信甚佳，惟因同業競爭，乃散布該公司營業不穩之流言，事實上該公司果已負債累累，行將倒閉是。倘依後說，亦須成立本罪，頗不合理。因此，應視其是否與客觀之事實相反而定，較為妥適。散布之流言，如在客觀上適為真實者，即非虛偽不實，不能視為流言。

至無須依嚴密之科學論證，簡單即可確認其真偽者，固得依其是否與客觀之事實相反，而決定犯罪之成否。對於某些產品或新開發之產品，其效用、副作用或所含成分等，在科學上尚無法充分了解或無法輕易確認其真偽者，如基於企業競爭，而散布該產品有害或有缺陷等之流言時，擬判斷其是否與客觀之事實相反，實至為困難。對此情形，似可就行為人所提出之資料或根據，依現代之科學水準或儀器檢驗，視其是否與真實相反，而為認定。例如，散布他人之食品含有有毒物質者，即得依有關機關之食品檢驗加以確認是。

(2)抽象危險犯

散布流言損害他人之信用時，他人之信用有果受損害者，亦有全未受影響者，如因其未受損害或尚未發生危險，即不成罪，顯有未洽；且在實務上，他人之信用是否已受侵害，如何程度受侵害，法益侵害之具體危險是否已發生等，其認定至為困難。因此，本罪應與妨害名譽罪同，不以實際上已生損害或危險為必要，只須有生損害之虞為已足。故本罪在性質上，屬於抽象危險犯。

2.詐　術

所謂詐術，係以欺罔之手段使人陷於錯誤或利用他人錯誤之不正行為。

不問係公然或秘密為之，均包括在內。其施詐之相對人與被損害信用之人，亦不以同一人為必要。

　　所謂以詐術損害他人之信用，係指以欺罔之手段，使他人在經濟生活方面之社會評價遭受損害而言。例如，詐稱某廠商製造之奶製品，含有三聚氰胺，致一般消費大眾望而卻步，不敢購買是。

㈣特別阻卻違法事由

　　行為人雖該當於妨害信用罪之構成要件，惟如出於善意發表言論，而有 1.因自衛、自辯或保護合法之利益者；2.公務員因職務而報告者；3.對於可受公評之事，而為適當之評論者；4.對於中央及地方之會議或法院或公眾集會之記事，而為適當之載述者等特別阻卻違法事由者，不罰。例如，衛生署食品處官員向其長官報告某公司之產品驗出致癌之物質是。

㈤罪數及與他罪之關係

1.罪數之認定標準

　　妨害信用罪之保護法益，為個人社會經濟生活上之信用安全。個人之信用安全，為個人專屬法益，故其罪數，原則上應依被害人人格主體之數，以為認定。

2.本罪與侮辱罪

　　本罪與侮辱罪，所侵害之法益，一則為經濟信用之社會評價，一則為人格價值之社會評價，並不具同一性，應分別成罪。如觸犯妨害信用罪與侮辱罪時，應就具體情形，分別成立想像競合犯或數罪併罰。例如，放出謠言稱對方四處招搖撞騙，且財務即將破產之情形是。

3.本罪與誹謗罪

　　本罪與誹謗罪，所侵害之法益，亦不具同一性，應分別成罪。如觸犯妨害信用罪與誹謗罪時，應就具體情形，分別成立想像競合犯或數罪併罰。例如，散布流言稱對手賭博輸款，債臺高築，不久即會跑路之情形是。

第七章　妨害秘密罪

一、犯罪類型

妨害秘密罪之犯罪類型，有第 315 條「妨害書信秘密罪」；第 315 條之 1「普通妨害私生活秘密罪」；第 315 條之 2「加重妨害私生活秘密罪」；第 316 條「洩漏業務秘密罪」；第 317 條「洩漏工商秘密罪」；第 318 條「洩漏公務知悉持有工商秘密罪」；第 318 條之 1「洩漏電腦秘密罪」及第 318 條之 2「利用電腦洩密罪」。

二、罪　質

㈠蘊含妨害自由之罪質

妨害秘密罪，乃侵害個人私生活秘密之犯罪。行為人只要有妨害秘密之行為，即足成罪，並不以他人之秘密法益已造成實害為必要，性質上，屬於抽象危險犯。所謂個人私生活秘密之安全，具體而言，實指個人在私生活之領域內有不受他人恣意干涉之自由。因此，本罪實蘊含有妨害自由之罪質在內。

㈡保護私生活之隱私

秘密，依其歸屬主體予以分類，有所謂公的秘密與私的秘密之分。

1. 公的秘密

公的秘密，係以國家或地方自治團體為其歸屬主體之秘密。國家或地方自治團體從事於公共事務，與國民之利益密切攸關。例如，政府資訊公開法第 6 條規定「與人民權益攸關之施政、措施及其他有關之政府資訊，以主動公開為原則，並應適時為之。」因此，為保護國民全體之利益、遂行推行政務之任務以及履行服務之義務之需要，在某種限度內，雖有保持

一定秘密之必要；惟為滿足國民知之權利，此種公的秘密，須抑制在必要及最小限範圍內，始得為之。例如，國家機密保護法第 5 條第 1 項規定「國家機密之核定，應於必要之最小範圍內為之。」第 12 條規定「涉及國家安全情報來源或管道之國家機密，應永久保密」等是。對於公的秘密的保護，現行刑法規定有妨害國防秘密罪（刑 109 至 112）及妨害公務秘密罪（刑 132），以資適用；其他特別法，如國家機密保護法、法院組織法等，用以確保國家安全及重大利益。

2. 私的秘密

私的秘密，則以私人為其歸屬主體之秘密。此種秘密，係人民從事社會生活之基礎，為保障國民隱私之基本權利，自應給予最大限之尊重。例如，個人資料保護法第 5 條規定，個人資料之蒐集、處理或利用，應尊重當事人之權益，依誠實及信用方法為之，不得逾越特定目的之必要範圍，並應與蒐集之目的具有正當合理之關聯；第 6 條規定，除有特殊情形外，有關醫療、基因、性生活、健康檢查及犯罪前科之個人資料，不得搜集、處理或利用❶。因此，凡屬私人在私生活領域中不欲人知之事項，任何人均有保持其秘密之權利，他人亦負有不得恣意加以侵害之義務。本章妨害秘密罪，即在保護此種私的秘密，亦即個人私生活領域內隱私之秘密。

三、保護法益

妨害秘密罪之保護法益，為個人私生活秘密之安全。在社會生活中，各人均有其隱私而不欲他人所知悉，如擅予侵犯，不僅帶來生活上之不便與困擾，甚而惹來人身安全之危害。例如，私人存款如予公開，輒引起歹徒之覬覦是。

個人私生活之事項，如何認定其為刑法所保護之秘密？此涉及秘密之內涵如何加以界定。秘密，如依其判斷標準之不同，可分為主觀之秘密與客觀之秘密二種。

---

❶　民國 99 年 5 月 26 日修正公布之「個人資料保護法」，除第 6、56 條外，其餘條文自 101 年 10 月 1 日施行。

(一)主觀之秘密

所謂主觀之秘密，係指本人依其主觀意思不欲人知之事項。妨害秘密罪，乃侵害個人隱私之犯罪，是否為不欲人知之隱私，基於個人之自我決定權，自應尊重本人主觀之意思。本人如不欲人知之個人私生活事項，即屬其秘密。反之，一般人雖不欲人知，而本人卻不以之為秘密之事項，即非屬其秘密。因此，妨害秘密罪所保護之秘密，原則上即為主觀之秘密。

(二)客觀之秘密

所謂客觀之秘密，係指不問本人之意思如何，以一般人立於本人之立場而不欲人知之事項。主觀之秘密，係以本人之意思是否不欲人知作為判斷之標準。本人是否不欲人知，自需有明示或默示之表示，倘本人並無任何明示或默示之表示時，該私生活事項是否屬於秘密，即有疑義。實際上，在現實社會生活中，許多涉及個人隱私之私生活事項，本人往往並無任何表示，但如予以洩露，則為本人帶來極大之困擾或尷尬，甚或影響人身之安全。例如，醫師因業務知悉或持有病人身體上之健康資訊，或金融人員因業務知悉或持有他人之儲存款項等是。

(三)主觀秘密為主、客觀秘密為輔

為保障個人私生活秘密之安全，與個人私生活有關之事項，自應尊重個人主觀之意思。如依個人之主觀意思不欲人知之事項，即有加以保護之必要。倘本人並無任何明示或默示之表示時，該私生活事項是否屬於秘密，自應依社會一般通念加以認定。例如，醫師、律師等因業務知悉或持有他人之秘密者，如本人有禁止或容許洩漏之意思表示，自應尊重個人主觀之意思，而以主觀之秘密，作為保護法益；如本人並無任何意思表示者，則醫師、律師等之守密義務，即應就該事實有無保密之必要，自社會一般通念之客觀立場予以認定。因此，妨害秘密罪所保護之秘密，原則上為主觀之秘密，例外則以客觀之秘密為輔。

四、妨害書信秘密罪

第315條　無故開拆或隱匿他人之封緘信函、文書或圖畫者，處拘役或三千元以下罰金。無故以開拆以外之方法，窺視其內容者，亦同。

㈠保護法益

本罪之保護法益，為個人私生活中主觀秘密之安全。個人私生活之事項，其範圍極為廣泛，不論信函、文書或圖畫，如經封緘，即表示其內容不欲他人所知悉，而屬於個人私生活之秘密。故本罪所保護者，為個人主觀之秘密。至其內容為公的秘密或私的秘密，有否保密之必要，則非所問。

㈡行為客體

本罪之行為客體，為他人之封緘信函、文書或圖畫。只須為封緘之信函、文書或圖畫，即足當之。至信函等之內容如何，則非所問。除傳達意思之情形外，他如單純事實之記載、感情之表示、物體之盛裝、甚或並無隻字片語，如予以封緘者，均足當之。例如，報值函件，內裝相片、金錢、稿件等之信函或日記等，只須不欲人知之事項或物件，均得包括在內。至廣告函件，得否認其為本罪之行為客體，須依一般社會通念，自其形式上加以判斷。倘僅係單純之文宣，而無關個人私生活之事項者，解釋上應排除於本罪行為客體之外。

1.他　人

所謂他人，指行為人以外之人。除自然人外，法人或非法人之團體，亦包括在內，惟須為特定人或可得特定之人。至雖為同財共居之親屬，如父母、配偶或子女，為保護個人之隱私，解釋上亦屬於他人。

2.封　緘

所謂封緘，乃封閉開口，使他人無法自外部知悉其內容之處置措施。封緘之方法，並無限制，或以漿糊、膠水或膠帶黏貼，或以細線密縫，或

以釘書機裝訂，或以繩線緊綁等，均無不可。此項處置措施，雖不必密無空隙，但須有使他人無法自外部認識其內容者，始足當之。如封口僅夾以迴紋針，或以漿糊黏貼一半，或於封口剪去一角，或僅將信函等折疊，他人自外部仍得認識其內容者，尚不得謂為封緘。明信片，本無封緘，自非此所謂封緘信函。

為保護個人私生活秘密之安全，封緘之處置措施，通常固與信函、文書或圖畫成為一體，始有所謂開拆之可言。惟縱未成為一體，例如，將信函、文書或圖畫鎖於抽屜或皮箱內之情形，亦足徵本人無意使其內容為外人所知悉，在解釋上，似得視其為封緘，較為妥適。

再者，所謂封緘，不以原封為限；其經有權開拆之人啟視後重封或另行加封，仍不失其為封緘；如原封遭人無故開拆後重封，或另行加封者，亦同。至電磁紀錄所保存之資訊，如儲存於電腦中，其有加上密碼者，在解釋上，亦得與封緘同視。

3. 信　函

所謂信函，即書信函件。信函為人與人間通訊之主要工具，無論係互通音訊、交換意見、維繫感情、治辦事務、討論問題或發抒情緒，均足當之。至公函，則係各機關間公文往復，或人民與機關間之申請與答復時所使用（公文程式條例 2 I ④）。公函，雖係處理公務文書之一種，因其得用於人民與機關間之申請與答復，自亦有保護人民私生活秘密之必要，故應賅括於本罪行為客體之內。

4. 文　書

所謂文書，係指以文字或符號表示一定意思、觀念或用意之有體物。錄音、錄影或電腦之使用，不但日趨普遍，並逐漸用以取代文書之製作。錄音依其聲音、錄影依其影像、電腦依其符號，亦可表現主體之用意，已與文書同其作用。因此，除在紙上或物品上之文字、符號、圖畫、照像外，錄音、錄影或電磁紀錄，得藉機器或電腦之處理所顯示之聲音、影像或符號，足以表示其用意之證明者，亦以文書論（刑 220 II）。職是，照像、錄音、錄影或電磁紀錄，如有封緘者，自得為本罪之行為客體。

5.圖　畫

所謂圖畫，係指在紙面或其他有體物上所描繪之事物形象。圖畫，無論係作為單純發抒內心感情思想、情緒之用；或係作為表達意思之工具，例如，對於文盲，得以圖畫，用以表達其意思，均包括在內。至設計建築物、發明物或服飾等之圖樣，亦屬於圖畫。

㈢實行行為

本罪實行行為之態樣有三：1.開拆、2.隱匿或3.以開拆以外之方法窺視其內容。

1.開　拆

所謂開拆，係指開啟拆閱，而使信函、文書或圖畫處於可得知悉其內容狀態之行為。行為人只須使信函等之內容處於可得知悉之狀態為已足，已否閱讀或了解其內容，並非所問。故開拆後，無論有無窺視其內容，或是否再行回復原狀，均得成立本罪。

2.隱　匿

所謂隱匿，乃將信函、文書或圖畫隱蔽藏匿，而使人不能或難以發現之行為。

3.以開拆以外之方法窺視其內容

所謂以開拆以外之方法窺視其內容，乃未損壞封緘或不變更封緘之原狀，而以其他方法使封緘失去效力，進而窺視信函、文書或圖畫內容之行為。例如，利用燈光、陽光或電子科學儀器等透視其內容，或開啟他人電腦或利用電腦透過網路窺視其儲存之訊息等是。

㈣故　意

本罪為故意犯，行為人須對於他人之封緘信函、文書或圖畫，具有認識，而決意為開拆、隱匿或以開拆以外之方法窺視其內容之行為者，始能成罪。至其目的何在，則非所問。

㈤阻卻違法事由

本罪須無故開拆或隱匿，或無故以開拆以外之方法窺視其內容，始能成立。無故，即無正當理由之意。開拆等行為，如有正當理由，尤其有法令之依據者，自得阻卻違法。例如，監獄行刑法第 66 條規定，發受書信，由監獄長官檢閱之；刑事訴訟法第 105 條規定，被告得與外人通信，但押所得檢閱之等是。

至有否正當理由，應依違法性之法理予以判斷。亦即行為人實施該當本罪構成要件之行為，倘具有法定阻卻違法事由時，固得以阻卻犯罪之成立，縱行為人不具法定阻卻違法事由，倘其行為不具結果反價值及行為反價值時，因不具實質違法性，亦得阻卻本罪之成立。茲就以下數種情形略為說明如次：

1. 親權之行使

父母因行使親權，而開拆其子女之書信或窺視其日記之行為，依民法規定，父母對於未成年之子女，有保護及教養之權利義務（民 1084）。所謂保護，係指預防及排除危害，以謀子女身心之安全，包括對其日常生活為適當之監督及維護；教養為教導養育子女，以謀子女身心之健全成長，包括使子女接受國民義務教育等❷。同時，父母亦得於必要範圍內懲戒其子女（民 1085）。

因此，父母基於保護及教養之權利與義務，在行使親權之必要範圍內，其對於未成年子女之信函、文書或圖畫予以開拆等行為，可認為係依法令之行為而不罰。至必要範圍之認定，得視其有否違反結果反價值及行為反價值。如違反結果反價值及行為反價值時，仍不能阻卻違法。

2. 權利人之承諾或推定承諾

有權開拆及閱覽信函、文書或圖畫內容之人，同意他人將其信函、文書或圖畫開拆或閱覽者，得依被害者承諾之法理，阻卻違法。其基於推定之承諾者，亦同。例如，甲每次出國旅行時，如有書信，均央請乙代為拆

---

❷　最高法院 84 臺上 317（決）。

閱與處理。某次甲復有遠遊，倉卒成行，致未及央請乙代為處理。乙見有書信，未獲甲之同意，仍代為拆閱之情形是。至有權開拆及閱覽信函、文書或圖畫內容之人，應依個別及具體情況而定。例如，信函於到達前為發信人，到達後則為收信人；日記，為其所有權人；密封遺囑，在生前為遺囑人，在死後則為其委託之遺囑執行人或繼承人等是。

3. 教輔人員懲戒權之行使

學校教師或輔導人員，基於教育或懲戒之目的，對於學生或學員之信函、文書或圖畫為開拆等行為者，可否阻卻違法？論者不一。其主張教育權說者，認為教師懲戒權之本質，乃基於就學契約，而由其家長或學生本人同意於學校接受教育。故其懲戒權，乃屬於教育權之一環。其主張代行懲戒權說者，認為教師懲戒權之本質，係代替家長所行使之懲戒權。

民法固規定父母得於必要範圍內懲戒其子女（民1085），惟家長將子女送至學校就學，其懲戒權並未轉移給教師，認教師得代替家長行使懲戒權，不但於法無據，且可能使懲戒權之範圍，有過分擴大之虞。至主張教育權說者，認懲戒權為教育權之一環，為達教育之目的，適當行使懲戒權，實為達成教育權所不可或缺。似以此說之主張，較為妥適。

所謂適當行使懲戒權，係指懲戒權之行使，應基於教育或生活輔導之目的，且懲戒之方法或手段，不具結果反價值及行為反價值者，始能當之。因此，學校教師或輔導人員，對於學生或學員之信函、文書或圖畫為開拆等之行為，如係基於教育或輔導之目的，且其手段並未具有結果反價值及行為反價值者，應得阻卻違法。惟如基於羞辱之目的，且其手段顯不相當者，仍不能阻卻違法。例如，學校訓育人員，將學生之情書，張貼於公布欄，即不能阻卻違法是。

㈥罪數及與他罪之關係

1. 罪數之認定標準

本罪之保護法益，為個人私生活秘密之安全，亦屬個人專屬法益之一種。故其罪數，應依所侵害人格主體之數，分別計算。倘被害人為數人者，

因其侵害之秘密法益為數個，即應成立數罪；被害人為一人，且其所實施之妨害書信秘密行為係一個時，因係對一個秘密法益為一次之侵害，應為單純一罪。

2. 本罪與毀損文書罪

本罪所侵害之法益，為個人之主觀秘密；毀損文書罪所侵害者，則為個人之財產法益，不具法益侵害之同一性，應分別論罪，而就其具體情形論以想像競合犯或予以數罪併罰。例如，將他人書信開拆後，加以毀棄之情形是。

3. 本罪與公務員妨害郵電秘密罪

本罪與公務員開拆或隱匿郵電罪間，具有特別關係。本罪為一般規定，公務員妨害郵電秘密罪為特別規定。成立法條競合時，應優先適用特別規定之公務員妨害郵電秘密罪，排除本罪之適用。例如，在郵務或電報機關執行職務之公務員，無故開拆他人投寄封緘信函之情形是。

4. 本罪與竊盜罪

本罪所侵害之法益，為個人之主觀秘密；竊盜罪所侵害者，則為個人之財產法益，不具法益侵害之同一性，應分別論罪，而就其具體情形論以想像競合犯或予以數罪併罰。例如，將他人書信開拆後，復將其內容之支票竊走之情形。

五、普通妨害私生活秘密罪

第 315 條之 1　有下列行為之一者，處三年以下有期徒刑、拘役或三十萬元以下罰金：

一、無故利用工具或設備窺視、竊聽他人非公開之活動、言論、談話或身體隱私部位者。

二、無故以錄音、照相、錄影或電磁紀錄竊錄他人非公開之活動、言論、談話或身體隱私部位者。

㈠保護法益

本罪之保護法益，為個人私生活中主觀秘密之安全。個人之活動、言論或談話，既為非公開，可推定本人有以之為秘密之意思。故其所保護之秘密，為主觀之秘密。又行為人只須有利用工具或設備窺視等之行為，即有妨害他人私生活秘密之虞，故本罪在性質上，屬於抽象危險犯。

㈡行為客體

本罪之行為客體，為他人非公開之活動、言論、談話或身體隱私部位。

1.非公開

所謂非公開，係指他人之活動、言論或談話，並非處於不特定人或多數人得以共見共聞之狀態。易言之，他人之活動、言論或談話，在性質上，僅屬於個人或特定少數人得以聞見。倘處於不特定人或多數人得以共見共聞之狀態，即為公開。例如，媒體已經報導之訊息是。至他人之非公開活動等之進行場所，是否係處於公然之狀態，並非所問。例如，情侶於公園談情說愛之情形，公園雖為公共場所，處於公然之狀態，惟其談情說愛之內容，仍屬非公開之活動、言論或談話。

2.活動、言論、談話或身體隱私部位

所謂活動，乃指個人從事社會生活之各種生活舉動。不問係日常生活起居、浴室洗澡、乘騎交通工具、從事休閒育樂或參與組織運動等，皆屬之。所謂言論，乃個人發表意見之言談論述。並不限以言語為之，其以圖畫、符號，甚至肢體動作為之，只需得以表現其意思者，均屬言論之範圍。所謂談話，乃人與人之間的對談話語。不問係口語、手語或肢體語言，均包含在內。所謂身體隱私部位，乃指個人身體不欲他人獲悉之部位。例如，胸部或下陰等是。但如已公開者，如裸舞、裸奔或袒胸露乳之部位，則不包括在內。

(三)實行行為

本罪實行行為之態樣有二：1.利用工具或設備窺視或竊聽；2.以錄音、照相、錄影或電磁紀錄竊錄。茲分述如次：

1.利用工具或設備窺視或竊聽

所謂窺視，乃隱身偷看之意。易言之，乃行為人藏身於被窺者不能或難以發現之暗處，偷看被窺者之行為。只需隱身偷看，是否為被窺者所發現，並非所問。例如，藏身草叢，以望遠鏡觀看情侶親密動作；以雙面玻璃偷看旅館情侶幽會或以反光鏡偷窺他人如廁等情形是。

所謂竊聽，乃暗地偷聽之意。易言之，乃指行為人藏身於被竊聽者不能或難以發現之暗處，偷聽被竊聽者談話之行為。只需暗地偷聽，是否為被竊聽者所發現，亦非所問。例如，以接聽器偷聽他人私下談話或以私接電話之方式偷聽他人之秘密通訊等情形是。

窺視或竊聽行為，須利用工具或設備為之，始能成立。例如，望遠鏡、接聽器、反光鏡等是。如未利用工具或設備為之，尚不成立本罪，僅能依社會秩序維護法予以秩序罰。

2.以錄音、照相、錄影或電磁紀錄竊錄

所謂竊錄，乃暗中錄取之意。易言之，乃指行為人以設備藏於被錄者不能或難以發現之暗處，錄取被錄者之聲音、影像之行為。只需暗地偷錄，是否為被錄者所發現，亦非所問。例如，以錄音機偷錄他人私下談話或以手機偷拍他人裙底隱私之情形是。

竊錄行為，須以錄音、照相、錄影或電磁紀錄為之，始能成立。所謂錄音，係以錄音設備將聲音集音後轉換為電子訊號，儲存於磁帶等軟體中之行為。所謂照相，係以照相器材，將影像以感光方式顯示於底片等物體，而後藉暗房技術將底片等物沖洗、顯相形成相片之行為。所謂錄影，係以錄影設備，將影像收集後轉換為電子訊號，儲存於磁帶等軟體中之行為。至所謂電磁紀錄，指以電子、磁性、光學或其他相類之方式所製成，而供電腦處理之紀錄（刑10）。例如，數位相機、數位攝影機等是。

㈣故　意

本罪為故意犯，行為人須對於他人非公開之活動、言論或談話，具有認識，而決意為利用工具或設備窺視、竊聽，或以錄音、照相、錄影或電磁紀錄竊錄之行為，始能成罪。至其動機或目的何在，則非所問。

㈤阻卻違法事由

本罪須係無故利用工具或設備窺視、竊聽，或以錄音、照相、錄影或電磁紀錄竊錄他人非公開活動、言論或談話，始能成立。

無故，即無正當理由。例如，於捷運車站以手機偷拍他人之隱私部位是。如夫妻為維繫婚姻關係，因懷疑他方有外遇，而竊錄其電話之談話，即得認為有正當理由是❸。

㈥既　遂

本罪無處罰未遂犯之規定。行為人只要利用工具或設備窺視、竊聽或竊錄他人非公開活動、言論、談話或身體隱私部位，即為本罪之既遂。

㈦罪數及與他罪之關係

1.罪數之認定標準

❸　例如，高等法院 89 年度上易字第 213 號判決：「按夫妻婚姻關係中，夫妻之一方對他方負有維護婚姻純潔之義務，夫妻雙方為維持圓滿婚姻生活所應盡之純潔保持義務，不僅出於道德上之期許，其婚外性行為更受到刑事法律規定之明文禁止。因此，任何違反婚姻純潔義務之行為，依一般經驗法則，其行為均採取私密之方式為之，其證據之取得，極為困難，是苟夫妻一方之行為，在客觀上，已經足以導致他方對婚姻之純潔產生合理之懷疑時，不論他方係本於『去除婚姻純潔之疑慮』或『證實他方有違反婚姻純潔義務事實』之動機，而對對方私人領域有所侵犯時（例如以竊聽或竊錄其私人秘密通訊），應認為係他方為維護婚姻純潔所作出之必要努力，而非屬刑法第 315 條之 1 之『無故』妨害他人私密之行為。」

本罪之保護法益，為個人私生活秘密之安全，性質上屬於個人之專屬法益。故其罪數，應依所侵害人格主體之數，分別計算。至對同一被害人實施數次妨害私生活秘密行為時，其侵害之法益固為同一被害人個人秘密之安全，惟須係對同一人秘密法益為一次性之侵害，方得評價為一罪，否則，應就其侵害同一秘密法益之次數，認定為數罪。

2. 窺視、竊聽與竊錄生活秘密罪

窺視私生活秘密罪、竊聽私生活秘密罪與竊錄私生活秘密罪，三罪間，具有保護法益之同一性。成立法條競合時，應依擇一關係，選擇其中一罪予以論罪已足。

3. 本罪與侵入住居罪

本罪與侵入住居罪，不具法益侵害之同一性，不能成立法條競合，應分別成罪，予以數罪併罰。例如，潛入他人家裡，於其天花板上偷裝攝影機或於其花瓶內暗置竊聽器時，即得成立本罪與侵入住居罪是。

六、加重妨害私生活秘密罪

第 315 條之 2　意圖營利供給場所、工具或設備，便利他人為前條之行為者，處五年以下有期徒刑、拘役或科或併科五十萬元以下罰金。
意圖散布、播送、販賣而有前條第二款之行為者，亦同。
製造、散布、播送或販賣前二項或前條第二款竊錄之內容者，依第一項之規定處斷。
前三項之未遂犯罰之。

(一)行為主體

營利便利妨害私生活秘密罪，其行為主體，須為第 315 條之 1 所定妨害私生活秘密罪之行為主體以外之人。

散布販賣竊錄私生活秘密罪，其行為主體，則與第 315 條之 1 所定妨

害私生活秘密罪之行為主體相同。

至製造販賣竊錄私生活物品罪之行為主體，則無限制，不論是否係屬第 315 條之 1 所定各罪之行為主體，均得為本罪之行為主體。

㈡行為客體

營利便利妨害私生活秘密罪，為犯第 315 條之 1 所定窺視私生活秘密罪、竊聽私生活秘密罪、竊錄私生活秘密罪之行為人。

散布販賣竊錄私生活秘密罪，其行為客體，為他人非公開之活動、言論、談話或身體隱私部位。

至製造販賣竊錄私生活物品罪，其行為客體，為錄音、照相、錄影或電磁紀錄竊錄他人非公開活動、言論、談話或身體隱私部位為內容之物品。

㈢實行行為

營利便利妨害私生活秘密罪，其實行行為，為供給場所、工具或設備之便利行為。散布販賣竊錄私生活秘密罪，其實行行為，與竊錄私生活秘密罪相同。

至製造販賣竊錄私生活物品罪，其實行行為，為製造、散布、播送或販賣行為。所謂製造，指加工於原料而製成成品之行為。所謂散布，即散發分布，是對不特定人或多數人為無償之交付。所謂播送，即傳送播放，乃對不特定人或多數人以有線電、無線電或其他器材，藉聲音或影像傳達一定意思內容之行為。所謂販賣，即販入賣出，是對不特定人或多數人為有償之轉讓行為。

㈣故意與意圖

加重妨害私生活秘密罪各罪，皆為故意犯。營利便利妨害私生活秘密罪，與散布販賣竊錄私生活秘密罪，亦屬於意圖犯。

營利便利妨害私生活秘密罪，行為人須具有營利之意圖，始得成立本罪，否則僅生得否成立第 315 條之 1 所定各罪之從犯之問題。

散布販賣竊錄私生活秘密罪，行為人須具有散布、播送或販賣之意圖，始能成立本罪，否則亦僅生得否成立普通妨害私生活秘密罪之問題。

㈤既遂、未遂

本罪之未遂犯罰之。既遂、未遂之判斷標準，以供給場所、工具或設備之便利行為、竊錄行為或製造、散布、播送或販賣之行為是否完成為準。

七、洩漏業務秘密罪

第 316 條　醫師、藥師、藥商、助產士、心理師、宗教師、律師、辯護人、公證人、會計師或其業務上佐理人，或曾任此等職務之人，無故洩漏因業務知悉或持有之他人秘密者，處一年以下有期徒刑、拘役或五萬元以下罰金。

㈠保護法益

本罪之保護法益，為個人私生活中秘密之安全。至其為主觀秘密抑或客觀秘密，則視具體情形而定。如本人有禁止洩漏之意思表示時，其保護法益，為主觀之秘密；惟如本人並無任何表示時，其保護法益，則為客觀之秘密。

㈡行為主體

本罪之行為主體，為因業務知悉或持有他人秘密之醫師、藥師、助產士、宗教師、律師、辯護人、公證人、會計師或其業務上佐理人，或曾任此等職務之人。

1.真正身分犯

本罪之行為主體以法條所列舉者為限，且須因業務知悉或持有之他人秘密，加以無故洩漏者，始能成立本罪，故為真正身分犯。如不具此等身分之人，或縱具此等身分之人，非因業務知悉或持有之他人秘密者，亦無

成立本罪之餘地。

2.宜採概括規定

本罪係對於從事一定業務之人，違反職業倫理，擅將其因業務所知悉或持有之他人秘密洩漏於外，嚴重影響他人私生活秘密之安全。惟因時代與環境之變遷，職業之種類與性質，已與往昔大有差異，其可能因業務知悉或持有他人秘密者，除本條所規定者外，他如「張老師」等民間社服人員、婚姻介紹所或職業介紹所人員、投資理財顧問、徵信社、保險公司人員、保全公司人員等，均有可能因業務知悉或持有他人秘密，如予無故洩漏，亦會嚴重影響他人私生活秘密之安全。因此，本罪之行為主體宜改採概括之規定，以免掛一漏萬。

3.事實上從事醫師業務者

醫師，在舊醫師法上，本指醫師、中醫師及牙醫師而言。96 年 12 月 12 日該法修正時，已將醫師之定義廢除。實際上，因業務知悉或持有他人秘密者，並不以醫師、藥師或助產士為限，其他醫事人員，如護理師、物理治療師、職能治療師、醫事檢驗師、醫事放射師、營養師、藥劑生、護士、物理治療生、職能治療生、醫事檢驗生、醫事放射士等，亦均有可能因業務知悉或持有他人秘密，如予無故洩漏，其影響他人私生活秘密之安全，並不亞於醫師、藥師或助產士。因此，本條之行為主體，宜將醫師、藥師或助產士修改為醫事人員，較為妥適。

至獸醫師本非醫師法或醫療法上之醫師，惟因醫療他人寵物或牲畜而知悉他人與寵物或牲畜間不欲人知之秘密，亦有可能。無醫師資格之密醫，亦非醫師❹，但因所謂業務，並不以合法之業務為限，密醫於執行醫師業務時，亦有可能知悉或持有他人之秘密。因此，為保護個人私生活秘密之安全，在現行法之解釋上，本條所謂醫師，應認為只須事實上從事醫師業務者即可，不以領有醫師證書者為必要。

4.辯護人

辯護人，無論係選任辯護人或指定辯護人，如係選任或指定律師充任

---

❹　依醫師法第 7 條之 2 規定，非領有醫師證書者，不得使用醫師名稱。

者，本法已有規定，自不包含律師在內。故辯護人，乃指非律師而充任辯護人之人以及公設辯護人而言。至民事訴訟法上之非律師訴訟代理人或刑事訴訟法上之非律師代理人，則非此所謂辯護人。

5.宗教師

宗教師，並無教派之分，不問其為佛教、天主教、基督教、回教或道教等，均包括在內；且其名稱為僧侶、神父、長老、牧師或道士等，亦非所問。惟所謂宗教師，須為傳播宗教教義之人，始屬之。故乩童、靈媒、相命師或風水師等，並非宗教師，則不得為本罪主體。

6.業務上佐理人

業務上佐理人，係指從事醫師等業務以外之人，而居於輔助業務地位者而言。例如，護士之輔助醫師從事醫療行為；法務助理之輔助律師從事訴訟行為；公證佐理員之輔助法院公證人辦理公證事務等是。

(三)行為客體

本罪之行為客體，為因業務知悉或持有之他人秘密。茲分述如次：

1.業務知悉或持有

業務知悉或持有，指醫師、律師等因執行業務時所知悉或持有他人之秘密事項。例如，醫師因實施醫療行為而持有病人之健康狀況；律師因執行律師業務而獲悉當事人之交友狀況；會計師因執行會計業務而持有委任人之財務狀況；宗教師因接受告解而獲悉他人之家庭狀況等是。至其係因病人或委任人本人所明示或默示而得知，抑或因自己之經驗或判斷而得知，則非所問。如非因執行業務所知悉或持有者，例如，自友人處獲悉或來自於傳聞者，則不得以本罪律之。

2.他　人

他人，乃行為人以外之人，至其為自然人、法人或非法人之團體，均非所問。本罪既為妨害個人秘密之犯罪，國家或公共團體之秘密，並不包含在內。此處所謂之他人，須為委請醫師、律師等為業務處理之本人。例如，醫師者，其本人為病患；律師者，其本人為委託人或訴訟當事人是。

如在業務處理過程中，知悉本人以外其他人之秘密者，例如，律師於執行律師業務時，發現司法人員有貪污受賄之情事者，應予舉發，無代為保守秘密之義務是。

3.秘　密

本罪客體之秘密，原則上，應為主觀之秘密；如本人並無任何明示或默示之表示時，則為客觀之秘密。

又此處所謂秘密，乃為他人私生活之秘密，公生活之秘密，並不包含在內。至其為有關行為之秘密抑為有關行為以外其他事實之秘密，為家庭生活之秘密抑為經濟信用之秘密，均非所問。

㈣實行行為

本罪之實行行為，為洩漏。所謂洩漏，係指將本人不欲人知之事項宣洩於外之行為。只要將他人之秘密宣洩於外，至其洩漏之對象，並無限制，或為特定之一人或多數人，甚或為不特定之人，均無不可。所洩漏之對方是否有再行洩漏之虞，仍無礙其為洩漏。告知他人秘密時，縱曾交代對方勿予洩漏，亦於洩漏行為不生影響。又他人雖係已知，如僅止於傳聞或謠言之程度，或僅知其概略，因行為人之告知，而補強其內容或因而獲悉更多之內情者，仍屬於洩漏。

洩漏之方法，亦無限制，或以口頭，或以書面，均無不可。洩漏行為，只須達到對方而處於可得了解之狀態時，犯罪即為既遂，並不以對方了解其告知之內容為必要，故本罪為抽象危險犯。

㈤故　意

本罪為故意犯，行為人認識其因業務所知悉或持有之秘密，而有意洩漏於人，即得成立本罪。至其為直接故意或未必故意，則非所問。倘因過失而洩漏者，自不成罪。

㈥阻卻違法事由

1.依法令規定

本罪須無故洩漏，始能成罪。無故，即無正當理由。如有法令規定者，即非無故。例如，依人類免疫缺乏病毒傳染防治及感染者權益保障條例第13條第1項規定，醫事人員發現感染者應於二十四小時內向地方主管機關通報。傳染病防治法第39條規定，醫師診治病人或醫師、法醫師檢驗、解剖屍體，發現傳染病或疑似傳染病時，應立即採行必要之感染控制措施，並報告當地主管機關。醫師亦為醫事人員，乃依法令負有告知秘密事項義務之人，其據實報告病情，即非無故洩漏。

2.證人未拒絕證言

本罪行為主體為證人時，依刑事訴訟法第182條規定，其就因業務所知悉有關他人秘密之事項受訊問者，除經本人允許者外，得拒絕證言。惟如其未拒絕證言，亦未經本人之允許，而據實陳述，致洩漏其業務上所知悉之秘密者，是否成立本罪？不無疑義。

一般國民依法固有作證之義務，本罪主體對於因業務所知悉或持有之秘密，既可拒絕證言，則其就此項秘密，即無作證之義務，並無義務衝突可言。且要否拒絕證言，法律既賦予其自由選擇權，其選擇為證言，自可認其為正當行為，應依刑法第21條第1項依法令之行為之規定，而阻卻違法。

3.保護第三人之利益

本罪主體為保護第三人之利益，而洩漏其因業務所知悉或持有之秘密者，可否認為有正當理由，應視其利益何者較為重大，而判斷其得否阻卻違法。例如，醫師為保護病患之妻子及其家屬，而洩漏其夫患有肺結核之事實；或醫師因診療而獲悉病患染有愛滋病，而將其事實告知其配偶等是。此等情形，因具有社會相當性，自得認其有正當理由，而阻卻違法。

㈦罪數及與他罪之關係

1.罪數之認定標準

本罪之保護法益，為個人私生活秘密之安全，亦屬個人專屬法益之一種。故其罪數，應依所侵害人格主體之數，分別計算。

2.本罪與妨害名譽罪

本罪之保護法益，為個人私生活秘密之安全；妨害名譽罪之保護法益，則為個人名譽之安全，兩罪並不具保護法益之同一性，應分別成罪，而依具體情形，成立想像競合犯或予併合論罪。例如，神父將信徒至其教堂告解室告解之事實，加以洩漏者，得成立本罪與普通誹謗罪，依想像競合犯處斷。

3.本罪與公務員洩漏公務秘密罪

本罪之保護法益，為個人私生活秘密之安全；公務員洩漏公務秘密罪（刑 132 I）之保護法益，則為公的秘密之安全，兩罪並不具保護法益之同一性，應分別成罪，而依具體情形，成立想像競合犯或予併合論罪。例如，公設辯護人將其因業務所知悉或持有之當事人性騷擾之秘密告知他人者，得成立本罪與公務員洩漏公務秘密罪，依想像競合犯處斷。

八、洩漏工商秘密罪

> **第 317 條** 依法令或契約有守因業務知悉或持有工商秘密之義務，而無故洩漏之者，處一年以下有期徒刑、拘役或一千元以下罰金。

㈠保護法益

本罪之保護法益，亦為個人私生活秘密之安全；惟僅以與工業上或商業上有關者為限。解釋上，如本人有禁止或容許洩漏之意思表示時，其保護法益，亦為主觀之秘密；惟如本人並無任何表示時，其保護法益，則為客觀之秘密，應自社會一般通念之立場，加以實質判斷。

㈡行為主體

本罪之行為主體，為依法令或契約有守因業務知悉或持有工商秘密義務之人，故為身分犯。

所謂依法令有守因業務知悉或持有工商秘密義務之人，係指依法令規定，對於業務上知悉或持有他人之工商秘密，有保守秘密義務之人。例如，證券交易法第 120 條規定，會員制證券交易所之董事、監事及職員，對於所知有關有價證券交易之秘密，不得洩漏；依勞資爭議處理法第 24 條規定，勞資爭議調解人、調解委員、參加調解及經辦調解事務之人員，對於調解事件，除已公開之事項外，應保守秘密等是。

所謂依契約有守因業務知悉或持有工商秘密義務之人，係指依僱傭或委託等契約關係，對於業務上知悉或持有他人之工商秘密，有保守秘密義務之人。例如，公司經理因業務關係知悉公司之產銷方針；或工廠業務員因作業關係知悉工廠產品之設計或配方等是。

㈢行為客體

本罪之行為客體，為因業務所知悉或持有他人之工商秘密。

1.業務知悉或持有

業務知悉或持有，指從事一定業務之人，因執行業務所知悉或持有他人之秘密事項。例如，公司部門主管，因執行業務，而知悉公司之營運狀況；工廠經理人，因業務關係，而持有產品之程式或配方等是。如非因執行業務所知悉或持有，例如，自友人處獲悉或來自於傳聞者，則不得以本罪律之。

2.工商秘密

所謂工商秘密，指工業上或商業上應行秘密之事項。例如，產品之設計、營運之方針或食品之配方等是。惟本罪之行為客體，僅以工商秘密為限，保護範圍實過於狹隘，農漁業之秘密，似應修法將其涵蓋在內，較為妥當。

㈣實行行為

本罪之實行行為，亦為洩漏，其義詳見前罪之說明，茲不再贅。

㈤故　意

本罪為故意犯，行為人認識其因業務所知悉或持有之工商秘密，而有意洩漏於人，即得成立本罪；其為直接故意或未必故意，則非所問。倘因過失而洩漏者，自不成罪。

㈥阻卻違法事由

本罪須無故洩漏，始能成罪。

㈦本罪與他罪之關係

1. 本罪與洩漏業務秘密罪

本罪與洩漏業務秘密罪之保護法益，皆為個人秘密之安全，兩罪間，具有保護法益之同一性。本罪為特別規定，洩漏業務秘密罪為一般規定。成立法條競合時，優先適用特別規定之本罪，排除一般規定之洩漏業務秘密罪之適用。例如，律師、會計師等因業務知悉或持有他人之工商秘密，而無故加以洩漏之情形是。

2. 本罪與背信罪

本罪之保護法益，為個人之秘密安全；背信罪之保護法益，則為個人財產之安全，兩罪並不具保護法益之同一性，應分別成罪，依其具體情形，成立想像競合犯或予併合論罪。例如，食品工廠經理人將該工廠之食品配方加以洩漏之情形是。

九、洩漏公務知悉持有工商秘密罪

第318條　公務員或曾任公務員之人，無故洩漏因職務知悉或持有他人之

工商秘密者，處二年以下有期徒刑、拘役或二千元以下罰金。

㈠行為主體

本罪之行為主體，為公務員或曾任公務員之人，亦為身分犯。

㈡行為客體

本罪之行為客體，為因職務知悉或持有他人之工商秘密。例如，稅捐稽徵法第 33 條規定，稅捐稽徵人員，對於納稅義務人提供之財產、所得、營業及納稅等資料，除對特定人員及機關外，應絕對保守秘密。違者應予處分；觸犯刑法者，並應移送法院論罪。故稅捐稽徵人員，對於納稅義務人所提供之納稅等資料，即為因職務所知悉或持有之工商秘密，如無故洩漏，即應構成本罪。

又如，專利法第 15 條第 2 項規定，專利專責機關職員及專利審查人員，對於職務上知悉或持有關於專利之發明、新型或設計，或申請人事業上之秘密，有保密之義務，如有違反者，應負相關法律責任。故專利局職員及審查委員，如對於該條所規定之事項，無故洩漏者，亦應成立本罪。

㈢實行行為

本罪之實行行為，亦為洩漏工商秘密。

㈣阻卻違法事由

本罪須無故洩漏，始能成罪。惟依刑事訴訟法第 179 條規定：「以公務員或曾任公務員之人為證人，而就其職務上應守秘密之事項訊問者，應得該管監督機關或公務員之允許。前項允許，除有妨害國家之利益者外，不得拒絕。」因此，除有妨害國家之利益者，而未得該管監督機關或公務員允許之情形外，該公務員或曾為公務員之人，並無拒絕證言權，其就職務上所知悉或持有之工商秘密，予以洩漏，即非無故，自得阻卻違法。此種

情形，即學說所謂之義務衝突，其所履行之義務，雖為法之義務，惟其怠於履行之義務，則為應科以刑罰制裁之行為。依義務衝突之法理，自得阻卻違法，而不罰。

(五)本罪與他罪之關係

1.本罪與洩漏業務工商秘密罪

本罪與洩漏工商秘密罪間，具有特別關係，本罪為特別規定，洩漏秘密罪為一般規定。成立法條競合時，應優先適用本罪，排除洩漏工商秘密罪之適用。

2.本罪與洩漏業務秘密罪

本罪之罪質，包含洩漏業務秘密罪在內，兩罪間具有吸收關係，本罪為吸收規定；洩漏業務知悉持有秘密罪為被吸收規定。成立法條競合時，應優先適用本罪，排除洩漏業務秘密罪。

3.本罪與公務員洩漏公務秘密罪

本罪與公務員洩漏公務秘密罪，所侵害之法益不具同一性，自應分別成罪，並依具體情形，成立想像競合犯或予併合論罪。例如，公務員或曾任公務員之人，無故洩漏因職務所知悉或持有他人之工商秘密者，除該當本罪外，亦可能同時成立公務員洩漏公務秘密罪，應依想像競合犯處斷。

十、洩漏電腦秘密罪

第 318 條之 1 　無故洩漏因利用電腦或其他相關設備知悉或持有他人之秘密者，處二年以下有期徒刑、拘役或五千元以下罰金。

(一)行為主體

本罪之行為主體，限於因利用電腦或其他相關設備而知悉或持有他人秘密之人。故本罪之性質，屬於真正身分犯，其因共同利用電腦或其他相關設備，因而知悉或持有他人之秘密者，固得依刑法第 28 條至第 30 條之

規定，成立共同正犯、教唆犯或幫助犯；其未具本罪之身分者，加工於有此身分者，亦得按刑法第 31 條第 1 項之規定，依共犯與身分之法理，仍以共同正犯、教唆犯或幫助犯論。

㈡行為客體

本罪之行為客體，為利用電腦或其他相關設備知悉或持有他人之秘密。

1.利用電腦或其他相關設備知悉或持有

行為人須對於他人秘密之知悉或持有，係因利用電腦或其他相關設備而取得者，始克當之；至其係基於何種原因而利用，則在所不論。例如，借用他人之電腦，開啟他人電腦中所儲存檔案，因而得知他人之秘密者；或受他人之託，為其修理電腦，開啟其中檔案，因而得知他人之秘密者；抑或擅自使用他人電腦設備，開啟其中儲存檔案，因而知悉他人之秘密者，皆屬之。

2.秘　密

本罪行為客體之秘密，原則上應以主觀之秘密為準；惟在本人並無任何明示或默示之表示時，則應輔以客觀之秘密之標準。此項秘密，雖須利用電腦或其他相關設備知悉或持有，惟秘密之範圍，並不以工商秘密為限，凡屬個人私生活而不欲人知之事項，均包含及之。但公生活之秘密，則不在其內。

㈢實行行為

本罪之實行行為，亦為洩漏。

㈣阻卻違法事由

本罪須無故洩漏，始能成罪。

十一、利用電腦洩密罪

第318條之2　利用電腦或其相關設備犯第三百十六條至第三百十八條之罪者，加重其刑至二分之一。

㈠實行行為

利用電腦洩密罪之實行行為,乃係利用電腦或其相關設備洩密之行為。其洩密之手段,可以直接之方式為之,亦可以間接之方式為之。前者,例如,將因業務或公務而知悉或持有之他人秘密或工商秘密,以電腦製作成電子檔案,而將之以電子郵件方式寄送他人之情形是;後者,例如,利用不知情之第三者,將載有自己因業務或公務而知悉或持有之他人秘密或工商秘密、而以電腦處理製作之電子檔案之磁片,交付予他人,或將該檔案傳至網際網路上,使他人得以共見共聞之情形是。

㈡故　意

本罪為故意犯,行為人認識其係因利用電腦或其他相關設備知悉或持有他人秘密,而有意洩漏於人,即得成立本罪;其為直接故意或未必故意,則非所問。倘因過失而洩漏者,自不成罪。

㈢阻卻違法事由

利用電腦洩密罪,須為無故洩漏,始能成罪。

㈣本罪與他罪之關係

1.本罪與洩漏業務秘密罪

本罪與洩漏業務秘密罪之保護法益,皆為個人秘密之安全,具有保護法益之同一性。因本罪之罪質,當然包含洩漏業務秘密罪,兩罪間具有吸收關係,本罪為吸收規定;洩漏業務秘密罪為被吸收規定。成立法條競合,

應優先適用吸收規定之本罪，排除被吸收規定之洩漏業務秘密罪之適用。例如，醫護人員自醫院之電腦獲悉某病人之就診紀錄，而將其洩漏予他人之情形是。

2. 本罪與洩漏工商秘密罪

本罪行為主體之範圍，與洩漏工商秘密罪有異；而其應守秘密之範圍，則較洩漏工商秘密罪為廣，不以工商秘密為限。因本罪之罪質，包含洩漏工商秘密罪在內，兩罪間具有吸收關係，本罪為吸收規定；洩漏工商秘密罪為被吸收規定。成立法條競合時，應優先適用吸收規定之本罪，排除被吸收規定之洩漏工商秘密罪之適用。例如，會員制證券交易所之職員，於利用電腦查閱某上市公司之交易資料時，知悉近年來某公司股票交易之詳情，而告知其親友之情形是。

3. 本罪與洩漏公務知悉持有工商秘密罪

本罪之罪質，包含洩漏公務知悉持有工商秘密罪在內，兩罪間具有吸收關係，本罪為吸收規定；洩漏公務知悉持有工商秘密罪為被吸收規定。成立法條競合時，應優先適用吸收規定之本罪，排除被吸收規定之洩漏公務知悉持有工商秘密罪。例如，稅捐機關之稽查員，於利用電腦清查某公司之稅籍資料時，知悉某公司之營業狀況，而將其告知他人之情形是。

第八章　竊盜罪

一、犯罪類型

本罪之犯罪類型，有第 320 條第 1 項之「普通竊盜罪」、第 2 項之「竊佔罪」及第 321 條之「加重竊盜罪」。

二、罪　質

竊盜罪，係將他人所持有之財物或利益歸屬於自己或第三人持有為內容之犯罪。性質上，為取得罪。且竊盜罪，行為人一實施竊取行為，即告完成，性質上為即成犯；行為完成後，被害人之財產法益，因仍繼續處於行為人不法侵害之狀態中，故性質上，亦屬狀態犯。

三、保護法益

本罪之保護法益何在？學界見解不一，向有本權說、持有說及折衷說之爭。其實此項學說之爭論，不僅在竊盜罪如此，即在其他財產犯罪，如強盜罪、搶奪罪、詐欺罪、侵占罪等，亦有相同之爭論。因此，對竊盜罪保護法益所持態度，亦影響對其他財產犯罪保護法益之看法。

㈠本權說

本權說，認為竊盜罪之保護法益，為屬於占有基礎之所有權、質權、留置權、租賃權等本權。此說係以民法上所承認之財產權為前提，將刑法上之財產概念，依民法之觀點加以判斷，與德國學界所倡導之法的財產概念雷同，對於財產權之侵害，重視其結果反價值。故行使權利時，縱使用恐嚇手段，並不成立恐嚇取財罪；且所有權或其他本權人，自竊犯處將盜贓物取回之行為，亦不成立竊盜罪。

㈡持有說

　　持有說，認為竊盜罪之保護法益，單純在於對財物之持有利益。至在民法等有否合法之權源，並非所問。此說著眼於財物之利用關係，只要在客觀上具有經濟或事實之價值，縱係不法之利益，亦得成為刑法之對象，與德國學界所主張之經濟的財產概念相似，重視行為反價值。蓋竊盜罪規定之機能，重在保護持有財物之和平秩序。因此，不問其持有適法與否，除自救行為或其他適法之方法外，縱係所有權或其他本權人，亦不得予以侵害。

㈢折衷說

　　折衷說，認為竊盜罪之本質，傳統上乃為對於所有權或其他本權之侵害，縱至今日，其最終之目的，亦在保護所有權及其他本權。惟在資本主義高度進展之現代社會，財產關係日趨複雜，為對於所有權或其他本權予以充分保護，不問其是否基於一定權源而持有，大體上亦有使其成為保護對象之必要。且在現代之經濟社會，為充分發揮物盡其用之功能，對於財物之利用關係，自應成為法保護之重要對象。因此，竊盜罪，除以保護所有權及其他本權為其終極目的外，在前提上，財物之持有利益，亦應認係本罪之保護法益。

㈣本書立場

　　以上三說，均各言之成理，頗難斷其是非。惟經深入研析，似以持有說之主張，較為妥適。其理由如次：

1.所有與持有日漸分離

　　不論係竊盜罪或其他財產犯罪，正如同折衷說所云，雖以保護所有權及其他本權為其終極目的，惟處此經濟高度成長之時代，有關財產之權利義務關係，已日趨複雜；同時財產之利用形態，亦愈益多樣化。所有權與持有權分屬不同之主體，已為現代社會普遍存在之現象。例如，不動產如

房屋，動產如汽車等，僅租不賣或僅租不買之現象，已為現代社會理財之一種新方式是。所有權人往往未持有其財物，而由他人予以持有與利用，故財物持有本身之經濟價值，已日形增加，成為刑法保護對象之必要性，亦隨之提高。

2. 持有之和平秩序

在日趨複雜化之權義關係中，財物係基於如何之權利而持有，一般人均難窺其究竟，縱竊盜犯人所持有之財物，一般人亦無從分辨其是否合法取得；且持有屬於一種事實支配關係，一經現實持有，即形成社會之和平秩序，如予侵犯，對於社會之和平秩序，實已造成破壞。例如，手上所持皮包，係自己購買，或租用，或偷竊而來，鮮為外人所能分辨。如將其竊取、搶奪或強取等，已破壞社會現存之和平秩序，刑罰即有介入之必要。

3. 判例態度

本罪之立法理由，採持有說。我實務自大理院以來，亦均採此說。例如，刑法上之竊盜罪，係以竊取他人所持有之物為成立要件；竊盜罪，為侵害財產監督權之罪，苟財產監督權與財產所有權分離獨立之際，不論財產所有權是否有損，只於財產監督權無所損害，即不成立該罪。若侵害所有權者，即為現實之財產監督人，事實上更無成立該罪之餘地等是❶。

職是，竊盜罪之保護法益，乃在於保護財物本身之持有利益，亦即持有人對於財物本身事實上之支配或利用之利益。至其是否合法持有，則非所問。

四、普通竊盜罪

第 320 條（第 1 項）　意圖為自己或第三人不法之所有，而竊取他人之動產者，為竊盜罪，處五年以下有期徒刑、拘役或五十萬元以下罰金。

---

❶　最高法院 19 上 1673；21 上 1026。

㈠行為主體

本罪之行為主體，並無何限制。惟本罪之行為，乃係破壞他人對於動產之支配或利用之利益，自須動產持有人以外之人，始能成為行為主體。至共有人，不問其為分別共有人或公同共有人，如竊取在他人持有中之動產者，仍應成立本罪❷，故共有人，亦得為本罪之行為主體。

㈡行為客體

本罪之行為客體，法條上雖僅規定為「他人之動產」，惟本罪之保護法益，既在保護他人對於財物之持有利益，在解釋上，乃指「他人持有之動產」，至該他人對該動產有無所有權或其他本權，則非所問。茲就本罪之行為客體「他人持有之動產」，分項闡述如次：

1.他人之認定

本罪之行為客體，須係「他人」持有之動產。所謂他人，乃指行為人以外之人。惟除自然人外，是否包含法人在內？學說不無異見。一般而言，法人雖為法律上之組織體，但在法律上，仍具有權利主體之資格，得享有財產權，對於財物，得由其代表人、負責人或職員為法人而持有；法人亦得透過其機關之代表人等為其持有人。因此，法人應包含在內為妥。

⑴意思能力

本罪之保護法益，既為持有人之持有利益，持有人對其財物自須具有持有之意思與持有之行為。因此，幼兒、精神病人、智障之人、泥醉之人及因病或車禍受傷短暫昏迷之人，雖均得為持有之主體。惟甫出生之嬰兒或植物人，因難謂有持有之意思與持有之行為，尚無意思能力，則不得為持有之主體。

⑵所有人與持有人不一致

所有人與持有人屬於同一人時，固無問題；如所有人與持有人不同時，則以持有人為準。因此，所有權人亦屬於行為人以外之人。如所有權人竊

❷ 最高法院 25.5.12 刑議。

取持有人所持有之物時，亦有成立本罪之可能。例如，汽車租賃公司人員於汽車出租予顧客期間，趁隙將該汽車竊走之情形是。至其是否具有本罪不法所有意圖之主觀違法要素，則屬另一問題，與得否成為本罪之行為客體無涉。

2. 持有之涵義

所謂持有，係指基於支配之意思而事實上對於財物加以支配或管理之狀態。

(1)持有與占有

刑法上之持有與民法上之占有，在涵義上並無差別，均指事實上對於財物加以支配或管理之狀態。惟刑法上之持有，著重於對物之現實支配性❸。民法上之占有，則除現實之支配性外，尚包括法律之支配性在內。故在民法上所承認之代理占有或間接占有之情形，在刑法上，因無現實支配性，則非持有。另外，在民法上，被繼承人死亡時，繼承人即當然取得其遺產之占有；惟在刑法上，如無現實支配性，繼承人並非當然取得其持有。例如，車禍傷重死亡，身旁所遺皮包，其繼承人雖有繼承權，但無現實支配性，並非當然取得其持有。路過行人將其撿拾而去時，應成立侵占脫離物罪，並非竊盜罪。

(2)持有之要件

刑法上之持有，須具有主觀之支配意思與客觀之支配事實。對於物是否具有持有，應就其主觀之支配意思以及客觀之支配事實所表現之諸種情事，綜合予以考慮，依一般社會觀念或一般習慣，而為決定。

①主觀之支配意思

所謂主觀之支配意思，乃持有人對於物在主觀上予以實力支配或管理之意思。此項意思，不必積極表示，只須未有放棄之意思，即得認有支配

---

❸　我實務上，對於持有之概念，用語不一：或稱為「財產監督權」（最高法院5上158；21上1026）；或稱為「事實上支配」（最高法院9統1436）；或稱為「持有」（最高法院19上1673；31上1038）；或稱為「監督」（最高法院25上6097）等等，惟其內涵，則並無差異。

之意思存在。因此,停放路旁之機車、置於身旁之皮包,或運動時暫置一旁之財物,仍得認其具有支配之意思。

又持有人之支配意思不必對於個個財物分別作特定或具體之表示,在自己所支配場所內之財物,只須具有包括或抽象之支配意思,即為已足。因此,在自己持有之房屋內所擺放之一切財物,不問其是否認識其擺放之所在,均得認其具有支配意思。

②**客觀之支配事實**

所謂客觀之支配事實,乃持有人對於財物在客觀上具有支配或支配可能性之事實。客觀上有否支配或支配可能性之事實,除持有人之物理支配力所及之場所外,應依一般社會觀念或習慣,就其支配之手段、方法及態樣,財物所置場所之狀況,財物之種類、性質及形狀等等,綜合予以判斷。

3.持有之歸屬

(1)排他性之場所

持有人對於場所具有排他性之支配力時,該場所內之財物,均屬於其持有。例如,在自宅或自用轎車內所置放之財物是。惟持有人將財物遺忘於他人具有排他性之支配場所者,則該財物即移轉於該他人所持有。例如,遺忘於友人處之皮包,或遺忘於旅館房間之行李等是。

(2)無排他性之場所

持有人對於場所並無排他性之支配力時,該場所內之動產,並非屬於其持有,應認其為脫離物。例如,遺忘於火車洗手間盥洗臺上之戒指是。

(3)代替持有

財物雖在他人之現實支配或管理中,惟依一般社會觀念,該他人僅係代替持有人為支配或管理時,該財物仍屬於原持有人所持有。例如,餐廳之泊車,或計程車行李箱之行李是。

(4)公共場所

公共場所得供人使用或置放物品者,不論其有否設置管理人,而依社會通念,使用人仍具有支配可能性,此時仍應屬使用人所持有。例如,公用道路或騎樓等得供人停放機車等處所,該機車仍屬原停放人所持有。圖

書館之閱覽室，利用人縱離開座位，其暫時置放之物品，仍屬該利用人所持有。

(5)馴養動物

馴養之動物，如犬、貓、雞、鴨或鴿等，是否屬於持有人所持有，則視其是否具有返回或歸巢之本能而定。如未失其返回或歸巢之本能，則飼主仍具有實力支配及排他之可能性，縱該動物遠離飼主支配之範圍，仍屬該飼主所持有。例如，將鴿子放離鴿巢，任其在空中飛翔，因鴿子具有歸巢之本能，自仍屬飼鴿者所持有。因此，將他人於山野中放養之雞鴨，擅自予以捕捉帶走者，仍得成立普通竊盜罪。見他人將鴿子放離鴿巢，在空中飛翔時，乃釋出大群鴿子將其帶回自己鴿巢者，亦得以普通竊盜罪律之。

(6)遺忘物

持有人一時遺忘之物，如持有人隨即察覺，且仍知其所在者，應認仍屬原持有人所持有。例如，於公園遊憩，離開時，將照相機遺忘於草坪，行未多遠，旋即察覺，該照相機仍屬其持有，並非脫離物；下課後將雨傘遺留於座位旁，離開教室未久，隨即察覺者，亦同。

(7)違禁物

違禁物，有絕對違禁物與相對違禁物之分。前者，乃禁止一般人所有、持有、使用、收益或處分之物。例如，鴉片、麻醉藥品或槍械、彈藥之類是。後者，乃允許私人所有、持有或使用，但不得收益或處分之物。例如，色情影片或黃色書刊之類是。相對違禁物，既允許私人所有、持有或使用，其得為竊盜罪之客體，應無疑義。絕對違禁物，既禁止私人所有或持有，則其是否得為竊盜罪之客體，則不無疑問。惟違禁物，不問其係合法抑或非法持有，性質上仍屬於財物。持有人非法持有絕對違禁物，固應對其非法持有行為負責；但行為人竊取他人所持有之絕對違禁物者，仍係竊取他人之動產，自得成立竊盜罪。我實務見解，亦採相同看法。例如，竊盜罪之標的物，不以非違禁物為限，鴉片雖係違禁物品，竊取之者，仍應成立竊盜罪；竊取他人之違禁物（如鴉片煙土），應依刑法竊盜罪處斷。其有強盜、詐取、侵占違禁之物者，亦依各該本條論科❹。

4.自己或他人持有

財物須在他人持有中，始得為本罪之行為客體。財物屬於自己持有抑或他人持有，通常為竊盜罪與侵占罪主要區別之所在。如屬於自己持有者，則可能為侵占罪之客體，不能成立本罪。如屬於他人持有者，始有成立竊盜罪之可能。

惟動產究屬於自己持有抑或他人持有，有時頗難分辨。自己所有之財物，而在他人持有中者，例如，汽車借予他人使用，而在他人持有中者，應視為他人持有之動產。

(1)數人持有

持有人有數人者，應視數人間之關係而定。倘該數人具有上下主從之關係時，依一般社會觀念，其下位者對於物，雖亦具有事實上之支配關係，惟通常僅係居於輔助持有人之地位。其私擅取得財物之行為，乃為對於上位者持有之侵害，仍應成立竊盜罪。例如，書店店員擅將店內書籍攜出變賣之情形是。蓋持有固為事實支配之關係，但並非純屬物理之判斷，有否持有或其持有之歸屬如何，仍須委諸一般社會觀念而為決定。

如該數人係處於對等關係，且對於物均同時具有事實上之支配力時，即所謂共同持有之情形，例如，數人合資購買一部汽車，共同使用是。共有人之一，如未得其他共有人之同意，擅自排除其他共有人之持有，而取得財物之行為，本質上亦為侵害他人之持有，仍得成立竊盜罪。

(2)容器盛裝

委託人將動產以容器、箱袋或信封等盛裝，並施以封印、上鎖或以膠帶密封等加以封緘，委託受託人保管、搬運或寄送時，例如，皮箱託航空公司運送，水果託宅急便載運，支票託郵局寄送，珠寶寄存金融機構保管箱等。依一般社會觀念，財物以包裝或容器予以盛裝或封緘，係為防止財物之現狀變更之裝置，其內容物究係何種財物，不僅為受託人所未能盡知，且縱有變質，受託人亦不負其責；即在委託人與受託人間，亦無將其內容物移轉於受託人持有之意思。因此，封緘物之全體屬於受託人所持有，其

---

❹　最高法院 25.5.12 刑議；司法院院字 2348。

內容物則因受託人無法予以自由支配，應屬於委託人所持有。故將封緘物之全體據為己有時，成立侵占罪；如僅抽取其內容物時，則成立竊盜罪。

我實務見解，即採此看法。例如，「上訴人受甲地郵局之委託，將其鉛子封固之郵袋運往乙地，在運送途中，對於該整個郵袋，固因業務而持有，但其封鎖郵袋內之各個包裹，仍為託運人所持有，並非上訴人所得自由支配，乃將鉛子封印拆開一部，抽竊袋內所裝包裹，實與侵沒整個郵袋之情形不同，應成立竊盜罪名。」❺

⑶自然人死亡

自然人死亡時，倘無繼承人或該動產並無其他本權之人，因無他人即時合法取得其動產之持有，行為人私擅竊取其動產者，因該財物已屬無主物，行為人知其為無主物，而起意取走該物時，自無成立財產犯罪可言。惟死者尚有繼承人或該動產仍有其他本權之人，於其死後未有人取得持有者，則該財物，性質上應屬於脫離物，行為人知其為脫離物，而起意取走該物者，應成立侵占脫離物罪。例如，見他人因車禍昏迷在地，身旁遺有皮包一只，擅將其取走之情形是。惟獨居老嫗於其自宅已死亡多時，迄未為人發現，行為人亦不知其已死亡，而取得其生前置於宅中之動產者，因行為人主觀上認行為客體乃係「他人持有之動產」，客觀上該動產雖可能已係無主物或脫離物，此係不同構成要件之客體錯誤，屬於普通竊盜罪之不能犯，不予處罰。

5.動產之內涵

所謂動產，乃指土地及其定著物以外之物（民 67）。因此，除土地及其定著物以外，其他之物，均屬於動產，其範圍至為廣泛。竊盜罪客體之動產，在概念之內涵上，應具有⑴物理管理可能性；⑵價值性與⑶可移動性，始足當之。

⑴物理管理可能性

①有體性說

竊盜罪客體之動產，是否以有體物為限？學界向有不同看法。其主張

---

❺　最高法院 29 上 171；同旨 26 滬上 15；28 上 2535。

以有體物為限者，認為動產，須具有質量而占有一定之空間，得由視覺或觸覺感覺其存在之有體物，始足當之。至其為固體、液體或氣體，則非所問。因此，水、瓦斯、蒸氣、冷空氣、熱空氣或壓縮空氣等，均得認其為動產。此說為刑法學界早期支配性之見解，亦為本法所採之學說（本罪立法理由）。至電氣，屬於無體物，本不包含在內，刑法為處罰竊電行為，乃例外規定以動產論。

②**物理管理可能性說**

因時移勢異，現在一般社會觀念，對於能源等無體物之侵害，已逐漸認其為財產之侵害，有以刑法予以保護之必要；且刑法既已將電氣視為動產予以保護，則性質上與電氣相同之其他能源，自應受同等保護。不僅如此，因科技之發展日新月異，不但企業之秘密或資訊，已具有極高之財產價值，且電腦程式以及電磁紀錄等，其財產性，亦已不容否認。如仍拘泥於有體物之概念，顯已無法適應科技發展與社會進步之需要。因此，目前通說見解，認為動產，不以有體物為限，只須人力在物理上可能加以管理支配者，即足當之。電氣或其他能源，雖為無體物，只須人力在物理上得予以管理支配，均得視其為動產。

我刑法為配合時代與環境之需要，亦於第 323 條明文規定「電能、熱能及其他能量，關於本章之罪，以動產論。」因此，除電氣本身外，其因使用電氣而轉換之電能，如冷氣機之冷氣、冰箱之冷凍、電磁爐之蒸烤等電能，均得以動產論。自本條規定觀之，能源之種類，除電能與熱能外，尚有「其他能量」之概括性規定，如採有體性說，且將本條視為例外規定，則所謂「其他能量」，勢將無法界定其範圍。因此，所謂其他能量，在解釋上，仍須以人力在物理上可能加以管理支配者，始能以動產論。

⑵**價值性**

動產之價值，可分為客觀價值與主觀價值。所謂客觀價值，係指在經濟上得以金錢加以交換之價值。具有客觀價值之動產，通常均得成為財產罪保護之對象。所謂主觀價值，係指個人主觀之感情價值。例如，戀人之情書、情人之照片等是。此種具有個人主觀感情價值之動產，亦得成為本

罪之客體。

①同時具有或不具有客觀價值與主觀價值

　　一物可能同時具有或不具有客觀價值與主觀價值，亦可能僅具有客觀價值而不具主觀價值，甚或可能僅具有主觀價值而不具客觀價值，是否均得為本罪之行為客體？實不無探討之餘地。一物同時具有客觀價值與主觀價值時，其得成為竊盜罪之客體，應無疑義。一物同時不具有客觀價值與主觀價值時，已無以刑法加以保護之必要性，故應否認其為本罪之客體。

②具有客觀價值，不具主觀價值

　　一物具有客觀價值，而不具主觀價值時，例如，持有中之動產，持有人在主觀上雖有拋棄該動產之意思而不具主觀價值，該動產仍得為本罪之行為客體。惟如丟棄之家具、垃圾場中之廢棄物，並不乏具有客觀價值者，因已無持有人，縱將之撿拾而去，依民法無主物先占之法理，仍可取得該物之所有權，並不成立本罪。

③具有主觀價值，不具客觀價值

　　一物具有主觀價值，而不具客觀價值時，例如，前述戀人之情書、情人之照片等，如依一般社會觀念，認為有以刑法加以保護之必要時，亦得成為本罪之客體。

　　我刑法於竊盜罪之立法理由嘗云：「他人所持之物，不必以有價物為限，如愛情最深之夫婦，離別時以齒髮為紀念，齒髮皆無價值，有竊取者，亦以盜論。」因此，一物縱不具客觀價值，如對持有人具有主觀價值時，仍得為本罪之客體。

(3)可移動性

　　動產須具有可移動性，在民法上屬於不動產之土地或其定著物，如其成分得與不動產分離，而具可移動性者，亦屬於動產。例如，將他人土地中之巨石挖出、將他人果樹上之果實摘取或將他人房屋之鐵窗拆走等，均得成立普通竊盜罪。

6.人之身體

　　人之身體，屬於無價之寶，不具價值性，自非動產。胎兒之身體，亦

然。其裝置於身體而成為其一部之義足、義手、義眼、假髮、假牙或鋼骨等，如已與身體密切結合，苟非毀損身體，即無法予以分離者，應視其為身體之一部分，不得認其為動產。反之，如未毀損身體，即得輕易分離者，則得視為動產，而成為竊盜罪之客體。例如，整排之鑲金假牙，得隨時取下清洗者，得視為動產是。

7.葬祭物

葬祭之對象物，如屍體、遺骨、遺髮、遺灰或殮物等，仍屬有體物，不僅其中不乏具有客觀價值之物，且對其遺族而言，至少亦具有主觀價值存在。因此，葬祭之對象物，倘仍在其遺族管理或支配狀態中者，應認其仍得為本罪之客體。至竊取有遺族管理、支配之屍體、遺骨、遺髮、遺灰或殮物時，我實務認為，竊取殮物之行為，其竊取財物之罪責，已包含於盜取殮物之內，不另成立竊盜罪❻，似認其為法條競合，而依吸收關係加以處斷。

惟刑法第 247 條第 1 項之盜取屍體罪或同條第 2 項之盜取遺骨、遺髮、殮物或遺灰罪，其所保護之法益，為遺族祭祀追思感情之社會善良風俗；竊盜罪所保護之法益，則為個人財產之安全。其保護法益，顯然有別，倘有對於他人持有之屍體或遺骨等加以盜取者，自得構成盜取屍體或遺骨等罪，而與竊盜罪，成立想像競合犯。

㈢實行行為

本罪之行為，為竊取。所謂竊取，乃違反持有人之意思，在持有人不知情之情狀下，破壞他人對於動產之持有，而移轉於自己或第三人持有之行為。茲就此定義略為分述如次：

1.須違反持有人之意思

竊取，本即含有私自、暗中取得之涵義。竊取行為，乃私自、暗中取得他人財物之行為。因此，竊取行為，須違反持有人之意思而取得他人持有之財物，始足當之。倘未違反持有人之意思，例如，已獲得持有人之承

---

❻ 最高法院 57 臺上 3501。

諾或推定承諾，而將他人之物取走者，即與竊取之概念不符，阻卻本罪之構成要件該當性。

持有人之意思，不以明示為必要，即默示者，亦足當之。例如，當面將他人之原子筆取走時，該他人知悉而默不吭聲時，即可認為係默示同意是。所有人與持有人不同時，因本罪在保護他人對財物之持有利益，故應以持有人之意思為準。至持有人違反所有人之意思而同意持有之移轉，是否成立侵占罪，則係另一問題。

2. 須持有人不知情

(1)通說所謂之和平方法

竊取行為，學界通說均認為須以和平之方法為之。所謂和平之方法，則以行為人有否實施暴力為準，如實施暴力時，即非和平之方法。惟所謂暴力，乃指有形力或物理力之不法行使。有形力或物理力之不法行使，有對物施之者，亦有對人施之者。對物施之者，如行為人取得他人之物，亦即將他人持有之物移轉於自己或他人持有時，亦須行使有形力或物理力，否則，即無從取得物之持有。例如，須使用有形力或物理力，始能將他人之冰箱取走是。其所謂有否實施暴力，當非指此種情形而言，否則，所謂和平之方法，即毫無意義可言。其所謂實施暴力，乃指對人實施者而言。因此，一般所謂和平之方法，係指對於物之持有人未使用暴力而將其物取走之行為。

雖然，未對持有人使用暴力而取走其物，其情形實有多端，有趁持有人不知之情狀下將其物取走者；亦有當持有人之面而將其物取走者。如屬前者，固得認其為和平之方法；倘係後者，是否仍得認其為和平之方法，而成立竊盜罪，則不無疑義。例如，佯裝顧客，至手機販賣店選購手機，趁選購之際，將手機攜出店外逃逸之情形。該手機販賣店主將各款手機取出任顧客挑選，尚未有移轉持有之意思，亦非移轉事實上支配之處分行為。行為人當持有人之面將手機攜出店外逃逸，並未對持有人使用暴力，是否仍得認其為和平之方法，即不無疑問。反之，對持有人使用暴力而暗中取走其物，例如，扒手假裝行路不穩，故意衝撞他人，而趁機將其皮包扒走

時，其故意衝撞他人，即為對持有人使用暴力，此際如仍認其為和平之方法，實乏道理。

(2)對持有人秘密為之

竊取行為，須在持有人不知情之情狀下，亦即須乘持有人不知而秘密將其物取走之行為，始足當之。因此，行為人於破壞持有人與物之監督支配關係時，須未當場直接侵害持有人之自由意思者，始能成立竊盜罪。如係在持有人知情之情狀下，亦即當場直接侵害持有人之自由意思，而為持有之移轉者，則應視其所行使手段之性質，對於被害人自由意思侵害之程度如何，而論以搶奪罪或強盜罪❼。

至實施竊取行為時，係公然或秘密行之，則非所問。公然為之者，例如，於公車上扒竊財物之情形，雖係公然為之，但因係乘物之持有人不知情而取走其物，亦即未當場直接侵害持有人之自由意思，仍得成立竊盜罪。秘密行之者，例如，潛入他人家裡，趁他人睡覺時，將其物取走之情形是。至因他人對於持有人實施強暴脅迫，致其昏倒之際，行為人始趁機取得財物者，因其取得財物之行為，仍係乘持有人之不知情而為之，亦得成立竊盜罪。

行為人自己因其他原因，對於持有人實施強暴脅迫行為終了後，始生取得財物之意思，並取得其財物者，例如，因停車糾紛將他人擊倒後，嗣見其手機掉落身旁，乃萌生取得財物之意思，順手將該手機取走者，因其取得財物之行為，係當場直接侵害被害人之自由意思，則應以搶奪罪論處。

3.須破壞他人之持有

他人對於物之支配或管理狀態，須因行為人之行為而造成破壞，始能成罪。其破壞之手段，則無任何限制，不論係直接為之或間接為之，均無不可。間接為之者，例如，利用不知情之人或幼兒取得他人之物是。又破壞他人之持有，須出之以作為之行為。以不作為之方式破壞他人持有之情形，似難想像。

---

❼ 我實務每以「乘人不知」一語形容竊取行為，雖無不妥，惟語意尚嫌不夠周全，如將其謂為「乘被害人不知」或「乘持有人不知」，較不會引發誤解。

4.須移轉於自己或第三人持有

竊取行為，除破壞他人之持有外，並須移轉於自己或第三人持有，始能成立。我實務亦認為，動產竊盜罪之成立，必以他人所有之財物移轉於自己所持為其要件之一，若僅因圖得不法利益，使他人喪失財物而未嘗取為自己所持，即與該罪之成立要件不符❽。

移轉行為，通常均移轉於行為人自己持有，但移轉於第三人持有，亦得成立。例如，將所竊取之財物私藏於不知情同行友人手提袋中，將之攜出店外之情形是。

㈣故意與意圖

1.故　意

本罪為故意犯，行為人須對於他人持有之物具有認識，而有加以非法取得之意思，始能成立。至其為直接故意或未必故意，則非所問。

⑴誤認為自己所有物

行為人將他人之物誤認為自己之所有物，外表上縱該當於竊盜罪之構成要件，因無竊盜之故意，不成立本罪。例如，他人之機車與自己之機車，廠牌、車型與顏色雷同，致誤認為自己之機車，而將其騎走之情形是。

⑵誤認為無主物

故意之內容，除須認識行為客體係他人所持有之動產外，尚須具有違反他人之意思，侵害其持有，而將該動產移轉於自己或他人持有之意思為必要。因此，將他人之物，誤認為無主物，而取得之，即得阻卻故意之成立。例如，路邊停放甚久，且已破舊之腳踏車，誤認為他人之廢棄物，而將其攜回修理使用，應阻卻竊盜之故意，不成立竊盜罪。

⑶誤認為遺失物或其他脫離物

行為人雖認識該動產為他人之物，但誤認其為遺失物或其他脫離物者，亦得阻卻竊盜之故意，不成立竊盜罪，應成立侵占脫離物罪。惟行為人雖認識該動產為他人之物，但對其所有人或持有人發生誤認者，則於竊盜之

---

❽　最高法院 18 上 177。

故意不生影響。

2.意　圖

本罪之成立，除須具有竊盜之故意外，尚須具有為自己或第三人不法所有之意圖為必要。因此，本罪屬於目的犯。此項意圖，乃屬於特殊之主觀不法構成要件要素。

⑴不法所有之內涵

所謂「意圖為自己或第三人不法之所有」，不論係為自己抑或第三人，只須具有此項意圖為已足，且其意圖之內容，須係不法之所有，如係合法之所有，縱取得他人之財物，亦不成立竊盜罪。至所謂「不法之所有」，實與「非法據為所有」之意相同。行為人如於主觀上具有「非法據為所有」之意圖或目的，即有可能成立竊盜罪。

無論動產或不動產，其所有權，原則上均無法依不法行為，如竊盜、竊佔、搶奪、強盜或侵占等行為而取得。因此，所謂不法所有，並非指非法取得所有權之意，而係指非法行使所有權之內容，亦即非法對於他人之動產或不動產而為使用、收益或處分。其永久或一時排除權利人，而將他人之物視為自己之所有物，並依其經濟用法予以利用、收益或處分者，固為不法所有；縱未排除權利人，將他人之物視為自己之所有物，而僅依動產或不動產之經濟用法予以利用、收益或處分者，亦屬不法所有。

職是，所謂「意圖不法之所有」，乃指主觀上有將他人之物移入自己或他人實力支配之下，而加以使用、收益或處分之意思。行為人只需有使自己或第三人在經濟上與所有人或持有人享同等利益或為同等支配之意思❾，即為意圖不法之所有。

我司法實務，亦有採相同見解者。例如，「刑法上關於財產上之犯罪，所定意圖為自己或第三人不法所有之意思條件，即所稱之『不法所有意圖』，

---

❾ 最高法院 16 上 139：「竊盜罪之成立，須意圖為自己或第三人所有，為暫行律第三百六十七條所明定。則該項犯罪之主觀要件，即令不須被告有於法律上使自己或第三人取得所有權之故意，至少亦須有於經濟上使自己或第三人與所有人享同等利益，或為同等支配之故意。」

固指欠缺適法權源，仍圖將財產移入自己實力支配管領下，得為使用、收益或處分之情形而言。」❿

(2)使用竊盜

行為人基於一時使自己在經濟上與所有人或持有人享同等利益或為同等支配之意思，而將他人之物移入自己實力支配管領下，即一般所謂「使用竊盜」之情形，是否成立竊盜罪？論者不一。我國學說及實務向來均認使用竊盜，因未具備不法所有之意思，不成立竊盜罪。

惟取得他人之物為一時之用，雖未排除權利人，將他人之物視為自己之所有物，但係將他人之物移入自己實力支配管領下，予以利用、收益或處分，已一時使自己在經濟上與所有人或持有人享同等利益或為同等支配，為保護持有人之持有利益，應認為成立竊盜罪，較為妥適。例如，將他人停駐於路旁之汽車，擅自駕走兜風，直至兜風完畢始行歸還之情形是。

我刑法修正草案，對於使用竊盜無法以竊盜罪論擬，亦覺有所未妥，曾擬於刑法第 320 條第 2 項增列未得同意，一時使用他人汽車、航空器或其他備有動力之交通工具者，亦得成立竊盜罪之規定。該草案之行為客體，僅限於汽車、航空器或其他備有動力之交通工具，固在避免行為客體過分擴大，可能失之嚴苛，例如，擅自使用他人之鉛筆，亦受處罰之情形是。惟除汽車等交通工具外，他如電腦、影印機、服裝或書籍等，縱基於一時使用之目的，而擅自將其取走，例如，他人甫新購一臺電腦，擬作為撰寫論文之用，行為人基於一時使用之目的，而擅自將其取走使用數月後，始將其歸還，其侵害他人之持有利益，實與汽車等交通工具，並無差異，自應認其得以成立竊盜罪為妥。

(3)毀損或隱匿

行為人基於毀損或隱匿之目的而取得他人之物者，因未使自己在經濟上與所有人或持有人享同等利益或為同等支配，並無不法所有之意思，無從成立竊盜罪。例如，以毀棄之意思，潛行入宅，將他人所購電腦取走而後予以毀棄；或以使他人困擾之意思，將他人之汽車駕走隱匿等情形是。

---

❿　最高法院 87 臺上 163（決）。

㈤既遂、未遂

1.著手時期

本罪之未遂犯，罰之。本罪因不罰預備犯，故其著手時期，甚為重要。竊盜行為之著手時期，形式上固以侵害他人對於物持有之行為開始時為準，惟何時為侵害行為開始時，則頗難一概而論。一般而言，行為人倘以行竊之故意，接近財物，並開始物色財物時，即為實行之著手❶。惟仍應就物之性質、形狀與場所之狀況以及竊取行為本身之特質等綜合予以判斷。例如，⑴在公車上行竊者，扒手以小刀劃破他人皮包之時或其手已觸及他人口袋之時，即為竊盜行為之著手。⑵在入室行竊者，小偷進入他人住宅，已接近財物，並開始物色財物之時，即為竊盜行為之著手。⑶在超商行竊者，或以將財物置於皮包、口袋之時，或以趁店員未注意之際攜走而出之時，為其實行之著手。

2.既遂時期

本罪既遂、未遂之區別，以行為人已否破壞持有人對物之監督支配關係，而將所竊之物移入於行為人或第三人實力支配之下為準。此項標準，亦應就物之性質、形狀與場所之狀況以及竊取行為本身之特質等綜合予以判斷。

⑴包括支配場所

在他人具有包括支配性之場所內行竊者，須所竊之物已脫離該場所，並已入於行為人或第三人實力支配之下時，始為既遂。例如，至他人家中竊取物品，或至便利商店竊取商品，不問所竊取物品之形狀與體積大小，均須將所竊之物攜出該場所之外，並已入於行為人或第三人實力支配之下，其竊盜行為始屬既遂。至若行為人於持有人家中，將所竊之物擲出屋外，如行為人尚未能建立自己對該物之持有者，則仍屬未遂。

⑵非包括支配場所

在他人不具有包括支配性之場所內行竊者，則應視所竊財物之形狀與

---

❶　最高法院 82 第二次刑議。

大小，並已否入於行為人或第三人實力支配之下而為判斷。例如，一般小型財物，如手提包、鋼筆、手錶或金錢等，一入於行為人之手中或口袋，即為既遂。較為大型之財物，如汽車、工地鋼筋等，則須將該物移離原處，始屬既遂。惟樹木雖已砍伐倒地，倘尚未移離原處；或將所拾得他人之戒指，藏匿於持有人包括支配場所內時，因尚未破壞持有人對該物之監督支配關係，而建立自己對於所竊物品之持有，尚難論以既遂。

⑶狀態犯

本罪為狀態犯，物一入於行為人或第三人實力支配之下，而持有人對物已喪失支配力時，犯罪已為既遂。至其後將已竊得之物，丟棄逃逸，或立即為被害人取回者，仍無妨於該罪之成立。又於侵害同一法益之情形下，行為人予以使用或處分時，例如，將已竊得之物予以損壞之情形是。對於嗣後加以損壞之行為，學理上均認其為不罰之後行為。惟不罰後行為之概念有否存在之必要，不無疑義。實際上，前後二個行為既均侵害同一法益之安全，已可依法條競合之法理，認其不成立毀損罪，實無另創不罰後行為概念之必要。至事後之處分行為，如侵害新法益時，則已超越竊盜罪之評價範圍，應另成立他罪。例如，竊取他人之存摺及印章，持至銀行提款之情形，除成立竊盜罪外，另成立詐欺取財罪，應予分論併罰。

㈥個人免除刑罰事由

於直系血親、配偶或同財共居親屬之間，犯本罪者，得免除其刑（刑324 I）。直系血親、配偶、同財共居親屬或其他五親等內血親或三親等內姻親之間，犯本罪者，須告訴乃論（刑324 II）。

1. 免除刑罰之根據

⑴親屬相盜

親屬間之竊盜行為，即所謂親屬相盜，仍成立竊盜罪，惟得免除其刑。至得以免除其刑之根據何在？學者不一其說。有認為基於法不入家庭之思想，親屬間之內部事物，國家不宜介入干涉者。有認為親屬間之竊盜，與其由國家權力予以處罰，不如基於親屬之情誼予以適當處理，較能維持親

屬間之秩序，在刑事政策上，亦較為妥當者等等。

⑵親屬情誼

本罪限於直系血親、配偶或同財共居親屬之間，始得免除其刑，蓋直系血親間，具有血緣關係，其感情無待外鑠；夫婦間，乃因感情而結合，民法上雖有各種財產制度之設計，惟基於國人之傳統思想，其財產大多頗難分彼此；其他同財共居親屬間，既同財共居，其關係自非比尋常，亦因感情而日夕相處。因此，此等一定親屬間之財產秩序，伴隨有身分或婚姻等感情因素存在，實與普通之財產關係，大異其趣。除具有所有或持有之關係外，尚具有消費共同體之關係存在。倘彼此間偶有竊盜等情事，即動輒以刑罰論處，不但易於造成情感乖離，形同陌路，且亦嚴重影響家庭之和平秩序。因此，基於刑法謙抑之思想，親屬間之相盜，依彼此間之情誼處理，實較能維持家庭之財產秩序，此所以本法亦將親屬相盜規定為須告訴乃論之緣由。

2.一身之免除刑罰事由

⑴免除刑罰事由

親屬間之竊盜行為，仍屬該當於普通竊盜罪構成要件之違法與有責行為，僅因其具有一定之身分關係，得予免除刑罰，故為一身之免除刑罰事由，其效力不及於其他非親屬之共同正犯或共犯。

直系血親，乃己身所從出或從己身所出之血親。其親等並無限制，亦無尊卑之分，且不限於同財共居，只須具有直系血親之關係，即得免除其刑。例如，父竊子財、子偷父物等是。配偶，指正式結婚，且婚姻關係尚在存續中者而言。如僅訂婚尚未結婚，或結婚後已離婚，或僅屬同居關係者，則非配偶，自不得免除其刑。至是否同財共居，亦非所問。同財共居之親屬，乃指共同生活，而未析產分居之親屬。不問其為血親或姻親，均屬之；雖具有親屬關係，如係同財而非共居，或共居而非同財，均不得免除其刑。

⑵行為時存在

配偶或同財共居親屬之關係，須於行為時存在於行為人與被害人之間

為必要，且只須於行為時存在為已足，縱其後此項關係消滅，亦屬無妨；反之，如於行為後，始具有此項關係者，自無本條規定之適用。

(3)行為人與持有人間存在

親屬之身分關係，須於行為人與被害人間存在為必要。惟物之所有人與持有人如屬於同一人時，固無問題；如物之所有人與持有人不同時，則此項關係，究須存在於雙方，抑或僅存在於其中之一方為已足？不無疑義。因本罪之保護法益，為財物之持有利益，自以持有人為本罪之被害人。因此，親屬之身分關係，應就行為人與持有人之關係，以為認定之準據。例如，子竊其父向他人賃借或受他人寄託之物，仍應有本項免除刑罰事由之適用。持有人為複數者，行為人與複數之持有人，均須具有親屬之身分關係，始得免除其刑。如竊取親屬與非親屬共有之物，則不得免除其刑。

(4)實務態度

我實務亦認為，於直系血親、配偶、同財共居親屬或其他五親等內血親或三親等內姻親之間，犯刑法第二十九章之竊盜罪者，須告訴乃論，觀諸刑法第 324 條第 2 項規定至明。而竊盜罪係侵害財產監督權之犯罪，應以監督權被侵害之人為直接被害人。竊取刑法第 324 條第 2 項所規定親屬之財物時，如其所有與持有均同屬於一人，固應適用該項規定，即令非該親屬所有，而係該親屬持有者，因係侵害該親屬之財產監督權，仍應由該親屬告訴乃論。至如竊取他人持有該親屬之財物，雖其所有權屬於該親屬，然財產監督權既屬他人，仍非告訴乃論之罪。故竊取該親屬持有他人之物，即無需問其所有人為何人，而僅就持有人即財產監督權人與行竊之人間，有無上開親屬關係，以定其是否須告訴乃論❷。

3. 親屬關係之誤認

所謂親屬關係之誤認，乃行為人與被害人間，雖無親屬之身分關係，行為人誤認有此項關係之謂。因親屬之身分關係，為處罰之阻卻事由，其存在與否，應自客觀予以認定，與故意之成否無關。

因此，親屬關係，只須客觀存在為已足，行為人在主觀上並無認識之

---

❷　最高法院 87 臺上 2929（決）。

必要。從而，將親屬之物，誤認為他人之物，而予盜取者，仍有此項免除刑罰事由之適用。反之，將他人之物，誤認為親屬之物，而予盜取者，因客觀上並無親屬關係存在，則無此項免除刑罰事由之適用。

㈦罪數及與他罪之關係

1.罪數之認定標準

本罪之保護法益，為個人對於財物之持有利益。其罪數之判斷，應以侵害其持有法益之個數為準，而與動產之個數及所有權屬於何人或多少人無關。因此，侵害數個持有法益時，固應成立數罪；如僅侵害一個持有法益時，倘其所實施之竊取行為，亦為一個時，不論其係一人單獨持有，或係數人共同持有，仍僅成立一罪。例如，行為人入宅行竊，將持有人持有向他人借用之電視機、他人寄託之攝影機及自己所購之錄放影機，同時竊取而去者，因僅侵害同一個持有法益，且係一次性之侵害，僅成立一個普通竊盜罪是。

2.本罪與偽造文書罪

本罪之保護法益，為個人對財物之持有利益；偽造文書罪之保護法益，則為社會之公共信用，二罪間不具保護法益之同一性，應分別成罪，而予以數罪併罰。例如，竊取他人之族譜偽造世系圖，應成立本罪及偽造私文書罪，二罪應予併合論罪。

五、竊佔罪

第 320 條（第 2、3 項）　意圖為自己或第三人不法之利益，而竊佔他人之不動產者，依前項之規定處斷。

前二項之未遂犯罰之。

㈠行為主體

本罪之行為主體，並無何限制。惟本罪之行為，乃係破壞他人對於不

動產之監督支配狀態，自須不動產持有人以外之人，始能成為本罪之行為主體。至共有人，不問其為分別共有人或公同共有人，如竊佔在他人持有中之不動產者，仍應成立本罪❸，故共有人，亦得為本罪之行為主體。

(二)行為客體

本罪之行為客體，為他人持有之不動產。至該他人對該不動產有無所有權或其他本權，則非所問。他人，不問其為自然人或法人，均兼含及之。

1.不動產之內涵

不動產，乃指土地及其定著物（民 66 I）。所謂「土地」，依土地法第 1 條規定：「本法所稱土地，謂水陸及天然富源。」是以所謂土地，除地面外，應包含地下在內；且除陸地外，其他如池塘等水地，亦屬於土地。因此，建築房屋、挖掘地下室時，故意深入鄰地地下，亦得成立竊佔罪。

2.地上空間

地上之空間，應否認其包含在土地之範圍內，則不無爭議。解釋上，竊佔罪之行為客體，為土地。土地在解釋上固應包含地面及地下，至「地上」，則僅係土地合法使用人之權利行使空間，不能包含於土地之概念內。倘有以有形力之手段，妨害他人行使土地之空間權時，乃係涉及強制罪之成立問題，不成立竊佔罪。我實務亦認為將屋簷伸入鄰地上空，其侵入之空間，尚非土地本身，自難認係不動產，即與竊佔罪之成立要件不合，應屬排除侵害之民事問題❹。

3.不動產之分離物

所謂「定著物」，係指固定附著於土地之物。例如，房屋或其他建築物等是。不動產之出產物，尚未分離者，固為該不動產之部分（民 66 II），例如，果樹及其果實等，仍得為竊佔罪之客體；惟如與不動產分離者，則已成為動產，僅得為普通竊盜罪之客體，不得以竊佔罪律之。例如，盜取田內泥土，或偷摘樹上果實等，應構成普通竊盜罪。

---

❸　最高法院 25.5.12 刑議。

❹　法務部 64.12.9 臺 64 刑(二)函字 1579。

㈢實行行為

1.竊佔之涵義

本罪之實行行為，為竊佔。所謂竊佔，乃違反持有人之意思，在持有人不知情之情狀下，破壞他人對於不動產之持有，而移轉於自己或第三人持有之行為。

竊佔行為，只須其變更持有，係違反持有人之意思，而在持有人不知情之情狀下，將其不動產據為己有，即足當之；至其係公然或秘密行之，均非所問。倘行為人係以強脅之手段，當場直接侵害持有人之自由意思者，則屬強盜行為，應以強盜罪繩之。是故，得持有人之同意而為變更持有之行為，已非竊佔，自不具本罪之構成要件該當性。

2.竊佔之態樣

竊佔行為之態樣，並無限制。是否為竊佔，應依不動產之種類、竊佔行為之方法、態樣及程度、竊佔期間之長短、原狀回復之難易、排除及設定持有意思之強弱以及有否造成原持有人之損害等等，依一般社會通念，綜合予以判斷。例如，將已賣土地佔葬；將他人不動產作為己有私行盜賣於人或串通買主買受；於他人森林內擅自開墾或設置工作物；在他人土地上擅蓋房舍、擅自變更疆界佔據他人土地或擅行搬入他人空屋居住等是❶。

3.現實取得持有

竊佔行為，以排除他人之全部或一部持有為必要。如未排除他人之持有，僅將他人未登記之不動產，擅行登記於自己或第三人之名下，或將他人已登記之不動產私自變更為自己或第三人之名義者，因僅係取得法律上之所有，並未現實取得持有，仍不成立竊佔罪。惟公寓大廈頂樓住戶，未經其他住戶同意，擅自在頂樓平臺加蓋違建房屋使用者，則得成立竊佔罪。

---

❶　司法院院字 1310；2045；2163；最高法院 51 臺上 143。

㈣故意與意圖

1. 故　意

本罪為故意犯，行為人除須認識行為客體係他人所持有之不動產外，尚須具有違反他人之意思，侵害其持有，而移轉於自己或第三人持有之意思為必要。行為人將他人之不動產，誤認為自己所有，而取得其持有者，即欠缺故意，縱其結果不免有民事上之侵權責任，不能成立竊佔罪。

2. 意　圖

行為人除須具有竊佔之故意外，尚須具有意圖為自己或第三人不法之利益，始能成罪。因此，本罪亦為目的犯之一種。不動產物權之取得，非經登記，不生效力（民758），故無法依竊佔行為，而取得所有，但得因竊佔行為，而獲得利用或處分之利益。例如，居住、出租或販售等是。行為人倘無為自己或第三人取得不法利益之意圖，自不成罪。

㈤既遂、未遂

1. 既遂時期

本罪之未遂犯，罰之。既遂、未遂之區別，亦以行為人已否破壞持有人對不動產之監督支配關係，而將所竊佔之不動產移入於行為人或第三人實力支配之下為準。惟實例見解則認為，竊佔罪既遂、未遂區別之標準，以竊佔行為已否完成為準❶⑥。此種見解，尚有待商榷。

至於竊佔行為何時始屬既遂？仍應依不動產之種類、竊佔行為之方法、態樣及程度、竊佔期間之長短、原狀回復之難易、排除及設定持有意思之強弱以及有否造成原持有人之損害等，依一般社會通念，綜合予以判斷。例如，明知為他人之不動產，私擅出賣，如有實行交付及其他將該不動產移置於第三人實力支配下之情形，即應成立本罪之既遂❶⑦。

---

❶⑥　最高法院25上7374。

❶⑦　我實務認為：「明知為他人之不動產私擅出賣，如有實行交付或登記及其他將該不動產移置於第三人實力支配下之行為，即應成立刑法上之竊佔不動產罪。」

2.狀態犯

竊佔罪，亦為狀態犯，該不動產一入於行為人或第三人實力支配之下，而持有人對其已喪失支配力時，犯罪已為既遂，以後之繼續竊佔，乃狀態之繼續，而非行為之繼續。嗣後獲得不法利益之行為，縱得成立他罪，如未另行侵害其他法益，即應成立法條競合。惟如已侵害其他法益者，則應另外成罪。例如，竊佔他人之土地，偽稱自己所有，而轉賣於人者，除成立本罪外，應另成立詐欺取財罪，依數罪併罰處斷。

㈥個人免除刑罰事由

於直系血親、配偶或同財共居親屬之間，犯本罪者，得免除其刑（刑324 I）。直系血親、配偶、同財共居親屬或其他五親等內血親或三親等內姻親之間，犯本罪者，須告訴乃論（刑324 II）。

㈦罪數及與他罪之關係

1.罪數之認定標準

本罪之保護法益，為個人對於財物之持有利益。其罪數之判斷，應以侵害其持有法益之個數為準，而與不動產之個數及所有權屬於何人或多少人無關。因此，侵害數個持有法益時，固應成立數罪；如僅侵害一個持有法益時，倘其所實施之竊取行為，亦為一個時，不論其係一人單獨持有，或係數人共同持有，仍僅成立一罪。

2.本罪與侵入住居罪

本罪之保護法益，為個人對不動產之持有利益；而侵入住居罪之保護法益，為個人住居之自由，二罪間並不具保護法益之同一性，應分別論罪，

（司法院院字2163）其有實行交付或其他將該不動產移置於第三人實力支配下之行為，固得成立竊佔罪。惟如前所述，倘未排除他人之持有，僅將他人未登記之不動產，擅行登記於自己或第三人之名下，或將他人已登記之不動產私自變更為自己或第三人之名義者，因僅係取得法律上之所有，並未現實取得持有，仍不成立竊佔罪。

而依具體情形成立想像競合犯或予以數罪併罰。例如，見他人出國定居數年，乃搬入居住之情形，應成立想像競合犯是。

六、加重竊盜罪

第321條　犯前條第一項、第二項之罪而有下列情形之一者，處六月以上五年以下有期徒刑，得併科五十萬元以下罰金：
　　　　一、侵入住宅或有人居住之建築物、船艦或隱匿其內而犯之。
　　　　二、毀越門窗、牆垣或其他安全設備而犯之。
　　　　三、攜帶兇器而犯之。
　　　　四、結夥三人以上而犯之。
　　　　五、乘火災、水災或其他災害之際而犯之。
　　　　六、在車站、港埠、航空站或其他供水、陸、空公眾運輸之舟、車、航空機內而犯之。
　　　　前項之未遂犯罰之。

㈠基本構成要件

1.有否包含竊佔之爭議

本條法文謂「犯竊盜罪」，除普通竊盜罪外，有否包含竊佔罪在內？實務態度頗為分歧。有認為刑法第321條第1項，不稱犯本章或前條之罪，而稱犯竊盜罪，自專指第320條第1項竊取動產之普通竊盜罪而言，不包括同條第2項之竊佔罪在內。倘三人以上共同犯竊佔罪，仍應適用第320條第2項處斷[18]。因此，本條所定各種加重竊盜罪之基本構成要件行為，仍為竊取行為；其客體，則應以動產為限。惟亦有認為竊取與竊佔行為，除其客體有別外，其行為之本質，並無差異。本條法文謂「犯竊盜罪」，在解釋上，應包括第320條第2項之竊佔罪在內。故犯竊佔罪而具備同法第321條第1項第4款之加重情形者，仍應論以結夥三人以上竊佔罪[19]。因此，

[18]　司法院28.10.5院訓908令。

本條所定各種加重竊盜罪之基本構成要件行為，包含竊取與竊佔行為；其客體，不以動產為限，不動產亦包含在內。

2.竊取與竊佔

就現實之犯罪態樣觀之，行為人依本條所規定之各款加重事由而實施竊佔行為，亦屬常有，如結夥三人以上竊佔山坡地或攜帶兇器竊佔停車位等是。如認其不成立加重竊佔罪，僅依刑法第 320 條第 2 項竊佔罪處斷，即可能發生情重法輕之弊。此次修正，將竊盜罪與竊佔罪，均含括在內。因此，本條所定各種加重竊盜罪之基本構成要件行為，均包含竊取與竊佔行為在內。

㈡加重構成要件

竊盜與竊佔行為，如具有本條所規定之六款加重事由，即成立加重竊盜罪。惟此六款加重事由之性質如何？則不一其說。有認其為加重構成要件者；有認其為單純加重條件者；有認其為加重量刑事由者等等，不一而足。

1.加重條件之疑義

我司法實務，歷年來，均將本條之六款加重事由，解釋為竊盜之加重條件。惟所謂加重條件，究為犯罪之加重條件？抑為處罰之加重條件？在體系上之定位不明。依其意旨，似認其為處罰之加重條件。

如將加重條件解釋為處罰之加重條件，則必竊盜行為已具備犯罪之成立要件後，在量刑上始予加重處罰之條件。則本罪實行之著手，自以竊盜行為已否開始為準；且既為處罰之加重條件，已與犯罪之成否無關，故行為人主觀上有否認識此等加重條件之存在，即非所問。例如，行為人於皮包內置有瑞士刀一把，日久早已遺忘，某日見財起意，而將他人身旁所置

---

⑲　最高法院 87 臺上 3034 （決）。另最高法院 26 上 2299：「被告甲、乙、丙等多人，迷信風水，共同發掘某丁祖墳，並將自己叔父遺體埋葬在內，是竊佔他人不動產而有結夥三人以上之情形，係犯刑法第 321 條第 1 項之罪，應與發掘墳墓，從一重處斷。」

手機取走而去之情形。如將加重條件解釋為處罰之加重條件，則行為人對於攜帶兇器是否具有認識，對於加重竊盜罪故意之成立並不生影響，仍應依加重竊盜罪處罰。則不僅與攜帶兇器行竊旨在保護人身安全之加重理由不符，且與情理亦相刺謬。故將加重條件解釋為處罰之加重條件，顯不足採。加重量刑事由說，亦同此情形。

2.加重構成要件要素

將加重條件解釋為處罰之加重條件，既不足採，則所謂加重條件，自應為犯罪成立之加重條件。就犯罪成立之三階層理論而言，實務上所謂加重條件之歸屬，應認其為犯罪行為所附加之加重要素，性質上屬於加重構成要件之要素。因此，行為人在主觀上須對此等加重要素具有認識，且其實行之著手，亦須結合竊盜行為與此等加重要素，綜合予以判斷。例如，刑法第 321 條第 1 項第 1 款之侵入住居竊盜罪，行為人不僅對於侵入他人住宅行竊，須具有認識，且其實行之著手時期，乃以行竊之意思開始侵入住宅之時，而非開始行竊之時。

(三)侵入住居竊盜罪

1.侵入住居為加重構成要件要素

侵入住宅或有人居住之建築物、船艦或隱匿其內行竊者，成立刑法第 321 條第 1 項第 1 款所定之侵入住居竊盜罪。

侵入住宅或有人居住之建築物、船艦或隱匿其內者，得獨立構成刑法第 306 條第 1 項之侵入住居罪或同條第 2 項之隱匿留滯住居罪；其行竊行為，亦得獨立構成刑法第 320 條第 1 項之普通竊盜罪。因此，本款係結合侵入住居罪或隱匿留滯住居罪與竊盜罪，而成立一個獨立之加重竊盜罪，性質上為結合犯。因結合犯，亦屬於加重構成要件之類型，故侵入或隱匿住居之行為，亦得認其為竊盜罪之加重構成要件要素。

2.加重理由

本罪侵入或隱匿住居行竊，所以加重處罰，除在保護個人之財產安全外，兼及個人之居住自由。故我實務認為：「竊盜因夜間侵入而加重其刑者，

以其於侵害財產監督權外，兼妨害家宅之安寧而設。」❷ 惟無論日間或夜間，如有侵入或隱匿行為，均有礙於他人居住之自由，故不分夜間或白晝，均得依本款加重處罰。

3.行為客體

本罪之行為客體，除財物外，住宅、建築物及船艦，亦屬之。所謂「住宅」，乃指供人日常生活所使用之房宅。只要供人日常生活所使用，不以供起居飲食為必要。因此，除一般房宅外，實驗室、研究室、旅館房間、公寓、公寓樓下之樓梯間，均不失為住宅。所謂「建築物」，係指除住宅以外，上有屋面，周有門壁，足遮風雨，供人出入，且定著於土地之工作物而言。至其附連圍繞之土地，則不包括在內。如僅踰越圍繞之牆垣行竊，尚未侵入有人居住之建築物，自難以該條款之罪相繩。

所謂「有人居住之建築物」，雖不以行竊時，居住之人即在其內為必要，但必須通常為人所居住之處所，始足當之。因此，乘被害人鎖閉寓室出外之際，毀鎖入室行竊；商店於被竊當時，雖無人看守，但平時均有人居住在內；居住人宿於樓上，或大樓管理員居住另室，而乘隙侵入其他房間行竊者❷，均不失為侵入有人居住之建築物行竊。所謂「船艦」，係指船舶或軍艦而言，雖不問其大小，惟至少須達於可供人居住，並可能於水面活動者，始屬之。

4.實行行為

本罪之實行行為，除竊取外，尚有侵入或隱匿行為。所謂「侵入」，係指違反居住人或管理人之意思，而擅自進入住宅、建築物或船艦之行為。侵入，須有行為人之身體全部進入為必要。如以手伸入其鄰居住宅前方之窗門，從窗內竊取衣服多件，或以竹竿伸入房間勾取皮包，或以釣竿拋投釣出房間財物之情形，均非所謂侵入。所謂隱匿，係指進入他人之住宅、建築物或船艦後，隱伏藏匿於其內，使居住人或管理人難予發現之行為。

5.故　意

---

❷ 最高法院 25 上 6203。

❷ 最高法院 31 上 481；64 臺上 3164；69 臺上 3945。

侵入住居或隱匿其內，為竊盜行為之加重構成要件要素，其與竊盜行為已結合成為一個客觀之不法構成要件。因此，行為人須於侵入之初，即有竊盜之意思，從而以侵入為其竊盜之手段者，始能成立。倘以他故侵入，於侵入後，始乘機起意竊盜；或事前經他人允許住宿宅內，臨時見財起意，竊物而出者，尚難以侵入竊盜論❷❷。

四毀越安全設備竊盜罪

1.毀越為加重構成要件要素

毀越門扇、牆垣或其他安全設備行竊者，成立刑法第 321 條第 1 項第 2 款之毀越安全設備竊盜罪。

毀越門扇、牆垣或其他安全設備之行為，得獨立構成刑法第 354 條所定之毀損罪；其行竊行為，亦得獨立構成刑法第 320 條第 1 項所定之普通竊盜罪。因此，本款係結合毀損罪與竊盜罪，而成立一個獨立之加重竊盜罪，性質上亦為結合犯。故毀越行為，乃為竊盜罪之加重構成要件要素。

2.加重理由

本款毀越門扇、牆垣或其他安全設備行竊，所以加重處罰，除在保護個人財產安全外，亦兼及人身及住居之安全。

我實務認為，刑法第 321 條第 1 項第 1 款與第 2 款之規定情形各別，如所犯係於侵入住宅外，並有毀越門扇牆垣等情形，自應併予論處，不能以毀越門扇牆垣亦係侵入行為，遂謂二者不能並存，應吸收於侵入之中，而只論以第 1 款之罪❷❸。

3.行為客體

(1)安全設備

本罪之行為客體，為門扇、牆垣及其他安全設備。所謂「門扇」，乃指門戶及窗扇而言。所謂「牆垣」，即牆壁或圍牆，乃為防止他人侵入之工作物，除住宅或建築物之牆壁外，圍繞房屋或庭院之圍牆，亦屬之；且不以

---

❷❷　最高法院 22 上 1460；25 上 6203。

❷❸　最高法院 24 上 418；45 臺上 1443。

土磚作成者為限，即以鋼筋、木板、石頭或籬笆等作成者，亦包括在內。門扇及牆垣，為安全設備之例示。所謂「其他安全設備」，乃指門扇、牆垣以外，其他附著於住宅、建築物或土地，且依社會通念足以作為防盜之設備。例如，門鎖、警鈴或電網等是❷。至書桌、行李箱、衣櫃或保險箱所附加之鎖鑰，並非附著於住宅、建築物或土地之上，應不包括在內。

⑵防盜設備

門上所附加之鎖鑰，雖屬於安全設備，惟如附著於門扇，已形成門扇之一部分者，如司畢林鎖之類，則屬於門扇，如有毀損之行為，應視為毀壞門扇。此項安全設備，須為防盜之設備。如係防止動物逃逸之設備，例如，魚塘水口之石窗櫺及竹竿；河中攔魚之竹笆；飼養飛鳥之鳥籠或鴿舍等，則非此所謂安全設備。

4.實行行為

⑴既毀又越

本罪之實行行為，除竊取外，尚有毀越行為。所謂「毀越」，係指既毀又越，亦即毀損後又踰越安全設備之行為。例如，破壞窗戶後，並踰越窗戶而進入；毀壞門鎖後，又復踰越進入等是。如係使用鑰匙，開啟房門入內行竊，既未損壞，亦未踰越，即與本款之規定不符。

⑵毀而不越及越而不毀

毀越，除既毀又越之情形外，毀而不越以及越而不毀，是否亦屬於毀越？實務態度，並未一致。有認為毀越，係指毀損或踰越而言❷。因此，

---

❷　門扇、牆垣為安全設備之例示規定，其本身即屬於安全設備。且因時代進步，已今非昔比，牆垣之構造，自不限於以土磚作成者為限。惟我實務往往斤斤計較於何者為門扇、牆垣，何者為安全設備。例如，「籬笆本係防閑而設，自屬安全設備之一種，究與牆垣係用土磚作成之性質有間。原判決竟以安全設備之籬笆為牆垣，依毀越牆垣論罪，自有未合。」（最高法院45臺上210）依此見解，似認為以土磚作成者，始為牆垣；且牆垣似非安全設備，籬笆始為安全設備。此種爭論，實無任何意義可言。

❷　司法院院字610；最高法院22上454。

毀而不越以及越而不毀，均屬於毀越。亦有認為毀越，係指有毀壞及超越之兩種情形而言，如僅毀而不越或越而不毀，即應僅舉其一，非謂只有毀或越之一種情形，即可概稱之為毀越❷❻。

惟如係「毀而不越」，因尚未踰越進入行竊，依實例見解，認為僅著手於加重條件之行為，而未著手搜取財物，仍不能以竊盜未遂論❷❼。因此，至多僅能依毀損罪論科。倘係「越而不毀」，因並未構成毀損罪，僅係侵害居住自由之行為，依前款予以加重處罰已足，無再依本款加重處罰之必要。因此，所謂「毀越」，應指既毀又越而言，毀而不越以及越而不毀，均非本款所謂毀越。

5. 故　意

本款毀越門扇、牆垣或其他安全設備，為竊盜行為之加重構成要件要素，兩者已結合成為一個客觀之不法構成要件。因此，行為人須於毀越之初，即有竊盜之意思，從而以毀越為其竊盜之手段者，始能成立。如於毀越之後，始起意行竊者，則應依毀損罪與普通竊盜罪，併合論罪。

(五)攜帶兇器竊盜罪

1. 攜帶兇器為加重構成要件要素

攜帶兇器行竊者，成立刑法第 321 條第 1 項第 3 款之攜帶兇器竊盜罪。本款「攜帶兇器」之規定，其性質乃屬構成要件之情狀要素，故為竊盜行為之加重構成要件要素，其攜帶兇器行為與竊盜行為已結合成為一個客觀之犯罪構成要件。

2. 加重理由

攜帶兇器行竊，所以加重處罰，除在保護個人之財產安全外，兼及被害人生命、身體之安全。

3. 實行行為

本罪之實行行為，為竊盜。

---

❷❻　最高法院 49 臺上 278（決）。

❷❼　最高法院 27 滬上 54。

4.行為情狀

本罪之行為情狀，為攜帶兇器。行為人於行竊時，須攜帶兇器，始能構成本罪。

(1)兇器之涵義

所謂「兇器」，係指依器物本身之性質，在客觀上通常對於人之生命、身體具有危險性之器具。例如，槍砲、爆裂物、小刀、短刀、割草刀、鐮刀、斧鋸或檳榔刀等是。

(2)器物本身之危險性

器物本身所具有之危險性與人加以使用之危險性不同，人加以使用之危險性，幾乎任何器物，如予不法使用，均足以造成他人生命、身體之危險。例如，手機、皮帶、絲襪、鋼筆、原子筆、書包等是。縱未不法使用，只要人加以使用，而按器物之通常作用，亦非無對於人之生命、身體造成危險之情形。例如，駕駛汽車、機車是。因此，所謂兇器，應依器物本身之性質，自客觀上加以判斷。易言之，依器物本身之性質，在客觀上足以對人之生命、身體安全構成威脅，而具有危險性之器具，均屬之。

5.故　意

攜帶兇器，為本罪之行為情狀，屬於客觀構成要件要素。因此，行為人於行竊時，主觀上對其攜帶具有危險性之器具，須具有認識，始能成立本罪。惟不論其旨在行兇抑或僅便利行竊，只須行竊時主觀上具有認識，而客觀上攜帶有此種具有危險性之兇器為已足，並不以攜帶之初有行兇之意圖為必要。如於犯他罪之後，臨時起意行竊，當時縱有攜帶兇器，只不過為其犯他罪所用之手段，與竊盜行為無關，仍應認為普通竊盜❷。倘竟恃以行兇者，應依情形成立強盜罪。如恃以行兇或反抗係為防護贓物或脫免逮捕者，則應另行成立準強盜罪。

㈥結夥竊盜罪

1.結夥為加重構成要件要素

---

❷ 最高法院 79 臺上 5253；20 上 1183；70 臺上 1613。

　　結夥三人以上行竊者，成立刑法第 321 條第 1 項第 4 款之結夥竊盜罪。本款「結夥三人以上」，其性質乃屬構成要件之情狀要素，故為竊盜行為之加重構成要件要素，結夥三人以上之行為與竊盜行為已結合成為一個客觀之犯罪構成要件。

2.加重理由

　　結夥三人以上行竊，所以加重處罰，除在保護個人之財產安全外，乃因結夥三人以上，人數較多，或共同實施，或擔任把風，或傳遞贓物，竊盜之犯行較易實現。

3.實行行為

　　本罪之實行行為，為結夥三人以上行竊。

(1)結夥犯

　　所謂結夥，乃三人以上基於共同犯罪之故意，而結為一夥，即所謂結夥犯。結夥犯，性質上仍屬於共同正犯，故須有「共同實行竊盜之行為」以及「共同實行竊盜之意思」，始能成立本罪。

　　所謂「共同實行竊盜之行為」，其所共同實行者，不以竊盜行為為限，縱實行竊盜行為以外之行為，如在場把風或傳遞贓物，亦得成立。惟至少須其中之一人已達著手竊盜之行為，始克當之。

(2)不含共謀共同正犯

　　共同實行竊盜之行為，不論係合力實行或行為分擔，因須結為一夥，而實行竊盜行為，其態樣與總則第 28 條之共同正犯，稍有不同。故我司法實務認為應以在場共同實行或在場參與分擔實行犯罪之人為限，不包括共謀共同正犯之情形在內❷⁹。

　　又所謂「結夥三人」，須實行竊盜之共同正犯確有三人，若其中一人僅為教唆犯或幫助犯，或二人共同竊盜完成後，為掩護或處分贓物計，與另一人聯絡，則該一人自不能算入結夥三人之內。惟如結夥三人竊盜，其中一人行強者，雖為單獨強盜，其餘兩人，仍以結夥三人竊盜論❸⁰。

---

❷⁹　最高法院 76 臺上 7210。

❸⁰　最高法院 23 上 2752；最高法院 23.3.19 刑議；24.7 刑議。

4.故　意

(1)共同犯意

本罪行為人須有共同實行竊盜之意思，亦即須有共同實行竊盜之意思聯絡。若僅到場觀看，而竊取則出於行為人單獨之意思與行為，即不能因有多數人之到場，而概斷為結夥；或他方並不知情，而加入竊盜之實行；或他人不知正犯犯罪之情，因而幫同實行；或脅迫他人同往行竊，如其脅迫行為已足令該另一人喪失自由意思，則其隨同行竊，即非本意，不能算入結夥三人之內❸❶。又共同實行竊盜之意思，不以明示通謀為必要，即相互間有默示之合致，亦無不可。

(2)無責任能力人

無責任能力人得否算入結夥犯之行為人數？我實務認為刑法對於無責任能力者之行為，既定為不罰，則其加工於他人之犯罪行為，亦應以其欠缺意思要件，認為無犯意之聯絡，而不算入於共同正犯之數。因此，結夥犯，亦須結夥犯之全體俱有責任能力為構成要件，若其中一人係缺乏責任能力或責任要件之人，則雖有加入實行之行為，仍不能算入結夥三人之內❸❷。

惟結夥竊盜所以加重處罰之理由，乃因結夥三人以上，人數較多，或共同實行，或擔任把風，或傳遞贓物，竊盜之犯行較易實現。有責任能力人利用無責任能力人加入實施竊盜行為，既已使竊盜之犯行較易實現，該無責任能力人自應算入結夥犯之人數內，除無責任能力人因欠缺責任能力而不成立犯罪外，其餘之行為人，倘合於結夥竊盜之要件，仍應予以加重處罰為是。

(七)乘災竊盜罪

1.乘災為加重構成要件要素

乘火災、水災或其他災害之際行竊者，成立刑法第 321 條第 1 項第 5

---

❸❶　最高法院 23 上 1220；24 上 4339；44 臺上 43；46 臺上 366。
❸❷　最高法院 28 上 3242；30 上 1240；37 上 2454。

款之乘災竊盜罪。本款「乘火災、水災或其他災害之際」，乃為竊盜行為之行為情狀，屬於加重構成要件要素，與竊盜行為已結合成為一個客觀之犯罪構成要件。

2.加重理由

乘火災、水災或其他災害之際行竊，所以加重處罰，除在保護個人財產之安全外，乃因於災害之際，不但被害人不易防範財物被竊，且行為人「趁火打劫」之心態及行徑，紊亂社會秩序，較普通竊盜罪嚴重，爰特予重加處罰。

3.實行行為

本罪之實行行為，為竊盜。

4.行為情狀

本罪之行為情狀，乃乘火災、水災或其他災害之際行竊。

(1)災害之涵義

所謂「災害」，即災變禍害，不論其發生之原因，係天然災變或人為禍害，均所不問。火災、水災，僅其例示規定，他如颱風、地震、戰爭、空襲、瘟疫、車禍或飛機墜毀等，亦均屬之。例如，乘敵人進城，秩序紊亂之際，搶取無人看管之財物；乘人因空襲警報避至郊外，竊取其住宅財物；或他人因車禍被撞倒地，未予施救，乘機竊取其財物等是。

所謂「乘災害之際」行竊，係指除災害發生時，利用其機會行竊外，尚須災害之發生，對於其所行竊之對象造成一定程度之影響，方始該當。例如，城南大火，並未殃及城北，或南部淹水，並未波及北部者，行為人於城北或北部行竊，即不合於本款之加重處罰規定。

(2)客觀上有災害發生

行竊之時，必須正當災害發生之時；若災害尚未到來，或已經過去時犯之者，則不屬之。且所謂災害發生時，係指當時在客觀上確有災害事實之發生而言。若乘他人主觀上之危懼，先事逃避之際，竊取其所存財物，而其時在客觀上災害尚未發生，自與本款規定不符❸。

---

❸　最高法院 31 上 1022；31 上 1372。

5.故　意

本款乘火災、水災或其他災害之際，既為竊盜行為之行為情狀，乃為客觀之犯罪構成要件要素。因此，行為人於實施竊盜行為時，須對於客觀上已發生火災、水災或其他災害，具有認識，始能成立本罪。

㈧站埠交通工具竊盜罪

1.站埠交通工具為加重構成要件要素

在車站、港埠、航空站或其他供水、陸、空公眾運輸之舟、車、航空機內行竊者，成立刑法第 321 條第 1 項第 6 款之站埠交通工具竊盜罪。本款之「車站、港埠、航空站或其他供水、陸、空公眾運輸之舟、車、航空機內」，為竊盜行為之行為情狀，屬於加重構成要件要素，與竊盜行為亦結合成為一個客觀之犯罪構成要件。

2.加重理由

在車站、港埠、航空站或其他供水、陸、空公眾運輸之舟、車、航空機內行竊，所以加重處罰，除在保護個人之財產安全外，乃因車站、港埠、航空站或其他供水、陸、空公眾運輸之舟、車、航空機，為旅客聚集之場所，防盜難，而行竊易，且遭竊後，輒使人進退維谷，特予加重處罰。

3.實行行為

本罪之實行行為，為竊盜。

4.行為情狀

本罪之行為情狀，乃於車站、港埠、航空站或其他供水、陸、空公眾運輸之舟、車、航空機內行竊。

⑴車站、港埠之範圍

所謂「車站」，乃公眾運輸交通工具停靠，供旅客上下車之場所。例如，火車站、公共汽車站、公共汽車招呼站、捷運車站以及高鐵車站等是。公眾停車場或私人停車處，不包括在內。所謂「港埠」，係指船舶停靠之碼頭，供旅客上下或貨物裝卸之場所。例如，海港客、貨運之碼頭、水庫遊艇之碼頭等是。私人船舶停靠之碼頭，則不包括在內。

至車站與港埠之範圍，並非泛指整個車站或港埠之地區，而係以車船停靠，旅客上落、停留及必經之地為限。除月臺、車廂及船艙外，他如售票處、候車室、候輪室、行李房或倉庫等是。惟江邊、車頭房、餐廳、站臺外軌道上或軌道旁，則均不屬之。因此，在站臺竊取車上之財物或在車上竊取站臺之財物；或在車廂門口之車梯上，扒竊正當上車旅客衣袋內之錢款，其犯罪行為既在車站內實施，自應成立本罪。

又本罪係因犯罪場所所設之加重處罰規定，只須於車站或港埠行竊，即得以本罪律之；至其行竊時，究為夜間或白晝、旅客是否群集或稀疏，以及班車或船舶有否行駛，均非所問。

⑵**航空站或供公眾運輸之交通工具內**

本罪之犯罪場所，原以車站或港埠為限，惟航空站及供水、陸、空公眾運輸之交通工具，旅客上下擁擠，其防竊難，行竊易之情形，較之車站等實更為嚴重；且因時移勢易，航空站亦為旅客聚集或上下之場所，其防竊難，行竊易之情形，已與車站等無何差異。因此，本款乃增列在「航空站或供水、陸、空公眾運輸之交通工具內」行竊者，亦予以加重處罰。

5. **故　意**

本罪之車站、港埠、航空站或其他供水、陸、空公眾運輸之舟、車、航空機，既為竊盜行為之行為情狀，乃為客觀之犯罪構成要件要素。因此，行為人於實施竊盜行為時，須對於車站、港埠、航空站或其他供水、陸、空公眾運輸之舟、車、航空機等場所，具有認識，始能成立本罪。

㈨既遂、未遂

本罪之未遂犯，罰之。各種加重竊盜罪既遂、未遂區別之標準，亦以所竊之物是否入於行為人或第三人實力支配之下為準。

1. **著手時期**

各種加重竊盜罪之著手時期，究為何時？實與本條所規定六款加重事由之性質，具有密切關係。

⑴**解釋為加重條件時**

倘認其為單純之加重條件，亦即為加重處罰或刑罰之條件，則須竊盜行為已具備犯罪之成立要件後，在量刑上始予加重處罰，性質上乃為加重量刑之事由。因此，本罪實行之著手，自以竊盜行為已否開始為準。

我實務向來均採此見解，例如，「刑法第 321 條之竊盜罪，為第 320 條之加重條文，自係以竊取他人之物為其犯罪行為之實行。至該條第 1 項各款所列情形，不過為犯竊盜罪之加重條件，不能視為竊盜罪之構成要件，如僅著手於該項加重條件之行為而未著手搜取財物，仍不能以本條之竊盜未遂論。」❸❹

⑵解釋為加重構成要件要素時

如認其非單純之加重處罰條件，而係加重犯罪構成要件要素，則此六款加重事由，或為竊盜行為之結合犯，或為竊盜罪之構成要件情狀要素，已與竊盜行為結合成為加重竊盜罪之客觀不法構成要件。其行為之著手，自須就竊盜行為與其加重之行為情狀，綜合其主觀要件予以判斷。

因此，侵入、隱匿住居或毀越安全設備之行為，因可獨立成罪，故行為人於侵入或毀越之初，即有竊盜之意思，且以侵入或毀越為其竊盜之手段時，其實行之著手，自須以侵入或毀越行為開始時為準，而非以竊盜行為為準❸❺。至於其他四款行為情狀，因其係構成要件行為之情狀要素，並

---

❸❹　最高法院 27 滬上 54；48 臺上 1006（決）。

❸❺　實務（最高法院 82.4.13 刑議）認為，進入他人住宅之原因甚多，進入他人住宅未必皆應成立犯罪，即令係無故侵入他人住宅，亦僅成立刑法第 306 條之妨害自由罪。刑法第 321 條第 1 項第 1 款之加重竊盜罪，在未著手於竊盜行為之前，一因侵入他人住宅除為竊盜外，尚有其他各種原因，自不能認為侵入他人住宅即係加重竊盜未遂。如認侵入他人住宅即應成立加重竊盜未遂，則行為人如侵入他人住宅尚未著手強姦或殺人，是否亦應認為成立強姦未遂或殺人未遂？若謂竊賊於夜間侵入他人住宅尚未著手行竊，即應成立加重竊盜未遂罪，而侵入他人住宅尚未著手強姦或殺人行為，則僅論以無故侵入他人住宅罪，不成立強姦未遂或殺人未遂罪，豈非雙重標準？實例此種見解，大有可議。蓋結合犯既為實質上之一罪，行為人須有實施所結合兩罪之包括認識，亦即行為人於實施所結合之第一個行為之初，至少亦須於第一個行為完成之前，已有實施

非構成要件行為本身，在判斷其犯罪實行行為之著手時，自仍以構成要件行為之竊盜行為是否開始為準。

2.既遂時期

本罪既遂、未遂之區別，以行為人已否破壞持有人對物之監督支配關係，而將所竊之物移入於行為人或第三人實力支配之下為準。此項標準，亦應就物之性質、形狀與場所之狀況以及竊取行為本身之特質等綜合予以判斷。

㈩個人免除刑罰事由

於直系血親、配偶或同財共居親屬之間，犯本罪者，得免除其刑（刑324 I）。直系血親、配偶、同財共居親屬或其他五親等內血親或三親等內姻親之間，犯本罪者，須告訴乃論（刑324 II）。

㈡罪數及與他罪之關係

1.罪數之認定標準

本罪罪數之認定，我實務向認為：「刑法第321條第1項所列各款為竊盜之加重條件，如犯竊盜罪兼具數款加重情形時，因竊盜行為只有一個，仍只成立一罪，不能認為法律競合或犯罪競合，但判決主文應將各種加重情形順序揭明，理由並應引用各款，俾相適應。」

惟各種加重竊盜罪，既屬竊盜罪之加重構成要件類型，是其所保護之法益，主要者仍係個人對財物之持有利益；而次要保護法益，則係與各種加重竊盜罪之加重處罰目的有關。在判斷各種加重竊盜罪之成立個數時，原則上，仍應以侵害其財物持有法益之個數為準，而與財物之個數及所有權屬於何人或多少人無關。因此，侵害數個持有法益時，固應成立數罪；侵害一個持有法益時，倘其所實施之竊取行為，亦為一個時，不論其係一人單獨持有，或係數人共同持有，仍僅成立單純一罪。

第二個行為之意思，始能成立結合犯；且侵入住宅強姦或殺人，並非結合犯，豈能相提並論？

2. 加重竊盜罪與普通竊盜罪

加重竊盜罪為特別規定，普通竊盜罪為一般規定。成立法條競合時，應優先適用特別規定之加重竊盜罪，而排斥適用一般規定之普通竊盜罪。

3. 侵入住居竊盜罪與侵入住居罪

侵入住居竊盜罪為結合犯，結合犯之構成要件，係由二個（或以上）之犯罪構成要件，結合而成為一個獨立之犯罪構成要件。對其所包含之構成要件而言，亦將其全部要素包容在內，而其本身另具一個（或以上）之獨立要素，故為特別規定，僅就結合犯之構成要件予以評價為已足，其所包含之構成要件即無再予適用之必要。因此，侵入住居竊盜罪與侵入住居罪二罪間具有特別關係，前者為特別規定，後者為一般規定。成立法條競合時，優先適用特別規定之侵入住居竊盜罪，排斥適用一般規定之侵入住居罪。

4. 毀越安全設備竊盜罪與毀損罪

毀越安全設備竊盜罪亦為結合犯，僅就結合犯之構成要件予以評價為已足，其所包含之構成要件即無再予適用之必要。因此，毀越安全設備竊盜罪與毀損罪二罪間具有特別關係，前者為特別規定，後者為一般規定。成立法條競合時，優先適用特別規定之毀越安全設備竊盜罪，排斥適用一般規定之毀損罪。

5. 攜帶兇器竊盜罪與持有危險物罪

攜帶兇器竊盜罪之保護法益，除個人之財產安全外，兼及人身之安全；至本法第 186 條及第 187 條所定之持有危險物罪之保護法益，則為公共安全，二罪間不具保護法益之同一性，不能成立法條競合，應分別成罪，予以併合論罪。

第九章　搶奪強盜及海盜罪

一、犯罪類型

　　本章之犯罪類型，計有三類：㈠搶奪罪之犯罪類型，計有第 325 條「普通搶奪罪」及第 326 條「加重搶奪罪」。㈡強盜罪之犯罪類型，計有第 328 條「普通強盜罪」；第 329 條「準強盜罪」；第 330 條「加重強盜罪」及第 332 條「強盜結合罪」。㈢海盜罪之犯罪類型，計有第 333 條「普通海盜罪」及第 334 條「海盜結合罪」。

二、普通搶奪罪

第 325 條　意圖為自己或第三人不法之所有，而搶奪他人之動產者，處六月以上五年以下有期徒刑。

　　　　　因而致人於死者，處無期徒刑或七年以上有期徒刑，致重傷者，處三年以上十年以下有期徒刑。

　　　　　第一項之未遂犯罰之。

㈠罪　質

1.取得罪

　　搶奪罪，乃乘人不及抗拒，而奪取他人財物之犯罪。搶奪罪與竊盜罪及強盜罪同，性質上，均屬於取得罪。惟竊盜罪，係乘物之持有人不知情而取走其物，亦即未當場直接侵害持有人之自由意思，而取得他人之物。而搶奪罪與強盜罪，則係在物之持有人知情下，亦即當場直接侵害持有人之自由意思，而取得他人之物。其侵害持有人之自由意思，尚未達抑制其自由意思之程度者，為搶奪罪；如已達足以抑制其自由意思者，則為強盜罪。

2.含有侵害自由法益之性質

　　竊盜罪、搶奪罪與強盜罪，雖均係違反持有人之意思，而取得他人之物，但性質上，竊盜罪屬於單純財產罪；搶奪罪與強盜罪，因均為當場直接侵害持有人之自由意思，且須施以不法腕力，而奪取他人之財物，兼含有侵害自由法益之性質在內，兩者性質較為接近。故搶奪罪，可謂係介於竊盜罪與強盜罪間之犯罪規定；其犯罪情節，較竊盜罪重，而比強盜罪輕。

㈡保護法益

　　本罪之保護法益與竊盜罪同，均係侵害他人對於動產之持有利益；且因搶奪行為係當場直接侵害持有人之自由意思，而同時侵及他人之自由法益。因此，本罪之保護法益，除被害人對於個別財產之持有利益外，尚兼及個人之自由安全在內。

㈢行為客體

　　本罪之行為客體，為他人之動產。所謂他人，為行為人以外之自然人。因搶奪行為，係當場直接侵害持有人之自由意思，且須施以不法腕力，而奪取他人之財物。故在解釋上，法人或非法人之團體，不包含在內。只須為自然人，至其為幼童或精神病人，有否責任能力，均非所問。所謂他人之動產，乃指他人持有之動產。至該動產是否屬於自己所有，則非所問。

　　我實務認為：1.所謂他人之動產，須在他人監督之下。不限於純粹他人所有之動產，即非他人所有，或係自己與他人共有，而在他人監督之下者，亦得為本罪之客體。 2.共同繼承父母之遺產，在未經分授前，由其中一人保管者，該遺產仍得為本罪之客體。 3.他人土地內未分離之出產物或定著物，固為不動產，但搶奪時須將其物分離（如收割、拆卸等），始可達其目的，其分離後之出產物或定著物，當然成為獨立物，自得為本罪之客體。 4.但耕作地之出租人，因收回自耕為合法之終止契約後，收取原承租人或惡意占有人所培養之孳息；或江中天然所生之魚蟹，在未經捕取前，則非屬他人之動產，不得以本罪律之❶。

㈣實行行為

本罪之實行行為，為搶奪。所謂搶奪，係指行為人乘人不及抗拒，以當場直接侵害持有人自由意思之手段，破壞持有人對物之監督支配關係，尚未達抑制持有人自由意思程度之行為。

1. 乘人不及抗拒

搶奪行為之涵義，實例及一般見解均認為係乘人不備而公然掠取之行為。惟所謂乘人不備，乃乘人不及防備之義，尚與乘人不及抗拒有別。通常竊盜行為亦須乘人不備，始有可能得手。故乘人不備，並非搶奪行為之特徵，無法以之與竊盜行為相區別。因此，搶奪行為，乃係以不法腕力，乘人不及抗拒，而將他人之財物加以奪取之行為。

2. 公然或秘密為之

搶奪行為是否須公然掠取，不無疑義。實例及一般見解雖認為竊盜須秘密為之，搶奪則須公然掠取者，始足當之。惟竊盜行為，亦有公然為之者，例如，在公車上扒竊乘客財物之情形是。而搶奪行為，亦有非公然為之者，例如，於密室中，將他人手中所持之物加以奪取而去，既非公然，亦非乘人不知，且未使用強脅手段，自仍應成立搶奪罪。因此，搶奪行為，只須以不法腕力，乘人不及抗拒，而將他人之財物加以奪取之行為，即足當之。至其是否公然掠取，並非所問。

在社會生活中偶見或常見之實例如次：⑴見他人之互助會款，掉落地上，當場撿拾而去；⑵計程車司機見乘客暫時下車，車上留有皮包，迅速將車駛離；⑶佯購金飾，選看時轉身逃逸；⑷騎機車擦身而過，將行人背包乘機掠取等情形。因行為人取得他人持有之物，均係當場直接侵害被害人之自由意思，且尚未達足以抑制被害人自由意思之程度，自均得論以搶奪罪。

---

❶ 最高法院 25 上 6097；29 上 2646；29 上 45；24 上 6187；29 上 3348；司法院 37 院解 3830。

㈤故意與意圖

1.故　意

　　本罪為故意犯，行為人須認識行為客體係他人所持有之動產，且須認識其行為係乘人不及抗拒而當場為之，即得成立。如行為人誤以為物之持有人不知情，實際上物之持有人則知情者，因竊盜罪與搶奪罪在未得同意而取得他人之物之範圍內，具有同質重合之關係，只應論以竊盜罪，而非搶奪罪。同理，行為人誤認其行為僅使物之持有人不及抗拒，實際上其行為已達於使人不能抗拒者，仍應於同質重合之限度內，論以搶奪罪，而不能以強盜罪相繩。

　　又行為人於實施搶奪行為時，僅須認識其客體為他人所持有之動產，即為已足；無須就該動產之內容、性質或種類，有具體之認識。例如，誤認他人所持皮包中，藏有現鈔，而下手搶奪，實則皮包中僅有一些雜物者，仍不影響搶奪罪之成立。

2.意　圖

　　本罪行為人除須具有搶奪之故意外，尚須具有意圖為自己或第三人不法之所有，始能成罪。因此，搶奪罪之成立，除客觀上須有奪取行為外，並以主觀上明知其無取得之權利，而圖為自己或第三人不法之所有為構成要件，如果誤認為有權取得，縱為排除他人妨害具有類似奪取之情形，仍難論以該項罪名。且因他人欠債未償，隱匿財產，遂搬取其財物，聲請假扣押，完全為保全債權之行為，並無不法所有之意圖，即使形式上類似搶奪，仍難以搶奪罪相繩。此項據為所有之意思，須於搶奪時即已存在，苟當時並無據為所有之意思，迨其後因他項原因，拒不交還，仍與該罪之意思條件不符 ❷。

㈥既遂、未遂

　　本罪之未遂犯罰之。既遂、未遂之判斷標準，以行為人之搶奪行為，

---

❷　最高法院 29 上 124；46 臺上 81；28 上 2782；20 上 1228。

是否已破壞持有人對該動產之監督支配關係，且已將該動產置於行為人或第三人實力支配之下為準。

㈦罪數及與他罪之關係

1. 罪數之認定標準

本罪為侵害財產持有法益之犯罪，被害人縱為數人，例如，數人共同持有一物或數物之情形，對之加以搶奪，亦僅成立一罪。罪數之判斷，應以侵害其持有法益之個數為準，而與動產或不動產等財物之個數及所有權屬於何人或多少人無關。因此，侵害數個持有法益時，固應成立數罪；侵害一個持有法益時，倘其所實施之搶奪行為，亦為一個時，不論其係一人單獨持有，或係數人共同持有，仍僅成立單純一罪。

2. 本罪與竊盜罪

本罪與竊盜罪之保護法益，均為個人對財物之持有利益，具有保護法益之同一性。二罪間具有補充關係，本罪為基本規定，竊盜罪為補充規定。成立法條競合時，應優先適用基本規定之本罪，排除普通竊盜罪之適用。

在「轉念搶奪」之情形，亦即本擬竊取他人之財物，正著手偷竊時，不意為被害人登時發覺，乃易偷為搶，而將該財物奪取逃逸者，因其先後該當之兩罪，在主觀方面，行為人前後之竊盜與搶奪犯意，乃基於同一犯意之延伸；在客觀方面，其前後之竊盜與搶奪行為，具有密接性。因此，其整體行為所該當之普通竊盜罪未遂犯與普通搶奪罪既遂犯，即具有侵害法益之同一性，而成立法條競合，自應優先適用基本規定之本罪，排除普通竊盜罪之適用。

3. 本罪與強制罪

本罪之內容，當然含有使人行無義務之事，或妨害人行使權利等妨害自由之性質。因此，本罪為吸收規定，強制罪為被吸收規定。成立法條競合時，應優先適用吸收規定之本罪處斷，排除強制罪之適用。

我實務亦認為，本罪之內容，當然含有使人行無義務之事，或妨害人行使權利等妨害自由之性質，各該罪一經成立，則妨害自由之行為，即已

包含在內，自無另行成立妨害自由罪名之餘地❸。

三、加重搶奪罪

第 326 條　犯前條第一項之罪，而有第三百二十一條第一項各款情形之一
　　　　　者，處一年以上七年以下有期徒刑。
　　　　　前項之未遂犯罰之。

㈠基本構成要件

加重搶奪罪之基本構成要件行為，為搶奪。

㈡加重構成要件

加重搶奪罪之加重構成要件要素，與加重竊盜罪同，須具有本法第 321
條第 1 項各款之 1.侵入住居或隱匿住居； 2.毀越安全設備； 3.攜帶兇器；
4.結夥； 5.乘災或 6.車站港埠，實施搶奪行為，始能依加重搶奪罪論科。

㈢加重搶奪罪與普通搶奪罪

加重搶奪罪與普通搶奪罪，具有特別關係。成立法條競合時，應優先
適用特別規定之加重搶奪罪，而排斥適用一般規定之普通搶奪罪。

四、普通強盜罪

第 328 條　意圖為自己或第三人不法之所有，以強暴、脅迫、藥劑、催眠
　　　　　術或他法，至使不能抗拒，而取他人之物或使其交付者，為強
　　　　　盜罪，處五年以上有期徒刑。
　　　　　以前項方法得財產上不法之利益或使第三人得之者，亦同。
　　　　　犯強盜罪因而致人於死者，處死刑、無期徒刑或十年以上有期

---

❸　最高法院 32 上 1378。

徒刑；致重傷者，處無期徒刑或七年以上有期徒刑。

第一項及第二項之未遂犯罰之。

預備犯強盜罪者，處一年以下有期徒刑、拘役或三千元以下罰金。

(一)罪　質

1.非實質結合犯

強盜罪，係以強暴脅迫等強制手段，足以使人不能抗拒，而強取他人財物之犯罪。一般認為強盜罪係將搶奪與妨害自由二罪結合為一個獨立之犯罪，性質上屬於實質結合犯。惟結合犯須所結合之二個行為均能獨立成罪，不論形式結合犯抑或實質結合犯，均應作如此解釋。其使用強暴脅迫之強制手段，而強取他人之財物，固含有強制罪之性質在內；惟單純之強暴脅迫行為，未必成立犯罪，且強制手段不以強暴脅迫行為為限，尚有藥劑、催眠術或他法，此等方法行為，通常並非犯罪行為。不僅如此，搶奪行為，尚未壓抑被害人之抵抗能力；強盜之強脅行為，則已使人不能抗拒，其行為之內涵，亦有不同。因此，強盜罪是否屬於搶奪與妨害自由二罪之結合犯，似有商榷之餘地。

2.含有侵害自由法益之性質

強盜罪與搶奪罪同，均係當場直接侵害持有人之自由意思，且須施以不法腕力，而奪取他人之財物，亦兼含有侵害自由法益之性質在內。

(二)保護法益

本罪之保護法益與竊盜罪、搶奪罪同，均係侵害他人對於財物之持有利益；且因強盜行為係使用足以抑制他人抵抗程度之強脅手段奪取他人之財物，亦具有侵害他人意思自由與行動自由之性質。因此，本罪之保護法益，除財產法益外，兼含有意思自由與行動自由等自由法益在內。

㈢行為客體

本罪之行為客體有二：1.他人之物；2.財產上利益。

1.他人之物

所謂他人之物，乃指他人持有之物。所謂他人，為行為人以外之自然人，法人或非法人之團體，不包含在內。只須為自然人，至其為幼童或精神病人，有否責任能力，均非所問。他人持有之物，該他人有否所有權或該物是否屬於行為人自己所有，亦所不論。凡對於事實上就該物有支配力之人，實施強暴脅迫，致其喪失自由意思而為奪取或使其交付者，即應構成本罪。且本罪之財物，不以動產為限，即不動產，亦包括在內。

2.財產上之利益

⑴財產上利益之涵義

所謂「財產上之利益」，乃指除物以外之其他財產上之利益。法文上所謂「財產上之不法利益」，係指以不法方法取得財產上利益之意，而非財產上利益本身具有不法性。例如，以強暴脅迫之手段，威脅他人免除債務之情形是。財產上之利益，可能為積極財產之增加，例如，財物之取得是；可能為消極財產之減少，例如，免付車資是。可能為永久之利益，例如，免除債務是；可能為一時之利益，例如，延期清償是。

⑵財產上利益之類型

財產上之利益，約有以下數種類型：①使被害人為財產上之一定處分。例如，使免除債務、使賤價出售等是。②使被害人提供一定之勞務。例如，強使藝人公演、強搭霸王車等是。③使被害人為一定之意思表示。例如，使負擔債務、使延期清償等是。

㈣實行行為

本罪之實行行為，係以強暴、脅迫、藥劑、催眠術或他法，至使不能抗拒，而取他人之物或使其交付，或得或使第三人得財產上不法之利益。

1.強制手段

本罪須以強暴、脅迫、藥劑、催眠術或他法之手段為之，始能成罪。「強暴」，係指對於人施以有形力或物理力，使其無法或難以抗拒之行為。強暴行為，只須以人為對象，未必直接對人之身體實施，對物施以有形力或物理力，如足以壓抑對方之意思或行動自由者，亦為強暴。殺人或傷害，亦屬壓抑對方抵抗能力之手段，而屬於強暴之態樣。

「脅迫」，係指以使對方心生畏怖為目的，而將加惡害之意告知，且足以抑制其抵抗能力之行為。其惡害之種類、性質，並無限制；行為人有否真正加害之意思或有否加害之能力，亦非所問。脅迫與恐嚇，在意涵上，均係告知對方惡害，使生畏怖心之行為。惟脅迫須足以使對方喪失意思自由或壓抑其抵抗能力；恐嚇則只須足以使對方心生畏怖為已足。兩者在行為之程度上，仍有區別。

「藥劑」，係指足以使他人喪失抵抗能力之藥物，例如，安眠藥、麻醉劑等是。「催眠術」，係指足以使人陷入無意識昏睡狀態之方法。「他法」，係指除強暴、脅迫、藥劑或催眠術以外，其他足以抑制他人抵抗能力之方法。例如，勸酒灌醉；攜帶假槍，冒充真槍或用手放入衣袋，裝作手槍等情形是。至施詐行為，僅能使人陷於錯誤，無法抑制他人之抵抗能力，故所謂他法，不含詐術在內。例如，乘人驚惶之際，詐稱土匪前來，相距不遠，迫人驚走後，乘機取去財物之情形，實例認為應成立竊盜罪❹，惟此種情形，似應認其成立詐欺罪，較為妥當。

2.強制程度

⑴足使不能或難以抗拒

本罪之強制手段，只須足以壓抑被害人之抵抗能力，使其喪失意思自由或使其身體上、精神上處於不能或難以抗拒之狀態為已足，縱令被害人實際上並無抗拒行為，或實際上並未壓抑被害人之反抗能力，仍於強盜罪之成立，不生影響。法文上使用「至使不能抗拒」一語，似指須已壓抑被害人之反抗能力，惟為符合常情，且避免本罪之適用範圍過於狹隘，解釋上，只須「足使不能或難以抗拒」即得成立。我實務亦有採此見解者，例

---

❹　司法院院字 321。

如：強盜罪所施用之強暴、脅迫手段，只須足以壓抑被害人之抗拒，使其喪失意思自由為已足，縱令被害人實際無抗拒行為，仍於強盜罪之成立，不生影響；強盜罪之所謂「不能抗拒」，係指行為人所為之強暴、脅迫等不法行為，就當時之具體事實，予以客觀之判斷，足使被害人身體上或精神上達於不能或顯難抗拒之程度而言❺。

⑵不能或難以抗拒之判斷標準

行為人所施之強制手段，須足以壓抑被害人之意思自由，使其不能或難以抗拒。至是否足以壓抑被害人之意思自由，使其不能或難以抗拒，原則上固應依客觀之標準加以判斷，惟有時行為人或被害人之意思及其他主觀之情事，亦應綜合予以考慮。易言之，判斷是否足以達到使人不能抗拒之程度，應就具體之情況，斟酌行為人以及被害人之人數、年齡、性別、性格與體格等，犯行之時間、場所、兇器之有無、種類以及使用方法等以及被害人之主觀情事，綜合予以判斷。例如，行為人不知被害人為盲聾之人，而默默以手槍予以威脅者，被害人雖未意識其存在，仍不影響本罪之成立；惟如行為人明知被害人為盲聾之人，而默默以手槍予以威脅者，則尚難認為足以抑制被害人之抵抗能力。

因此，強盜罪之強制手段，只須足以壓抑被害人之反抗能力，使其喪失意思自由為已足，不必實際上已壓抑被害人之反抗能力或業已喪失意思自由。行為人實施足以抑制被害人反抗程度之強制手段時，客觀上已足使被害人身體上或精神上達於不能或顯難抗拒之程度，縱然被害人之抵抗能力並未被抑制，或實際上並無抗拒行為，仍應成立強盜既遂罪。例如，行為人持刀喝令被害人交出身上財物，被害人並未心生畏懼，但基於憐憫之情，仍交付財物之情形是。

3.行為態樣

本罪之行為態樣有三：

⑴強　取：係指以強制手段，壓抑對方之抵抗能力，而將他人之財物移轉於自己或第三人之行為。此種取得他人財物之行為，性質上以動產

---

❺ 最高法院 94 臺上 2266 （決）；30 上 3023；29 上 2476；22 上 317。

為限。

　　⑵強使交付：係指以強制手段，壓抑對方之抵抗能力，而使被害人或第三人交付財物之行為。強使交付行為，不論動產或不動產，均得為之。

　　⑶強　得：係指以強制手段，壓抑對方之抵抗能力，而獲得他人財產上利益之行為。其係自己獲得或使第三人獲得，均得成立。

4.強制手段與取得財物之因果關係

　　強盜罪之成立，須行為人先實施足以壓抑被害人抵抗能力之強制手段，而後奪取其財物。其強制手段與奪取財物間，須具有因果關係，始能成立。

　　⑴轉念強盜

　　行為人著手搶奪財物後，因被害人抵抗，始實施足以壓抑被害人反抗之強制手段，並強取財物者，係由搶奪轉換為強盜，即所謂「轉念強盜」之情形，其強制手段與奪取財物間，具有密接性，得認定其因果關係之存在，仍得論以強盜罪。倘行為人先奪取財物，嗣為防護贓物、脫免逮捕或湮滅罪證，始實施強制手段者，其強制手段與奪取財物間，並無因果關係，不能成立強盜罪，僅能論以準強盜罪。

　　⑵壓抑反抗後，始生取得財物之意思

　　強盜罪，須以強制手段作為取得財物之手段。倘行為人因其他原因實施強制手段壓抑被害人之反抗後，始生取得財物之意思，而奪取其財物者，例如，因商業糾紛，進而鬥毆，將被害人打倒在地，見其皮包掉落地上，順手將其皮包取走逃逸之情形是。在此情形，行為人僅係利用強制結果之抑制反抗狀態，而取得財物，其強制手段與財物取得間，並無因果關係，不能以強盜罪論科，僅能依竊盜或搶奪罪予以論處。

㈤行為結果

　　本罪在性質上為結果犯，須因實施強制手段，因而使行為人或第三人取得財物或獲得財產上利益之結果，始為既遂。惟被害人因其他情事已處於不能抗拒狀態，為避免惡害而交付財物，行為人僅係知情而收受者，因未實施強脅行為，尚不成立強盜罪。

㈥故意與意圖

1.故　意

本罪為故意犯，不問係直接故意抑或未必故意，均足當之。行為人主觀上須對於其實施足以壓抑被害人反抗之強制手段以及奪取財物之事實，具有認識，始能成立強盜故意。

因判斷是否足以達到使人不能或難以抗拒之程度，原則上應就具體之情況，斟酌行為人以及被害人之人數、年齡、性別、性格與體格等，犯行之時間、場所、兇器之有無、種類以及使用方法等，綜合予以判斷。是故，行為人對此程度應有認識之必要。倘行為人知悉被害人對於強制手段具有無法認識之情事時，即不能認其有實施強制手段之故意。例如，知對方係耳聾之人，仍出聲威脅之情形是。

2.意　圖

⑴限於強盜取財罪

本罪，亦為目的犯，行為人在主觀上須具有為自己或第三人不法所有之意圖，始能成罪。若奪取財物，係基於他種目的，而非出於不法所有之意思者，縱其行為違法，仍不成立強盜罪。例如，見他人懷中藏有安非他命，認此種危害社會之違禁物應予銷毀，乃以強脅手段加以奪取，而後丟棄於河中之情形是。

至不法所有之意圖，是否僅存在於強盜取財罪，而強盜得利罪則不需有此意圖？實不無疑義。就本條第 2 項之法文觀之，僅曰「以前項方法……」，解釋上，似不必具有不法所有之意圖，即足成立。我實務亦採此看法❻。

⑵使用強盜

基於一時使用之目的，而強取他人財物，即所謂「使用強盜」之情形，可否成立強盜罪？原則上應與「使用竊盜」為相同之處理。例如，以強脅手段，強借他人汽車供其環島旅遊後，再予歸還之情形是。惟因本罪另有強盜得利罪之規定，使用強盜之行為，縱不符合第 1 項強盜取財罪之規定，

---

❻　最高法院 96 臺上 3226（決）。

倘有符合第 2 項強盜得利罪之規定時，自得依強盜得利罪律之。

㈦權利行使與強盜罪

　　行為人以強盜行為作為權利行使之手段時，例如，他人借用財物不還，乃以強脅手段強行取回；或他人已收受買賣價金，拒不給付貨物，遂以強制手段強行索取等。對此情形，行為人雖有私法上之正當權利，但不依合法手段，而以強脅等非法之方法，強取財物，不符合社會相當性，不能阻卻違法，自應成立強盜罪。

　　惟被他人奪取財物後，旋以強制手段取回者，例如，行為人遭搶後，旋撿拾木棒自後毆擊盜犯，而將財物取回，則屬於自救行為。其強制取財行為本身，係屬權利行使行為，自得阻卻違法，不成立犯罪。

㈧預備、未遂與既遂

　　本罪處罰預備犯，行為人著手強盜行為前之準備行為，即為本罪之預備犯。例如，結夥攜械，候劫行人；或持槍枝藏匿某處道旁樹林內，窺伺行人，以便實施搶劫，均得成立本罪之預備犯❼。

1. 著手時期

　　本罪之著手時期，以行為人開始實施強暴脅迫等行為時為準。行為人雖以強盜之故意，而侵入他人之住宅，或雖有盜取他人財物之行為，惟未實施強制手段時，尚不能認為有強盜罪之著手。至轉念強盜，例如，竊取他人之財物後，改變態度而強取其他之財物者，以改變態度後開始實施強制手段時，為強盜罪實行之著手。

2. 既遂時期

　　本罪既遂、未遂之判斷標準，以被害人已否處於不能或難以抗拒，且行為人或第三人已否得財或得利為準。行為人施用強暴脅迫等手段，已取得財物或得利者，為本罪之既遂犯；惟雖已取得財物或得利，如被害人並未處於不能或難以抗拒之狀態者，因尚未完全充足既遂犯之犯罪構成要件，

---

❼　最高法院 23 非 85；25 非 159。

仍應論以未遂犯。

3.狀態犯

強盜罪為狀態犯，行為人已得財或得利後，犯罪業已既遂，事後處分贓物之行為，因並未侵害新法益，僅能適用強盜罪加以處罰。

㈨罪數及與他罪之關係

1.罪數之認定標準

本罪之保護法益，主要為個人對財物之持有利益，而兼及個人之自由安全。因此，其犯罪之個數，應以侵害其持有法益之個數為準，而與財物之個數及所有權屬於何人或多少人無關。

2.強盜取財罪與強盜得利罪

強盜取財罪與強盜得利罪間，具有補充關係。成立法條競合時，應優先適用基本規定之強盜取財罪，排斥強盜得利罪之適用。例如，搭乘計程車，抵達目的地後，持刀威脅司機，令其交出身上財物，且拒付車資者，得分別該當強盜取財罪與強盜得利罪，依法條競合之補充關係，優先適用基本規定之強盜取財罪處斷，排除強盜得利罪之適用。

3.強盜取財罪與普通竊盜罪

強盜取財罪與普通竊盜罪之保護法益，均為個人對財物之持有利益，具有保護法益之同一性。二罪間具有補充關係，強盜取財罪為基本規定，普通竊盜罪為補充規定。成立法條競合時，應優先適用基本規定之強盜取財罪，排除普通竊盜罪之適用。

在「轉念強盜」之情形，我實務認為強盜與竊盜，僅係取得財物手段不同，就其圖得不法所有，以非法方法取得他人財物而言，兩者並無差異，倘原以竊盜犯意著手行竊，於財物未經入手之際，因被事主發覺，而當場施以強暴、脅迫，致使不能抗拒，嗣後復強取他人之物，顯可認其圖為不法所有取得他人財物之犯意，仍相一貫，僅於中途變更竊盜手段為強取而已，其本質上已屬強盜行為，自應逕論以強盜罪❽。

---

❽ 最高法院 94 臺上 6671（決）。

4.強盜取財罪與普通搶奪罪

強盜取財罪與普通搶奪罪，具有補充關係。成立法條競合時，應優先適用基本規定之強盜取財罪處斷，而排除普通搶奪罪之適用。我實務認為，搶奪與強盜雖同具不法得財之意思，然搶奪僅係乘人不備公然掠取，若施用強暴、脅迫或他法使被害人身體上或精神上處於不能抗拒之狀態，而取其財物或令其交付者，則為強盜。而強盜罪之所謂「不能抗拒」，係指行為人所為之強暴、脅迫等不法行為，就當時之具體事實，予以客觀之判斷，足使被害人身體上或精神上達於不能或顯難抗拒之程度而言❾。

5.強盜取財罪與妨害自由罪

強盜取財罪與妨害自由罪，具有吸收關係。成立法條競合時，應優先適用吸收規定之強盜取財罪處斷，而排斥妨害自由罪之適用。

我實務亦認為，強取財物罪之內容，當然含有使人行無義務之事，或妨害人行使權利，或剝奪人行動自由等妨害自由之性質，強盜罪一經成立，則妨害自由之行為，即已包含在內，自無另行成立妨害自由罪名之餘地。強盜罪以強暴、脅迫等方法，致使不能抗拒為構成要件之一，當然含有妨害被害人自由之性質，故犯強盜罪而有妨害被害人之自由時，是否另論以妨害自由罪名，應就行為人之全部犯罪行為實施過程加以觀察。倘妨害自由行為時，強盜行為尚未著手實施，可依其情形認為妨害自由、強盜犯罪間具有方法結果之牽連關係；若強盜犯行業已著手實施，則所為強暴、脅迫等非法方法剝奪被害人行動自由行為，應包括在強盜行為之內，無另行成立刑法第302條第1項之妨害自由罪之餘地❿。

6.強盜取財罪與輕傷罪

行為人實施強脅行為，致被害人生傷害之結果者，因兩罪之保護法益不同，自應分別成罪。強暴行為，固非以傷人為當然之方法，但如傷人時，其強暴行為，即為傷害行為。因此，應依強盜取財罪與輕傷罪之想像競合犯處斷。

---

❾　最高法院94臺上2266（決）。

❿　最高法院82臺上480（決）；92臺上2184（決）。

五、準強盜罪

第329條　竊盜或搶奪，因防護贓物、脫免逮捕或湮滅罪證，而當場施以強暴脅迫者，以強盜論。

(一)罪　質

1.特別財產罪

強盜罪，係先施以強暴脅迫等強制手段，而後為取得財物之行為。準強盜罪，則係先以竊盜或搶奪行為取得財物，而後為防護贓物、脫免逮捕或湮滅罪證，始實施強脅之強制行為。簡言之，強盜罪之犯罪流程，係強制→取財；準強盜罪之犯罪流程，則為取財→強制，其因果順序適呈相反。

本罪之性質如何？學者意見不一。有認為本罪與強盜罪之犯罪情節相似，且對於財產法益及人身安全之危害，亦復相同，故其本質非加重竊盜或搶奪，而係強盜之一種犯罪類型。亦有認為本罪與強盜罪，在財物取得以及取得前後為強暴脅迫，固屬相同；惟本罪之強暴脅迫，並非財物取得之手段，且其為強暴脅迫之犯意，其輕重程度，亦迥然有別。因此，本罪既非加重竊盜或搶奪，亦非強盜，而係介於竊盜、搶奪與強盜間之特別財產罪。

就本法規定之體例觀之，本罪宜視為類似於強盜之特別財產犯罪，似較妥適。惟我實務見解則認其為處斷上之強盜罪。例如，刑法第329條之準強盜罪，乃介於強盜罪與搶奪罪間之一種處斷上之強盜罪，性質上屬單純一罪❶。

2.非結合犯

本罪是否為結合犯？見解亦不一。有認為本罪係竊盜或搶奪後，施以強暴脅迫行為，本應於竊盜或搶奪罪外，另構成強制罪。惟因其施強制之目的，係在防護贓物、脫免逮捕或湮滅罪證，則與強盜之情節相當，性質

---

❶　最高法院86臺上3603（決）。

上乃結合竊盜或搶奪與強制兩個可獨立構成犯罪之行為，另成準強盜罪一罪，自屬結合犯之一種。亦有認為行為人如具備準強盜罪之特別構成要件者，即應以強盜論罪，不能更論以竊盜或搶奪之罪。其因防護贓物，脫免逮捕或湮滅罪證而當場施強暴脅迫之行為，不獨立構成犯罪。是本罪應屬單純之一罪，而非結合犯 ❷。

結合犯之成立，行為人在主觀上須對於結合犯之全部犯罪構成事實，具有包括認識，始足當之。如係分別起意，則應依數罪併罰之例處斷。本罪行為人於竊盜或搶奪時，並無實施強暴脅迫之故意，僅係嗣後因護贓等目的，始生強脅之意思，顯與結合犯之本質不符。其次，結合犯係結合二個或二個以上之獨立犯罪而成為實質一罪。本罪之竊盜或搶奪，縱將其認為行為要素，但其所實施之強暴脅迫行為並未獨立成罪，亦與結合犯之構造不合。再者，倘將本罪解為結合犯，則關於本罪之著手，將提前自第一個實行行為開始時為準，亦即本罪之著手，將以行為人是否開始實行竊盜或搶奪行為為斷，如此恐使多數竊盜罪或搶奪罪，均有成立本罪未遂犯之可能，此種見解，自有未妥。因此，準強盜罪，在性質上應屬單純之一罪，而非屬結合二個以上獨立可以成罪之行為而成一體之結合犯。

(二)保護法益

本罪之行為人因實施竊盜或搶奪，侵害他人對於財物之持有法益；而當場施強暴脅迫，復侵犯他人之人身自由法益。因此，本罪之保護法益，包含財物之持有法益以及人身自由法益在內。

(三)行為主體

1.竊盜或搶奪已著手

本罪之行為主體，限於實施竊盜或搶奪之犯人，始能成立。所謂實施竊盜或搶奪之犯人，須已著手於竊盜或搶奪行為者，始足當之。如尚未著手，而僅處於預備階段者，因本法不處罰預備竊盜或搶奪之行為，則竊盜

---

❷ 最高法院 63.5.21 刑議。

罪或搶奪罪既不成立，自無從構成準強盜罪。本罪之目的如係防護贓物時，因所謂贓物，乃為財產犯罪所得之物，故行為人不僅須已著手於竊盜或搶奪行為，且須已達於既遂者，始有防護贓物之可言。至脫免逮捕或湮滅罪證，則只須行為人已著手於竊盜或搶奪行為，不問其為既遂或未遂，均得以成立。

2. 身分要素

準強盜罪之行為主體，既以竊盜或搶奪犯人為限，故法文所謂竊盜或搶奪，實為行為主體之身分要素，而非本罪之行為要素，性質上屬於真正身分犯。因而，非竊盜或搶奪犯人，於竊盜或搶奪犯人著手竊盜或搶奪後，因基於護贓等目的，始加功於強暴脅迫行為者，應依刑法第 31 條第 1 項之規定，其共同實施、教唆或幫助者，仍以正犯或共犯論。如竊盜或搶奪犯人有二人以上時，共同基於護贓等目的，而實施強脅時，固應成立本罪之共同正犯；惟如其中一部分之人，在無意思聯絡之下，基於護贓等目的，而實施強脅時，則其他未施強脅之人，僅成立竊盜或搶奪罪，不能論以準強盜罪。

㈣行為客體

本罪之行為客體，法無明文，在解釋上，應以「人」為客體，且除行為人以外，其他任何自然人，均得成為本罪之行為客體。不以竊盜罪或搶奪罪之被害人為限，即執行警察職務之公務員、大廈守衛或追捕犯人之路人等，均無不可。

㈤實行行為

本罪之實行行為，係強暴、脅迫行為。

1. 強脅之程度

強暴、脅迫之涵義，同強盜罪之說明。本條法文並無強暴脅迫行為程度之規定，行為人實施強暴脅迫時，是否須達於使人不能抗拒之程度？學說及實務見解，頗為不一。為釋群疑，96 年 7 月 13 日大法官釋字第 630 號

解釋認為,擬制為強盜行為之準強盜罪構成要件行為,雖未如刑法第 328 條強盜罪之規定,將實施強暴、脅迫所導致被害人或第三人不能抗拒之要件予以明文規定,惟必於竊盜或搶奪之際,當場實施之強暴、脅迫行為,已達使人難以抗拒之程度,其行為之客觀不法,方與強盜行為之客觀不法相當,而得與強盜罪同其法定刑。

強盜罪,係以強暴脅迫作為奪取他人財物之手段,其行為之危險性與反社會性甚高,猶規定須至使不能抗拒,始能成罪。而準強盜罪,係行為人於實施竊盜或搶奪行為後,因防護贓物、脫免逮捕或湮滅罪證,始為強暴脅迫行為。其所為之強脅行為,通常屬於防禦之動作,且為人情之常,期待可能性甚為薄弱。倘認為本罪之強脅行為,無須達於不能抗拒之程度,即得以強盜罪論處,則情輕法重之情形,甚為明顯,實非妥當。因此,準強盜罪,在法文上,雖無至使不能抗拒之規定,惟其反社會性之強度,至少亦應與強盜罪相當,始能與強盜罪為相同之評價。因此,在解釋上,應認為本罪之強暴脅迫,亦須達於足以抑壓被害人之反抗程度始可。

2.解釋理由尚待商榷之處

釋字第 630 號解釋之結論,雖值贊同,但其解釋文內所謂「竊盜罪與搶奪罪擬制為強盜罪,乃因其他財產犯罪,其取財行為與強暴、脅迫行為間鮮有時空之緊密連接關係」以及理由書內所謂「因準強盜罪之取財行為與施強暴、脅迫行為之因果順序,雖與強盜罪相反,卻有時空之緊密連接關係,以致竊盜或搶奪故意與施強暴、脅迫之故意,並非截然可分,而得以視為一複合之單一故意,亦即可認為此等行為人之主觀不法與強盜行為人之主觀不法幾無差異」云云,則有商榷之餘地。蓋其他財產犯罪,如搶奪罪及強盜罪,其取財行為與強暴、脅迫行為間時空之緊密連接關係,並不亞於準強盜罪;且竊盜或搶奪故意與施強暴、脅迫之故意,雖區分不易,但亦非截然不可分。因此,其解釋理由,似有再加強之必要。

㈥行為情狀

本罪之強脅行為,以當場實施者為限,始能構成。所謂「當場」,係指

實施竊盜或搶奪行為當時之場所,亦即實施竊盜或搶奪行為之當時及當地,其性質兼含「時間」與「場所」二種情形在內。易言之,不僅行為人實施強暴脅迫之犯意,須起於當時;且其實施強暴脅迫之犯行,亦須即時施於當地,始克當之。因此,所謂當場,須具備「時間之密接性」與「場所之密接性」二個要件。

1.時間之密接性

所謂時間之密接性,指行為人實施強暴脅迫之犯意以及行為,須緊接於竊盜或搶奪行為著手或甫告終了時為之,在時間上須與竊盜或搶奪行為甚為密切接近。倘於竊盜或搶奪後數日,始因護贓等目的,而實施強脅行為,在時間上已無密接性,即不能以強盜論。

2.場所之密接性

所謂場所之密接性,除竊盜或搶奪行為之現場外,亦不以實施竊盜或搶奪者尚未離去現場為限,即已離盜所而尚在他人跟蹤追躡中,仍不失具有場所之密接性。如於竊盜或搶奪者離去盜所後,行至中途始被撞遇,則該中途已不具場所之密接性,自不得謂為當場。此時如因彼此爭執,犯人予以抵抗,實施強暴或脅迫,除可另行成立其他罪名外,不生以強盜論之問題❸。

3.跟蹤追躡與離開視線

行為人實施竊盜或搶奪,雖已離開盜所,如尚在他人跟蹤追躡中,而具有時間之密接性與場所之密接性時,即屬於當場。至於是否須未離開逮捕者之視線,對於當場之認定,並無必然性。蓋就實際情形而論,尚在逮捕人跟蹤追躡中,有一直未離開逮捕者之視線者,有短暫離開逮捕者之視線者,亦有一開始即離開逮捕者之視線者。一直未離開逮捕者之視線,不問其距離多遠,固仍屬於當場。例如,逮捕者登時發現有竊盜或搶奪,自後一直跟蹤追躡,苦迫不捨,且一直未離開逮捕者之視線,雖已有數公里之遙,仍屬於當場。但如行為人一離開盜所,即脫離逮捕者之視線,例如,行為人就近於盜所旁陰暗水溝隱藏,但逮捕者一直在跟蹤找尋追躡中,其

❸　最高法院 28 上 1984;28 非 43。

行蹤終被發現，則行為人縱然曾經離開逮捕者之視線，仍應解為當場。至短暫離開逮捕者之視線，例如，逮捕者自後緊追，經路口轉角處，一度失去行為人之蹤影，但因逮捕者一直跟蹤追躡，在數條街後，復發現行為人之蹤影時，仍得視為未離開逮捕者之視線，而屬於當場。

㈦故意與意圖

1.故　意

本罪為故意犯，不問係直接故意抑或未必故意，均足當之。行為人主觀上須對其實施足以壓抑被害人反抗之強脅手段，具有認識，始能成立本罪之故意。

2.意　圖

本罪法文上雖無意圖之用語，惟在解釋上，本罪仍為目的犯，行為人須基於防護贓物、脫免逮捕及湮滅罪證之目的，而實施強脅行為，始能成罪。

⑴防護贓物

竊盜或搶奪既遂後，其所取得之財物，始能稱為贓物。故行為人須於竊盜或搶奪既遂後，始有防護贓物可言。若於著手竊盜或搶奪後，尚未取得財物，復以強暴脅迫手段奪取他人之物為己有，則其本質上已屬強盜行為，即應逕論以強盜罪❶。此為「轉念強盜」之形態，其實施強脅前之竊盜或搶奪未遂行為，在犯罪評價上，即為強盜罪所吸收，不另成罪。

⑵脫免逮捕

竊盜或搶奪，無論未遂或既遂，為脫免逮捕，而實施強脅行為，即得成立本罪。例如，行竊被失主追獲，隨即帶同起贓，當失主跟蹤行走之際，為圖免逮捕，用刀將失主刺傷；或甲男乘乙女不備，奪取其頸上金鍊，乙女將其扭住，高聲呼救，致未遂，又因圖逃，用口咬傷乙女左手等情形是❶。

強脅脫免逮捕之原因，不以脫免自己被逮捕之情形為限，為脫免其他共犯被逮捕，而實施強脅行為，亦包括在內。至行為人是否係實施強脅脫

---

❶　最高法院 25 上 1520。

❶　最高法院 27 上 1228；43 臺非 48。

免逮捕，應就行為人行為當時之主觀意思及客觀具體情事予以客觀判斷，而與被害人或其他第三人有否加以逮捕之意圖或行動無關。例如，至他人樓上行竊，得手後逃逸時，不慎跌落地上，適有不知情之路人經過，擬加以救助，行為人誤認為該路人欲予逮捕，乃持刀將其刺傷者，仍應成立準強盜罪。

⑶湮滅罪證

竊盜或搶奪，不問未遂或既遂，為湮滅犯罪證據，而實施強脅行為，即得成立本罪。例如，行為人於搶奪他人財物時，適有路人以手機拍錄其過程，行為人為銷毀該罪證，而強將該路人之手機予以毀損之情形是。

所謂罪證，即實施竊盜或搶奪行為之犯罪證據。例如，指紋、工具或作案之機車、汽車，甚或目擊證人等，均屬之。又強脅湮滅罪證之原因，不以湮滅自己犯罪證據為限，為湮滅其他共犯之犯罪證據，亦包括在內。

㈧預備、未遂與既遂

1.準強盜之預備犯

本條法文所謂「以強盜論」，乃指以強盜罪相當條文處罰之意，並非專以第 328 條第 1 項之強盜論❶。因此，本罪之預備犯，亦罰之。竊盜或搶奪犯人，因護贓等目的，而著手強脅之準備行為，即為本罪之預備犯。例如，潛入他人住宅行竊，在屋角取得球棒一支，擬於屋主返家撞見時，即以該球棒攻擊脫身之情形是。

2.既遂、未遂之判斷標準

本罪既遂、未遂之判斷標準何在？學說與實務見解，頗不一致。

⑴以強暴脅迫行為時為準

此說認為準強盜罪之罪質為目的犯，行為人只須基於護贓等目的，而實施強暴脅迫行為，即已充足本罪之犯罪構成要件。至其目的是否達成以及被害人是否已被抑壓反抗能力，並非所問。

⑵以已否取得財物為準

---

❶　最高法院 25 上 6626；42 臺上 523。

此說認為準強盜罪在罪質上，既為強盜罪之特別罪，且於實施足以抑壓反抗程度之強暴脅迫反社會行為時，係依強盜罪之規定處斷，則在論理上，其既遂或未遂，自應與強盜罪為相同之處理。強盜罪之既、未遂，係以被害人之財物是否已入於行為人實力之下為準；在本罪，則以竊盜或搶奪時是否已取得他人之財物為準，亦即以竊盜或搶奪之既、未遂為準。我實務亦採此見解，認為刑法準強盜罪，係以竊盜或搶奪為前提，在脫免逮捕之情形，其竊盜或搶奪既遂者，即以強盜既遂論，如竊盜或搶奪為未遂，即以強盜未遂論❶。

(3)以是否達於使人不能或難以抗拒為準

本書認為準強盜罪，乃犯竊盜罪或搶奪罪之人，當場實施強脅防護贓物、脫免逮捕或湮滅罪證等行為者，始得成立。且如前所述，所謂犯竊盜罪或搶奪罪，乃本罪行為主體之身分要素，並非構成要件行為之一部。行為人之前所犯之竊盜罪或搶奪罪之既、未遂，應與準強盜罪既、未遂之判斷無涉。準強盜罪之行為，乃係強脅行為，其行為客體為行為人以外之自然人。因此，準強盜罪之既遂、未遂，不應取決於被害人之財物是否已置於行為人實力支配之下，而應以強暴脅迫行為是否達於使人不能或難以抗拒為準。因此，本罪之著手時期，乃行為人開始實施強暴脅迫行為之時；其強暴脅迫行為尚未達使人不能或難以抗拒之程度者，為未遂；已達使人不能或難以抗拒之程度者，即為既遂。

(九)罪數及與他罪之關係

1.罪數之認定標準

本罪所侵害之法益，主要為被害人對於財產持有法益。因此，其罪數之計算，仍應以持有法益侵害之個數為準。至其施強脅之對象為一人或數人，則與罪數之計算無關。

2.本罪與普通竊盜罪

本罪如因實施竊盜行為，為護贓等目的，而施強脅者，性質上當然含

---

❶ 最高法院 68 臺上 2772。

有普通竊盜罪之罪質在內。因此，本罪與普通竊盜罪，具有吸收關係。成立法條競合時，應優先適用吸收規定之準強盜罪，排斥適用被吸收規定之普通竊盜罪。

至所謂「轉念強盜」之情形，行為人原意在行竊，於行竊時改變犯意為強盜者，我實務認為，行為人於行竊時，復以強暴脅迫手段奪取他人之物為己有，在本質上已純屬強盜行為，應逕論以強盜之罪[18]。

3. 本罪與普通搶奪罪

本罪如因實施搶奪行為，為護贓等目的，而施強脅者，性質上當然含有普通搶奪罪之罪質在內。因此，本罪與普通搶奪罪，亦具有吸收關係。成立法條競合時，應優先適用吸收規定之準強盜罪，排斥適用被吸收規定之普通搶奪罪。

4. 本罪與普通強盜罪

準強盜罪之性質，乃類似於強盜罪之特別財產罪。普通強盜罪，當然含有準強盜罪之罪質在內。因此，本罪與普通強盜罪，亦具有吸收關係。成立法條競合時，應優先適用吸收規定之普通強盜罪，排斥適用被吸收規定之準強盜罪。

六、加重強盜罪

第 330 條　犯強盜罪而有第三百二十一條第一項各款情形之一者，處七年以上有期徒刑。
　　　　　前項之未遂犯罰之。

㈠基本構成要件

加重強盜罪之基本構成要件行為，為強盜，包括準強盜行為在內。

---

[18]　最高法院 25 上 1520。

㈡加重構成要件

加重強盜罪之加重構成要件要素，與加重竊盜罪同，須具有本法第321條第1項各款：1.夜間侵入住居或夜間隱匿住居；2.毀越安全設備；3.攜帶兇器；4.結夥；5.乘災或6.車站港埠，實施強盜行為，始能依加重強盜罪論科。

我實務認為，刑法第329條之以強盜論，即以強盜罪相當條文處罰之意，並非專以第328條第1項之強盜論，故第330條所謂犯強盜罪，不僅指自始犯強盜罪者而言，即依第329條以強盜論者，亦包括之。如此項準強盜有第321條第1項各款情形之一，自應依第330條論處。上訴人果有於夜間侵入他人住宅行竊，因被事主發覺急迫，為防護贓物，脫免逮捕，乃以竊得手槍，對天連放兩響情事，則其所犯之準強盜罪，已具有刑法第321條第1項第1款之情形，即應依同法第330條第1項於夜間侵入住宅強盜罪論處❶❾。

㈢既遂、未遂

本罪之未遂犯罰之。既遂、未遂之區別，以行為人或第三人已否得財或得利為準。

㈣本罪與他罪之關係

1. 本罪與普通強盜罪之關係

本罪與普通強盜罪，具有特別關係，本罪為特別規定，普通強盜罪為一般規定。成立法條競合時，應優先適用特別規定之本罪處斷，排斥適用一般規定之普通強盜罪。

2. 本罪與侵入住居罪

本罪如係夜間侵入住居強盜者，性質上屬於結合犯，其與侵入住居罪在構成要件之關係上，具有特別關係，本罪為特別規定，侵入住居罪為一

---

❶❾　最高法院42臺上523；48臺上878。

般規定。成立法條競合時，應優先適用特別規定之本罪，排斥適用一般規定之侵入住居罪。

3.本罪與持有軍用槍砲罪

持有軍用槍砲罪（刑 186、187）之保護法益，主要為公共安全，與本罪不具保護法益之同一性，應分別成罪，並予數罪併罰。

我實務認為，攜帶軍用槍砲強取財物，除構成犯強盜罪而具有刑法第 321 條第 1 項第 3 款之加重條件外，原又觸犯同法之持有軍用槍砲罪，特該項罪名應否適用第 55 條從一重處斷，則視其開始持有之原因如何而斷。如果盜犯早已非法持有槍砲，嗣復臨時起意攜帶上盜，是其持有之始，已應論以刑法第 186 條或第 187 條之罪，與其後所犯之加重強盜，應數罪併罰。假使盜犯本未持有槍砲，因企圖行劫始行置備，即係犯一罪之方法復犯他罪，具有刑法第 55 條之牽連犯關係，應從一重處斷[20]。惟因修法後已刪除牽連犯之規定，亦應予數罪併罰。

4.本罪與強盜致死或致重傷罪

本罪未設有加重結果犯之規定，如犯本罪而發生致死或致重傷之結果時，例如，攜帶兇器或結夥三人以上實施強盜行為，因而致被害人於死或致重傷之情形，該如何處斷，頗值探究。普通強盜罪之加重結果犯，其保護法益，除個人對財物之持有利益以及個人之行動自由外，尚兼及個人之生命、身體安全。因此，普通強盜罪之加重結果犯與各種加重強盜罪間，並不具保護法益之同一性，並無成立法條競合之可能，自應分別論罪，再依具體情形成立想像競合或予數罪併罰。

惟我實務則認為，刑法第 228 條第 3 項及第 330 條第 1 項之規定，均為強盜罪之加重法條，苟其一個強盜行為合於上開兩條項之情形時，即屬法條競合，只應擇其中較重之一法條，予以適用。上訴人攜帶兇器強盜致人於死，其致人於死之行為，即已構成第 328 條第 3 項之罪名，對於其攜帶兇器，即第 330 條第 1 項之情形，自不應再行論處[21]。此項實務之見解，

---

[20]　最高法院 26 滬上 18。

[21]　最高法院 25 上 7340。

實有商榷餘地。

七、強盜結合罪

第 332 條　犯強盜罪而故意殺人者，處死刑或無期徒刑。

犯強盜罪而有下列行為之一者，處死刑、無期徒刑或十年以上有期徒刑：

一、放火者。

二、強制性交者。

三、擄人勒贖者。

四、使人受重傷者。

㈠保護法益

強盜結合罪，係結合強盜罪與其他犯罪而成獨立一罪。而強盜罪之保護法益，除財產法益外，尚兼及意思自由與行動自由等自由法益在內。因此，強盜結合罪之共同保護法益，為財產法益及自由法益。至其他保護法益，則視其所結合之犯罪而有差異：在強盜殺人罪，為個人之生命安全；在強盜放火罪，主要為公共安全；在強盜強制性交罪，為個人之性決定自由；在強盜擄人勒贖罪，為人身自由以及財產安全；在強盜重傷罪，則為個人之身體安全。

㈡行為客體

本罪之行為客體，除強盜罪客體之他人之物及財產上不法之利益外，其他結合罪之客體，如殺人、強制性交、擄人勒贖或重傷行為，均為行為人以外之人。但放火行為之客體，則為住宅、建築物、礦坑、火車、電車或其他供水、陸、空公眾運輸之舟、車或航空機或其他之物。

㈢實行行為

　　強盜結合罪，除強盜行為外，尚須結合殺人、放火、強制性交、擄人勒贖或重傷行為，且均分別足以獨立成罪，始能構成本罪。本條所謂強盜罪，解釋上，除普通強盜罪外，準強盜罪及加重強盜罪，亦均包括在內。

　1.強盜殺人罪

　　強盜殺人罪，乃結合強盜罪與殺人罪所成立之犯罪。既係結合犯，則無論強盜或殺人行為，均須足以獨立成立強盜罪或殺人罪者，始足當之。

　　所謂殺人罪，指普通殺人罪及殺尊親屬罪而言。殺人行為，只須與強盜行為在時間上有銜接性，在地點上有關連性為已足，至其實施之先後，係先強盜而後殺人，抑或先殺人而後強盜，均非所問。只須一面強盜，一面故意殺人，即得構成。至其殺人之動機，是否為便利行劫，抑係恐其他日報復，且不論係以殺人作為強盜之手段，抑或出於強盜後殺人滅口，均足以成立。

　　我實務認為，強盜殺人之結合犯，係結合強盜與殺人兩罪而成立之犯罪，立法目的，在其強盜與殺人間，接連發生之可能性高，危害亦鉅，因而另結合成一罪，加重其刑。故僅須其發生在時間上有銜接性，地點上具關連性即可，初不問係先劫後殺，或先殺後劫，均足構成本罪❷❷。再者，於盜所殺人，固屬之；即將強盜被害人強押至附近處所殺害，亦應包括在內。

　2.強盜放火罪

　　強盜放火罪，乃結合強盜罪與放火罪所成立之犯罪。故無論係強盜或放火行為，均須足以獨立成立強盜罪或放火罪者，始足當之。如盜匪僅燒燬事主家中之衣服桌椅等物，且不致發生公共危險，則其燒燬行為與放火罪之構成要件不合，既無以成立放火罪，自不得構成本罪❷❸。

　　所謂放火罪，指故意放火罪而言，失火罪不包括在內。例如，強盜行搶店鋪時，因點火照贓，誤將洋油桶打翻油濺火麻之上，以致登時燃燒，

---

❷❷　最高法院 86 臺上 3640（決）。

❷❸　最高法院 21 上 773。

事主之甥女避火不及，遂被燒死，顯係一種過失行為，不能認為實施強盜當然之結果，自不成立本罪❷❹。

　　放火行為，須於強盜之機會為之，至其實施之先後，則非所問。先強盜而後放火，或先放火而後強盜；且不論係以放火作為強盜之手段，抑或出於強盜後滅證之動機，均足以成立。所謂強盜之機會，係指強盜行為與放火行為在時間或場所上，具有密接關連性之謂。易言之，強盜行為與放火行為，只須其發生在時間上有銜接性，地點上具關連性，即得成立。

3.強盜強制性交罪

　　強盜強制性交罪，乃結合強盜罪與強制性交罪所成立之犯罪。故無論係強盜或強制性交行為，均須足以獨立成立強盜罪或強制性交罪者，始足當之。

　　所謂強制性交罪，除普通強制性交罪外，加重強制性交罪亦包括在內。強制性交行為，只須於強盜之機會實施為已足，至其實施之先後，係先強盜而後強制性交，或先強制性交而後強盜，或是否以強制性交作為強盜之手段，均在所不問。所謂強盜之機會，應與強盜放火罪同。因此，於盜所對於被害人強制性交，固屬強盜之機會；即將被害人強押至附近處所強制性交，亦應包括在內。

4.強盜擄人勒贖罪

　　強盜擄人勒贖罪，乃結合強盜罪與擄人勒贖罪所成立之犯罪。故無論係強盜或擄人勒贖行為，均須足以獨立成立強盜罪或擄人勒贖罪者，始足當之。擄人勒贖行為，亦只須於強盜之機會實施為已足，至其實施之先後，係先強盜而後擄人勒贖，抑或先擄人勒贖而後強盜，均足以成立。因此，於盜所擄人勒贖，固屬強盜之機會；即於緊鄰盜所之處所擄人勒贖，亦應包括在內。

5.強盜重傷罪

　　強盜重傷罪，乃結合強盜罪與重傷罪所成立之犯罪。故無論係強盜或重傷行為，均須足以獨立成立強盜罪或重傷罪者，始足當之。

---

❷❹　最高法院 10 上 1088。

　　所謂重傷罪，指普通重傷罪及重傷尊親屬罪而言。重傷行為，只須於盜所，亦即只須於強盜之機會實施為已足，至其實施之先後，係先強盜而後重傷，抑或先重傷而後強盜，均非所問。只須一面強盜，一面故意重傷，即得構成。至其重傷之動機，是否為便利行劫，抑係恐其他日報復，均足以成立。在強盜與重傷間，僅須其發生在時間上有銜接性，地點上具關連性即可。因此，於盜所重傷，固屬之；即將強盜被害人強押至附近處所重傷，亦應包括在內。

㈣故意與意圖

1. 故　意

　　結合犯，係將二個或二個以上足以獨立成立之犯罪，結合成為一個獨立之犯罪，本質上為實質一罪。因此，其所結合之二個或二個以上犯罪之行為，已成為結合犯之客觀構成要件之行為。依故意成立之法理，行為人須對於客觀之犯罪構成事實具有認識，而決意為之或容認其發生，始能成立故意。

⑴結合犯故意之存在時期

　　行為人須於實施所結合第一個行為之初，至少亦須於第一個行為尚未終了之前，已具有實施所結合第二個行為之意思存在，始能成立結合犯。亦即行為人一開始，即須有實施所結合二個或二個以上行為之包括認識，始足當之。如於第一個行為實施終了後，始另行起意實施第二個行為，已非結合犯，所成立之兩罪，應予併合論罪。

　　我實務一向認為，刑法上之強盜殺人罪或強盜放火罪，均係結合犯，須以強盜與殺人或放火兩者之間有犯意聯絡關係為其成立要件，若犯意各別，則為數種不相關連之犯罪行為，即不得以結合犯論。因此，①於強盜行為完畢後，因事主揚言報復，另行起意殺人，以圖滅口，應予併合處罰；②當初僅有殺人之故意，而於殺人行為完成後，始起意強盜，應各別論罪❷❺。

　　判例上對於所結合之二個行為，以「有犯意聯絡關係」稱之，用詞雖

---

❷❺　最高法院28上2706；29上452。

有欠妥適，所論尚與結合犯之法理相符。

⑵實務最新態度

最高法院於85年1月23日第二次刑事庭會議決議，認為強盜殺人罪，並不以出於預定之計畫為必要，只須行為人以殺人為實施強盜之方法，或在行劫之際故意殺人，亦即凡係利用實施強盜之時機，而故意殺人，兩者有所關聯者，即應依本罪處罰。至於兩者之間是否有犯意聯絡關係，並非所問。依此決議，結合犯所結合之二個行為，縱係分別起意，亦應依結合犯論科，顯與結合犯之法理相悖，頗有商榷餘地。

2.意　圖

強盜結合罪，行為人除須具有上述之故意外，在強盜罪部分，尚須具有不法所有之意圖，始得成罪。

㈤既遂、未遂

1.著手時期

強盜結合罪，行為人只須於強盜之機會，實施殺人、放火、強制性交、擄人勒贖或重傷之行為，即足成罪，至其行為實施之先後，並非所問。因此，本罪之著手時期，並非以強盜行為是否開始為準，而應以其先實施之結合行為，亦即以其所實施之第一個行為為準。

2.既遂時期

強盜結合罪，並無處罰未遂犯之規定，所結合之兩罪是否皆須既遂，始能成立結合犯？論者所見不一：

本罪之立法理由嘗謂：「修正案第387條第2項，強盜、放火、殺人、強姦其一未遂者，仍以本罪既遂論，皆未遂者，以本罪未遂論。本案以其所規定實屬過苛，故以兩罪既遂方能適用本條。若一罪未遂，仍依併合論罪處斷，庶昭平允。」

通說及實例，則多認為強盜行為，不問既遂或未遂，其相結合之放火、殺人等行為，倘已達於既遂程度，即成立強盜結合罪之既遂犯。如相結合之行為未遂者，應就所犯之強盜罪與相結合之行為所成立之未遂犯，依牽

連犯或數罪併罰處斷❷。

　　惟如前所述，結合犯，係將二個或二個以上足以獨立成罪之行為，結合成一個獨立之犯罪，本質上為實質一罪。因此，其所結合之二個或二個以上之行為，已成為結合犯之客觀構成要件之行為。依既遂犯成立之法理，須犯罪事實充足於結合犯之所有構成要件要素，始能成立結合犯之既遂犯。因此，結合犯之既遂犯，須其所結合之二個行為全部均已既遂，始得成立；倘二者有一未至既遂之程度，僅得成立結合犯之未遂犯。惟因本罪並無處罰未遂犯之規定，自無從依結合犯之未遂犯處罰，只能依其具體情形，分別就強盜之既遂或未遂，與相結合罪之既遂或未遂，併合論罪。前述通說及實例見解，認為強盜行為，不問既遂或未遂，其相結合之放火、殺人等行為，倘已達於既遂程度，即得成立強盜結合罪之既遂犯，顯有未洽。

㈥強盜結合罪之連結關係

　　行為人實施一個強盜行為，復實施數個相結合之行為時，例如，於強盜之際，同時實施放火及強制性交行為，或於強盜之際，同時實施放火、殺人及強制性交行為，此等情形究應如何處理？眾說紛紜，莫衷一是。

　　1.有認為強盜行為，雖僅有一個，仍得與強制性交、殺人及放火等相結合，而成立強盜強制性交、強盜殺人及強盜放火等結合犯。

　　2.有認為強盜行為，因僅有一個，應與強盜強制性交、強盜殺人及強盜放火等結合犯，依想像競合犯，從其一重處斷。

　　3.有認為強盜行為，僅有一個，應先就強制性交、殺人及放火等罪從一重處斷後，再與強盜罪成立結合犯。

　　4.有認為強盜行為，僅有一個，僅能就強制性交、殺人及放火等行為情節較重者，擇一成立結合犯，再與餘罪併合處罰，不能就一個強盜行為，同時與他行為成立結合犯。此說為我實務所採❷。

　　5.有認為強盜行為，僅有一個，其另犯強制性交罪及殺人罪，本質上

---

❷　74臺上4841（決）；79臺上199（決）；83臺上3924（決）。

❷　最高法院78.4.11刑議。

為強盜罪之加重規定，實與加重竊盜罪之情形相似，僅於判決內加予列舉即可，不能論予法條競合，僅擇一款適用；亦非想像競合，從一重處斷。

惟強盜罪之結合犯，如強盜行為已與強制性交、殺人或放火等其中一個行為相結合時，在科刑上實已將其可罰性評價在內，且以一次評價為已足，其與他行為間，即無再予評價之必要。因此，強盜行為與強制性交等行為發生競合關係時，應就強盜行為與最先實施之他行為，成立結合犯，再與接續實施之他行為所成立之罪數罪併罰，較為允洽。

㈦本罪與他罪之關係

1.本罪與殺人、放火、強制性交、擄人勒贖或重傷罪

本罪與殺人、放火、強制性交、擄人勒贖或重傷罪，具有特別關係。成立法條競合時，應優先適用特別規定之強盜結合罪，排除普通規定之殺人、放火、強制性交、擄人勒贖或重傷罪之適用。

2.本罪與強盜致死或重傷罪

普通強盜罪之加重結果犯與各種強盜結合罪間，並不具保護法益之同一性，並無成立法條競合之可能，自應分別論罪，再依具體情形成立想像競合或予數罪併罰。

八、海盜罪

第 333 條（第 1、3 項）　　未受交戰國之允准或不屬於各國之海軍，而駕駛船艦，意圖施強暴、脅迫於他船或他船之人或物者，為海盜罪，處死刑、無期徒刑或七年以上有期徒刑。
因而致人於死者，處死刑、無期徒刑或十二年以上有期徒刑；致重傷者，處死刑、無期徒刑或十年以上有期徒刑。

(一)罪　質

1.國際犯

海盜罪，顧名思義，乃在海洋上實施盜匪行為之犯罪，具有國際性。故本法對於海盜罪之立法原則，採世界主義，凡在中華民國領域外犯之者，不問其為本國人、外國人或無國籍之第三人，亦不論其犯罪地屬於何國領域，均得適用本法處斷（刑5）。故在性質上，屬於國際犯。

海盜罪，屬於萬國公罪，且歷史甚為久遠，各國理應有處罰海盜行為之規定。惟就各國刑法規定觀之，似無處罰海盜罪之立法例。其可能原因有二：一為以其他方式立法，例如，訂立公海公約或制定特別法等；二為如有海上行劫或其他妨害公海航行安全之行為，依各國現行刑法之相關規定加以規範及處罰。

我國於暫行新刑律第374條雖有處罰在海洋行劫之行為，惟並無海盜罪之規定。至舊刑法時期，始於第352條及第353條規定海盜罪及海盜罪之結合犯，我現行刑法因之。

2.財產罪之預備犯

海盜罪當初之立法理由，雖認為在海洋行劫者，乃強盜加重之情節，為科以較重之刑，爰與搶奪罪及強盜罪併列於同一章，而認其同屬於侵害財產法益之犯罪。惟就「普通海盜罪」之犯罪構成要件而言，行為人只須在海上駕駛船艦，意圖施強暴脅迫於他船或他船之人或物，即得成立。在主觀上，既不必有掠奪財物之故意；在客觀上，亦無需有掠奪財物之行為，顯與財產罪之性質，迥不相侔。而準海盜罪之行為，為「施強暴、脅迫於其他船員或乘客，而駕駛或指揮船艦」，雖其尚須具備「意圖掠奪財物」之特別主觀構成要件要素，始得成罪，惟究其罪質，僅屬財產罪之預備犯。

3.戰時海盜罪

倘細繹海盜罪之構成要件，行為人只須未受交戰國之允准，或不屬於各國海軍，而駕駛船艦，即足成立海盜罪。所謂未受交戰國之允准，乃行為人實施本罪行為時，須於國際間發生戰爭時，未受敵對國家中一方或雙

方之允准。所謂不屬於各國之海軍，乃行為人實施本罪行為時，不屬於任何一個國家之海軍。依此規定解釋，似指戰時始有海盜罪之成立問題，平時即不會有海盜問題。同時，本罪只要駕駛船艦，即為海盜，而不問其有否在海洋行劫或干擾海上航行。因此，依現行法海盜罪之規定，既未妨害海上安寧秩序，亦未侵害他人之財產安全，立法之不當，已不言可喻。我司法院第 634 號解釋，認為海盜罪之主旨，在維持海上之安寧，顯非妥適。

4.妨害海上安寧與海洋行劫應分開規定

海盜行為，依「公海公約」第 14 條規定，包含對於船舶及航空器之任何強暴、扣留或掠奪行為，並非專指船舶，亦非專指海上而言。因此，在刑法立法上，似應揚棄歷來所使用之「海盜」用語，而應就海盜行為之實際態樣，亦即就其在海洋上實施盜匪行為之態樣，分為妨害海上安寧之行為及在海洋行劫之行為，分別立法，始符海盜之實際犯罪情狀。

對於海陸空交通安全之維護，目前我現行刑法將危害陸上交通安全之犯罪，規定於第 184 條、第 185 條、第 185 條之 3 及第 185 條之 4 等；將危害空中交通安全之犯罪，規定於第 185 條之 1 及第 185 條之 2。因此，有關危害海上交通安全之犯罪，亦應置於公共危險罪章加以規定，始符立法體例。

就妨害海上安寧之行為而言，其保護法益為海上之公共秩序，應置於公共危險罪章，將危害海陸空交通安全之犯罪統攝於此章，俾求立法體例之一致。就海上行劫之行為而言，其保護法益為個人財產之安全，性質上為強盜罪之加重犯罪態樣。因此，於第 330 條增列第 2 項「於海洋犯第三百二十八條第一項、第二項之罪者，亦同。」即可達修法之目的。

㈡保護法益

本罪之保護法益，倘依司法院第 634 號解釋，認為海盜罪之主旨，在維持海上之安寧。因此，本罪之保護法益，係在維持海上之和平安寧秩序。

㈢行為主體

本罪之行為主體，只須未受交戰國之允准，且不屬於各國海軍者，即足成立。本法對於海盜罪，採世界主義，凡在中華民國領域外犯海盜罪者，不問其為本國人、外國人或無國籍之人，均得以本罪律之（刑5）。

所謂未受交戰國之允准，指行為人實施本罪行為時，須於國際間發生戰爭時，未受敵對國家中一方或雙方之允准。如已受交戰國任一方之允准者，即應由該允准之國家負責，不得對行為人律以本罪。

所謂不屬於各國之海軍，指行為人實施本罪行為時，不屬於任何一個國家之海軍。倘屬於某一國家之海軍，即應由該海軍所屬之國家負責，不得歸責於行為人。

㈣行為客體

本罪之行為客體，為船艦。所謂船艦，係指具有相當實力，並能行駛海洋者而言。如僅駕駛尋常舟艇至海洋行劫，則無法成立本罪❷，僅得以強盜罪律之。

㈤實行行為

本罪之實行行為，為「駕駛船艦」。所謂駕駛，宜稍放寬其涵意，除自行駕駛者外，即指揮或控制船艦，而由他人駕駛之情形，亦應包括在內。

㈥故意與意圖

本罪行為人須對於其係未受交戰國之允准或不屬於各國海軍之身分，以及駕駛船艦之事實，具有認識，始得成罪。

本罪行為人除須具有駕駛船艦之故意外，尚須具有「施強暴、脅迫於他船或他船之人或物」之意圖，始能成罪。所謂他船，指行為人以外之第三人所駕駛之船舶，不問其為公有或私有，亦不論其為本國或他國之船舶，

---

❷　最高法院 25.6.23 刑議。

均包括在內。所謂他船之人或物，指他人所駕駛船舶上搭載之人或物。所謂「物」，以船舶以外之其他動產為限，不包括船舶本身在內。至他船或他船之人或物，是否具體存在，並不影響本罪之成立。行為人只須有施強暴脅迫於他船或他船之人或物之意圖，而駕駛船艦，即可成立本罪，至其果否實施強暴脅迫以及有否掠奪財物之動機，均非所問。

九、準海盜罪

第 333 條（第 2 項）　船員或乘客意圖掠奪財物，施強暴、脅迫於其他船員或乘客，而駕駛或指揮船艦者，以海盜論。

㈠保護法益

本罪之保護法益，為個人財產之安全，並兼及個人之行動自由。

㈡行為主體

本罪之行為主體，須為船員或乘客，故為身分犯。若非船上之船員或乘客，踏占他船，迫令駛往洋面，以便行劫他船，復無意圖為自己或他人不法所有之意思，則應論以強制罪，並非本罪。

所謂船員，指在船艦上從事工作或其他服務之人員。無論係船長、大副、小副、機工、廚師或服務生等，均兼括及之。惟不在船艦上從事工作之船艦所有人或其他管理人員，則不包含在內。所謂乘客，指除船員外，其他搭乘該船艦之人員。不以旅客為限，即臨時搭便船，或私行潛入之人員，亦屬之。故法文所謂「乘客」，不以合法搭乘者為限，非法搭乘者，亦賅括在內。再者，所謂「乘客」，是指搭乘船艦至一定目的地之人，倘非搭乘船艦至一定目的地之人，而僅係登船者，亦非乘客。

㈢行為客體

本罪之行為客體有二：1.其他船員或乘客；2.船艦。所謂其他船員或

乘客，指除行為主體之船員或乘客外，而與行為主體同船之其他船員或乘客。

㈣實行行為

本罪之實行行為，為「施強暴、脅迫於其他船員或乘客，而駕駛或指揮船艦」。強暴、脅迫之涵義，皆指其最廣義者而言，故不以足使他人不能抗拒為必要。駕駛或指揮船艦，無論係自行駕駛或指揮控制船艦，而由他人駕駛，均無不可。

㈤故意與意圖

本罪行為人須對於其具有船員或乘客之身分，以及施強暴、脅迫於其他船員或乘客，而駕駛或指揮船艦之事實，具有認識，始得成罪。

本罪行為人在主觀上除須具有施強暴、脅迫於其他船員或乘客，而駕駛或指揮船艦之故意外，尚須具有「掠奪財物」之意圖，始能成罪。惟只須具有此項意圖為已足，果否掠奪財物，則非所問。又其所欲掠奪者，不論是否為本船乘員，均無不可。

㈥本罪與他罪之關係

1.海盜罪與準海盜罪

海盜罪之保護法益，係在維持海上之和平安寧秩序；而準海盜罪，其主要保護法益，則為個人財產之安全，而兼及個人之行動自由。因此，兩罪間並不具有保護法益之同一性，應分別論罪。

2.海盜罪與強盜罪

海盜罪之保護法益，係在維持海上之和平安寧秩序；強盜罪之保護法益，主要為個人對財物之持有利益，兼及個人之行動自由。因此，二罪間並不具保護法益之同一性，應分別論罪。

3.準海盜罪與強盜罪

準海盜罪，其主要保護法益，為多數個人財產之安全，且其性質屬抽

象危險犯；強盜罪之保護法益，主要則為個人財產之安全，且其性質屬實害犯。因此，二罪間並不具保護法益之同一性，應分別論罪。

十、海盜結合罪

第 334 條　犯海盜罪而故意殺人者，處死刑或無期徒刑。
　　　　　犯海盜罪而有下列行為之一，處死刑、無期徒刑或十二年以
　　　　　上有期徒刑：
　　　　　一、放火者。
　　　　　二、強制性交者。
　　　　　三、擄人勒贖者。
　　　　　四、使人受重傷者。

(一)保護法益

　　海盜結合罪，其基本犯罪結構，乃係普通海盜罪與準海盜罪：在海盜罪，係在維持海上之和平安寧秩序；在準海盜罪，其主要保護法益，則為個人財產之安全，而兼及個人之行動自由。因此，本條所定四種普通海盜結合罪與四種準海盜結合罪，其基本保護法益，亦同。

　　除上述之基本保護法益外，各種海盜結合罪，亦因其所結合犯罪類型之不同，而有其各別之其他保護法益：在「海盜放火罪」、「準海盜放火罪」，主要為公共安全；在「海盜強制性交罪」、「準海盜強制性交罪」，為個人之性決定自由；在「海盜擄人勒贖罪」、「準海盜擄人勒贖罪」，為個人意思自由與行動自由以及財產安全；在「海盜殺人罪」、「準海盜殺人罪」，為個人生命之安全。

(二)結合犯罪

　　海盜結合罪，為海盜罪與準海盜罪之結合犯，除海盜行為與準海盜行為外，尚須結合放火、強制性交、擄人勒贖或殺人行為，且均分別足以獨

立成罪，始能構成本罪。其餘詳見強盜結合罪之說明，茲不再贅。

㈢既遂、未遂

海盜結合罪，行為人只須於實行海盜或準海盜之機會，實施放火、強制性交、擄人勒贖或殺人之行為，即足成罪，至其行為實施之先後，並非所問。因此，本罪之著手時期，並非以海盜或準海盜行為是否開始為準，而應以其先實施之結合行為，亦即以其所實施之第一個行為為準。

海盜結合罪，須其所結合之二個行為全部均已既遂，始得成立；倘二者有一未至既遂之程度，僅得成立結合犯之未遂犯。惟因本罪並無處罰未遂犯之規定，自無從依結合犯之未遂犯處罰，只能依其具體情形，分別就海盜或準海盜之既遂或未遂，與相結合罪之既遂或未遂，併合論罪。

第十章　侵占罪

一、犯罪類型

侵占罪之犯罪類型，計有：第 335 條「普通侵占罪」，第 336 條「加重侵占罪」以及第 337 條「侵占脫離物罪」。

二、罪　質

(一)違背委託信任關係之犯罪

普通侵占罪，係將自己所持有他人之物據為己有所成立之犯罪。行為人與被害人之間通常均具有一定之委託信任關係存在，因行為人違背委託信任關係，而將他人之物據為己有，在罪質上，實與背信罪，無何差異。故日本歷來之刑法修正草案，均將侵占罪與背信罪同置於一章，認為侵占罪與背信罪，均係違背委託信任關係之犯罪。至侵占脫離物罪，因無委託信任關係存在，則未含有背信之罪質，故與普通侵占罪顯有差異。

在立法例上，德國刑法將侵占罪視為單純之取得罪，故以侵占脫離物罪為基本犯罪類型；而侵占委託物罪，則係其加重犯罪類型。日本刑法，則以普通侵占罪，為基本犯罪類型；業務侵占罪，為加重犯罪類型；侵占脫離物罪，則為減輕犯罪類型。

(二)特殊之背信行為

我現行刑法侵占罪之規定，在立法體例上，與日本刑法同，以普通侵占罪為基本犯罪類型；以公務、公益及業務侵占罪為加重犯罪類型；而以侵占脫離物罪為減輕犯罪類型。因此，在解釋上，普通侵占罪，應以違背委託信任關係為前提，而將自己所持有他人之物據為己有，始能成罪，性質上實與背信罪，並無軒輊。我司法實務，亦將侵占認為係特殊之背信行

為。故在犯罪體系上，實應將侵占罪與背信罪置於同一章，較符立法體例。

三、保護法益

㈠所有權說之商榷

侵占罪之保護法益，歷來學說及實務，均認為係在保護物之所有權或其他本權，而與竊盜罪、搶奪罪及強盜罪有異。蓋物既已在行為人之持有中，自不生侵害持有利益之問題；尤其，侵占脫離物罪，行為人自始即未持有其物，亦無持有之保護問題。此種見解，表面上似頗有道理。惟如加以實質觀察，則仍有商榷餘地。

㈡侵害原持有人之持有利益

行為人持有他人之物，其係因原持有人移轉持有者，原持有人雖移轉持有，但行為人仍有將該物返還於原持有人之義務，而使原持有人回復其本來之持有狀態。其非基於原持有人移轉持有者，行為人亦負有返還該脫離物之義務，使原持有人回復其持有。故行為人將該物據為己有之行為，實為侵害「原持有人回復持有該物之財產利益」。例如，甲借用乙之機車至電影院觀賞電影，將機車寄存於電影院旁之機車寄存處，該寄存處之管理人擅將該機車騎回自宅據為己有時，該管理人所侵害者為甲對該機車之持有利益，而非乙之所有權；且犯罪被害人係甲，而非乙。至甲應如何賠償乙之損失，則為民事上之損害賠償問題。因此，侵占罪之保護法益，應為原持有人對物之持有利益。

四、普通侵占罪

第 335 條　意圖為自己或第三人不法之所有，而侵占自己持有他人之物者，處五年以下有期徒刑、拘役或科或併科一千元以下罰金。
　　　　　前項之未遂犯罰之。

(一)行為主體

本罪之行為主體，為持有他人之物之人，屬於身分犯，且為真正身分犯。其所以持有他人之物，乃基於一定之持有關係。此項持有關係，為刑法第 31 條所定特定關係之一種。因此，持有人與非持有人共同施行侵占所持有他人之物者，仍應論以共同正犯❶。

(二)行為客體

本罪之行為客體，為自己所持有他人之物。茲分別說明如次：

1. 自己持有

自己，指行為人本人。侵占罪，須他人之物在行為人自己持有之中，始能成立。至他人之物何以會在行為人自己持有之中？歸納其原因，約有以下三種情形：即(1)委託；(2)偶然及(3)奪取。

(1)委託：即原持有人將物委託予行為人持有，亦即原持有人之移轉持有，通常在原持有人與行為人間，均存有一定之委託信任關係，原持有人始將物移轉至行為人自己持有。例如，借貸、寄託等是。

(2)偶然：指行為人因偶然原因而持有他人之物。例如，拾得遺失物、漂流物等是。此種情形，已有侵占脫離物罪規定之適用，自不成立本罪。

(3)奪取：指行為人基於不法行為而持有他人之物。例如，以竊盜、搶奪、強盜、詐欺或恐嚇等是。行為人以不法行為持有他人之物，已構成竊盜、搶奪、強盜、詐欺或恐嚇等罪，且此等犯罪，性質上均屬於狀態犯，其取得他人財物後據為己有之行為，並未侵害新法益，不成立侵占罪。我實務亦認為，如行為人初並未適法持有該他人之物，其之取得持有，係基於不法所有之原因，如竊盜、詐欺、強盜等，即應逕依各該罪論處，無論以侵占罪之餘地❷。

2. 委託信任關係

---

❶　司法院院字 2353。

❷　最高法院 84 臺上 1875（決）。

⑴委託信任關係之根據

本罪持有之原因，乃基於物之原持有人與行為人間之委託信任關係。此種委託信任關係，通常固基於民法上之契約而發生，例如，租賃、使用借貸、寄託、委任等是。惟除契約外，其基於「無因管理」、「習慣」、「條理」或「誠信原則」而發生者，亦均包括在內。

我實務初始認為，刑法上之侵占罪，以被侵占之物先有法律或契約上之原因在其持有中者為限，否則不能成立侵占罪❸。惟嗣亦認為，須基於法令、契約或法律行為以外之「適法」行為，如無因管理，不當得利等原因而持有他人之物，於持有狀態繼續中，易持有為所有之意思始可❹。

⑵須事實及客觀存在

委託信任關係，只須事實上存在為已足，委託人有否法律上委託之權限以及受託人有否法律上受託之權限，均非所問。委託契約，縱係無效或被撤銷，仍得認為係因委託信任關係而持有。又委託人之持有，不以合法為必要。故竊盜犯人縱係物之不法持有人，仍得為委託，受託人將委託物擅予處分時，亦得成立本罪。再者，委託信任關係，須有客觀上存在為必要。行為人主觀上誤認有委託信任關係存在，而將自己所持有他人之物予以任意處分時，不成立本罪。

3.他人之物

⑴他人持有之物

所謂他人，乃行為人以外之人。法人或非法人之團體，亦包括在內。因本罪之保護法益為持有利益，故所謂他人，乃指物之「原持有人」，而非物之所有人或其他有本權之人。至所謂「他人之物」，倘依通說見解，因認侵占罪之保護法益，為物之所有權。故所謂「他人之物」，乃指他人所有之物。在判斷物之所有權歸屬時，胥以民法上所有權之觀念為前提。例如，因消費寄託或消費借貸而持有之物，受寄人或借貸人已取得所有權，縱加以處分，亦不成立侵占罪。

---

❸ 最高法院 52 臺上 1418。
❹ 最高法院 84 臺上 1875 （決）。

惟侵占罪之保護法益，乃係物之持有利益，而非所有權。因此，所謂他人之物，乃指他人持有之物，只須為他人所持有，至其有否所有權或其他權利，則非所問。因此，在消費借貸或消費寄託之情形，因行為人不必基於先前之委託信任關係，將原物返還予原持有人，使原持有人回復其最初之持有，該借貸物或寄託物，即非屬本罪之行為客體。受寄人或借貸人縱將該寄託物或借貸物予以處分，亦不成立侵占罪。

⑵有形財物

所謂物，乃指有形之動產、不動產而言，並不包括無形之權利在內。單純之權利或財產上之不法利益，不得為侵占罪之客體❺。除有體物外，只要係具有物理管理可能性之物，即屬之。故電能、熱能及其他能量，均得為本罪之客體。違禁物、贓物等，亦同。債權證書，固屬物之一種，得為本罪之客體，惟其所表彰之債權，則為無形之權利，並不包含在內。因此，保管他人債權證書之人，擅自行使債權，而自債務人取得金錢之行為，除可能構成背信罪外，不能成立本罪。不動產之管業契據，亦不失物之性質，得為本罪之客體。

⑶爭議問題

以下數種情形是否屬於他人之物，則頗具爭議性：

①共有物

行為人與他人共有之物，無論係分別共有或公同共有，如其中一人為侵占行為時，因已侵及他人持有之利益，應成立侵占罪。我實務認為，債務人以自己持有之共有不動產，詐稱係其所有，或詭稱已得共有人同意，向債權人押借款項；或自己所持共有物，詐稱自己專有，以之抵押於人，均應成立侵占罪❻。

②買賣標的物

甲、動產：買賣標的物，如係動產者，因動產物權之讓與，非經交付，不生效力。因此，所謂「二重買賣」之情形，即締結買賣契約後，尚未交

---

❺　最高法院 71 臺上 2304；51 臺上 190。

❻　司法院院字 1518；最高法院 25.6.9 刑議。

付前，賣方又將其轉賣予他人，因該動產尚為賣方所持有，並未侵害買方之持有利益，自不成立本罪。但該動產如已在買方持有中，在未有讓與合意前，因賣方（原持有人）尚有回復持有該動產之財產利益，買方擅行予以處分時，則得成立本罪。

乙、不動產：買賣標的物，如係不動產者，因不動產物權之移轉，非經登記，不生效力。因此，不動產所有人將不動產出賣於人，不論所有權已否登記完成，又將該不動產另行出賣他人者，因出賣人對於該不動產，尚保持其持有，非由於買方之移轉持有，並未侵害買方之持有利益，自不成立本罪。同理，買方雖已持有該不動產，因賣方（原持有人）尚有回復持有該不動產之財產利益，買方尚未完成登記前，擅自予以處分時，亦得成立本罪。

③金錢或其他代替物

本罪之保護法益，既為持有利益，則金錢或其他代替物得否成為本罪之行為客體，應視侵占該金錢或其他代替物，有否侵害他人之持有利益而定。

甲、特定物：如原持有人基於委託信任關係，移轉對金錢或其他代替物之持有於行為人，依其委託意旨，行為人仍應回復原先委託人對該金錢或其他代替物之持有狀態者，該金錢或其他代替物，即得為本罪之行為客體。例如，將金錢或白米等代替物，予以封存，而委託受託人保管之情形是。

乙、不特定物：若依其委託意旨，行為人無須回復原先委託人對該金錢或其他代替物之持有狀態者，該金錢或其代替物，即非本罪之行為客體。例如，金錢或其他代替物，因消費借貸契約由當事人之一方移轉所有權於他方者，他方雖負有以種類、品質、數量相同之物返還之義務，但非代所有權人保管原物，其事後延不返還，自係民事上違約問題，與侵占罪之要件並不相符 ❼。

④不法原因給付之物

不法原因給付之物，例如，託人行賄之賄款或寶物、託請雇用殺手之

---

❼　最高法院 23 上 1830。

前金、委人購買黑槍之價金等是，依民法第 180 條規定，委託人對於委託物並無返還請求權，此際該委託物得否成為本罪之客體？學說不一。惟如前所述，本罪持有之原因，乃係基於物之持有人與行為人間之委託信任關係。委託關係屬於不法者，雖依民法之規定喪失返還請求權，但在委託人與受託人間，其委託信任關係之性質並無改變。

因此，如依其委託意旨，受託人未完成不法目的，應將金錢或其他代替物返還者，不問其為特定物或不特定物，因須返還原物或其他代替物，亦即須回復原先委託人對該物之持有狀態，自得為本罪客體，受託人將其據為己有時，得成立本罪。我實務亦認為，允為請託之賄款，於交款後起意據為己有，即屬侵占行為，應依侵占罪處斷❽。

⑤合會會款

合會，一般俗稱民間互助會，係由會首邀集二人以上為會員，互約交付會款及標取合會金之契約（民 709-1）。會首與各會員間所成立之契約，會首取得請求各會員按期給付會款之債權，並負責收齊會款及交付得標會員之債務，各會員僅於得標時，取得請求會首交付得標會款之債權。因民間互助會會款，通常為金錢或其他代替物，依各會員交付會款之委託意旨，會首無須就該會款回復各會員持有。因此，該會款不得為本罪之行為客體。其拒不交付予得標會員，而擅自予以處分之行為，不成立侵占罪。

⑥委託牙保之贓物

竊盜犯人將贓物委託他人牙保，受託人將牙保所得價金擅予處分時，得否成立本罪？學說亦不一。因本罪之保護法益，為持有利益，則受託牙保盜贓之受託人，將牙保所得價金擅予處分時，因其盜贓處分之價金，係金錢或其他替代物；且該價金之原持有人，係盜贓之買受人，而非委託人。因此，該價金或其代替物，並非本罪之行為客體，不成立本罪。惟如受託人逕將盜贓處分，而非為委託人牙保贓物者，因該盜贓仍得為本罪之行為客體，受託人將之侵吞，自得成立本罪。

---

❽　司法院院字 2513。

㈢實行行為

本罪之實行行為，為侵占。所謂侵占，乃指將自己所持有他人之物據為己有之行為，亦即行為人變易持有之意思為所有之意思，而逕為所有人之行為。簡言之，即所謂「易持有為所有」之行為。

1.侵占行為之性質

侵占行為之性質，學說上向有取得行為說與越權行為說之爭。取得行為說，認為所謂侵占，乃將自己所持有他人之物加以不法取得之行為。凡是實現不法取得意思之一切行為，均屬之。越權行為說，則認為所謂侵占，乃係違背委託之意旨對持有物為逾越權限之行為。至有否不法取得之意思，則與侵占罪之成否無關。兩說之主要差別，在不法取得意思之有無。越權行為說，因不必具備不法取得之意思，縱基於隱匿或毀損之意思而處分他人之物，亦得成立侵占罪，其成罪範圍，顯較取得行為說為廣。

本法對於侵占罪規定主觀上須具有為自己或第三人不法所有之意圖，應以取得行為說之主張解釋侵占罪之各種相關問題。

2.侵占行為之型態

侵占行為，可能為作為或不作為行為，亦可能為事實或法律行為。茲分述如次：

⑴作為及不作為

侵占之易持有為所有之行為，通常固為作為。例如，將所借用之他人電腦，出售予人是。惟有時不作為，亦得成立。例如，警察人員對於查緝所得之黑槍，匿不報繳，或向他人借用之手機，拒不返還等是。但並非所有不作為之行為，均得成立本罪。因行為人變易持有之意思為所有之意思，仍屬於內心意思之改變，外表上無法辨識。故須將其變易之意思表現為客觀具體可辨識之行為時，始能成立。易言之，行為人擬將自己持有他人之物，據為己有，僅係變更其持有之意思而為不法所有之意思，尚有未足，須進而將此變易之意思表現為客觀具體可辨識之行為時，例如，詐稱被竊、誑言遺失或否認受寄等，始能認其為侵占行為。故實務認為僅係不遵判履

行，延不交還或不能如數清償❾等，尚不能遽論以侵占罪。

⑵事實行為及法律行為

侵占之易持有為所有之行為，可能為事實行為，亦可能為法律行為。事實行為，可能為「事實處分行為」，例如，消費、毀損或拋棄等是；亦可能為「處分行為以外之其他行為」，例如，謊稱被竊，而拒不返還是。法律行為，性質上均屬「法律處分行為」，例如，出售、贈與、借貸、互易、押借、設定質權或抵押權等是。此種法律處分行為，行為人通常已將不法所有之意思形諸於外，在外表上已具有客觀具體可辨識之行為。例如，將借自他人之物，詐稱其所有，而出售予人是。此種法律處分行為，縱其私法上之法律行為尚未完成、或得撤銷、或為無效，亦屬無妨。

㈣故意與意圖

1.故　意

本罪為故意犯，其故意之內容，除行為人須對於自己持有他人之物具有認識外，尚須具有變更其持有之意思而為所有之意思，始能成立。此項故意，除直接故意外，未必故意，亦包含在內。

2.意　圖

本罪行為人除主觀上須具有故意外，尚須具有為自己或第三人不法所有之意圖，始能成立。因此，本罪亦為目的犯。

⑴使用侵占

行為人基於一時使自己在經濟上與所有人或持有人享同等利益或為同等支配之意思，而將自己所持有他人之物擅予使用者，即所謂「使用侵占」之情形，亦得以本罪律之。例如，債權人委託行為人代為向債務人收取欠款，行為人取得款項後，因一時急需，而將該款項擅予使用，並有嗣後返還之意思時，亦得認其具有不法所有之意圖，而得成立本罪。

⑵權利行使行為

法律上之處分行為，如係屬於行為人之權利者，則非實現不法所有意

---

❾　司法院院字 2242；最高法院 23 上 1915；68 臺上 3146；41 臺非 57。

思之行為，自不具侵占罪之構成要件該當性。例如，質權人因質物有敗壞之虞，或其價值顯有減少，足以害及其權利者，質權人得拍賣質物，以其賣得價金，代充質物（民892）。其拍賣行為，屬於權利行使之行為，不能成立侵占罪。

㈤既遂、未遂

1.著手及既遂時期

本罪之未遂犯，罰之。侵占行為，既為易持有為所有之行為，不論其係作為或不作為行為，事實或法律行為，只須行為人將不法所有之意思表現為客觀具體可辨識之行為時，即為本罪之著手，同時亦為本罪之既遂。易言之，在通常情形下，因侵占行為實行之始，被害人之財物已為行為人所持有，行為人僅須有易持有為所有之行為，即得成立本罪之既遂犯。因此，本罪之未遂犯，實屬難以想像。

我實務向來均認為，侵占罪為即成犯，以持有人將原來持有物表現其變為所有之意思而成立，此項變為所有之意思，雖有時以處分行為表現之，但一經表現，犯罪即同時完成，並不以處分行為完了為必要❿。其犯罪既已達於既遂，則其後所實施之行為，對於侵占罪之成立，即不生任何影響。例如，事後將侵占之物設法歸還，或全數吐出，或已自認賠償，或獲得被害人宥恕，或僅事後參與分贓，均對於已成立之侵占罪，不生任何影響。

2.狀態犯

侵占罪，學理上稱為狀態犯，故於侵占罪成立後，行為人縱予以使用或處分，在犯罪認識上，雖得該當其他財產罪；惟在犯罪評價上，其所該當之其他財產罪與本罪，得成立法條競合，就其所該當之數個財產罪間，決定應優先適用之犯罪，而排斥他罪之適用。

㈥個人免除刑罰事由

於直系血親、配偶或同財共居親屬之間，犯本罪者，得免除其刑（刑

---

❿　最高法院22上4762；29上2291；43臺上675；67臺上2662。

338 準用刑 324）。直系血親、配偶、同財共居親屬或其他五親等內血親或三親等內姻親之間，犯本罪者，須告訴乃論（刑 338 準用刑 324）。

(七)罪數及與他罪之關係

1. 罪數之認定標準

本罪罪數之認定標準，學說甚為分歧，有以侵占行為之個數定其罪數者；有以委託關係之個數定其罪數者；有以持有之個數定其罪數者；亦有以所有人之個數定其罪數者。

惟本罪之保護法益，為物之持有利益。決定本罪之罪數時，自應顧及其所侵害法益之個數。因此，應以被害之持有利益之個數為準。例如，共有物之侵占，乃數人共享一個持有利益，雖其所有權人有數個，仍僅成立一個侵占罪。又如，以一個委託關係，將分屬於數個所有權人之數個財物委託保管，受託人以一個侵占行為予以侵占時，因其僅侵害一個持有利益，仍僅成立一個侵占罪。

2. 本罪與竊盜罪

本罪與竊盜罪，均係侵害他人對財物持有利益之犯罪。前者所侵害者，乃係原持有人回復對物持有之財產上利益；後者所侵害者，乃現在持有人現實持有財物之財產上利益。兩罪之區別，主要在於對他人持有之物，於行為時，究係屬於自己持有抑屬於他人持有。如於行為時，係屬於自己持有者，應成立侵占罪；倘於行為時，係屬於他人持有者，則應成立竊盜罪。此外，其行為與持有之時點，亦有差異。侵占行為之實施，係始於持有他人之物以後，亦即先持有而後侵占；竊盜罪，則係藉由竊取行為始持有他人之物，亦即先竊盜而後持有。

至究係屬於自己持有抑屬於他人持有，乃係事實認定之範圍。因此，對於同一自然行為事實，究應成立竊盜罪或侵占罪，乃犯罪成立判斷之問題，尚無探討法條競合之餘地。雖然，倘竊取他人之房屋所有權狀，並將自己所持有他人之房屋出售之情形，在犯罪認識上，其先後分別成立竊盜罪與侵占罪；在犯罪評價上，則仍有可能發生法條競合之問題。因此，成

立法條競合時，應擇一適用最適當之普通侵占罪處斷，而排斥普通竊盜罪之適用❶。

五、加重侵占罪

第 336 條　對於公務上或因公益所持有之物，犯前條第一項之罪者，處一年以上七年以下有期徒刑，得併科五千元以下罰金。

　　　　　對於業務上所持有之物，犯前條第一項之罪者，處六月以上五年以下有期徒刑，得併科三千元以下罰金。

　　　　　前二項之未遂犯罰之。

㈠犯罪類型

加重侵占罪之犯罪類型有三：即 1.公務侵占罪；2.公益侵占罪及 3.業務侵占罪。茲分述如次：

㈡公務侵占罪

1.行為主體

本罪之行為主體，為因從事公務而持有他人財物之人。故本罪為身分犯，且為真正身分犯。行為人是否具有此項身分，以其持有財物時為準，而非以侵占行為時為準，亦即其持有財物時，須具有公務員之身分，且須因其職務而取得對物之持有；至其為侵占行為時，有否公務員之身分，則

---

❶　惟我實務認為：「不動產之管業契據，不過為證明產權之一種文書，並非與不動產具有不可分離之關係。如以適法原因管有不動產後，更以不法方法取得該不動產之管業契據，遂主張其產權業已移轉於己，因之實施所有人之處分行為，其將不動產之持有變為所有，固應成立侵占罪，惟該管業契據之本體，既不失為物之性質，而取得之手段又由於不法，自應按其實施行為之種類，另行成立他罪，雖與侵占罪具有方法結果之關係，依法應從其重罪處斷，究不能將此兩者混而為一，認為只成立單一之侵占罪。」（最高法院 28 上 862）

非所問。故公務員於具有公務員身分時，持有公務上之物，而於離職後，始實施侵占行為者，仍得依本罪論處。

又此項身分關係，與刑法第 134 條但書所謂因公務員之身分已特別規定其刑之情形相當。故公務員犯本罪者，因有上開但書規定，不得再依該條加重其刑**⓬**。

2.行為客體

本罪之行為客體，為公務上所持有之物。所謂「公務上所持有之物」，係指基於公務上之原因而持有之物。例如，公務員基於職務關係所保管之財物，或公務員因執行職務所扣押之證物等是。如原無公務上之持有關係，其持有純屬私人間之委託行為，或由於詐欺之結果，則無從成立本罪。

至所持有之物，不以公有物為限；雖為私有物，如係公務員因公務上之原因而持有者，亦包括在內。例如，交通警察所查扣之違規機車；派出所警員保管民眾拾獲之遺失物、漂流物等是。

3.實行行為

本罪之實行行為，為「侵占」。至其侵占之方法，並無限制，或對於職務上應發給之款項，捏稱已發；或謊報被搶；或收多解少；或不予歸還等**⓭**，均足成立本罪。

4.故意與意圖

本罪為故意犯，其故意之內容，除行為人對於公務上所持有之物，須具有認識外，尚須具有變更其持有之意思而為所有之意思，始能成立。本罪亦為目的犯，行為人主觀上尚須具有為自己或第三人不法所有之意圖，始能成立。

5.既遂、未遂

本罪之未遂犯，罰之。行為人將不法所有之意思表現為客觀具體可辨識之行為時，即為本罪之既遂犯。

⓬　最高法院 29 上 3307；司法院院字 1911；1936。

⓭　最高法院 41 臺特非 9；19 上 1148；44 臺上 1162。

㈢公益侵占罪

1.行為主體

本罪之行為主體，為因從事公益事務而持有他人財物之人，亦為身分犯，且不以非公務員為限。公務員如非因公務而持有，而係因公益上之原因而持有者，亦得成立本罪。所謂「公益」，乃公共之利益，亦即不特定人或多數人之利益。如僅係特定少數人之利益，則非公益。

2.行為客體

本罪之行為客體，為因公益所持有之物。所謂「因公益所持有之物」，係指基於公益上之原因而持有之物。例如，社區發展協會之總幹事持有該協會財物之情形是。

3.實行行為

本罪之實行行為，亦為「侵占」。至其侵占之方法，亦無限制，不論係據為己有、擅予處分或拒不歸還等，均屬之。

4.故意與意圖

本罪為故意犯，其故意之內容，除行為人對於公益上所持有之物，須具有認識外，尚須具有變更其持有之意思而為所有之意思，始能成立。本罪亦為目的犯，行為人主觀上尚須具有為自己或第三人不法所有之意圖，始能成立。

5.既遂、未遂

本罪之未遂犯，罰之。行為人將不法所有之意思表現為客觀具體可辨識之行為時，即為本罪之既遂犯。

㈣業務侵占罪

1.行為主體

本罪之行為主體，為因從事業務而持有他人財物之人。本罪行為主體之身分關係，只須其持有財物時，係從事一定業務，且因其業務而取得對物之持有為已足；至其於為侵占行為時，是否仍繼續從事該業務，則非所問。

　　我實務認為，業務侵占罪之成立，以因執行業務而持有他人之物為前提，必行為人先合法持有他人之物，而於持有狀態繼續中，擅自處分，或易持有為所有之意思，而逕為所有人之行為，始克相當。倘其持有之初，係出於非法方法，即非合法持有，除應視其非法行為之態樣，分別成立相關罪名外，無成立業務侵占罪之餘地❶❹。

　　所謂「業務」，是指人基於社會生活上之地位所繼續從事之事務，其僅偶一從事者，不得謂為業務。業務之涵義，基本上固與業務過失致死傷罪中之所謂業務，並無差異；惟本罪所謂業務，則不必具有危險事務性，只須具有物之持有性即可。例如，土地代書將客戶委託辦理土地過戶手續而代繳土地增值稅等款項，或汽車業務員，將銷售車輛代收車款等侵吞入己者，即得成立本罪是。

　　本罪之業務，須以基於他人之委託，而持有或保管他人之財物為必要。至他人之委託，不問係特定人之委託抑或不特定多數人之委託，均非所問。

　　業務上之持有人與不具此特定關係之人，共同侵占其所持有他人之物時，我實務認為，刑法第 336 條第 2 項之罪，以侵占業務上所持有之物為其構成要件，即係因其業務上持有之身分關係而成立之罪，與僅因身分關係或其他特定關係而致刑有輕重之情形有別。因而無業務關係之人，與有業務關係者共同侵占，依刑法第 31 條第 1 項規定，仍應以業務上侵占之共犯論。其教唆或幫助侵占者，亦應成立業務上侵占罪之教唆犯或幫助犯，不能科以通常侵占之刑❶❺。

2.行為客體

　　本罪之行為客體，為業務上所持有之物。所謂「業務上所持有之物」，係指從事一定業務之人，因執行業務，而持有他人之物。其前提為原先本係適法之持有，嗣後始更易為不法所有或予以處分，始克相當。倘若行為人自始即圖為自己不法之所有，以詐術或其他欺罔、不實方法，使相對人陷於錯誤，而為財物之交付者，應屬詐欺罪範疇，不能遽論以侵占之罪❶❻。

---

❶❹　最高法院 90 臺上 1114（決）。

❶❺　最高法院 28 上 2536；70 臺上 2481；最高法院 25.4.21 刑議；司法院院字 2353。

　　從事一定業務之人，所以持有他人之物，有基於包括之委託信任關係者，例如，農會職員因業務所保管農會之財物是；亦有基於個別之委託信任關係者，例如，貨車司機受雇載運鋼筋是。

　　前項委託信任關係，須與其所執行之業務，具有密切關係。若非因執行業務，而基於其他委任關係持有他人所有物，即與該罪構成要件不符，只能以普通侵占罪論科。又業務上所持有之物，亦得為脫離物。如有保管遺失物、漂流物或其他脫離物業務之人，擅自侵吞為己者，自得以本罪律之。

3.實行行為

　　本罪之實行行為，亦為「侵占」。

4.故意與意圖

　　本罪為故意犯，其故意之內容，除行為人對於業務上所持有之物，須具有認識外，尚須具有變更其持有之意思而為所有之意思，始能成立。本罪亦為目的犯，行為人主觀上尚須具有為自己或第三人不法所有之意圖，始能成立。

5.既遂、未遂

　　本罪之未遂犯，罰之。行為人將不法所有之意思表現為客觀具體可辨識之行為時，即為本罪之既遂犯。

㈤個人免除刑罰事由

　　於直系血親、配偶或同財共居親屬之間，犯本條所定加重侵占罪者，得免除其刑（刑338準用刑324）。直系血親、配偶、同財共居親屬或其他五親等內血親或三親等內姻親之間，犯本條所定加重侵占罪者，須告訴乃論（刑338準用刑324）。

⓰　最高法院80臺上5148（決）。

(六)本罪與他罪之關係

1.本罪與普通侵占罪

本罪與普通侵占罪間，具有特別關係。成立法條競合時，應優先適用特別規定之加重侵占罪，排斥適用一般規定之普通侵占罪。

2.公務侵占罪、公益侵占罪與業務侵占罪

公務侵占罪與業務侵占罪間，因業務本得包含職務在內，二者間具有特別關係，公務侵占罪為特別規定，業務侵占罪為普通規定。

公務侵占罪與公益侵占罪，因公務之性質，通常多係與公共利益有關，二者間具有補充關係，公務侵占罪為基本規定，公益侵占罪為補充規定。

至業務侵占罪與公益侵占罪，二者間並不具特別關係，亦不具補充關係與吸收關係，而具有擇一關係，在適用上，倘發生法條競合時，應擇法定刑較重者優先適用。

3.公務侵占罪與圖利罪

公務侵占罪之保護法益，為原持有人對財物之持有利益；圖利罪之保護法益，則為國民對於公務員廉潔及公正執行職務之信賴，二者間並不具保護法益之同一性，應依想像競合犯，從重罪之圖利罪處斷。

我實務一向認為，刑法第 131 條之圖利罪，係關於公務員職務上圖利之概括規定。然公務員在職務上因圖利而犯罪，散見於刑法各條者不少，必其圖利行為不合於刑法各條特別規定者，始受該條之支配。若其圖利行為合於某條特別規定，仍應從該條處斷❶。此項見解，似認為圖利罪僅係一般規定，其他各條之圖利犯罪，則為特別規定，兩者發生法條競合時，按特別關係之法理，應依其他各條之特別規定處斷。惟在適用上，圖利罪可否與其他各條之圖利犯罪，發生法條競合，未可一概而論，應視其保護法益有否同一性以為斷。如賄賂罪與圖利罪，其保護之法益具有同一性，在適用上，即得成立法條競合。至公務侵占罪與圖利罪，則不具法益之同一性，應分別成罪，而依想像競合犯處斷。

---

❶ 最高法院 19 上 1148。

4.公務侵占罪與誣告罪

公務侵占罪之保護法益，為原持有人對財物之持有利益；誣告罪之保護法益，則係國家之審判作用，二者間並不具保護法益之同一性，應依想像競合犯，從重罪之公務侵占罪之法定刑處斷。例如，意圖不法侵占公務上所持有之款項，而向警察機關謊報被搶，以為掩飾者，得成立公務侵占罪與未指定犯人誣告罪（刑171I），應分別論罪，並依想像競合犯，從重罪之公務侵占罪之法定刑處斷。

六、侵占脫離物罪

> **第337條**　意圖為自己或第三人不法之所有，而侵占遺失物、漂流物或其他離本人所持有之物者，處五百元以下罰金。

㈠罪　質

行為人拾得他人之遺失物、漂流物或其他脫離物後，而將其據為己有，即構成本罪。人性本具有善惡兩面，路不拾遺或拾金不昧，固在鼓勵性善之一面；棄惡揚善，亦為道德上所致力之訴求。惟貪瞋痴，早為佛教之戒律；人為財死，雖為性惡之表現，但亦屢見不鮮。因此，拾得遺失物、漂流物或其他脫離物，而將其據為己有，在某種程度上，亦屬人性自然之流露，期待可能性甚為薄弱。立法者對於侵占脫離物罪，特予以減輕處罰。惟基於刑法謙抑性之思想，拾得遺失物、漂流物或其他脫離物，純係路上拾遺或拾金而昧，並非大惡不赦，縱未以刑罰制裁，而讓諸道德予以規範，亦無不可。因此，在立法論上，本罪有否存在之必要，實有商榷之餘地。

㈡保護法益

本罪之保護法益，為原持有人回復持有該物之財產利益；亦即原持有人對財物之持有利益。

㈢行為主體

本罪之行為主體，為拾得他人遺失物、漂流物或其他脫離物之人。行為人於拾得他人遺失物、漂流物或其他脫離物時，依民法規定，有通知、揭示招領或報告相關行政機關之義務，竟將其據為己有，即成立本罪。因行為人起先並未持有其物，且與原持有人間亦無委託信任關係，故與普通侵占罪異其性質，為最單純型態之侵占罪。

㈣行為客體

本罪之行為客體，為遺失物、漂流物或其他離本人所持有之物。惟不論係遺失物、漂流物或其他離本人所持有之物，均須為他人之物。如係無主物，則不得為本罪之行為客體。所謂無主物，係指現在不屬於任何人所有之物。有係自始即無人所有之物，例如，野生動物或自然孳生之海草、貝殼等是。亦有係過去屬於他人所有，但已拋棄之物，亦即所謂遺棄物。例如，丟棄之家具、冰箱或動物等是。

1.遺失物

所謂遺失物，係指非基於持有人之意思，而偶然脫離其持有，且尚未屬於何人持有之物。例如，遺留於公車上之皮包；掉落地上之金融卡或置於餐廳桌上之手機等是。

2.漂流物

所謂漂流物，係指隨水漂流，而脫離本人持有，且尚未屬於何人持有之物。例如，水災時，隨水漂流之家具或雞鴨；颱風時，隨海浪漂流至海邊之杉木或寶物等是。

3.其他離本人所持有之物

所謂其他離本人所持有之物，係指除遺失物、漂流物外，其他非基於本人之意思，而脫離其持有，且尚未屬於何人持有之物。例如，隨風飄飛之晾曬衣物、逸走迷路之家畜、郵差誤送之郵件或車禍死亡之遺物等是。其因錯誤而交付自己所持有之物，亦包括在內。例如，賣主因找錢而多付

買主之價金，儲戶提款因行員錯誤而多付之金額等是。

㈤實行行為

本罪之實行行為，亦為「侵占」，但與普通侵占罪之侵占行為，涵義略有不同。普通侵占罪之侵占行為，乃指將自己所持有他人之物據為己有之行為，亦即易持有為所有之行為。本罪因行為人並未持有他人之物，無法易持有為所有。故本罪之侵占行為，乃指將遺失物等脫離物事實上置於自己實力支配下之行為。

㈥故意與意圖

本罪為故意犯，其故意之內容，除行為人認識其為遺失物、漂流物或其他離本人所持有之物外，並有將其據為己有之意思，始能成立。本罪亦為目的犯，尚須具有為自己或第三人不法所有之意圖。例如，拾得他人空白支票數張，乃私刻他人印章，先後簽發該項支票，分別交與他人使用之情形是。

㈦個人免除刑罰事由

於直系血親、配偶或同財共居親屬之間，犯本罪者，得免除其刑（刑338 準用刑 324）。直系血親、配偶、同財共居親屬或其他五親等內血親或三親等內姻親之間，犯本罪者，須告訴乃論（刑 338 準用刑 324）。

㈧本罪與他罪之關係

1. 本罪與普通侵占罪等

本罪與普通侵占罪等其他侵占罪，具有補充關係，侵占脫離物罪為補充規定，其他侵占罪則為基本規定。成立法條競合時，優先適用基本規定之普通侵占罪，排斥適用補充規定之侵占脫離物罪。

2. 本罪與普通竊盜罪

本罪與普通竊盜罪，不具特別關係，亦不具補充關係與吸收關係，二

者處於擇一關係。成立法條競合時，應優先適用法定刑較重之普通竊盜罪處斷，排斥侵占脫離物罪之適用。例如，拾獲他人遺失之房宅鑰匙，而後利用該鑰匙侵入該他人之房宅竊取財物者，得成立侵占脫離物罪與普通竊盜罪。其先後侵占與竊盜行為，係利用同一機會接續實施，屬於一次性之侵害，成立法條競合，應優先適用法定刑較重之普通竊盜罪處斷，排斥侵占脫離物罪之適用。

第十一章　詐欺背信及重利罪

一、犯罪類型

本章之犯罪類型，計有三類：㈠詐欺罪之犯罪類型，有第 339 條「普通詐欺罪」；第 339 條之 1「收費設備詐欺罪」；第 339 條之 2「付款設備詐欺罪」；第 339 條之 3「電腦詐欺罪」；第 339 條之 4「加重詐欺罪」及第 341 條「準詐欺罪」。㈡背信罪之犯罪類型，有第 342 條「背信罪」。㈢重利罪之犯罪類型，則有第 344 條「普通重利罪」及第 344 條之 1「加重重利罪」。

二、普通詐欺罪

第 339 條　意圖為自己或第三人不法之所有，以詐術使人將本人或第三人之物交付者，處五年以下有期徒刑、拘役或科或併科五十萬元以下罰金。
以前項方法得財產上不法之利益或使第三人得之者，亦同。
前二項之未遂犯罰之。

㈠詐欺罪與其他相鄰犯罪之區別

1.詐欺罪與竊盜罪、強盜罪

詐欺罪，乃以詐術欺騙他人，使其陷於錯誤，產生有瑕疵之意思，因而從其取得其財物或財產上利益之犯罪。詐欺罪與竊盜罪、強盜罪之主要區別，在於詐欺罪，雖相對人之意思有瑕疵，但仍有其個人之意思介入其中，進而交付財物或為財產之處分；竊盜罪或強盜罪，則完全違反相對人之意思，而自相對人取得其財物。

2.詐欺罪與恐嚇罪

詐欺罪與恐嚇罪，雖均係基於有瑕疵之意思而為交付或處分行為，惟

恐嚇罪係因心生畏怖，始產生有瑕疵之意思；而詐欺罪則係基於錯誤而產生有瑕疵之意思。易言之，恐嚇罪之罪質，雖可能含有詐欺性，但其與詐欺罪之區別，係在行為人對於被害人所用之手段，僅使其陷於錯誤者，為詐欺；如係使發生畏懼心者，則為恐嚇。

3.詐欺罪與侵占罪

侵占罪係以行為人先持有他人之物，嗣變易其原來之持有意思而為不法所有之意思，予以侵占；而詐欺罪則係以行為人原未持有他人之物，因意圖不法所有，施用詐術手段使人陷於錯誤而交付財物，其性質亦有不同。因此，詐欺罪屬於利欲犯以及智能犯之典型犯罪。

㈡保護法益

本罪之保護法益，為個人財產之安全。至在保護個人財產之所有權抑在保護個人財產之持有利益，學說迄未一致，仍以持有利益說為妥❶。

1.財產法益

詐欺罪，乃為侵害財產法益之犯罪，其所侵害者，須為有關財產之法益，始能成罪。如所侵害者並非財產法益，而係財產以外之法益者，例如，結婚詐欺，自不成立詐欺罪。詐欺行為，並未侵害財產法益，而僅侵害國家或社會法益時，亦無成立詐欺罪之餘地。例如，詐術妨害考試、詐術妨害投票等是。

2.國家或公共團體之財產法益

詐欺行為如係侵害國家或其他公共團體之財產法益時，可否成立詐欺罪？則不無疑義。例如，詐術逃漏稅捐、詐領貧戶救濟金、詐領兒童福利金、詐領教育補助費、詐領公教實物配給或詐領出差費等是。國家或其他公共團體，在性質上，屬於法人；法人，雖僅係觀念之產物，無從為事實

---

❶　我實務亦採持有說，例如，「查詐欺取財罪之法益，其犯罪之計算，應以財產監督權為標準，此迭經本院著有判例，而按之現今法理，亦屬確論。本案被告人詐取某某等處中國銀行分行財物，中國銀行分行，雖為同一法人，而各分行既各自有監督權，則被告人之犯罪行為，自應以數罪論。」（大理院5上158）

上之支配，其本身自無從持有財物；惟法人在法律上，亦具有權利主體之資格，得享有財產權，對於財物，得由其代表人、負責人或職員為法人而持有。對於財物之持有，雖以自然人為限，惟持有利益之歸屬，則包含法人在內。因此，詐欺行為如係侵害國家或其他公共團體之財產法益時，亦有成立詐欺罪之可能。

我實務見解，向採肯定說。例如，⑴將已用過之菸類專賣憑證重為使用；⑵行使偽造菸類專賣憑證；⑶捏稱軍人遺族冒領恤金；⑷偽造某軍事機關公函，持向食鹽公賣局購鹽轉售圖利；⑸以詐術逃漏稅捐等，均得成立詐欺罪❷。

㈢行為客體

本罪之行為客體，除「人」外，在詐欺取財罪，尚有本人或第三人之物；在詐欺得利罪，則有財產上不法之利益。茲分述如次：

1.意思能力

所謂「人」，乃指行為人以外之自然人。法人或非法人之團體，不包含在內。因詐術行為須使對方產生有瑕疵之意思而陷於錯誤，故本罪行為客體之自然人，須具有意思能力，亦即須具有意思自由而有陷於錯誤可能之自然人，始足當之。至其年齡如何，有否責任能力，並非所問。稚齡幼童、高度精神病人或植物人等，如無意思自由者，則不包含在內。

2.特定人或不特定人

本罪之行為客體，不以特定人為限，對於不特定之人為之，亦屬無妨。例如，廣告詐欺是。又詐術之對象與財產之被害人，不以同一人為必要。例如，以電話向被害人之父詐稱其家中電話被人冒用詐財，需將其子帳戶內之款項轉存有關機關存保之情形是。

3.不法原因持有之物

所謂「本人之物」，乃指被害人本人所持有之物。所謂「他人之物」，則指被害人以外其他第三人所持有之物。至其所有權屬誰以及持有之原因

---

❷　司法院院字 2715；2797；2219；2118；最高法院 68 臺上 65。

是否合法，並非所問。縱係出於不法原因而持有，例如，賄款、贓物或嗎啡、安非他命等違禁物，亦均得為本罪之行為客體。

4.動產或不動產

本人或第三人之物，不問其為動產或不動產，均兼括在內。以動產論之電能、熱能及其他能量，亦得為本罪之客體（刑 343 準用刑 323）。所謂「財產上之利益」，乃指除物以外之其他財產上之利益。可能為積極財產之增加，例如，財物之取得是；可能為消極財產之減少，例如，免付車資是。可能為永久之利益，例如，免除債務是；可能為一時之利益，例如，延期清償是。

㈣實行行為

本罪之實行行為，為詐術，亦即以詐術使人將本人或第三人之物交付，或得財產上之不法利益或使第三人得之之行為。

1.詐術之意義

所謂詐術，指一切足以使人陷於錯誤之行為。不以積極之欺罔行為為限，即消極利用他人之錯誤，而使其為財物之交付者，亦足當之。例如，被害人誤認假冒品為真品，故默不言，而以真品價格售出之情形是。惟如其所用方法，不能認為係詐術，亦不致使人陷於錯誤者，則不屬之。例如，趁收票員忙碌之際，未購票而潛入電影院觀賞電影之情形是。

2.詐術之內容

⑴過去、現在或未來之事實

詐術之內容，須為一定事實之表示。此項事實，不問其為過去之事實，抑或現在之事實，均非所問。至未來之事實，可否成為詐術之內容，則須視具體情形而定。如該未來之事實為任何人所無法逆料者，不得成為詐術之內容。例如，油價之漲落、地震之發生等情形是。惟如隱匿過去或現在之事實，甚或虛構事實，足使對方對於未來事實陷於錯誤之判斷者，例如，建商廣告，政府已編列預算建造捷運，將通過該建築推案附近，房屋及土地預期會飆漲，使投資客信以為真，其實純屬子虛者，則不妨其成立詐欺罪。

(2)**事實或意見表示**

詐術之內容，是否以事實之表示為限？抑或包含價值判斷或其他意見之表示在內？有認為價值判斷或其他意見之表示，純屬個人主觀意思之表達，與事實是否虛偽無關，性質上為誘導，而非欺罔，故不能成為詐術之內容者。惟事實之表示與價值判斷或其他意見之表示，兩者之界限，頗為模糊，並無明確之區別標準；且所謂詐術，只須足以使人陷於錯誤之一切方法，均足當之。因此，詐術之內容，無論係有關事實之表示，抑或有關價值判斷或其他意見之表示，凡足以使人陷於錯誤者，均得成立詐欺罪。例如，以仿冒品訛言為真品，且詐稱品質甚佳之情形是。

3.**詐術之型態**

詐術之手段，並無任何限制，其為口頭或動作，明示或默示，直接或間接，作為或不作為，均無不可。茲就數種較為特殊之詐欺型態，略為說明如次：

(1)**間接詐欺**

行為人利用不知情之第三人間接施詐者，得成立間接詐欺罪。例如，行為人於偽造文書後，利用不知情之人，代為行使該文書詐財，即得成立間接詐欺罪。

(2)**默示詐欺**

行為人未以口頭，而係以一定之舉動施詐者，即所謂默示詐欺或舉動詐欺，得成立作為詐欺罪。例如，無支付之意思或能力，而以訂購單向商店訂購貨品之情形是。

(3)**不作為詐欺**

行為人以不作為之方式施詐者，得成立不作為詐欺罪。例如，他人因誤認而交付財物，故意默密不言之情形是。此種不作為詐欺，性質上為不真正不作為犯，須在法律上有告知事實義務之人，應告知而不告知者，始與作為詐欺，得為相同之評價。

惟不作為詐欺，須行為人之不作為與其錯誤具有因果關係，始能成立。亦即行為人之施詐行為，須為對方陷於錯誤之原因。如行為人之不為告知

與對方之陷於錯誤，並無因果關係者，縱使對方因錯誤而為財物之交付，行為人在法律上負有返還之義務，其不予返還者，僅生是否成立他罪之問題，不能成立不作為詐欺罪。例如，至銀行提款，提款單寫明二萬元，行員誤付二十萬元。行員之錯誤，並非提款人施詐所致，不成立詐欺罪，僅應成立侵占脫離物罪及民事上不當得利之返還義務。惟如行員詢以是否領二十萬，提款人乘機作肯定之表示者，則係提款人以作為施詐，致行員為錯誤之給付，應成立作為詐欺罪。

(4)保險詐欺

行為人施用詐術，濫用保險制度，以獲取財物或其他財產上不法利益者，得成立詐欺罪。此種情形，係行為人違反保險法第 64 條據實告知之義務，而為積極之虛偽陳述或消極之故意隱匿，足以影響保險人對於危險之估計以及承保之意願，造成保險費之錯誤計算，或原屬拒保之事項而加以承保，而使保險人蒙受財產上之損害。

保險詐欺，行為人以積極虛偽陳述之作為行為，或消極故意隱匿之不作為行為，均得成立詐欺罪。例如，推車入海，謊報失竊，而詐領產物險保險金；或罹患肝癌，故意隱匿，而詐領終身壽險保險金等是。

(5)找錢詐欺

行為人明知對方於找錢時，發生錯誤，而默未告知者，得否成立詐欺罪？學說不一。有認為依誠信原則，行為人負有告知之義務，其違反告知義務，而未為告知，應成立不作為之詐欺罪者。惟不作為詐欺罪之成立，須因行為人之不為告知，而使對方陷於錯誤，並因錯誤而為財物交付或為使人得利行為，始能構成。如行為人之不為告知與對方之陷於錯誤，並無因果關係者，即不能成立不作為詐欺罪。因此，對方於找錢時，發生錯誤多找錢，其發生錯誤在先，行為人之不為告知在後，兩者並無因果關係，不能成立詐欺罪，如事後拒未返還，僅成立侵占脫離物罪。

(6)無錢食宿詐欺

行為人無支付對價之意思與能力，而為飲食或住宿之行為者，亦即俗稱白吃白住之行為，得否成立詐欺罪？應視具體之情形而定。無錢食宿，

如以其犯意形成之時期為準，得分為兩種行為形態：

①犯意先行型

係指行為人自始即無支付對價之意思與能力，而為食宿之行為。易言之，行為人自始即存心白吃白住，而於食宿後，藉機或使用偽計逃走之行為。此種情形，如行為人僅對於自己無支付對價之意思與能力，故意匿而不宣，究應成立作為之詐欺罪抑或不作為之詐欺罪？學說不一。惟衡諸社會生活與交易之實態，顧客進入餐廳訂餐飲食，或進入旅館訂房住宿，鮮有先行告知店主其有否支付對價之意思與能力者。因此，行為人雖無支付對價之意思與能力，惟喬裝成一般顧客訂餐或訂房，即為以積極作為施詐，使店主陷於錯誤，因錯誤而提供餐飲或住宿，故應成立作為之詐欺取財罪。

②食宿先行型

係指行為人於食宿開始時，有支付對價之意思，嗣於食宿中途或食宿後，始發現無支付之能力，遂藉機或使用偽計逃走之行為。例如，食宿後，發現身無分文，乃藉口如廁或至店外購物，而覓機逃逸之情形是。此種情形，行為人於店主提供食宿時，並未施用詐術，而係於支付對價時，始施用詐術，使店主陷於錯誤，因錯誤而許其暫時離開。因店主許其暫時離開，並非免除其支付食宿之對價，行為人亦無取得財產上利益，無從成立詐欺得利罪，僅屬於民事債務不履行之問題。

(7)白嫖詐欺

行為人偽稱支付代價，而使婦女為性交易；或性交易後，始施詐免付代價者。得否成立詐欺罪？不無疑義。

①施詐在先者

行為人偽稱支付代價，而使婦女為性交易之情形，有認為性交易行為，並非財物，且縱得以金錢價值換算，但其本身並非財產上之利益，自非處分財產上利益之行為，既不成立詐欺取財罪，亦不成立詐欺得利罪。惟性交易行為，雖屬不法，仍為身體勞動之價值，亦屬於財產上利益之一種。因此，偽稱支付代價，而使婦女為性交易者，得認其成立詐欺得利罪。

②施詐在後者

性交易後，始施詐免付代價者，得否成立詐欺罪？亦見解不一。有認為性交易行為，有背公序良俗，且在民法上亦無對價請求權，不能成立詐欺得利罪者；亦有認為詐欺罪所保護之財產，並不以民法上所保護者為必要，行為人因施詐之結果，而免付性交易之代價，亦屬獲得財產上之利益，應得成立詐欺得利罪者。

惟不法原因給付之物，例如，託人代為行賄之賄款、託請雇用殺手之前金、委人購買黑槍之價金等，亦得為本罪之客體。倘有施用詐術，而取得此等不法原因給付之物，例如，詐稱代為行賄，而取得賄款等，仍應成立詐欺罪。性交易之代價，性質上亦屬不法原因給付之物，非不得為本罪之客體，如行為人於使婦女為性交易後，始施詐使其陷於錯誤，而免除代價之給付或延期給付者，仍應認其成立詐欺得利罪；惟如係使用偽計逃逸者，因無免除其支付性交易對價之情形，尚不成立詐欺得利罪。

(8)身分詐欺

行為人施用詐術，假冒身分，自被害人取得財物或財產上之利益者，得否成立詐欺罪？亦頗值研究。例如，偽造會員卡至大賣場購買會員折扣之物；假冒年齡購入禁止未成年人購買之物品或密醫為人診病而收取診斷費及藥品費等是。行為人假冒身分，而詐取財物，得否成立詐欺罪？似應以被害人是否受有財產上之損害為準。偽造會員卡至大賣場購買會員折扣之物，因已使大賣場受有財產上之損害，得以成立詐欺罪。至假冒年齡購入禁止未成年人購買之物品或密醫為人診病而收取相當之診斷費及藥品費，其假冒身分，雖係施詐行為，且亦使相對人陷於錯誤，但相對人之交付財物，已獲得一定之代價，難謂有何財產上之損害，似以認其不成立詐欺罪為宜。

我實務認為，不具醫師資格者，擅自執行醫療業務，是否亦觸犯詐欺罪名，應視具體情形決之。如其醫術確有合格醫師之一般醫療水準或其秘方確實具有療效，而病患明知其無醫師資格仍然願意就診並支付醫療費用時，因無施用詐術使病患陷於錯誤而交付財物情形，其行為除違反醫師法第 28 條外，並不另構成詐欺罪名。如其醫術低劣，竟假冒醫師之名義，擅

自執行醫療業務，以低劣之醫療品質，冒充合格醫師之醫療品質，使病患陷於錯誤而就診，以詐取不相當之醫療費用時，其行為除違反醫師法第 28 條外，自亦應負詐欺罪責❸。

⑼訴訟詐欺

行為人施用詐術，獲得法院之勝訴判決，因而自被害人取得財物或財產上利益者，因其施詐之對象與財產之被害人，並非同一人。此種施詐行為，可否成立詐欺罪？見解不一。因民事訴訟係採形式真實主義，不問法院有否陷於錯誤，均受當事人主張之拘束。故行為人利用訴訟制度之行為，可否認其為詐術之手段？不無疑義。其次，被害人因敗訴不得不服從裁判，而提供財物，尤其經強制執行而交付財物時，可否認其為被害人之財物交付行為？亦殊堪探究。

通說認為，行為人提供偽造之證據，使法院誤信為真正而陷於錯誤，致為原告勝訴之判決，亦屬詐術之一種手段；且敗訴者雖未陷於錯誤，但其須服從法院之裁判，而交付財物，實與因錯誤而自行為交付財物行為，並無差異，自得成立詐欺罪。

我實務向來亦認為訴訟詐欺，得以成立詐欺罪。例如，提出偽契，對於他人所有之山場杉木，訴請判令歸其所有，即係向法院施用詐術使將第三人之物交付於己；將變造之字據，提出法院請為追償，意在利用法院不正確之判決，達其使對造交付租穀之目的，自與施用詐術使人將第三人之物交付之情形無殊。又如，將偽造之借用證提出法院，請為追償，意在利用法院不正確之判決，達其使自訴人交付借款之目的，自與施用詐術使人將第三人之物交付之情形無殊。係於行使偽造文書罪之外，另成立詐欺罪名；依刑法第 55 條規定，應從行使偽造私文書罪處斷❹。

⑽廣告詐欺

行為人以廣告之方式施詐，藉以獲取財物或其他財產上不法利益者，得否成立詐欺罪？在一般日常生活中，商人基於行銷策略，為刺激顧客之

---

❸　最高法院 87 臺非 32（決）。

❹　最高法院 28 上 3912；29 上 990；51 臺上 400（決）。

購買慾，無論係現場販賣、媒體廣告或海報宣傳，對於物品之品質、效能等，多少均含有誇張性或虛構性在內。例如，建商誇稱捷運附近豪宅，到站即到家；車商宣傳某款房車，性能完美，近乎苛求等等，不一而足。此等含有誇張性或虛構性之廣告或宣傳，因其對象通常為一般社會大眾，可否認其為詐術，應自客觀上判斷其是否足以使一般人陷於錯誤。倘一般人早已習以為常，不致因此而陷於錯誤者，尚非本罪所謂詐術。

因此，所謂廣告詐欺，可否成立詐欺罪？應就其廣告之內容，分別依具體情形而為判斷。行為人如以完全虛構之事實，刊登廣告，藉以詐財者，自應成立詐欺罪。例如，虛設行號，吸引社會大眾投資，而後捲款潛逃之情形是。如非完全虛構事實，僅對於物品，誇張或虛構其品質、效能等者，縱具備普通詐欺罪之構成要件該當性，仍應視其有否違反社會相當性，而判斷其得否阻卻違法。如其廣告之內容，未違反社會相當性者，尚不成立詐欺罪。

⑾信用卡詐欺

行為人不當取得信用卡或使用信用卡詐欺時，可否成立詐欺罪？頗值深入探討。茲分持卡人之不正行為與冒用人之不正行為，略為申論如次：

①持卡人之不正行為

持卡人之不正行為，係指持卡人以違反發卡機構授權內容或其他不正當之行為取得、使用或處分信用卡之行為。

甲、不正取得信用卡

持卡人自始無支付之意思或能力，以自己名義向發卡機構申請而取得信用卡時，因持卡人係以自己名義申請，其信用卡申請書，並無冒用他人名義之情事，故無構成偽造文書罪之問題；惟其是否成立詐欺罪？則不無疑義。

行為人自始無支付之意思或能力，竟以自己名義向發卡機構申請信用卡，得認其已有施詐之行為；且徵諸目前交易之實態，持卡人雖只須填具申請書，發卡機構略作書面審查，即行發給信用卡，惟發卡機構如知其無支付之意思或能力，顯無發給信用卡之理。因此，發卡機構之發給信用卡，

乃係基於錯誤而發給。持卡人之施詐行為與發卡機構之錯誤間，仍得認為具有因果關係。持卡人已取得信用卡時，應成立詐欺取財既遂罪。

乙、捏名取得信用卡

持卡人以他人或虛無其人名義向發卡機構申請信用卡時，因文書之名義人，不以實有其人或現尚生存者為限，即架空虛造或業已死亡者，如足以使人誤信其為真正，亦無礙於偽造文書罪之成立❺。持卡人以他人或虛無其人名義向發卡機構申請信用卡，該信用卡申請書，性質上為私文書，應成立偽造私文書罪及行使偽造私文書罪。再者，其以他人或虛無其人名義向發卡機構申請而取得信用卡，其施詐行為與發卡機構之錯誤間，亦得認為具有因果關係，應成立詐欺取財既遂罪。

丙、不正使用信用卡

持卡人無支付之意思或能力，以有效自己名義之信用卡向特約第三人取得金錢、物品或服務時，因信用卡制度，其基礎乃建立於持卡人、發卡機構與特約第三人三者間彼此之信賴關係。持卡人既無支付之意思或能力，如以不正當之行為使用信用卡，特約第三人即無對應交易之義務。在實際交易時，特約第三人因信賴持卡人為名義人本人，並相信其得自發卡機構獲得消費代價，始與之交易。因此，持卡人既無支付之意思或能力，竟假裝有支付之意思或能力，致使特約第三人發生錯誤，而提供一定之金錢、物品或服務，自應依其所獲得者為財物或利益，分別成立詐欺取財罪或詐欺得利罪。

丁、逾額使用信用卡

持卡人向多家發卡機構申請多張信用卡，逾額大量刷卡簽單（即所謂刷爆信用卡）後拒付或逃逸時，其逾額大量刷卡簽單之行為，應依具體情形成立詐欺取財罪或詐欺得利罪之接續犯或數罪併罰。

戊、空頭使用信用卡

空頭使用信用卡，即一般所謂假消費真刷卡，乃持卡人與特約第三人共謀為空頭買賣，彼此間並無實際交易，僅由持卡人以信用卡刷卡，再由

❺　最高法院 21 上 2668；27 滬上 113；31 上 1505；54 臺上 1404。

特約第三人向發卡機構請款，俟發卡機構支付消費代價予特約第三人後，向持卡人請求給付時，持卡人則拒付或逃逸。

對此情形，持卡人應否成立詐欺罪？不無疑義。有認為發卡機構墊付款項予特約第三人，係基其與特約第三人之契約，該發卡機構並未陷於錯誤而為消費款項之支付，故不成立詐欺罪者。惟持卡人所以假消費真刷卡，其目的無非在向發卡機構詐取金錢。倘發卡機構知其係假消費真刷卡，必無支付消費代價予該特約第三人之理。因此，持卡人與特約第三人，共謀空頭買賣，而假消費真刷卡，亦係施用詐術，致使該發卡機構陷於錯誤，而依刷卡金額付款，應認其成立詐欺取財罪，較為妥適❻。

己、掛失使用信用卡

持卡人以信用卡向特約第三人取得金錢、物品或服務後，向發卡機構謊報信用卡遺失，而掛失止付，並拒付消費款項時，倘持卡人自始即無支付之意思或能力，擬以謊報遺失，掛失止付為手段，拒付消費款項，而以信用卡向特約第三人取得金錢、物品或服務者，實與前述持卡人自始無支付之意思或能力，以有效自己名義之信用卡向特約第三人取得金錢、物品或服務之情形相同，應成立詐欺取財罪或詐欺得利罪。

如持卡人以信用卡向特約第三人取得金錢、物品或服務後，始無支付之意思或能力，而向發卡機構謊報信用卡遺失，掛失止付，並拒付消費款項者，其與特約第三人間，並無施詐之情形，自無詐欺罪之成否問題。至其與發卡機構間，雖其謊報信用卡遺失，掛失止付，亦屬施詐行為，惟與

---

❻　最高法院 90 年度臺非字第 20 號判決要旨：「被告係公司負責人，明知信用卡持卡人刷卡消費時，應以實際消費情形之簽帳單，方可持單向信用卡中心清（請）款，乃被告以『假消費、真借款』之方式於借款人等持卡向其借款時，製作其業務上登載之不實之消費簽帳單，並持單向信用卡中心清（請）款，致使該信用卡中心陷於錯誤，而依刷卡金額付款，被告此部分之行為，顯尚犯刑法第 339 條第 1 項之罪。信用卡簽帳單，為商業會計法第 15 條規定之商業會計憑證，被告以『假消費、真借款』之不實事項，填製銷售商品簽帳單之行為，自應成立商業會計法第 71 條第 1 款之罪。」

發卡機構給付予特約第三人之消費款項，並無因果關係；且其明知為不實之事項，而使從事業務之人登載於其業務上作成文書之行為，法無處罰明文，自不成立任何犯罪，僅屬民事債務問題。

庚、借貸信用卡

持卡人將其信用卡借貸予他人使用，事後拒不認帳時，因信用卡之所有權仍屬於發卡機構，依發卡機構與持卡人及特約第三人間之約定，發卡機構僅授權該信用卡磁條內所特定之人（即真正持卡人），始得持該信用卡刷卡消費使用。此由發卡機構規定，持卡人授權他人使用時，須申請副卡，且僅限於副卡磁條內所特定之人，始得使用該副卡刷卡，即得明瞭。因此，真正持卡人即信用卡磁條內所特定之人，並無權限將其信用卡授權他人使用。雖然，真正持卡人倘將其信用卡借貸予他人使用時，雖違反其與發卡機構間之約定，惟目前似乏處罰該行為之明文，尚難認其成立犯罪。至非信用卡磁條內所特定之人使用該信用卡刷卡消費時，因經真正持卡人同意，而在簽帳單上簽署真正持卡人之姓名，其簽名行為，並未構成偽造文書罪。

再者，持卡人自始即無支付之意思或能力，而將其信用卡借貸予他人使用，如與使用人有犯意之連絡，則其行為，亦屬對特約第三人施詐，該特約第三人如因而發生錯誤，致提供一定金錢、物品或服務者，則持卡人與使用人，應成立詐欺取財罪或詐欺得利罪之共同正犯。

②冒用人之不正行為

甲、盜取使用信用卡

冒用人以不法手段，如竊取、強取、恐嚇、詐欺或拾得後侵占等，而取得他人之信用卡，並持向特約第三人取得金錢、物品或服務時，其以竊取、強取、恐嚇、詐欺或拾得後侵占等不法手段，取得他人信用卡之行為，應成立竊盜罪、強盜罪、恐嚇罪、詐欺罪或侵占脫離物罪等，固無問題；惟其冒充真正持卡人，使特約第三人誤信其為真正持卡人，而允其刷卡消費時，嗣後因特約第三人得向發卡銀行取得消費代價，發卡機構亦得向真正持卡人請求給付該消費代價。因此，實際受損害者，乃為真正持卡人。但因冒用人並未向真正持卡人及發卡機構施詐，對真正持卡人及發卡機構

而言，即無從成立詐欺罪。至其對於特約第三人，有否成立詐欺罪？則不無探討之餘地。

行為人冒充原持卡人，而以信用卡向特約第三人消費者，其係施用詐術，而使特約第三人誤認其為原持卡人，而提供一定金錢、物品或服務。行為人雖向特約第三人施詐，並使其提供一定金錢、物品或服務，惟嗣後該特約第三人得向發卡銀行取得該財物或服務之代價，該特約第三人並未受有財產之損害；發卡銀行亦得向原持卡人請求給付其代支付給特約第三人之價款，亦未受有財產之損害。因此，該特約第三人與發卡銀行之全體財產既未減少，其實際受損害者，乃為原持卡人。但因行為人並未向原持卡人及發卡銀行施詐，亦即並未使人將本人或第三人提供一定金錢、物品或服務，對原持卡人而言，即無從成立詐欺罪。雖然，行為人向該特約第三人施詐後，該特約第三人雖已自發卡銀行獲得滿足之清償，其全體財產並未減少，但因該特約第三人已提供一定金錢、物品或服務，其因被詐欺而喪失對於該一定財物之使用、收益或處分之權能，即屬受有財產上之損害，自應成立詐欺取財罪或詐欺得利罪。

乙、偽造使用信用卡

冒用人以偽造、變造之他人名義信用卡，不論係自己或他人偽變造，向特約第三人取得金錢、物品或服務時，乃係冒充真正持卡人，施用詐術，向特約第三人取得金錢、物品或服務，而使特約第三人陷於錯誤，並因錯誤交付一定之財物或為一定之服務，應成立詐欺取財罪或詐欺得利罪。

丙、擅自使用信用卡

擅自使用自己所保管他人名義之信用卡，係冒充真正持卡人，施用詐術，向特約第三人取得金錢、物品或服務，而使特約第三人陷於錯誤，並因錯誤交付一定之財物或為一定之服務，應成立詐欺取財罪或詐欺得利罪。

㈤行為結果

本罪之成立，須 1.行為人施用詐術；2.因詐術而使他人陷於錯誤；3.他人因錯誤而為財物之交付或使行為人或第三人取得財產上利益；4.行為

人或第三人因而取得財物或財產上利益。

因此，詐術→錯誤→交付→取得四個犯罪流程，環環相扣，前者為後者之原因，後者則為前者之結果。此等構成要件要素，有者為成文要素，有者為不成文要素，性質上均屬於客觀之構成要件要素。其中，詐術，乃為構成要件行為，其餘均為構成要件之結果。行為人在主觀上，對於此等客觀之構成要件要素，均須具有認識，且在客觀上，此等客觀之構成要件要素，均須具有連鎖之因果關係存在。

1. 錯誤為詐術行為之結果

行為人施用詐術之結果，須使相對人陷於錯誤，兩者且須具有因果關係。因此，錯誤為詐術行為之結果，而非詐術行為之內涵。行為人如以足使人發生錯誤之事實欺騙他人，縱相對人並未陷於錯誤，仍應成立詐欺未遂罪。例如，詐騙集團模仿他人之哭救聲，欺騙為人母親之他人，謂其兒子被綁架，須帶錢贖回，惟該母親並未受騙之情形是。被詐欺人之陷於錯誤，通常固均源於行為人之欺罔行為所致，但除欺罔行為以外，如相對人本身亦與有過失時，仍不妨於本罪之成立。例如，行為人以贗品詐稱為真物兜售，相對人過度自信自己之鑑識能力，而作錯誤之判斷者，仍得成立本罪。

2. 交付財物或使人得利

行為人實施詐術行為之結果，須使被詐欺者因而陷於錯誤，並因錯誤而為一定之交付財物或使行為人或第三人得利之行為，始能成立本罪之既遂犯。例如，訛稱附近發生車禍，轉移其注意力，乘隙取走其財物之情形，雖未使被詐欺者因錯誤而交付財物，惟因行為人已實施詐術行為，被詐欺者亦因而陷於錯誤，只是尚未發生交付財物之結果，應成立本罪之未遂犯。惟我實務則認為，乘人驚惶之際，詐稱土匪前來，相距不遠，迨人驚走之後，乘機取去財物，既未施行暴脅，應成立竊盜罪❼。此種見解，似有商榷餘地。

---

❼　司法院院字 321。

⑴交付與處分財產行為

法條上所規定「交付財物或使人得利」一語，學界向來均以「處分財產行為」稱之，作為詐欺罪成立要件之一，認為行為人施用詐術之結果，須使被欺罔者因而陷於錯誤，並因錯誤而為一定之財產處分行為，始能成立詐欺罪。惟嚴格言之，處分財產行為與交付行為，涵義未盡相同。處分財產行為，通常固多以交付為之，但除交付外，尚包含拋棄或登記等行為在內。至詐欺得利罪，行為人僅須以詐術行為，使被害人陷於錯誤，而為使人得利之行為，即得成立。被害人為使人得利行為，或係積極為之，例如，代服勞務；或係消極為之，例如，搭乘便車等，亦不能與「處分財產上利益」相提並論。茲依通說見解，將處分財產行為之要件略為闡述如次：

⑵處分財產行為之要件

所謂處分財產行為，乃指被詐欺者處分其本人或第三人財產之行為。處分財產行為，須具有處分財產之意思以及處分財產之行為。

①處分財產之意思

所謂處分財產之意思，係指被詐欺者對於處分財產行為之意義與結果，須具有認識。意義之認識，例如，被欺罔者對於其所簽名之文書屬於借條或收據，須具有認識。如被詐欺者誤認該文書為他種文書，而簽名並交付者，則僅成立偽造文書罪，不成立本罪。結果之認識，例如，財物之移轉、權利之喪失等是。

此項處分財產之意思，與行為能力或責任能力無關，僅須具有意思能力為已足。不具意思能力之幼兒或高度精神病人，並未具有處分財產之意思，其所為之行為，自非財產處分行為；同時，因幼兒或高度精神病人，不具意思能力，亦不能成為本罪之行為客體。因此，對於幼兒或高度精神病人施用詐術，因而取得其財物者，應成立竊盜罪，不成立詐欺罪。

②處分財產之行為

所謂處分財產之行為，係指被詐欺者基於處分財產之意思所為財產處分之行為。處分行為，不以法律行為為限，只須事實上使本人或第三人發生財產損失之行為，均足當之。法律上之處分行為，在民法上縱屬無效或

得撤銷，對於詐欺罪之成立，仍不生影響。

處分財物之行為，原則上以交付為之。所謂交付，即移轉財物持有之行為。不問直接交付抑或間接交付，均屬之。惟除交付外，處分財物之行為，仍有多端，例如，拋棄或登記等是。因此，行為人施用詐術，使被欺罔者陷於錯誤，因而拋棄其財物，並從而取得之者，其拋棄財物，仍屬財產處分行為，自應成立詐欺罪。

3.取得財物或財產上利益

行為人實施詐術行為之結果，須使受詐欺者因而陷於錯誤，因錯誤而交付財物或使行為人或第三人得利，並進而取得財物之持有或獲得財產上利益等之結果，始得成立本罪之既遂犯。

4.財產之損害

詐欺罪之成立，是否須致生財產上之損害為必要？說法不一。一般學者多採肯定見解，而將被害人發生財產之損害，作為詐欺罪成立要件之一。認為詐欺罪，在性質上，為侵害財產法益之犯罪，故須因其施用詐術之行為，而使本人或第三人發生財產上之損害，始有侵害財產法益可言。

惟所謂財產之損害，除被害人之個別財產喪失或全體財產減少外，其財物之交付或權利移轉本身，亦屬財產之損害。易言之，財物之交付行為，已使被害人對於該財物喪失其使用、收益或處分之權能；權利之移轉行為，則已使被害人喪失對於該權利所得享有之利益。因此，行為人施用詐術，使被害人因錯誤而交付一定之財物，雖行為人曾給付相當或更高之對價，致其全體財產並未減少，但已為財物之交付或權利之移轉，被害人業已蒙受財產上之損害，自應成立詐欺罪。

㈥故意與意圖

1.故　意

本罪為故意犯，行為人對於以詐術使人將本人或第三人之物交付，或因而取得財產上利益之事實，須具有認識。易言之，行為人對於以詐術欺罔相對人，使其陷於錯誤，因錯誤而為一定之交付財物或為使行為人或第

三人得利之行為，並因而取得財物之持有或獲得財產上利益，均須具有認識，始能成立本罪。

2.意　圖

本罪亦為目的犯，行為人除須具有詐欺之故意外，尚須具有為自己或第三人不法所有之意圖。否則，仍無從成立本罪。因此，基於一時使用之目的，欺罔他人，使其為財物之交付者，姑名之為「使用詐欺」，仍得成立本罪。惟因本條另有詐欺得利罪之規定，使用詐欺之行為，縱不符合第 1 項詐欺取財罪之規定，倘有符合第 2 項詐欺得利罪之規定時，自得依詐欺得利罪律之。

㈦阻卻構成要件該當事由

行為人為行使權利，而以詐術之方法取回自己之財物者，亦即行為人自己之物，在他人不法持有中，為實現權利，而以詐術予以取回者，例如，他人借物，逾期不還，乃以欺騙之方法取回；或自行車遺失，發現為某人所持有，遂以詐術將其取回等是。行為人以詐術取回他人持有中之自己所有物，雖侵害他人之持有利益，但因本罪之主觀要素，除故意外，尚須具有不法所有之意圖。因此，行為人以詐術作為實現權利之手段，而取回自己之所有物時，因欠缺主觀上之不法所有意圖，得阻卻本罪之構成要件該當性，不成立本罪。

㈧阻卻違法事由

行為人為行使權利，以詐術作為實現權利之手段，而取得他人之物者，例如，他人欠債，屢催不還，乃以詐術騙取錢財，作為清償等是。對此情形，行為人為實現權利，欺罔他人，而使其交付一定之財物，仍具有詐欺罪之構成要件該當性。惟因其目的係在實現權利，故應視其所使用之欺罔手段，是否符合社會相當性，而決定其是否得以阻卻違法。如尚未逾越社會相當性者，即得阻卻違法，不成立詐欺罪；如已逾越者，自得以詐欺罪律之。

㈨既遂、未遂

1.原則上以已否取得為準

本罪之未遂犯，罰之。本罪之四個犯罪流程，詐術→錯誤→交付→取得，層層相因，具有連鎖之因果關係存在。倘其連鎖之因果關係，中間有切斷，即無法成立既遂。例如，行為人雖實施詐術，並因而取得財物，惟被害人並非因其詐欺而陷於錯誤，實係出於其他原因而交付者，僅能成立本罪之未遂犯。例如，行為人雖施用詐術，被害人並未陷於錯誤，惟因基於憐憫之情而交付財物者，即為本罪之未遂犯。因此，本罪既遂、未遂之區別，原則上固以行為人或第三人是否已取得財物或財產上之利益為準。如行為人已取得財物或財產上之利益時，即為本罪之既遂。惟縱已取得財物或財產上之利益，如未完全實現構成要件之內容時，則仍屬本罪之未遂。

2.人頭帳戶之既、未遂

行為人以電話詐欺被害人將款項匯入人頭之銀行帳戶內，嗣被害人發現受騙報警通知將該帳戶列為警示帳戶，致行為人未能取得該款項者，究屬既遂抑或未遂？其說不一。有認為被害人將款項匯入人頭帳戶，所有權已屬人頭帳戶所屬銀行，人頭帳戶所有人對所屬銀行僅有因消費寄託關係所生之消費寄託物之返還請求權而已，並未取得該筆款項之占有，在未實際領款之前，其詐欺取財行為尚未完成，僅能成立詐欺取財之未遂犯❽。亦有認為人頭帳戶之存摺、提款卡等物既在行為人手中，於被害人匯款至人頭帳戶迄警察受理報案通知銀行將該帳戶列為警示帳戶凍結其內現款時，行為人實際上既得領取，對該匯入之款項顯有管領能力，應成立詐欺取財既遂罪❾。

自本罪之四個犯罪流程觀之，被害人依電話指示將款項匯入人頭帳戶時，行為人是否已得該筆款項之持有，乃為本問題之關鍵點。如前所述，

❽　高等法院 96 上易 1051（決）。

❾　高等法院 96 上易 2122（決）。

刑法上之持有，著重於對物之現實支配性；民法上之占有，則除現實之支配性外，尚包括法律之支配性在內。在民法上所承認之代理占有或間接占有之情形，在刑法上，因無現實支配性，仍非持有。因此，被害人依電話指示將款項匯入人頭帳戶，在被列為警示帳戶凍結其內現款前，雖行為人隨時均得加以提領，惟在尚未提領前，行為人對於該筆款項，仍無現實之支配性，尚未取得持有，應認其成立詐欺取財未遂罪，較為妥適。

㈩阻卻處罰事由與訴追條件

於直系血親、配偶或同財共居親屬之間，犯普通詐欺罪者，得免除其刑（刑 343 準用刑 324）。直系血親、配偶、同財共居親屬或其他五親等內血親或三親等內姻親之間，犯普通詐欺罪者，須告訴乃論（刑 343 準用刑 324）。

㈢罪數及與他罪之關係

1.罪數之認定標準

本罪之保護法益，為個人對於財物之持有利益。其罪數之判斷，應以侵害其持有法益之個數為準，而與動產之個數及所有權屬於何人或多少人無關。因此，侵害數個持有法益時，固應成立數罪；如僅侵害一個持有法益時，倘其所實施之詐術行為，亦為一個時，不論其係一人單獨持有，或係數人共同持有，仍僅成立一罪。如其所實施之詐術行為為數個時，則成立包括一罪。惟如以一個詐術行為，侵害數人之持有利益時，則應依想像競合犯處斷。例如，以一個廣告詐欺，騙取多數人之財物者，因其侵害數個持有法益，自應分別論罪，而依想像競合犯處斷。

2.詐欺取財罪與詐欺得利罪

對同一人實施詐術，不僅取得財物，且亦獲得財產上之利益者，例如，行為人明知身無分文，仍至溫泉旅館泡湯，且享受其餐飲後，趁隙逃離之情形是。因行為人僅侵害一個財產持有利益，仍僅成立一罪，而成立法條競合。詐欺取財罪為基本規定，詐欺得利罪為補充規定，應優先適用基本

規定之詐欺取財罪，排除適用補充規定之詐欺得利罪。

3. 本罪與竊盜罪

本罪與竊盜罪，不具特別關係，亦不具補充關係與吸收關係，係處於擇一關係。成立法條競合時，優先擇一適用法定刑較重之詐欺取財罪，排斥適用法定刑較輕之普通竊盜罪。例如，以詐術騙取他人輛車之鑰匙，隨即將車竊走之情形是。

4. 本罪與普通侵占罪

本罪與普通侵占罪，不具特別關係，亦不具補充關係與吸收關係，係處於擇一關係。成立法條競合時，應擇法定刑較重者優先適用；倘法定刑相同時，應就犯罪認識上最先成立之罪，優先適用。例如，將他人寄託自己保管之物品予以侵吞，向第三人訛稱為自己所有物，予以價賣，他人誤信而交付價款之情形是。

惟我實務認為，對於自己持有他人之物實施侵占，出賣於人者，其目的既在處分侵占物品，對於買主，自無所謂詐欺取財，因而於侵占罪外，殊難更論以詐欺罪❿。

5. 本罪與侵占脫離物罪

本罪與侵占脫離物罪，所侵害之財產法益，通常為數個持有利益，自應分別論罪。其所評價之自然行為事實，並非同一行為，不成立想像競合犯，應予併合論罪。例如，拾得他人之記名支票後，冒名兌現，使銀行誤信其為受款人而付款；或拾得他人車票後，持往售票口退票，使站務員陷於錯誤而退還其票款；或拾得他人存摺及印章，持往銀行提款，銀行行員不知而交付款項等情形是。

6. 本罪與逃漏稅捐罪

本罪與稅捐稽徵法之逃漏稅捐罪（稅稽 41）之關係，就其保護法益而言，本罪之保護法益，為個人財產之安全；逃漏稅捐罪之保護法益，主要為國家財政之健全，並兼及國家或地方自治團體等公法人之財產安全，二罪間具有保護法益之同一性，得成立法條競合。但因二罪間並不具特別關

---

❿　最高法院 41 臺非 52。

係，亦不具補充關係與吸收關係，而係處於擇一關係，在適用上，倘發生法條競合時，應擇法定刑較重之逃漏稅捐罪優先適用。

惟我實務認為，稅捐稽徵法業於民國 65 年 10 月 22 日公布施行，其第 41 條對於納稅義務人以詐術或其他不正方法逃漏稅捐者，已有處罰規定，該法為特別法，自應優先於刑法第 339 條第 2 項而適用❶。

7. 本罪與行使偽造有價證券罪

本罪之保護法益，為個人財產之持有利益；行使偽造有價證券罪之保護法益，則為社會之公共信用，二罪間不具保護法益之同一性，應分別論罪，而依想像競合犯處斷。例如，行為人行使偽造之有價證券，向他人詐財之情形是。

惟我實務一向認為，行使偽造有價證券以使人交付財物，如果所交付者，即係該證券本身之價值，此項行為本含有詐欺性質，除成立偽造有價證券罪責外，不應另論以詐欺罪名❷。此項見解，頗有商榷之餘地。惟如以偽造之有價證券供作擔保或作為新債清償而借款，則其借款之行為，為行使有價證券以外之另一行為，應予併合論罪。

三、收費設備詐欺罪

第 339 條之 1　意圖為自己或第三人不法之所有，以不正方法由收費設備取得他人之物者，處一年以下有期徒刑、拘役或十萬元以下罰金。

以前項方法得財產上不法之利益或使第三人得之者，亦同。

前二項之未遂犯罰之。

---

❶　最高法院 68 臺上 65。

❷　最高法院 25 上 1814。

(一)罪　質

1.學說爭議

本罪係以不正方法自收費設備取得他人之物或利益之犯罪。其罪質如何？學說及實務見解，頗為分歧。有認為自動收費設備本身為機器，無從因他人之施用詐術而陷於錯誤，如其財產處分行為，係交付一定之物者，應成立竊盜罪；如係一定之財產上利益者，則僅屬民事責任問題，不成立犯罪。有認為自動收費設備，性質上屬於其所有人或持有人之代理人，具有所有人或持有人手足延伸之作用。如以不正之方法自收費設備取得他人之物或利益之行為，其使收費設備陷於錯誤，無異使其所有人或持有人陷於錯誤，自應成立詐欺罪。

2.屬詐欺之犯罪型態

我刑法在立法上，已將此種以不正方法自收費設備取得他人之物或利益之行為定位為詐欺罪之一種犯罪型態。故本罪之罪質，不問學說之見解如何，在現行法之適用上，應將其作為詐欺罪之一種犯罪型態處理。

(二)保護法益

本罪之保護法益，亦為個人對於財產之持有利益。

(三)行為客體

本罪之行為客體有二：1.收費設備；2.他人之物或財產上之利益。

1.收費設備

所謂收費設備，係指藉由機械或電子控制系統在功能上設置預定之對價，而由機械本身提供一定之物品或勞務之設備。例如，自動販賣機、自動體重機、自動按摩機或公用電話機等是。至收費設備，係由何人所有或持有，並非所問。

2.他人之物或財產上之利益

所謂他人之物，係指行為人以外之他人所持有之物。只須為他人持有

之物，至其所有權誰屬以及持有之原因是否合法，並非所問。至於物之種類與性質，並無限制，惟以動產為限。例如，飲料、報紙、車票、保險套或速食麵等是。

所謂財產上之利益，係指除物以外之其他財產上之利益。例如，由公用電話機所提供之通訊服務、由自動體重機所提供之體重測量或由自動按摩機所提供之身體按摩等是。

㈣實行行為

本罪之實行行為，係以不正方法由收費設備取得他人之物或利益。所謂不正方法，原指一切不正當之方法，包含違法行為在內。惟本罪在立法上，既將其作為詐欺罪之一種犯罪類型，在解釋上，須將「不正方法」加以適度之限縮，係指以類似於詐欺之不正當方法，亦即在正常使用收費設備之範圍內，相類似於詐欺之不正當方法，始足當之。例如，以偽幣投入收費設備，或私接鄰居電話線路等是。如以其他不正之方法，例如，以暴力破壞之方式打開收費設備直接取得者，不應包括在內。

㈤故意與意圖

本罪為故意犯，行為人須具有以不正方法由收費設備取得他人之物或財產上不法利益之意思，始能成罪。如出於過失，例如，不知其為假幣而投入收費設備，或因機械故障，自動提供一定之物品或服務者，則不能以本罪相繩。至其是否另行成立他罪，則非所問。本罪亦為目的犯，行為人在主觀上尚須具有為自己或第三人不法所有之意圖。

㈥個人免除刑罰事由

於直系血親、配偶或同財共居親屬之間，犯收費設備詐欺罪者，得免除其刑（刑 343 準用刑 324）。直系血親、配偶、同財共居親屬或其他五親等內血親或三親等內姻親之間，犯收費設備詐欺罪者，須告訴乃論（刑 343 準用刑 324）。

(七)本罪與他罪之關係

1.本罪與普通詐欺罪

本罪與普通詐欺罪，具有補充關係。成立法條競合時，應優先適用基本規定之詐欺罪，排斥適用補充規定之本罪。例如，行為人明知身無分文，至某健身俱樂部內健身後，又以假幣投入該俱樂部所設之自動販賣機中取得飲料之情形是。

2.本罪與偽造貨幣罪

本罪之保護法益，為個人財產之安全；偽造貨幣罪之保護法益，為社會之公共信用，二罪間並不具保護法益之同一性，應分別成罪。如其所評價之自然行為事實，為同一行為時，應成立想像競合犯。例如，以偽造之假幣，投入自動販賣機取得飲料之情形是。

四、付款設備詐欺罪

第 339 條之 2　意圖為自己或第三人不法之所有，以不正方法由自動付款設備取得他人之物者，處三年以下有期徒刑、拘役或三十萬元以下罰金。

以前項方法得財產上不法之利益或使第三人得之者，亦同。

前二項之未遂犯罰之。

(一)罪　質

1.學說爭議

本罪係以不正方法由自動付款設備取得他人之物或利益之犯罪，其罪質如何？學說見解頗為分歧。有主竊盜罪說者；有主詐欺罪說者；亦有主無罪說者等等。實務看法，亦前後不一。初始認為冒用他人提款卡提款之行為，若當時未以銀行職員作為欺罔對象，應只成立竊盜罪，不另成立詐

欺罪❸。繼則認為自動付款機，係電腦之一種，其偽造、變造自動付款機軟體所儲存之資訊、資料、程式，或提款卡上磁條部分所記載之資料等，固應成立文書偽造、變造罪；而其以他人之提款卡持向自動付款機冒領款項者，因該付款機係該機構辦理付款業務人員之替代，對其所施用之詐術，應視同對自然人所為，自應成立刑法上之詐欺罪❹。

2.屬詐欺之犯罪型態

我刑法在立法上，已將此種以不正方法由自動付款設備取得他人之物或利益之行為定位為詐欺罪之一種犯罪類型。故本罪之罪質，不問學說之見解如何，在現行法之適用上，應將其作為詐欺罪之一種犯罪型態處理。

㈡行為客體

本罪之行為客體有二：1.自動付款設備；2.他人之物或財產上之利益。

1.自動付款設備

所謂自動付款設備，係指藉由電子控制系統設置預定之功能，而由機械本身提供一定之現金、劃撥、轉帳或通匯等之設備。例如，自動提款機或自動櫃員機是。至自動付款設備，係由何人所有或持有，並非所問。

2.他人之物或財產上之利益

關於他人之物或財產上之利益之解釋，詳見收費設備詐欺罪之說明。

㈢實行行為

本罪之實行行為，係以不正方法，由自動付款設備取得他人之物或利益。所謂不正方法，亦應限縮解釋，係指以類似於詐欺之不正當方法，亦即在正常使用自動付款設備之範圍內，相類似於詐欺之不正當方法，始足當之。例如，以偽造或變造之提款卡提款之情形是。如以其他不正之方法，例如，以暴力破壞之方式或使用其他技巧，打開自動付款設備直接取得者，不應包括在內。

---

❸　司法院 77 年 9 月 20 日 (77) 廳刑一字第 1528 號。

❹　最高法院 81.9.8 刑議。

1.不正方法之類型

不正方法，須為類似於詐欺之不正當方法，其主要類型有二：(1)不正使用他人之提款卡，例如，因竊盜、拾得或其他原因而取得他人之提款卡，再持卡至提款機提取現金是。(2)不正使用自己之提款卡，例如，以自己之提款卡提領誤存入自己帳戶之存款是。

2.實務見解

我實務認為，刑法第 339 條之 2 第 1 項之以不正方法由自動付款設備取得他人之物罪，其所謂「不正方法」，係泛指一切不正當之方法而言，並不以施用詐術為限，例如以強暴、脅迫、詐欺、竊盜或侵占等方式取得他人之提款卡及密碼，再冒充本人由自動提款設備取得他人之物，或以偽造他人之提款卡由自動付款設備取得他人之物等等，均屬❶。實務此種見解，顯然對於取得他人提款卡之行為與由自動付款設備提款之行為，並未加以分開觀察，有以致之。

(1)取得他人提款卡之行為

取得他人提款卡之行為，有為合法行為者，例如，借用或收託保管提款卡之情形是。有為違法行為者，例如，以竊盜、搶奪、強盜、詐欺、恐嚇或侵占等違法行為取得之情形是。行為人如以違法手段取得他人之提款卡時，應分別情形依竊盜、搶奪、強盜、詐欺、恐嚇或侵占有價證券等罪論處。

(2)由自動付款設備提款之行為

由自動付款設備提款之行為，須以類似詐欺之不正方法為之。例如，行為人冒充本人由自動提款設備提款，或以偽造之他人提款卡由自動付款設備提款等，始能成立自動付款設備詐欺罪。如行為人係以強脅手段之不正方法逼使被害人親自或冒充他人提款者，則應成立強盜罪或強盜罪之間接正犯。如以詐欺之方式騙使被害人提款者，應成立詐欺取財罪。如以暴力損壞自動付款設備取得款項者，則應成立毀損罪及竊盜罪。

---

❶　最高法院 94 臺上 4023（決）。

㈣故意與意圖

本罪為故意犯，行為人須具有以不正方法由自動付款設備取得現金或財產上不法利益之意思，始能成罪。如出於過失或因機械故障，自動提供一定之現金者，則不能以本罪相繩，至多僅能成立侵占脫離物罪。本罪亦為目的犯，行為人在主觀上尚須具有為自己或第三人不法所有之意圖。

㈤個人免除刑罰事由

於直系血親、配偶或同財共居親屬之間，犯自動付款設備詐欺罪者，得免除其刑（刑 343 準用刑 324）。直系血親、配偶、同財共居親屬或其他五親等內血親或三親等內姻親之間，犯自動付款設備詐欺罪者，須告訴乃論（刑 343 準用刑 324）。

㈥本罪與他罪之關係

1. 本罪與普通詐欺罪

本罪與普通詐欺罪，具有補充關係。成立法條競合時，優先適用基本規定之詐欺取財罪，排斥適用補充規定之本罪。例如，受託保管他人之金融卡及存摺、印章，先以金融卡至提款機提領部分存款，再以存摺及印章至櫃檯提款之情形是。

2. 本罪與竊盜罪

本罪與竊盜罪之保護法益，均為個人對財產之持有利益，具有保護法益之同一性。成立法條競合時，應擇法定刑較重者優先適用；倘法定刑相同時，應就犯罪認識上最先成立之罪，優先適用。惟如其持有利益分屬於不同人時，則應予併合論罪。例如，竊取他人之提款卡，持至提款機提款之情形是。

3. 本罪與侵占脫離物罪

本罪與侵占脫離物罪，亦具有保護法益之同一性。成立法條競合時，應擇法定刑較重之付款設備詐欺罪優先適用。惟如其持有利益分屬於不同

人時，則應予併合論罪。例如，拾得他人之提款卡，持至提款機提款之情形是。

五、電腦詐欺罪

第 339 條之 3　意圖為自己或第三人不法之所有，以不正方法將虛偽資料或不正指令輸入電腦或其相關設備，製作財產權之得喪、變更紀錄，而取得他人之財產者，處七年以下有期徒刑，得併科七十萬元以下罰金。

以前項方法得財產上不法之利益或使第三人得之者，亦同。

前二項之未遂犯罰之。

㈠罪　質

1.電腦犯罪

　　本罪為電腦犯罪之典型犯罪形態，乃參酌日本現行刑法第 246 條之 2 之立法例所增訂。惟日本刑法第 246 條之 2 之規定，所以作為詐欺罪予以處罰，係鑑於不正利用電腦而獲得不法利益之行為，因無法適當限定其處罰範圍，遂以處理財產權得喪、變更之事務所獲得之不法利益為限。如係不正利用電腦而取得他人之物，則成立竊盜罪，並非該條規範之對象。同時，認該條係詐欺得利罪之補充規定，而將從來不罰之利益竊盜與利益侵占之一部分情形規範在內。

　　本罪則係不正利用電腦，製作財產權之得喪、變更紀錄，而取得他人之財產或財產上之不法利益。財產之涵義，較物或不法利益為廣，除動產、不動產外，即權利，如債權、物權等財產上之權利以及其他財產上之利益，均包括在內。因此，本罪在適用上，自須與日本刑法為不同之解釋。我刑法在立法上，亦將本罪定位為詐欺罪之一種犯罪類型，故亦屬於詐欺罪之一種。

2. 電腦詐欺與網路詐欺

電腦詐欺罪與網路詐欺罪，其義稍有差別。電腦詐欺為電腦犯罪之一種型態，係指藉濫用或操縱電腦之資料處理過程，而取得他人之財物或財產上之利益。網路詐欺，則為利用網際網路之特性作為詐欺工具之網路濫用行為，須藉衛星、微波、連線或其他溝通媒介聯繫兩臺或兩臺以上電腦傳送詐欺之資訊，以達詐欺之目的。因此，電腦詐欺與網路詐欺，其概念或有重疊，但並非一致。電腦詐欺之濫用或操縱電腦行為，通常僅係將指令輸入特定之電腦，未必利用網路進行；而網路詐欺，則係透過兩臺或兩臺以上電腦，彼此互動，利用網際網路作為媒介而進行詐欺。

㈡保護法益

本罪之保護法益，主要為個人財產之安全。惟因電磁紀錄，亦為準文書；且行為人以不正方法，將虛偽資料或不正指令輸入電腦或其相關設備，製作財產權之得喪、變更紀錄者，亦具有偽、變造文書之性質。因此，本罪之保護法益，同時兼及社會之公共信用。

㈢行為客體

本罪之行為客體有二： 1. 電腦或其相關設備； 2. 他人財產。

1. 電腦或其相關設備

所謂電腦，即電子計算機，係指得以執行程式命令，處理輸入、輸出、算術以及邏輯運算之電子裝置。其主要結構，係由輸入裝置（如鍵盤、麥克風、滑鼠）、處理器 (CPU)、輸出裝置（如螢幕、喇叭或印表機）以及儲存裝置（如軟碟、硬碟、光碟等）等四個基本元件所組成。

所謂相關設備，係指雖非電腦之主要結構裝置，惟得透過連線而將指令輸入電腦之輔助設備而言。例如，終端機是。至電腦或其相關設備，係由何人所有或持有，並非所問。

2. 他人財產

所謂他人財產，係指行為人以外之他人具有合法權源之財產。所謂財

產，除包含有形之動產、不動產等財物外，解釋上亦包含著作、商標或專利等無形財產在內。

㈣實行行為

本罪之實行行為，係以不正方法將虛偽資料或不正指令輸入電腦或其相關設備，製作財產權之得喪、變更紀錄，而取得他人之財產。

所謂不正方法，即在正常使用電腦或其相關設備之範圍內，相類似於詐欺之不正當方法。所謂虛偽資料，係指依該電腦系統所預定之事務處理目的，其內容與真實不符之資料。例如，銀行行員對於客戶並未提款，而以業經提款，輸入電腦是。所謂不正指令，係指依該電腦系統所預定之事務處理目的，不應給予之指令。例如，應存檔者，卻給予刪除之指令是。

所謂財產權之得喪、變更紀錄，係指對於物權、債權等財產權得喪、變更之事實本身，或使發生得喪、變更之原因事實等紀錄。例如，銀行行員變更客戶之存款資料，而將算定之給付輸入自己帳戶，或改變程式，將所有存戶存款利息之極微小數額皆轉入其親戚之帳戶等情形是。

又使用電腦得利之情形，例如，侵入信用卡交易銀行之電腦主機，提高自己或第三人歷次刷卡交易金額紀錄，而使該銀行主動提高自己或第三人之刷卡額度，而取得更高之信用卡使用利益是。

㈤故意與意圖

本罪為故意犯，行為人須具有以不正方法將虛偽資料或不正指令輸入電腦或其相關設備，製作財產權之得喪、變更紀錄，而取得他人之財產之意思，始能成罪。如出於作業疏失或因機械故障，致財產權發生得喪、變更者，則不能以本罪相繩。本罪亦為目的犯，行為人在主觀上尚須具有為自己或第三人不法所有之意圖。

㈥個人免除刑罰事由

於直系血親、配偶或同財共居親屬之間，犯電腦詐欺罪者，得免除其

刑（刑 343 準用刑 324）。直系血親、配偶、同財共居親屬或其他五親等內血親或三親等內姻親之間，犯電腦詐欺罪者，須告訴乃論（刑 343 準用刑 324）。

㈦本罪與他罪之關係

1.本罪與普通詐欺罪

本罪之罪質，當然含有詐欺之成分。故本罪與普通詐欺罪，具有吸收關係。成立法條競合時，應優先適用吸收規定之電腦詐欺罪，排斥適用被吸收規定之普通詐欺罪。

2.本罪與偽造文書罪

本罪之保護法益，為個人財產之持有利益；偽造文書罪之保護法益，則為社會之公共信用，二罪間不具保護法益之同一性，應分別論罪，而依想像競合犯處斷。例如，以偽造變造之虛偽資料輸入電腦，變更客戶存款紀錄之情形是。

六、加重詐欺罪

第 339 條之 4　犯第三百三十九條詐欺罪而有下列情形之一者，處一年以上七年以下有期徒刑，得併科一百萬元以下罰金：

　　　　　　　一、冒用政府機關或公務員名義犯之。

　　　　　　　二、三人以上共同犯之。

　　　　　　　三、以廣播電視、電子通訊、網際網路或其他媒體等傳播工具，對公眾散布而犯之。

　　　　　　　前項之未遂犯罰之。

㈠基本構成要件

本條所定各種加重詐欺罪之基本構成要件行為，仍為詐術，亦即以詐術使人將本人或第三人之物交付，或得財產上之不法利益或使第三人得之

之行為。

㈡加重構成要件

自犯罪論之體系以及本法規定此三款加重事由之理由觀之，此三款加重事由之性質，乃為詐欺行為之加重情狀，屬詐欺行為不法內涵之加重，故為普通詐欺罪之加重構成要件要素。

㈢加重犯罪類型

1.冒充公務員詐欺罪

冒用政府機關或公務員名義實施詐欺行為，因被害人通常對於公務部門存有某種程度之信賴，為遵守公務部門公權力之要求，較易陷入轂中；同時，被害人遭受詐騙時，亦常處於自身是否違法之恐懼，為避免自身違法等守法態度而遭到侵害。行為人利用被害人之此種信賴及恐懼之心理，其所顯露之反社會性格，實較普通詐欺罪為重，爰予以加重處罰。

2.共同詐欺罪

三人以上共同行使詐欺行為，較易使被害人陷於錯誤，亦予以加重處罰。此種情形與結夥犯稍有差異，依實務見解，結夥犯不包括共謀共同正犯在內，惟本罪祇要三人以上共同行使詐欺行為，即得成立，解釋上包含共謀共同正犯在內。

3.傳播工具詐欺罪

現今電信、網路等傳播媒體，甚為發達，傳播速度極為快速，傳播範圍亦相當廣泛，利用電信、網路等傳播媒體實施詐欺行為，被害人往往為社會上不特定多數之大眾，其反社會性之程度較普通詐欺罪更為嚴重，亦有予以加重處罰遏止之必要。普通詐欺罪，其保護法益為個人之財產安全；惟利用電信、網路等傳播媒體詐欺，不僅使社會大眾受害，造成鉅額之金錢損失，且往往干擾整個國家之經濟秩序，甚至破壞整個世界之金融制度，其不法內涵遠高於傳統詐欺罪。易言之，利用電信、網路等傳播媒體詐欺，其所侵害之法益，已因量變而造成質變，亦即已由個人法益形成超個人法

益。因此，詐欺雖非新型態之犯罪，但因傳播媒體之新工具介入，已改變傳統詐欺罪之保護法益，甚而可能衝擊整個詐欺罪原有構成要件之規定。

七、準詐欺罪

第 341 條　意圖為自己或第三人不法之所有，乘未滿十八歲人之知慮淺薄，或乘人精神障礙、心智缺陷而致其辨識能力顯有不足或其他相類之情形，使之將本人或第三人之物交付者，處五年以下有期徒刑、拘役或科或併科五十萬元以下罰金。

以前項方法得財產上不法之利益或使第三人得之者，亦同。

前二項之未遂犯罰之。

㈠罪　質

1.詐欺罪之補充規定

本罪乃乘未滿十八歲人之知慮淺薄，或乘人精神障礙、心智缺陷而致其辨識能力顯有不足或其他相類之情形，使之交付財物或得財產利益之犯罪，屬於詐欺罪之補充規定。因乘人之知慮淺薄或乘人精神障礙、心智缺陷而致其辨識能力顯有不足或其他相類之情形，使之交付財物或得財產利益，縱未使用欺罔之手段，其情節實與欺罔之情形相類似，故稱為準詐欺罪。

2.未施用詐術

本罪係利用他人既有之知慮淺薄或精神障礙、心智缺陷而致其辨識能力顯有不足或其他相類情形之狀態，而乘機取得財物或利益，並未施用詐術。如係對於知慮淺薄或精神障礙、心智缺陷而致其辨識能力顯有不足或其他相類情形之人，施用詐術，而騙取財物或得利者，則成立普通詐欺罪，並非本罪。

㈡實行行為

本罪之實行行為，係乘未滿十八歲人之知慮淺薄，或乘人之精神障礙、

心智缺陷而致其辨識能力顯有不足或其他相類之情形，使之將本人或第三人之物交付，或得財產上之利益或使第三人得之。

所謂「乘」，即利用之意，亦即指利用他人之知慮淺薄或精神耗弱之狀態，而取得財物或利益。不以積極之誘惑行為為限，即放任被害人任意處分其財產之行為，亦包括在內。例如，以糖果持之與無知之幼童交換其手上之高價手錶，或趁躁鬱症者賤賣其財產時以極低之價錢購入之情形等是。惟利用之行為，須為詐術以外之行為，始足當之。如係使用詐術者，應逕成立普通詐欺罪，並非本罪。

本罪係行為人利用他人之知慮淺薄或精神障礙、心智缺陷而致其辨識能力顯有不足或其他相類情形之狀態，而取得財物或利益。該知慮淺薄或精神障礙、心智缺陷而致其辨識能力顯有不足或其他相類情形之人，仍須有事實上支配財物之能力，始能成立本罪。因此，如非基於該知慮淺薄或精神障礙、心智缺陷而致其辨識能力顯有不足或其他相類情形者之財產交付行為，而係乘機奪取者，不能成立準詐欺罪，應依具體情形，成立竊盜罪、搶奪罪或強盜罪等罪。

(三)行為情狀

本罪須係乘未滿十八歲人之知慮淺薄，或乘人之精神障礙、心智缺陷而致其辨識能力顯有不足或其他相類之情形，使之將本人或第三人之物交付，或得財產上之利益或使第三人得之。因此，乘未滿十八歲人之知慮淺薄，或乘人之精神障礙、心智缺陷而致其辨識能力顯有不足或其他相類之情形，即屬本罪之情狀要素。

1.知慮淺薄或精神障礙、心智缺陷

所謂未滿十八歲人，係指自出生日起，至交付物時，依週年計算法，尚未滿十八歲之人。民法雖規定，未成年人已結婚者，有行為能力（民13 III），此係有關民事上之行為能力或其他民事上效果之規定，與本罪在保護財產法益之安全者，仍屬有間。因此，本罪所謂未滿十八歲人，只須其年齡未滿十八歲，至其人已否結婚，則非所問。

　　所謂知慮淺薄，係指其知識與思慮膚淺而微薄，亦即指其人知識貧乏且思慮不足之意。惟未滿十八歲與知慮淺薄二者，須同時兼具。如已滿十八歲，而知慮淺薄，或未滿十八歲，而知慮未淺薄，則非屬本罪之被害人。

　　所謂精神障礙、心智缺陷而致其辨識能力顯有不足或其他相類之情形，係指其精神狀態有障礙或心智有缺陷，致其不具一般普通辨別事理之能力。縱係心神喪失之人，如其尚具有事實上支配財物之能力，且仍可接受誘惑，而為人所乘者，在解釋上，似應包含於此之所謂精神障礙或心智缺陷概念之內。

2.無意思能力者

　　全無意思能力之嬰兒或植物人，因無事實上支配財物之能力，則非準詐欺罪之對象，如乘機取得其財物者，應成立竊盜罪，而非本罪。我實務認為，刑法第341條乘人精神耗弱之準詐欺罪，係指利用被害人意思能力薄弱，對事務不能為合理之分析與利害之判斷時，使之將本人或第三人之物交付或得財產上之利益而言，與利用被害人全無意識或心神喪失，而使之將本人或第三人之物交付或得財產上之利益，應另成立他罪名不同❶❻。

㈣故意與意圖

　　本罪為故意犯，行為人對於相對人係未滿十八歲知慮淺薄，或精神障礙、心智缺陷而致其辨識能力顯有不足或其他相類情形之人，須具有認識，且對於其交付財物或得財產上利益之客觀事實，亦具有認識，始能成立故意。本罪亦為目的犯，行為人在主觀上尚須具有為自己或第三人不法所有之意圖。

㈤既遂、未遂

　　本罪之未遂犯罰之。既遂、未遂之區別，係以行為人是否取得他人財物或取得財產上利益為準。

㈥個人免除刑罰事由

---

❶❻　最高法院92臺上2821（決）。

於直系血親、配偶或同財共居親屬之間，犯本罪者，得免除其刑（刑343準用刑324）。直系血親、配偶、同財共居親屬或其他五親等內血親或三親等內姻親之間，犯準詐欺罪者，須告訴乃論（刑343準用刑324）。

㈦本罪與普通詐欺罪

本罪係就類似詐欺之犯罪行為所設之補充規定，其與普通詐欺罪間，具有補充關係。成立法條競合時，應優先適用基本規定之詐欺得利罪，排斥適用補充規定之乘機取財罪。

八、背信罪

> 第342條　為他人處理事務，意圖為自己或第三人不法之利益，或損害本人之利益，而為違背其任務之行為，致生損害於本人之財產或其他利益者，處五年以下有期徒刑、拘役或科或併科五十萬元以下罰金。
> 前項之未遂犯罰之。

㈠背信罪之本質

1.濫用權限說與違背信任說

背信罪，乃為他人處理事務之人，違背其任務，致生損害於本人之財產或其他利益之犯罪。惟背信行為，究為濫用處分之權限抑或違背他人之信賴而造成他人財產之侵害，則有不同見解存在。⑴濫用權限說，認為背信罪之本質，乃為濫用法律上之處分權限，而侵害他人財產法益之犯罪。因此，法律上有處分權限之人，濫用其處分之權限時，始能成立背信罪。是背信行為，僅限於一般之法律行為，事實行為，則不屬之。⑵違背信任說，則認為背信罪之本質，乃為違反信任關係或誠實義務，而侵害他人財產法益之犯罪。因此，無論係對於第三人或本人之關係，且不問係法律行為或事實行為，均得為之。

2.宜採違背信任說

　　德國刑法，初始傾向於違背信任說，繼則提倡濫用權限說，而於 1933 年一部修正時，則兼採兩說重新制定背信罪。日本刑法，則以違背信任說為其學界之通說。就我刑法規定而言，法文上僅規定「為他人處理事務」，並未限定須具有法定代理權之授與，且不論係對外或對內關係，只須獲有本人之委任，均得為之；且所謂「違背其任務之行為」，亦未限定須為法律行為，事實上其違背任務之行為，屬於事實行為而值得處罰之情形，亦不在少數。因此，就本法背信罪之構成要件而為解釋，背信罪之本質，應以違背信任說為妥。因此，背信罪，乃係違背他人之信賴而侵害他人財產之犯罪。

　　我實務上，亦採違背信任說。例如，刑法上之背信罪，為身分犯之一種犯罪，本質上在於為他人處理事務者，違背誠信義務所要求之信任關係，竟從事違反任務之行為，而意圖為自己或第三人不法之利益或損害本人之利益，方能構成 ❶❼。

㈡背信罪與侵占罪之關係

1.個別財產與全體財產

　　背信罪之罪質，既為違背他人之信賴而侵害他人財產之犯罪。而侵占罪，亦係違背委託信任關係，而將他人之物據為己有之犯罪。因此，二罪之罪質，並無不同，均同具有背信之本質。惟侵占罪，係以個個財物為其保護之對象；背信罪，則除個個財物外，尚包含權利或其他財產上之利益在內。易言之，侵占罪，係對於個別財產之犯罪；背信罪，則為對於全體財產之犯罪。

2.背信罪與侵占罪之區別

　　背信罪與侵占罪，既同具有背信之本質，則背信行為與侵占行為究應如何區別？尤其為他人處理事務之人，將自己所持有他人之物予以不法處分時，究應成立背信罪抑或侵占罪？例如，行為人受債權人委託，代為向債務人討債，而將討債所得金錢擅自加以花用之情形是。

---

❶❼　最高法院 72 臺上 3720（決）。

就背信罪與侵占罪之構成要件觀之，背信罪之主觀意圖，兼含得利意圖及損害意圖在內；侵占罪則僅須具有不法所有意圖。背信行為須違背任務，始能成罪；侵占行為則僅須易持有為所有，即能成立。故背信罪之行為人與他人之間須具有高度之信任關係存在；侵占罪則無此必要。例如，行為人使用借貸他人之物，存有委託信賴關係，嗣後將該物侵吞入己，則行為人既非為他人處理事務之人，亦無違背任務可言，僅能成立侵占罪，無法以背信罪論科。因此，侵占並非背信之特別類型，背信亦非侵占之補充類型，兩者實處於交叉關係。侵占行為，如有違背任務之情形，因含有背信之罪質在內，此際在其交叉部分，即具有法條競合之擇一關係，應選擇較適合之侵占罪處斷。

3.實務見解

我實務歷年來，均將背信罪與侵占罪之關係，認係一般規定與特別規定之關係，兩者競合時，應優先適用特別規定之侵占罪處斷。例如，為他人處理事務之人所為之侵占，為特殊之背信行為，故侵占罪成立時，雖其行為合於背信罪之構成要件，亦當論以侵占罪，而不應論以背信罪。刑法上之背信罪，係指為他人處理事務之人，以侵占以外之方法，違背任務，損害本人利益之行為而言。若侵占罪，則以侵占自己持有他人之物為其特質，至其持有之原因如何，可以不問，故就處理他人事務之持有物，以不法所有之意思，據為己有，係屬侵占罪，而非背信罪[18]。

(三)保護法益

如前所述，侵占罪，係對於個別財產之犯罪；背信罪，則為對於全體財產之犯罪。因此，侵占罪，可謂係侵害個別財產法益之犯罪；背信罪，則為侵害一般財產法益之犯罪。易言之，侵占罪，所侵害之財產法益，係個個財物之持有利益。背信罪，所侵害之財產法益，則為一般財產法益，亦即被害人之全體財產或全盤之財產狀態。因此，背信罪所保護之財產法益，除物之持有利益外，尚包含所有權及其他本權在內。

---

[18]　最高法院 27 滬上 72；81 臺上 6185；81 臺上 6310；30 上 2633；85 臺上 1187。

㈣行為主體

本罪之行為主體，以為他人處理事務之人為限，屬於真正身分犯。如非為他人處理事務之人，即不得為本罪之單獨正犯。惟為他人處理事務之信任關係，亦為刑法第 31 條第 1 項所規定之特定關係，故其共同實施或教唆幫助者，雖無此項特定關係，仍得以正犯及共犯論。至此項特定關係，以行為時存在為已足；損害發生時，是否仍具有此項特定關係存在，並非所問。茲就本罪主體為他人處理事務之人，略為申論如次：

1. 他人之事務

所謂他人，乃行為人以外之人，無論係自然人、法人或非法人之團體，均包括在內。國家或公共團體，亦屬於他人。行為人所處理者，須為他人之事務，始能成立本罪。例如，受委任代為向債務人索取債務是。如所處理者，係自己之事務，即不得以本罪律之。例如，將繼承所得土地，予以處分出售予人；或依承攬契約為他人製作證章或拆除舊屋建築新屋，仍屬於自己之工作行為，並非為他人處理事務是❶❾。

2. 事務之範圍

⑴事務之界定

事務，不問其為公的事務或私的事務，繼續之事務或一時之事務，均包括在內。其為公的事務時，處理者亦不以公務員為限。所處理之事務，不限於有關法律行為之事務，因事實行為處理之事務，亦包括在內。又事務，並不以具體特定之事務為限，依法律或契約，概括於一定範圍內所應執行之事務，亦屬之。

⑵限於財產事務

事務，是否以財產上之事務為限？抑或包含非財產上之事務在內？有認為只限於財產上之事務者；亦有認為只要結果發生財產上之損害，事務之內容並無必要加以限制者。例如，醫師治療病患之事務、律師受託處理身分法上之事務，均包含於事務概念之內。惟本罪既為侵害財產法益之犯

❶❾ 最高法院 69 臺上 4963 （決）；29 上 674；50 臺上 158。

罪，且依本罪之立法理由，亦明示「事務之種類，有專關於財產者，有關於財產並財產以外一切事宜者，但本罪之成立，惟以財產為限。」因此，所謂事務，應限縮解釋，而以財產上之事務為限。

我實務見解，亦以財產事務為限。例如，刑法第 342 條第 1 項之背信罪，乃侵害財產法益之犯罪，故本罪所稱為他人處理事務，應屬為他人處理有關財產上之事務，其他非財產上之事務，自不在其內。且本罪為結果犯，其致生損害於本人之財產或其他利益，亦以財產上之利益為限，應不包括其他非財產上之利益在內。又如，所謂為他人處理事務，其原因固包括法令所規定、當事人之契約或無因管理等，惟以關於財產之事務為限。補習班夜間導師，職司照顧學生生活、考勤及與學生、家長聯繫事宜，顯見其在補習班並未受任處理關於財產之事務，則其在該補習班縱有勸誘學生轉班之行為，亦與背信罪之構成要件迥不相侔❷ 。

3. 事務處理之權限

⑴裁量權

為他人處理事務者，對於其所處理之事務，應否具有某種程度之裁量權？論者不一。就本罪之構成要件加以觀察，法文僅規定「為他人處理事務」，別無其他任何限制，在解釋上，似不以有裁量權之事務為限，縱係機械性之勞務工作，亦應包含於事務概念之內。我實務見解，雖未明示，惟就其要旨觀之，似亦無何限制。

惟本罪法文「為他人處理事務」之規定，語甚抽象，概念內涵頗為廣泛，加以本罪具有背信之性質，為他人處理事務時，只須有違背信任關係之行為，即有可能成罪，甚至因債務不履行，而造成他人財產之損害時，亦可能以本罪相繩。因此，為使其處罰範圍合理化，學界每透過構成要件之解釋，予以適度之限縮，認為行為人對於其所處理之事務，應具有某種程度之裁量權。

⑵機械性工作

為他人處理事務者，對於其所處理之事務，須具有某種程度之裁量權。

---

❷ 　最高法院 81 臺上 3534（決）；81 臺上 3015（決）。

如僅係處理機械性之勞務工作，應解為不包括在內。

我實務亦認為，刑法上背信罪所指為他人處理事務，在性質上應限於具有相當責任性之事務，而且行為人在處理上有權作成決定，或是行為人在處理上需要作成決定之事務。若他人對於行為人並無相當之授權，兩者之間並不存在所謂之信託關係，行為人所從事者只是轉達之工作，無需也無權作成任何決定者，則非背信罪所指之事務❷。

4.事務處理之根據

(1)法令、契約或無因管理

行為人何以具有為他人處理事務之身分？亦即其處理他人事務之根據何在？法文上並未明示。在解釋上，有基於法令規定者，例如，監護人、破產管理人、遺產執行人等是。有基於契約者，例如，委任、僱傭、信託等是。亦有基於無因管理者，例如，無因管理之管理人，為本人盡公益上之義務，或為其履行法定扶養義務等情形是。

(2)處理他人財產之地位

行為人基於法令或契約等而取得處理他人事務之根據，在行為人與本人之間，因而產生以一般誠信原則為基礎之客觀信賴關係，並處於得以左右他人財產上權利義務之地位。因此，行為人不以具有獨立處理事務之權限為必要；縱僅係輔助人，如直接處理事務者，亦得成立本罪。

(3)適法性

行為人取得處理他人事務之根據，須具有適法性者，始足當之。我實務見解認為，背信罪，以為他人處理事務者為犯罪主體。所稱為他人處理事務之緣由，固包括因法律行為而為他人處理事務之情形在內；然其因法律行為而為他人處理事務者，必須此項法律行為具備適法性者，始在法律保護之列。因之，法律行為若屬違反強制或禁止規定，以及法律行為有背於公共秩序或善良風俗，屬於絕對的、當然的、自始的無效之情形者，其基此無效之法律行為而為他人處理事務之人，如果未能盡其「受任人」任事之能事，致本人受有「損害」者，自亦不能仍繩該「受任人」以背信之

---

❷　最高法院85臺上660（決）。

罪責。此為事理所當然，否則，無以維護社會善良風俗及安寧秩序。對於依法執行職務之公務員，關於違背職務之行為，予以行求、期約或交付賄賂之行賄行為，屬犯罪行為；即使對於職務上行為而為行賄，亦屬顯然違背公共秩序、善良風俗，不應受法律之保護❷。

5.為他人處理事務

⑴在委託範圍內

所謂為他人處理事務，即為他人而處理他人之事務，亦即基於委任或其他類似關係，具有負擔處理他人事務之任務而言。此項信任關係，乃行為人與他人間之內部關係❷，行為人因其委任或其他類似關係，具有一定之任務，而負擔處理該他人之事務。如無任何委任或其他類似關係存在，自無從成立本罪。行為人所處理之事務，須在其委託範圍內；且其委任或其他類似關係，須仍屬有效。如委任或其他類似關係經撤銷者，即無再為他人處理事務之權限，縱有不法行為，亦難以背信罪相繩。

⑵為他人計算

行為人所處理之事務，究為他人之事務，抑為自己之事務，頗值研究。一般而言，是否為他人事務，須具備①行為人與被害人間存有委託信任關係；②該事務主要為他人計算之二個要件。因此，基於雙務契約所產生之事務，例如，買賣、承攬或借貸等，因雙方互負給付義務，並非為他人計算，其所履行者，仍係自己之事務，而非他人之事務。倘有違反誠實義務而不為給付，僅係民事債務不履行之問題，不成立背信罪。

雖然，究為他人之事務，抑為自己之事務，有時其分辨，頗為不易。例如，抵押權之設定，其協助完成登記之行為，究為自己之事務，抑為他人之事務之情形是。惟抵押權設定之協助完成登記行為，縱行為人與被害

---

❷　最高法院83臺上4581（決）。

❷　最高法院86臺上1481（決）：「……為他人處理事務，係基於對內關係，並非對向關係。例如使用借貸契約之當事人乃單純之對向關係，借用人並非為他人處理事務，如其未依約定方法，或借用物之性質，使用借用物，僅生是否違反借用契約之問題，既非為他人處理事務之人，即與背信罪之成立要件不合。」

人間具有委託信任關係，惟其債權原因行為，多屬雙務契約，事涉雙方之權義關係，非主要為他人計算。因此，應認其為自己之事務，而非他人之事務。

㈤行為客體

本罪之行為客體，即行為人基於委託信任關係而為他人所處理之事務。

㈥實行行為

本罪之實行行為，為違背任務之行為，簡稱背任行為。所謂任務，乃指事務處理者在具體情況下，基於信任關係，為法所期待之行為。故所謂背任行為，係指事務處理者在處理事務時，違背其與本人間之信任關係所為之義務違反行為。

1.背任行為之性質

背任行為之性質，如採濫用權限說，則僅有濫用權限之行為，始屬背任行為；倘採違背信任說，則違背信任關係之行為，均屬背任行為。如前所述，本法對於背信罪之本質，係採違背信任說，凡係違背行為人與本人間信任關係，而足以損害本人財產之行為，均屬本罪之背任行為。其濫用權限之行為，亦屬違背信任關係之行為，倘足以損害本人之財產者，自亦包含於背任行為概念內。

我實務亦認為，所謂「違背其任務」，除指受任人違背委任關係之義務外，尚包括受託事務處分權限之濫用在內，如此始符合本條規範受任人應誠實信用處理事務之本旨。從而受任人為本人與第三人訂立有償契約時，自應盡其應盡之注意義務，以維護本人之利益，如無其他特別情事，竟給予該第三人顯不相當之高額報酬時，即難謂無違背其任務之行為，以圖第三人不法之利益及損害本人之利益❷。

2.背任行為之態樣

背任行為，不論其為法律或事實行為，作為或不作為，均足成立。其

---

❷ 最高法院 86 臺上 3629（決）。

為法律行為者，例如，金融機構負責人之不良貸款；或濫用保證權限而使本人負擔債務之情形是。至在民法上是否有效以及是否得撤銷，則非所問。其為事實行為者，例如，受託管理他人之財物，因怠於管理，致該財物受損；或受託代養優良種雞，伺機抽取該種雞體內精液，而施打於他人所寄養之雞隻體內謀利❷是。

又背任行為，通常固為作為之行為，惟以不作為之方式為之者，亦得成立。例如，受託稽核抵押貨物之進出，竟受出押人之活動，而聽其陸續變賣抵押物；或公司負責人於法院拍賣債務人財產時，故不聲請參加分配，致公司債權未能獲得清償等是。

3. 背任行為之判斷

為他人處理事務者，有否違背其任務，固因事務之性質、內容，而有不同；亦因行為人之任務、地位，而有差異。因此，背任行為之判斷，首應檢討規定該事務性質、內容之法令、契約或習慣等，再就該事務之性質、內容以及行為人之任務、地位等，視其有否依誠實義務履行其任務，就具體情形，自客觀一般人之標準，予以認定。例如，股友社，代人投資股票。股票之投資，本具風險性與投機性，其漲跌原難預料，縱有虧損，依股票投資之性質，自難令負背信之罪責。

(七)行為結果

1. 因果關係

本罪行為之結果，須致生損害於本人之財產或其他利益。故背任行為與財產損害，須具有因果關係。因本罪為侵害全體財產之犯罪，所謂財產，係指本人之全體財產，亦即全部財產狀態而言，不以本人委託之財產為限。所謂其他利益，係指具體財產以外之其他財產上之利益而言，財產利益以外之其他利益，並不包含在內。至所謂損害，無論係積極減少現有財產，抑或消極妨害財產增加，均屬之。如一方有所損失，他方則有相等之反對給付者，即無損害可言。

---

❷　74.4.24 法檢(二) 556。

2.純經濟之觀點

本人之全體財產或利益是否有損害，應就純經濟之觀點予以判斷。在法律上縱取得一定之權利，如實際上不能或難以實現者，其經濟價值已減少或喪失，亦屬於損害。例如，無力清償之不良貸款，自法律觀點視之，該財產固仍以債權之形式存在，惟自經濟之觀點視之，該債權既已無力清償，其財產價值業已減少或喪失，仍屬於財產之損害。

至消極妨害財產增加，固包含喪失日後可得期待之利益在內。惟日後可得期待之利益，須依管理事務之性質，具有相當蓋然性可以期待之利益，例如，該筆款項如存放銀行，即可獲得相當之利息是。倘僅係單純希望之期待利益，則不應包含在內。例如，行為人背任而為本人出售一筆土地，本人認為該筆土地若未出售，則將來有朝一日附近鄉鎮開發後，地價勢必大漲之情形是。

我實務亦認為，所謂「其他利益」，固亦指財產利益而言。但財產權益，則涵義甚廣，有係財產上現存權利，亦有係權利以外之利益；其可能受害情形更不一致，如使現存財產減少（積極損害），妨害財產之增加，以及未來可期待利益之喪失等（消極損害），皆不失為財產或利益之損害❷❻。

(八)故意與意圖

1.故　意

本罪為故意犯，行為人須故意為違背其任務之行為，始能成罪；如僅因處理事務怠於注意，致其事務生不良之影響，則為處理事務之過失問題，既非故意為違背任務之行為，自不負若何罪責。

本罪違背任務之行為以及生損害於本人之財產或利益之結果，屬於本罪之客觀構成要件要素，行為人在主觀上自須具有認識，始能成立故意。此項故意，不限於直接故意，即未必故意，亦包含在內。行為人倘對於自己之行為違背任務，欠缺認識者，即不具本罪之構成要件該當性。

---

❷❻　最高法院 87 臺上 3704（決）。

2.意　圖

本罪亦為目的犯。行為人除須具有背信之故意外，尚須具有為自己或第三人不法之利益或損害本人利益之意圖，亦即須具有得利意圖或損害意圖，方能成罪。若無此意圖，即屬缺乏意思要件，縱有違背任務之行為，並致生損害於本人之財產或其他利益，亦難律以本條之罪。

(1)得利意圖

所謂得利意圖，即為自己或第三人不法利益之意圖。所謂自己，乃為他人處理事務之行為人本身。所謂第三人，則係除行為人及使為其處理事務之本人以外之其他人，包括共犯在內。

至所謂利益，有認為法文上僅云「利益」，並未限定為財產上之利益。因此，不以財產上之利益為限，即身分上之利益或其他利益，例如，維持信用之利益等，亦均包含在內者。亦有認為本罪既為財產罪，自應以財產上之利益為限者。惟本罪係侵害財產法益之犯罪，且其所處理之事務，亦限於財產上之事務，故在解釋上，應以財產上之利益為限，較為妥適。

(2)損害意圖

所謂損害意圖，即為損害本人利益之意圖。所謂本人，乃使行為人處理事務之人，亦即為他人處理事務之「他人」。如為本人之利益而為一定行為，並無損害本人利益之意圖，縱因違背任務致生損害於本人，仍不成立本罪。

上述得利意圖與損害意圖，兩者必須具有其一，但僅具其一為已足，並無併存之必要；惟縱使併存，亦屬無妨。

(九)既遂、未遂

本罪既遂、未遂之區別，應以本人之財產或利益，已否發生損害為標準。易言之，行為人之背任行為，如已使本人之財產或利益發生實害時，即為既遂；如尚未發生實害時，則為未遂。至行為人之得利或損害意圖是否實現，則非所問。

我實務認為，背信罪為結果犯，以行為人所為違背其任務之行為，「致

生損害於本人之財產或其他利益」為要件，如本人之財產或其他利益尚未致生損害，僅係有受損害之危險者，尚不得論以該罪之既遂犯[27]。

㈩個人免除刑罰事由

於直系血親、配偶或同財共居親屬之間，犯背信罪者，得免除其刑（刑343準用刑324）。直系血親、配偶、同財共居親屬或其他五親等內血親或三親等內姻親之間，犯背信罪者，須告訴乃論（刑343準用刑324）。

(十一)本罪與他罪之關係

1. 本罪與賄賂罪

本罪之保護法益，為個人財產之安全；賄賂罪之保護法益，則為國民對於公務員之廉潔性與公務執行公正性之信賴，二罪間並不具保護法益之同一性，故應分別論罪，不能成立法條競合。

惟我實務認為，公務員關於職務上之行為，有時雖亦足以構成背信罪，然以不合於瀆職罪之構成要件為限，如其犯罪行為已足成立瀆職罪名，即不能以其違背職務而認為構成背信罪[28]。此種見解，有待商榷。

2. 本罪與普通竊盜罪

本罪與普通竊盜罪，不具特別關係，亦不具補充關係與吸收關係，係處於擇一關係。成立法條競合時，應優先擇一適用法定刑較重之背信罪，排斥適用法定刑較輕之普通竊盜罪。例如，超商店員私將收銀機之現款取走之情形是。

3. 本罪與普通侵占罪

前曾述及，侵占並非背信之特別類型，背信亦非侵占之補充類型，兩者實處於交叉關係。侵占行為，如有違背任務之情形，因含有背信之罪質在內，此際在其交叉部分，即具有法條競合之擇一關係，而選擇較適合之普通侵占罪處斷。

---

[27] 最高法院86臺上2974（決）。

[28] 最高法院28上2464。

惟我實務認為，背信罪，為一般之違背任務之犯罪；侵占罪，則為特殊之背信行為。故侵占罪成立時，雖其行為合於背信罪之構成要件，即應論以侵占罪，不能援用背信之法條處斷❷❾。

4.本罪與普通詐欺罪

本罪與普通詐欺罪間，並不具特別關係，亦不具補充關係與吸收關係；因二者具有擇一關係，在適用上，倘發生法條競合時，應任擇一罪予以優先適用，而排斥另一罪之適用。

惟我實務認為，為他人處理事務，意圖為自己或第三人不法之所有，以詐術使該他人交付財物者，縱令具備背信罪之要件，亦已包含於詐欺罪之觀念中，不得於詐欺罪外更論背信罪；刑法上之背信罪為一般之違背任務之犯罪，若為他人處理事務，意圖為自己或第三人不法之所有，以詐術使他人交付財物者，應成立詐欺罪，不能論以背信罪❸❿。

九、重利罪

第 344 條　乘他人急迫、輕率、無經驗或難以求助之處境，貸以金錢或其他物品，而取得與原本顯不相當之重利者，處三年以下有期徒刑、拘役或科或併科三十萬元以下罰金。

前項重利，包括手續費、保管費、違約金及其他與借貸相關之費用。

㈠罪　質

重利罪，乃乘他人急迫、輕率或無經驗貸以金錢或其他物品，而取得與原本顯不相當重利之犯罪。本罪之性質，即現行社會上所謂放高利貸之行為，其乘他人之急迫、輕率或無經驗，而取得重利，跡近詐欺，故與詐欺罪同列一章。

---

❷❾　最高法院 27 滬上 72；42 臺上 402；51 臺上 58。
❸❿　最高法院 25 上 6518；63 臺上 292。

㈡行為客體

本罪之行為客體有二：1.金錢或其他物品；2.重利。

1.金錢或其他物品

金錢或其他物品，乃指行為人所持有之金錢或其他物品。至其有無合法權源，則非所問。

所謂金錢，係指得以流通使用之貨幣而言。不論其質料係屬紙幣或硬幣，亦不論其是否為現行通用之貨幣，僅須有流通使用之性質者，即足當之。例如，日幣、美鈔等，雖非我國通用之貨幣，因具有流通使用之性質，亦屬之。

所謂其他物品，係指金錢以外之財物，不問其為動產或不動產，均兼括在內。惟以動產論之電能、熱能及其他能量，因本法無準用第 323 條之規定，依罪刑法定原則，即不得為本罪之客體。

2.重　利

所謂重利，乃超額之利息。依民法第 205 條規定，約定利率超過週年百分之二十者，債權人對於超過之部分，無請求權。惟債權人對於超過之部分，僅係無請求權，如債務人在任意性之情況下，仍為給付者，債權人收受超過部分之利息，並非不當得利，亦不涉刑責。債權人與債務人間之約定利率，如超過週年百分之二十者，其所取得之利息，即為超額之利息，亦屬於本罪所謂之重利。

㈢實行行為

本罪之實行行為，乃貸以金錢或其他物品，而取得與原本顯不相當之重利。

1.貸以金錢或其他物品

所謂貸以金錢或其他物品，性質上乃指消費借貸而言，即行為人移轉其金錢或其他物品於該他人，而由該他人給付一定之利息。

2.取得與原本顯不相當之重利

所謂原本，即所貸予之金錢或其他物品。所謂重利，即超額之利息。本罪須行為人取得與原本顯不相當之重利，始能成立。至是否顯不相當，非僅以是否超過民法第 205 條最高約定利率之限制為標準，尚應就原本數額、利率高低、期間長短等核算，並參酌當地之經濟狀況、金融市場之動態以及地方借貸之慣習等，較之一般債務之利息，視其是否顯有特殊之超額，自客觀上予以認定❸❶。

惟自現實社會發生之重利案件觀之，其利息與原本相較，雖無顯不相當之情形，但行為人輒以手續費、保管費、違約金等各類名目費用另向被害人收取。此類費用如計入利息，其總額與原本相較顯失公平者，仍應認為屬於重利，始臻合理。

㈣行為情狀

本罪之行為情狀，為乘他人急迫、輕率或無經驗或難以求助之處境。所謂乘，即利用之意。所謂急迫，乃緊急迫切需用金錢或其他物品。例如，因病急需就醫之情形是。只須有緊急迫切需用之情形為已足，至其急迫之原因為何，該他人是否為富有或窮困之人，均非所問。倘他人非處於急迫情形，縱貸與人貸與高利，亦難以重利罪相繩。

所謂輕率，乃輕忽草率，只須該他人於需用金錢或其他物品之具體情況下有輕率之情形為已足，至其人平時之處事態度是否輕率，亦非所問。

所謂無經驗，乃對於舉債借貸之事務缺乏經驗。約定利率，雖超過法定限制，致取得之利息與原本顯不相當，但在立約當時，債權人如無乘債務人急迫輕率或無經驗之情形，仍不能成立本罪。

所謂難以求助之處境，乃緊急迫切需用金錢或其他物品時，處於到處求助無門之窘境。例如，飢寒交迫，且舉目無親之情形是。

依民法第 74 條規定，法律行為，係乘他人之急迫、輕率或無經驗，使其為財產上之給付或為給付之約定，依當時情形顯失公平者，法院得因利

---

❸❶　最高法院 93 臺上 2747；94 臺上 1548（決）。

害關係人之聲請，撤銷其法律行為或減輕其給付。刑法為對應民法之規定，認為行為人利用此種行為情狀，乘機取得重利，實跡近詐欺，爰與詐欺罪同列一章，臨之以刑罰制裁。

㈤故　意

本罪為故意犯，行為人對於他人之急迫，輕率或無經驗，以及自己利用他人在此一情狀下，而貸予其金錢或其他物品，以取得與原本顯不相當之重利等事實，須具有認識，始能成立本罪。

㈥既　遂

本罪無處罰未遂犯之規定，行為人須已取得與原本顯不相當之重利，且此結果與行為人之行為間具有因果關係者，始能成立。如於貸與金錢或其他物品時，僅為支付顯不相當重利之約定，並未取得該重利者，則為本罪之未遂犯，應不予論罪 ❷。至取得之時期，或於借貸期限屆至時與原本一併取得；或於付本之始先行扣利；或將利息滾入原本而另立借據，均非所問。其所取得顯不相當之重利，或為現金，或為物品，或為票據，亦所不論。如係票據時，縱該票據屆期提示而未獲兌現，對於已經成立之本罪，亦不生影響。

㈦本罪與他罪之關係

1.本罪與詐欺罪之關係

本罪與詐欺罪，不具特別關係，亦不具補充關係與吸收關係；因二者具有擇一關係，在適用上，倘發生法條競合時，應擇法定刑較重之普通詐欺罪優先適用。

---

❷ 我實務有一實例，頗值參考。「查懲治土豪劣紳條例第二條第四款之重利盤剝，必須有重利之事實，兼有盤剝之行為，如債權人對於債務人約定之利率，尚未超過年利百分之二十，既非重利固難認為犯罪，即使有重利之事實，苟非於付本之始先行扣利或有其他盤剝之行為，亦難成立該條款之罪。」（司法院院字519）

2.本罪與準詐欺罪

本罪與準詐欺罪，不具特別關係，亦不具補充關係與吸收關係；因二者具有擇一關係，在適用上，倘發生法條競合時，應擇法定刑較重之準詐欺罪優先適用。例如，地下錢莊乘被害人經商失敗時，放以高利貸，並在其徬徨無主之際，使其簽下高額借據之情形是。

十、加重重利罪

第344條之1 以強暴、脅迫、恐嚇、侵入住宅、傷害、毀損、監控或其他足以使人心生畏懼之方法取得前條第一項之重利者，處六月以上五年以下有期徒刑，得併科五十萬元以下罰金。

前項之未遂犯罰之。

(一)構成要件

本罪之犯罪構成要件，有關行為主體、行為客體以及行為情狀等，均與普通重利罪同，茲不再贅。

(二)行為手段

行為人以強暴、脅迫、恐嚇、侵入住宅、傷害、毀損、監控或其他足以使人心生畏懼之方法取得前條第一項之重利者，即得依本罪論科。

現實社會中，有不少所謂地下錢莊或討債公司，為追討重利，經常以強暴、脅迫、恐嚇、侵入住宅、傷害、毀損、監控或其他足以使人心生畏懼之方法，對被害人橫加威嚇，不僅使被害人之生活時時處於恐懼之中，四處躲藏，妻離子散，甚而自戕之事，時有所聞。雖以強暴、脅迫、恐嚇、侵入住宅、傷害、毀損、監控或其他足以使人心生畏懼之方法，或可依妨害自由、恐嚇、侵入住居或傷害等罪處罰，惟因此等犯罪刑度不高，致使行為人無所忌憚，屢次為非作歹。為遏止此種劣行及保障被害人權益，爰增訂本罪，加重處罰之。

第十二章　恐嚇及擄人勒贖罪

一、犯罪類型

本章之犯罪類型，計有第 346 條「恐嚇取財罪」；第 347 條「擄人勒贖罪」及第 348 條「擄人勒贖結合罪」。

二、恐嚇取財罪

第 346 條　意圖為自己或第三人不法之所有，以恐嚇使人將本人或第三人之物交付者，處六月以上五年以下有期徒刑，得併科一千元以下罰金。

以前項方法得財產上不法之利益，或使第三人得之者，亦同。

前二項之未遂犯罰之。

㈠罪　質

1. 與詐欺罪之類似性

恐嚇取財罪，係以恐嚇之手段，使人心生畏怖，因而取得其財物或財產上利益之犯罪。恐嚇取財罪與詐欺罪，均係基於被害人有瑕疵之意思表示，而為財產之處分行為，因而不法取得其財物或財產上之利益。故兩罪間，實具有相當類似性。惟恐嚇取財罪，其恐嚇行為因使人心生畏怖，兼具恐嚇個人安全罪之罪質；而詐欺罪，則係施用詐術，使人陷於錯誤，並未含有妨害個人自由之成分，兩者仍有其差異。

2. 與強盜罪之共通性

恐嚇取財罪之恐嚇行為與強盜罪之脅迫行為，在概念上雖極為相近，惟恐嚇行為須尚未達於壓抑被害人之反抗能力，強盜罪之脅迫行為則須足使不能抗拒之程度，始能構成。因此，恐嚇取財罪，因有害於被害人之意

思自由而侵害其財產，固與詐欺罪相近；其侵害被害人之人身安全與財產，則與強盜罪具有共通性。

㈡保護法益

本罪之保護法益，除個人之財產安全外，亦兼及個人之意思決定與活動自由。至個人之財產安全，亦與其他財產犯罪同，乃在保護個人對財產之持有利益。

㈢行為客體

本罪之行為客體，除「人」外，在詐欺取財罪，尚有本人或第三人之物；在詐欺得利罪，則有財產上不法之利益。請參照詐欺罪之說明，茲不再贅。

㈣實行行為

本罪之實行行為，為恐嚇，亦即以恐嚇使人將本人或第三人之物交付，或得財產上之不法利益或使第三人得之之行為。

　1.恐嚇之意義

所謂恐嚇，係指以足使人心生畏怖之將來不利益告知他人之行為。茲略為申述如次：

　⑴不利益之告知

本罪恐嚇行為之內涵，與恐嚇公眾罪及恐嚇個人安全罪稍有不同，不需以惡害，亦即加害生命、身體、自由、名譽、財產之事實施恫嚇，只需將不利益之事，告知他人，足使其心生畏怖者，即得成立。因此，凡一切之言語、舉動，足以使他人心生畏怖者，均包含在內。所告知不利益之事，亦不限於不法，縱係合法之事，而足以使人心生畏怖者，亦屬之。例如，以檢舉公務員財產申報不實，而勒索其錢財之情形是。

　⑵實現或支配可能性

所告知之不利益，須行為人直接或間接可能予以實現或支配者，始得

成立本罪。如在客觀上並無發生之可能性，行為人對該不利益亦無實現或支配可能性者，例如，以地震、閃電或鬼神之事，使人交付財物者，因非行為人所能支配，則非恐嚇。至所告知之不利益，係由行為人直接加以實現抑或由第三人加以實現，均包括在內。若以迷信之謊言，使人信以為真，而交付財物，求其禳解，則屬詐欺行為，應成立詐欺罪，亦不能以本罪相繩。

(3)未來之不利益

行為人所告知者，須為未來之不利益。如係過去之不利益，則非恐嚇。且告知不利益時，縱附有條件，亦屬無妨。惟如係現在之不利益，得否成立恐嚇？此涉及恐嚇與脅迫之區別，容俟後述。

(4)告知之方式

行為人告知不利益之方式，並無限制，無論其為口頭、書面、言語或態度，甚或明示或暗示，均非所問。例如，以兇暴之姿態，用石頭砸破被害人汽車擋風玻璃，以此方法使被害人畏懼而要索金錢，亦得成立恐嚇。告知者親為告知或透過第三人代為轉知，亦屬無妨。其以書面告知者，不問其名義人為誰，縱或匿名，甚或虛無其人，亦均無不可。

2.畏怖之程度

行為人以將來不利益之事告知他人，不必壓抑其抵抗能力或使之喪失意思自由，只需達於足使他人心生畏怖之程度為已足。至行為人在主觀上是否須具有使人生畏怖心之目的或意圖存在，應非所問。如其恐嚇行為，依其告知之方法、態樣等，依社會一般觀念加以客觀判斷，係明顯出於戲言或戲謔者，得認其尚未逸出社會相當性之範圍，欠缺實質違法性，不成立恐嚇取財罪。

其次，是否達於足使他人心生畏怖之程度，原則上固應就告知之內容、方法與態樣等，依客觀之標準加以判斷；惟有時行為人或被害人之意思及其他主觀之情事，亦應綜合予以考慮。易言之，是否足以使人心生畏怖，原則上應就具體之情況，斟酌行為人以及被害人之人數、年齡、性別、性格與體格，犯行之時間、場所、兇器之有無、種類以及使用方法等，綜合予以判斷。

(五)恐嚇與脅迫之區別

行為人如係以加惡害之意思告知他人，使其生畏怖心，而交付財物時，究為恐嚇取財罪之恐嚇抑或強盜罪之脅迫？實務態度，前後不一：

1.以是否喪失意思自由為準

實務有認為，以威嚇方法使人交付財物之強盜罪，與恐嚇罪之區別，係以對於被害人施用威嚇程度為標準。如其程度足以抑壓被害人之意思自由，至使不能抗拒而為財物之交付者，即屬強盜罪。否則，被害人之交付財物與否，僅有自由斟酌之餘地者，即應成立恐嚇罪❶。

2.以惡害是否急迫為準

實務有認為，恐嚇取財罪之恐嚇行為，係指以將來惡害之通知恫嚇他人而言，受恐嚇人尚有自由意志，不過因此而懷有恐懼之心，故與強盜罪以目前之危害脅迫他人，致喪失自由意志不能抗拒者不同❷。

3.近期實務見解

近期實務見解，則復以是否喪失意思自由為準❸。例如，刑法上恐嚇取財罪之「恐嚇」，固係指以危害通知他人，使該人主觀上生畏怖心之行為，然此危害之通知，並非僅限於將來，其於現時以危害相加者，亦應包括在內。因是，恐嚇之手段，並無限制，其以言語、文字為之者無論矣，即使出之以強暴脅迫，倘被害人尚有相當之意思自由，而在社會一般通念上，猶未達於不能抗拒之程度者，仍屬本罪所謂「恐嚇」之範疇。至於危害通知之方法，亦無限制，無論明示之言語、文字、動作或暗示之危害行為，苟已足使對方理解其意義之所在，並足以影響其意思之決定與行動自由者，均屬之。故其與強盜之區別，端在所為之強暴脅迫，其於社會一般通念上，是否足以抑制被害人之意思自由，至於不能抗拒，以為財物之交付為斷。倘其尚未達到此一程度，雖係意圖為自己不法之所有，而出之以強暴脅迫，

❶ 最高法院 30 上 668；21 上 1115。
❷ 最高法院 67 臺上 542；65 臺上 1212。
❸ 最高法院 81 臺上 867；82 臺上 1552。

亦僅應成立恐嚇取財罪。至若所為危害之通知，並未使人發生畏怖心，雖其仍為財物之交付，亦因非由於畏怖心所致，要不得以恐嚇既遂罪論科。

4.本書立場

恐嚇與脅迫之區別，學者見解亦莫衷一是。有從質上加以區別者，認為恐嚇係以未來之惡害告知；脅迫則係以目前之惡害相加者。亦有自量上加以區分者，認為恐嚇須尚未使人喪失意思自由；脅迫則係已抑制他人之意思自由者。

為避免恐嚇與脅迫之概念相互混淆，宜從行為之質上加以區別，較為妥適。易言之，如係以未來之惡害告知他人，足使其生畏怖心者，為恐嚇；如係以目前之惡害相加，足使其生畏怖心者，為脅迫。倘行為人係以目前之惡害相加，足使其生畏怖心，但被害人並未因而生畏怖心，或並未抑制其抵抗能力時，因尚未充足所有客觀構成要件要素，仍得論以強盜罪之未遂犯。因此，最高法院之見解，似有商榷餘地。

㈥行為結果

本罪之成立，須 1.行為人使用恐嚇； 2.因恐嚇而使他人心生畏怖； 3.他人因畏怖而為財物之交付或使行為人或第三人取得財產上利益； 4.行為人或第三人因而取得財物或財產上利益。

因此，恐嚇→畏怖→交付→取得四個犯罪流程，環環相扣，前者為後者之原因，後者則為前者之結果。此等構成要件要素，有者為成文要素，有者為不成文要素，性質上均屬於客觀之構成要件要素。其中，恐嚇乃為構成要件行為，其餘均為構成要件結果。因此，行為人在主觀上，對於此等客觀之構成要件要素，均須具有認識，且在客觀上，此等客觀之構成要件要素，均須具有連鎖之因果關係存在。

1.畏怖心為恐嚇行為之結果

行為人實施恐嚇行為之結果，須使相對人生畏怖心，而交付財物或使人得利。恐嚇行為與畏怖心，須具有因果關係。畏怖心為恐嚇行為之結果，而非恐嚇行為之內涵。行為人如以足使人發生畏怖心之事實恫嚇他人，縱

相對人並未心生畏怖，仍應成立恐嚇取財未遂罪。例如，恫嚇他人，一周內如不交錢，即將其殺害，但被害人並未心生畏怖，且不予理會之情形是。又被害人因其他情事已處於畏怖狀態，為避免惡害而交付財物，行為人僅係知情而收受者，因未實施恐嚇行為，尚不成立本罪。

2. 交付財物或使人得利

行為人實施恐嚇行為之結果，須使被恐嚇者因而生畏怖心，並因畏怖心而為一定之交付財物或使行為人或第三人得利之行為，始成立恐嚇取財罪之既遂犯。畏怖心與交付財物或使人得利行為之間，必須具有因果關係。倘其交付財物，並非因畏怖心所致，例如，出於警察便利破案之授意或另有其他企圖者，其恐嚇尚非既遂❹。故恐嚇取財罪與詐欺罪同，亦係基於被恐嚇者有瑕疵之意思，而為一定交付財物或使人得利之行為。倘已完全剝奪對方之意思，而使其交付財物者，則應成立強盜罪。

3. 取得財物或財產上利益

行為人實施恐嚇行為之結果，須使被恐嚇者因而生畏怖心；繼因畏怖心而為一定之交付財物或使行為人或第三人得利之行為；嗣則行為人或第三人因而取得財物之持有或獲得財產上利益等之結果，始得成立恐嚇取財罪之既遂犯。

㈦故意與意圖

1. 故　意

本罪為故意犯，行為人對於實施恐嚇行為之結果，使被恐嚇者因而生畏怖心；並因畏怖心而為一定之交付財物或使行為人或第三人得利之行為；行為人或第三人並因而取得財物之持有或獲得財產上利益等客觀事實，均須具有認識，始能成立本罪。

2. 意　圖

本罪亦為目的犯，行為人除須具有恐嚇之故意外，尚須具有為自己或第三人不法所有之意圖，否則，仍無從成立本罪。因此，基於一時使用之

---

❹　最高法院 42 臺上 440；50 臺上 389。

目的，恐嚇他人，使其為財物之交付者，姑名之為「使用恐嚇」，仍得成立本罪。例如，以恐嚇手段，借用他人汽車供其環島旅遊後，再予歸還之情形是。惟因本罪另有恐嚇得利罪之規定，使用恐嚇之行為，縱不符合本條第1項恐嚇取財罪之規定，倘有符合第2項恐嚇得利罪之規定時，自得依恐嚇得利罪律之。

㈧阻卻構成要件該當事由

行為人為行使權利，而以恐嚇之方法取得財物者，亦即行為人自己之物，在他人不法持有中，為實現權利，而以恐嚇手段取回者，例如，他人借物，逾期不還，乃以恐嚇手段取回；或遺失皮包一只，發現為某人所持有，遂以恐嚇手段將其取回等是。行為人以恐嚇取回他人持有中之自己所有物，雖侵害他人之持有利益，但因本罪之主觀要素，除故意外，尚須具有不法所有之意圖。因此，行為人以恐嚇作為實現權利之手段，而取回自己之所有物時，因欠缺主觀上之不法所有意圖，得阻卻本罪之構成要件該當性，不成立本罪。

㈨阻卻違法事由

行為人為行使權利，以恐嚇作為實現權利之手段，而取得他人之物者，例如，他人欠債，屢催不還，乃以恐嚇手段令其清償是。對此情形，行為人為實現權利，恐嚇他人，而使其交付一定之財物，仍具有恐嚇罪之構成要件該當性。惟因其目的係在實現權利，故應視其所用之恐嚇手段，是否符合社會相當性而決定其是否得以阻卻違法。如尚未逾越社會相當性者，即得阻卻違法，不成立本罪；如已逾越者，自得以本罪律之。

㈩既遂、未遂

本罪之未遂犯，罰之。本罪之四個犯罪流程，恐嚇→畏怖→交付→取得，層層相因，具有連鎖之因果關係存在。倘其連鎖之因果關係，中間有切斷，即無法成立恐嚇罪之既遂。例如，行為人雖實施恐嚇，並因而取得

財物，惟被害人並非因其恐嚇而心生畏怖，而係出於憐憫之情予以施捨者，僅能成立本罪之未遂犯。因此，本罪既遂、未遂之區別，固以行為人或第三人是否已取得財物或財產上之利益為準。如行為人已取得財物或財產上之利益時，即為本罪之既遂。惟縱已取得財物或財產上之利益，如未完全實現構成要件之內容時，則仍屬本罪之未遂。

㈡罪數及與他罪之關係

1.罪數之認定標準

　　本罪之保護法益，主要為個人對財物之持有利益，而兼及個人之自由安全。因此，其犯罪之個數，應以侵害其持有法益之個數為準，而與財物之個數及所有權屬於何人或多少人無關。因此，以一個恐嚇行為，對同一人令其分數次交付數個財物時，得成立包括一罪。以一個恐嚇行為，對數人各分別取得財物時，得成立想像競合犯。至基於一個犯罪之決意，以數個恐嚇行為，對同一人取得財物者，得成立接續犯。

2.本罪與恐嚇得利罪

　　本罪與恐嚇得利罪，具有補充關係。成立法條競合時，應優先適用基本規定之恐嚇取財罪，排除適用補充規定之恐嚇得利罪。

3.本罪與賄賂罪

　　本罪之保護法益，除個人之財產安全外，亦兼及個人之意思自由；賄賂罪之保護法益，乃為國民對於公務員廉潔及公正執行職務之信賴，二者間並不具保護法益之同一性，應分別論罪，成立想像競合犯或予數罪併罰。

　　惟我實務則認為，要求賄賂，係指公務員以關於其職務之行為向他人要索不法利益之交付而言，如藉勢勒索，使他人心理上發生恐怖為其取得財物之手段，即屬假借職務上之權力恐嚇取財，與要求賄賂罪質不同❺。此種見解，似有商榷餘地。

4.本罪與恐嚇個人安全罪

　　本罪與恐嚇個人安全罪，不具特別關係，亦不具補充關係，惟本罪之

---

❺　最高法院 22 上 3981。

罪質，當然包含恐嚇個人安全之成分在內，二者間具有吸收關係。成立法條競合時，應優先適用吸收規定之本罪，排斥適用被吸收規定之恐嚇個人安全罪。

5. 本罪與強盜罪

本罪與強盜罪，具有補充關係。成立法條競合時，優先適用基本規定之普通強盜罪處斷，而排除適用補充規定之恐嚇取財罪。

我實務認為，恐嚇取財與強盜罪，二者就其同具有不法得財之意思，及使人交付財物而言，固無異趣；但就被害人是否喪失意思自由，不能抗拒言之，前者被害人尚有意思自由，後者被害人之意思自由已被壓制，達於不能抗拒之程度，故恐嚇取財罪，其恐嚇行為雖不以將來之惡害通知為限，即以目前之危害相加，亦屬之。但必其強暴、脅迫手段，尚未使被害人達於不能抗拒之程度始可，如其強暴、脅迫行為，已使被害人喪失意思自由，達於不能抗拒之程度，即應構成強盜罪，而非恐嚇取財罪❻。

6. 本罪與普通詐欺罪

恐嚇取財罪與普通詐欺罪之保護法益，均在保護個人之財產安全，具有保護法益之同一性。惟恐嚇取財，係使人心生畏懼而交付財物；詐欺取財，則係使人陷於錯誤而交付財物，兩罪之性質不同。成立法條競合時，因兩罪在構成要件上，並不具特別、補充或吸收關係，應依擇一關係，選擇最適合之恐嚇取財罪處斷。

我實務對此二罪之適用關係，前後見解似未見一致。有認為恐嚇取財罪與詐欺取財罪，其性質並不相同，如其所用之手段，僅使人陷於錯誤而交付財物者，為詐欺取財；如使人心生畏懼而交付財物者，則為恐嚇取財，兩者在理論上，根本無低度行為與高度行為之可言，亦無其他足以發生吸收關係或吸收犯之情形❼。亦有認為刑法第 346 條第 1 項之恐嚇取財罪，與同法第 339 條第 1 項之詐欺取財罪，二者之區別，在於前者係施用使人心生畏怖之恐嚇手段，致被害人心生畏懼，明知不應交付財物而交付，後

---

❻　最高法院 87 臺上 2278（決）。

❼　最高法院 73 臺上 3933（決）。

者則係施用詐術手段，使人陷於錯誤，誤信為應交付財物而交付。惟上開之恐嚇手段，常以虛假之事實為內容，故有時亦不免含有詐欺之性質，倘含有詐欺性之恐嚇取財行為，足使人心生畏懼時，自應僅論以高度之恐嚇取財罪，殊無再適用詐欺取財罪之餘地❽。

三、擄人勒贖罪

第 347 條　意圖勒贖而擄人者，處無期徒刑或七年以上有期徒刑。

因而致人於死者，處死刑、無期徒刑或十二年以上有期徒刑；致重傷者，處無期徒刑或十年以上有期徒刑。

第一項之未遂犯罰之。

預備犯第一項之罪者，處二年以下有期徒刑。

犯第一項之罪，未經取贖而釋放被害人者，減輕其刑；取贖後而釋放被害人者，得減輕其刑。

㈠罪　質

1.實質上應為剝奪行動自由罪與強盜罪之結合犯

擄人勒贖罪，係以擄人為手段，將他人置於自己實力支配之下，迫使交付財物，而贖回人質之犯罪。擄人行為，已該當剝奪行動自由罪；將他人置於自己實力支配之下，迫使其本人或第三人交付財物，則已該當強盜罪。因此，在罪質上，擄人勒贖罪似為剝奪行動自由罪與強盜罪之結合犯。

2.形式上僅屬剝奪行動自由罪之特別犯罪型態

我現行刑法第 347 條第 1 項，對於擄人勒贖罪之構成要件，規定為「意圖勒贖而擄人者」，成立擄人勒贖罪。勒贖為意圖之內容，擄人為構成要件行為，行為人僅須於實行擄人行為時，具有勒贖之意圖，即足成立本罪，至果否實施勒贖行為，並非所問。因擄人性質上即為剝奪行動自由之行為，而刑法第 302 條之剝奪行動自由罪，並未限定其主觀之意圖如何，本罪則

---

❽　最高法院 84 臺上 1993（決）。

須以勒贖為目的。因此，純就現行法擄人勒贖罪之構成要件而言，本罪實屬於剝奪行動自由罪之特別犯罪型態。

我實務見解認為，擄人勒贖罪係以「意圖勒贖而擄人」為構成要件，其犯罪方法行為係將被害人置於行為人實力支配之下，予以脅迫，其犯罪之目的行為，係向被害人或其關係人勒索財物。因此，擄人勒贖罪本質上為妨害自由與強盜之結合；在形式上則為妨害自由與恐嚇罪之結合。

倘就本罪之實際犯罪情節加以觀察，本罪之擄人行為，已將被害人置於自己實力支配之下，固屬妨害自由與強盜之結合，惟謂其形式上為妨害自由與恐嚇罪之結合，則顯有未妥。其次，若就本罪之構成要件形式觀之，勒贖僅為意圖之內容，只須有擄人行為，其果否實施勒贖，並不影響本罪之成立，則本罪僅能認其為剝奪行動自由罪之特別犯罪型態，謂其為妨害自由與強盜之結合，亦有漠視構成要件規定之嫌。

3.構成要件與立法本意不合

本罪在體例上雖係侵害財產法益之犯罪，實際上因僅須具有勒贖之意圖，即足成罪，實與侵害財產法益，並無必然之關連性。倘就立法者對該罪所定法定刑度之嚴苛以及擄人勒贖惡行之重大觀之，現行法擄人勒贖罪之構成要件，不但與立法之本意不合，且與國民之法感情，亦相刺謬，更與罪刑均衡原則有悖。因此，對於擄人勒贖罪之犯罪構成要件，似應回復舊刑法「擄人勒贖者」之規定，或者重新加以制定，較為妥適。

㈡保護法益

本罪為侵害他人財產法益之犯罪，屬於財產犯罪之一種；同時，因其構成要件行為，係剝奪他人行動自由之擄人手段，亦具有侵害他人人身自由之性質。因此，本罪之保護法益，除個人之財產安全外，兼含人身自由之法益在內。

㈢行為主體

本罪之行為主體，雖無特別限制，惟因本罪性質上屬於繼續犯，在被

擄人未經釋放以前，其犯罪行為仍在繼續進行中，在此犯罪行為繼續中，倘有予以加工者，即生承繼共同正犯之問題。因此，實務認為 1.在他人被擄時並未參與實施，且未分擔拘禁、看管被害人，僅出面勒贖，即係在擄人勒贖繼續進行中，參與該罪之目的行為，自應認為共同正犯。 2.如於擄人勒贖後，以幫助之意思提供房屋一間為繼續拘禁、看管之用，則係擄人勒贖構成要件以外之行為，應為幫助犯。 3.倘於放回被擄人之後，始持條取款，並未共同實施擄人，亦無其他幫助行為，則僅能論以收受贓物罪，不能以本罪共犯論❾。

又擄人者於擄人之初，尚未有勒贖之意圖，惟在被擄人釋放前，始生勒贖之意圖者，依繼續犯之性質，仍得成立本罪❿。至被擄人與行為人共謀恐嚇被擄人之家屬取財，而謊稱被擄取贖者，並不成立擄人勒贖罪，應僅成立恐嚇取財罪之共同正犯。

㈣行為客體

本罪之行為客體，為行為人以外之「人」，以自然人為限，法人不可能為本罪之客體。只須為自然人，至其身分、年齡、性別或精神狀態等，並非所問。

㈤實行行為

本罪之實行行為，為「擄人」，即違反他人之意思，將他人置於自己實力支配之下，而使其喪失行動自由之行為。因此，擄人行為與略誘罪之略誘行為，涵義相同，而屬剝奪行動自由行為之特別態樣。

至擄人之手段，並無限制，凡以強暴脅迫、詐術或其他非法之方法，

---

❾ 最高法院 28 上 2397；77 臺上 4688 （決）；司法院院字 1535。

❿ 惟我實務則認為，本罪之成立，須行為人自始有使被害人以財物取贖人身之意思。如使被害人交付財物，別有原因，為達其取得財物之目的，而剝奪被害人之自由，或擄人以後始變計勒贖，均非本罪 （最高法院 65 臺上 3356；24 上 5011）。

將他人置於自己實力支配下之行為，均足當之。例如，將年僅四歲幼兒誘騙離家，抱挾至學校內，自屬以暴力置於自己實力支配之下，利用電話通知其母備款贖人，雖未得款，仍為擄人勒贖既遂❶。

㈥行為結果

本罪為結果犯，須被害人已置於行為人實力支配之下，而使其喪失行動自由，始足當之。

㈦加重結果

擄人勒贖致死罪與擄人勒贖致重傷罪之成立，另須被害人因行為人之擄人行為及其後之拘禁、看管行為，致生死亡或重傷之結果，亦即被害人之死亡或重傷結果之發生，須與行為人之擄人等行為間，具有因果關係始可。

㈧故意與意圖

1.故　意

本罪為故意犯，行為人須有擄人之故意，亦即須行為人自始有使被害人以財物取贖人身之意思為要件，倘行為人不具此等主觀之不法要素，縱有擄人行為，除應成立其他財產上之犯罪或妨害自由罪外，要無成立擄人勒贖罪之餘地。

2.意　圖

⑴勒贖之意圖

本罪為目的犯，行為人須具有勒贖之意圖，始能成罪。所謂勒贖，係指勒令被擄人或他人提出金錢或其他財物，以贖回被擄人之人身自由。凡基於勒贖之意圖而為擄人之行為，即得成立本罪。至事後果否實施勒贖，向何人勒贖，有無取得贖款，以及何人交付贖款，均不影響本罪之成立。故擄人勒贖，被擄人與被勒贖人或為同一人，或為不同之人。其將被害人

---

❶　最高法院 69 臺上 1401（決）。

挾持，妨害其自由，恐嚇逼令交付財物，仍應成立本罪。

(2)擄人與勒贖之先後

本罪須先有勒贖之意思，而後為擄人之行為，始克相當。行為人如原非本於勒贖之意思，僅係意在強盜，且被害人之行動自由早已在其非法控制之下，惟因強取被害人隨身現有之財物，意猶未足，只是藉端繼續以非法方法剝奪人之行動自由，並用強脅手段以達使其接續交付財物之目的，而表示如不聽從即不釋放者，應係強盜及妨害自由之接續或繼續行為，不得另以擄人勒贖論處❷。

惟我刑法於 91 年修正時，鑑於擄人後而起意勒贖者，其情節與意圖勒贖而擄人相若，乃增訂擄人後意圖勒贖者，以意圖勒贖而擄人論，即所謂準擄人勒贖罪。

(3)勒贖內容以財產為限

本罪性質上既屬於財產犯，其勒贖之內容，自以財產為限。如係基於取得財產以外之目的而擄人，則尚難以本罪相繩。例如，擄人之目的，在要挾政府釋放某一罪犯之情形是。至所謂財產，除金錢或其他財物外，尚包括財產上之利益在內。例如，擄人之目的，係在要挾被擄人或他人免除債務或使其服一定之勞務者，均得以本罪律之。

㈨預備、未遂與既遂

1. 預備犯

本罪之預備犯，罰之。行為人以勒贖之目的，決意為擄人之實行，而準備著手之行為，即成立本罪之預備犯。例如，結夥圖謀擄人勒贖，行至所約集合地點，即被逮捕，是對於架擄行為尚未開始實施，其擄人勒贖之行為，仍在預備程度，應依本罪之預備犯罰之❸。

2. 著手及既遂時期

本罪之著手時期，以擄人行為是否開始為準。至其既遂、未遂之區別，

---

❷　最高法院 79 臺上 1398（決）。

❸　最高法院 24 非 123。

則以擄人行為已否完成為準，亦即以被擄人是否已置於行為人實力支配之下為準。

我實務認為，⑴擄人苟係意在勒贖，雖被擄人逃回、起回或未知生死，而並未接洽贖款，亦成立擄人勒贖既遂罪。⑵擄人勒贖罪，必須被擄人已喪失行動自由而移置於加害人實力支配之下，始為既遂，如被擄人正在掙扎，尚未架走，其擄人行為不能謂已完成，自應僅負擄人勒贖未遂之責⓮。

3. 擄人未遂與加重結果

擄人勒贖致死罪與擄人勒贖致重傷罪，法文並無處罰其未遂犯之規定。倘擄人未遂而致生被害人死亡或重傷之結果者，是否仍依擄人勒贖致死罪與擄人勒贖致重傷罪處斷，實不無疑義。倘行為人之擄人勒贖行為未遂而生被害人死亡或重傷之結果時，因本法並不處罰擄人勒贖致死罪或擄人勒贖致重傷罪之未遂犯，仍應成立普通擄人勒贖罪之未遂犯與過失致死罪或過失致重傷罪，依想像競合犯從一重之普通擄人勒贖罪未遂犯之法定刑處斷。

㈩個人減輕刑罰事由

犯本罪其未經取贖而釋放被害人者，減輕其刑；取贖後而釋放被害人者，得減輕其刑（刑 347 V）。

所謂未經取贖，係指行為人尚未取得贖回被害人之金錢、財物或其他財產上之利益。所謂取贖後，則指行為人已經取得贖回被害人之金錢、財物或其他財產上之利益。所謂被害人，乃指被擄人而言。所謂釋放被害人，乃擄人勒贖行為業已既遂，因行為人任意終止勒贖之意思，而恢復被害人之行動自由，始屬相當。倘因被害人自行覓機逃回，或因追緝緊急，被迫釋放，或放被擄人出外，係使令籌款，並限期交付者，則不屬之。

(十一)罪數及與他罪之關係

1. 罪數之認定標準

本罪之保護法益，主要為個人財產之安全，而兼及個人之人身自由。

⓮ 司法院院字 1742；最高法院 22 上 1540。

因此，其犯罪之個數，應以侵害其財產法益之個數為準，而與財物之個數及所有權屬於何人或多少人無關。

我實務認為，擄人勒贖行為一經實現，犯罪即屬既遂，在被害人之自由回復以前，其犯罪行為均在繼續進行中，在犯罪行為終了前，若基於擄人勒贖之單一或概括犯意，先後向被害人或其關係人不法取得財物之多數行為，理論上自均應吸收於擄人勒贖之犯罪中，而論以擄人勒贖一罪。若行為人於擄人勒贖外，另行起意別有犯罪行為，如強取被害人身上現金，或侵入事主家中，而有刑法或懲治盜匪條例之強盜行為，其間苟無方法結果之關係，均應併合論罪❶❺。惟亦有實例認為，擄人勒贖之行為擄綁被害人二人，係侵害二個人之法益，應論以二擄人勒贖罪，二罪間為想像競合犯之關係❶❻。

2.本罪與剝奪行動自由罪

本罪之罪質，就其實際犯罪情節而言，實屬剝奪行動自由罪與強盜罪之結合犯。因此，本罪與剝奪行動自由罪間具有特別關係。成立法條競合時，應優先適用特別規定之本罪，排斥適用普通規定之普通剝奪行動自由罪。

惟我實務則採吸收關係。例如，擄人勒贖罪本質上為妨害自由與強盜之結合，在形式上則為妨害自由與恐嚇取財之結合，且擄人者，實際上大多以若不付贖款即對被擄人加害等詞恫嚇被擄人親友，使生畏怖，因而交付贖款；於此，對被擄人或其親友恐嚇之妨害自由行為，在觀念上，應被吸收於擄人勒贖行為中，不應再論以妨害自由罪❶❼。

3.本罪與恐嚇罪

本罪係以擄人為手段，將他人置於自己實力支配之下，迫使交付財物，而贖回人質之犯罪。其將他人置於自己實力支配之下，迫使其本人或第三人交付財物，已使被害人處於不能抗拒之狀態，則已該當強盜罪，實無成

---

❶❺　最高法院 81.5.19 刑議。

❶❻　最高法院 95 臺上 153 （決）。

❶❼　最高法院 89 臺上 1603 （決）。

立恐嚇罪之餘地。

　　我實務每認為擄人勒贖罪為妨害自由及恐嚇取財罪之結合犯，似有誤解。惟因實施勒贖之意圖時，通常均以恐嚇之方法為之，故擄人勒贖罪為特別規定，恐嚇罪為一般規定。成立法條競合時，應優先適用特別規定之本罪處斷，排除適用一般規定之恐嚇罪。

4. 本罪與強盜罪

　　本罪之罪質，既屬剝奪行動自由罪與強盜罪之結合犯，則本罪與強盜罪間亦具有特別關係。成立法條競合時，應優先適用特別規定之本罪，排斥適用普通規定之強盜罪。

　　惟我實務認為，擄人勒贖罪與強盜罪，就其均係以不法得財為目的而施用強暴脅迫等手段以剝奪被害人之行動自由，且於被害人遭受挾持而陷於不能抗拒中，以加害其生命或健康為要脅，逼令被害人或第三人交付財物一點觀之，二者均屬盜匪行為，其罪責並無不同。故於擄人勒贖行為繼續中，兼又強劫被擄人財物之行為，在行為人主觀上，既係基於一個擄人以取財之單一犯意為之，客觀上又屬一個接續進行之盜匪行為，自應認係一個包括的擄人勒贖行為，不另論以強盜罪名❶❽。

　　至擄人勒贖罪與強盜罪之區別，我實務認為，強盜與擄人勒贖同以意圖為自己或第三人不法所有為主觀違法要件，僅其實施手段不同。如有不法得財意思而施行強暴、脅迫，擄掠被害人脫離其原在處所，使喪失行動自由，而移置於自己實力支配下，藉以向被害人或其關係人勒索財物，即構成擄人勒贖罪，本質上為妨害自由與強盜結合，犯罪情節較單純強盜為重。換言之，即認區分強盜與擄人勒贖罪，係以是否將被害人擄走脫離其原有處所，使喪失行動自由，而移置於自己實力支配下為其區別標準。即單純施以強暴、脅迫等手段，使人交付財物，構成強盜罪；如先將被害人擄走置於行為人實力支配下，再予以脅迫，以便向被害人或其關係人勒索財物行為，一經實現，犯罪即屬既遂，不以須向被害人以外之人勒索財物為必要❶❾。

---

❶❽　最高法院 88 臺上 4320（決）。

四、擄人勒贖結合罪

第 348 條　犯前條第一項之罪而故意殺人者，處死刑或無期徒刑。
　　　　　犯前條第一項之罪而有下列行為之一者，處死刑、無期徒刑或十二年以上有期徒刑：
　　　　　一、強制性交者。
　　　　　二、使人受重傷者。

㈠保護法益

　　擄人勒贖結合罪之基本犯罪，乃擄人勒贖罪；而擄人勒贖罪之保護法益，除個人之財產安全外，兼含人身自由法益在內。因此，擄人勒贖結合罪之共同保護法益，仍為財產法益及自由法益。至其他保護法益，則視其所結合之犯罪而有差異：在「擄人勒贖殺人罪」，為個人之生命安全；在「擄人勒贖強制性交罪」，為個人之性決定自由；在「擄人勒贖重傷罪」，為個人之身體安全。

㈡行為客體

　　擄人勒贖結合罪之行為客體，均為被擄之人。如係被擄之人以外之人，不論係被擄人之親友或其他追捕之人，其實施殺人、強制性交或重傷之行為時，應分別成立殺人、強制性交或重傷罪，而與擄人勒贖罪，併合處罰，不成立本罪。

㈢實行行為

　　擄人勒贖罪之結合犯，除擄人勒贖行為外，尚須結合殺人、強制性交或重傷行為，且均分別足以獨立成罪，始能構成本罪。

---

❶　最高法院 92 臺上 2913（決）。

1.擄人勒贖殺人罪

擄人勒贖殺人罪，既係結合犯，則無論擄人勒贖或殺人行為，均須足以成立擄人勒贖罪及殺人罪者，始足當之。

殺人行為，須利用擄人勒贖之機會為之。所謂利用擄人勒贖之機會，只須擄人與殺人行為，在時間上具有銜接性，地點上具有關連性即可。至其係先擄後殺或先殺後擄，均無不可。惟如係殺人既遂時，須先擄人，而後殺人，始能成立。蓋如係先殺人既遂，則已無可擄之人存在，自無從成立本罪。如係殺人未遂時，其先殺人未遂，後擄人既遂，嗣再將被害人殺害者，自仍得構成本罪。至其勒贖，乃係行為人之目的，其於殺人之前或後實施勒贖行為，則非所問。

2.擄人勒贖強制性交罪

擄人勒贖強制性交罪，亦屬結合犯，則無論擄人勒贖或強制性交行為，均須足以成立擄人勒贖罪或強制性交罪者，始足當之。

所謂強制性交罪，包含普通及加重強制性交罪在內。強制性交行為，只須利用擄人勒贖之機會實施為已足，至其實施之先後，係先擄人勒贖而後強制性交，或先強制性交而後擄人勒贖，均在所不問。所謂擄人勒贖之機會，或於著手擄人勒贖，尚未完成時；或於擄人勒贖完成後；或於著手強制性交，尚未完成時，而行擄人勒贖；或於強制性交完成後，即行擄人勒贖；或於強制性交繼續中實行擄人勒贖，而後續姦等，均足以成立本罪。

3.擄人勒贖重傷罪

擄人勒贖重傷罪，亦屬結合犯，則無論擄人勒贖或重傷行為，均須足以成立擄人勒贖罪及重傷罪者，始足當之。

重傷行為，須利用擄人勒贖之機會為之。所謂利用擄人勒贖之機會，只須擄人與重傷行為，在時間上具有銜接性，地點上具有關連性即可。至其係先擄後重傷或先重傷後擄，均無不可。如初始重傷未遂，後擄人既遂，嗣再將被害人重傷既遂者，自仍得構成本罪。至其勒贖，乃係行為人之目的，實際上已否實施，則非所問。

㈣故意與意圖

　　本罪係結合犯，本質上為實質一罪。因此，行為人於實行第一個行為終了之前，即須有實施擄人勒贖及殺人、強制性交或重傷行為之概括犯意，始足當之。因擄人勒贖罪為繼續犯，行為人僅須於擄人後，而被擄人尚未回復行動自由前，具有殺人、強制性交或重傷之概括犯意，即得成立本罪；倘於釋放被擄人後，始另行起意實施殺人、強制性交或重傷行為，已非結合犯，所成立之兩罪，應予併合論罪。此外，擄人勒贖結合罪，行為人除須具有上述之故意外，尚須具有勒贖之意圖，始得成罪。

㈤既遂、未遂

　　本罪之著手時期，應以先實施之結合行為是否開始為判斷標準，亦即以其所實施之第一個行為為準。本法對於擄人勒贖結合罪，並未設有處罰未遂犯之規定，所結合之兩罪是否皆須既遂，始能成立結合犯？論者所見不一。

　　惟結合犯，係將二個或二個以上足以獨立成罪之行為，結合成一個獨立之犯罪，本質上為實質一罪。因此，其所結合之二個或二個以上之行為，已成為結合犯之客觀構成要件之行為。依既遂犯成立之法理，須犯罪事實充足於結合犯之所有構成要件要素，始能成立結合犯之既遂犯。因此，結合犯之既遂犯，須其所結合之二個行為全部均已既遂，始得成立；倘二者有一未至既遂之程度，僅得成立結合犯之未遂犯。惟因本罪並無處罰未遂犯之規定，自無從依結合犯之未遂犯處罰，只能依其具體情形，分別就擄人勒贖之既遂或未遂，與相結合罪之既遂或未遂，併合論罪。

㈥擄人勒贖殺人罪與擄人勒贖強制性交罪

　　意圖勒贖而擄人後，對被害人予以強制性交，並將其殺害者，應就擄人勒贖行為與最先實施之他行為，成立結合犯，其後接續實施之他行為，則應獨立論罪。因此，應成立擄人勒贖強制性交罪與殺人罪二罪，予以併合論罪。

第十三章　贓物罪

一、犯罪類型

　　本章之犯罪類型，僅有第 349 條「贓物罪」。其次元犯罪類型，計有：「收受贓物罪」、「搬運贓物罪」、「寄藏贓物罪」、「故買贓物罪」以及「媒介贓物罪」五種。

二、罪　質

　　贓物罪，係對於財產罪之本犯不法取得之物，加以收受、搬運、寄藏、故買或牙保行為所成立之犯罪。贓物罪之罪質，頗為複雜，迄今學界仍不一其說，約有事後從犯說、犯罪隱匿說、追求權妨害說、違法狀態維持說、參與利得說以及間接領得說等。其中最受學界與實務所青睞者，為追求權妨害說與違法狀態維持說。

(一)追求權妨害說

　　追求權妨害說，認為贓物罪之本質，乃在於使被害人無法追返或回復其為本犯所侵奪之財物。

　　追求權妨害說，完全植基於民法所有權作用之返還請求權。被害人之財物遭受他人侵害時，原得依法行使返還請求權請求回復其物，但因贓物犯之參與，致使被害人之回復請求權不能或難以行使。因此，贓物罪屬於財產罪，其前提須被害人於法律上尚有返還請求權。本犯所犯之罪，亦須為財產罪，亦即須為因財產犯罪所取得之物，始為贓物。

　　日本通說及實務向採此說；我司法實務，亦採此見解。例如，刑法上之贓物罪，原在防止因竊盜、詐欺、侵占各罪被奪取或侵占之物難於追及或回復，故其前提要件，必須犯前開各罪所得之物，始得稱為贓物；贓物罪，乃妨害財產犯罪之一獨立罪，被害人之財產遭他人之不法侵害，原得

依法請求回復其物，但因贓物犯之參與，致被害人之回復請求權發生困難，是以贓物罪之行為，亦應認為他人財產之侵害❶。

惟追求權妨害說，僅立論於私法上權利之侵害，不但忽視刑法上財產之獨立概念，且對於不法原因給付之物，因無返還請求權，而將其排除於贓物之外，頗不合理。倘依此說，贓物罪之保護法益，僅在保護私法上具有合法權源者之財產安全，範圍實嫌過於狹隘；且行為之違法性，完全取決於民事法上返還請求權之存否，亦有未妥。

㈡違法狀態維持說

違法狀態維持說，認為贓物罪之本質，乃在於使本犯所成立之違法財產狀態，得以維持或存續。易言之，本犯侵害他人財產所造成之財產違法狀態，因贓物犯之參與，而得以維持或存續。

此說著重於本犯侵害他人財產所造成之財產違法狀態，至侵害他人財產之範圍，不以財產罪為限，即因其他犯罪而有侵害他人財產之情形，亦均包括在內。因此，贓物之概念，較為廣泛，不限於因財產犯罪所取得之物，縱因受賄、偽造貨幣或有價證券、賭博等所取得之財物，甚至被害人已喪失返還請求權之物，亦均屬之。德國學界之通說，向採此說。

違法狀態維持說，自刑法獨自之觀點探討贓物罪之本質，不以民事法上返還請求權之私法上關係左右犯罪之成否，固較為可取，惟因贓物罪於德國刑法之立法體例上，係與犯罪之庇護同為規定，含有犯罪隱匿之性質，與我國及日本在刑法典中之體系地位迥異。如依此說之見解，贓物罪已非財產罪，其保護法益乃為國家刑事司法權之健全作用，實與我國將贓物罪規定為財產罪之體系不合。

㈢本書見解──回復持有妨害說

上述追求權妨害說與違法狀態維持說，雖係德、日及我國之實務或學界多數所採之見解，惟因其主張，難以與贓物罪之特性相符；且倘採其見

---

❶　最高法院 41 臺非 36；最高法院 63.12.17 刑議。

解，則贓物罪之保護法益，或為私法上之合法本權，或為國家刑事司法之作用，均難以說明贓物罪特質之所在。

　　就我現行刑法之規定觀之，贓物罪屬於財產罪之一種犯罪型態，本犯犯人因竊盜、搶奪、強盜或侵占等行為，已侵害被害人對其財物之持有利益，而贓物犯人復因收受、搬運、寄藏、故買或牙保等行為，對於本犯被害人之持有法益，予以再度侵害，使本犯被害人對於其所持有財物之回復可能性，益增困難，或陷於不能之狀態。因此，贓物罪之可罰性，乃在於妨害本犯被害人回復其持有財物之可能性。此種看法，姑名之為「回復持有妨害說」，此與前述追求權妨害說之見解不同。蓋依追求權妨害說，贓物罪之成立與否，繫於被害人有否返還請求權存在，且贓物須被害人於法律上尚有返還請求權者，始足當之。惟依回復持有妨害說，則不問被害人於法律上是否尚有返還請求權，亦不論其是否為合法或非法持有，只須其持有為本犯所侵害，而贓物犯人為收受、搬運、寄藏、故買或牙保等行為，因而增大被害人回復其持有財物之困難性或不能性者，即得以贓物罪繩之。

三、保護法益

　　贓物罪之保護法益，亦與其他財產罪同，為個人對於財物之持有利益，亦即本犯所侵害之個人對財物之持有利益。

四、贓物罪

第 349 條　收受、搬運、寄藏、故買贓物或媒介者，處五年以下有期徒刑、
　　　　　　拘役或科或併科五十萬元以下罰金。
　　　　　　因贓物變得之財物，以贓物論。

㈠行為主體

1.財產罪本犯以外之人

　　本罪之行為主體，為財產罪本犯以外之人。因財產罪之本犯，係藉竊

盜、強盜、詐欺、背信或恐嚇等行為，而不法取得他人之財物。其將持有中之財物，加以收受、搬運或寄藏，均屬此等財產罪之當然結果；縱實施故買或媒介之行為，亦屬侵害同一財產法益，並無另行論罪之必要。因此，本罪之行為主體，應以財產罪本犯以外之人，始得構成❷。

2. 本犯之正犯與共犯

財產罪之本犯，除單獨正犯外，亦包含共同正犯在內，且不以實行共同正犯為限，即共謀共同正犯，亦兼括及之。至本犯之教唆犯或幫助犯，其僅教唆或幫助本犯實施財產罪，財物仍在本犯持有中，其於教唆或幫助後，進而為收受、搬運、寄藏、故買或媒介之行為，仍可能增大本犯被害人對於其所持有財物回復可能之困難性，自應另行成立贓物罪。例如，教唆竊盜後，進而媒介所竊之贓物者，應成立教唆竊盜罪及媒介贓物罪是。

惟我實務則認為，竊盜罪之成立，原以不法取得他人之財物為其要件，教唆行竊而收受所竊之贓物，其受贓行為當然包括於教唆竊盜行為之中，不另成立收受贓物罪名。又如，刑法上贓物罪之成立，以關於他人犯罪所得之財物為限，若係因自己犯罪所得之物，不論其為正犯或教唆犯、幫助犯，則其於犯罪後，復收受該犯罪所得之贓物，其受贓行為當然包括於原犯罪行為之中，自無再成立收受贓物罪之餘地❸。此等見解，似有商榷餘地。

㈡行為客體

本罪之行為客體，為贓物。所謂贓物，乃財產罪之本犯因不法行為所取得之財物。例如，因竊盜所取得之財物、因詐欺所騙取之財物等是。關於贓物之內涵，主追求權妨害說者，認為贓物，乃指因犯財產罪所不法取得，被害人在法律上有返還請求權之財物。其主違法狀態維持說者，則認為贓物，乃係以侵害財產為內容之犯罪所取得之財物，不以財產罪為限，即因違反漁業法所取得之財物，亦不失為贓物。惟依回復持有妨害說，則

---

❷ 我實務亦認為：「贓物罪之成立，以關於他人犯罪所得之物為限。若係自己犯罪所得之物，即不另成贓物罪。」（最高法院 24 上 4416）

❸ 最高法院 28 上 2708；82 臺上 6900（決）。

只須為財產罪之本犯因不法行為所取得之財物，即為贓物，被害人在法律上有否返還請求權，並非所問。茲就贓物之內涵，略為申論如次：

1.贓物與財產罪

(1)財產罪之不法所得

贓物罪，乃為財產罪之一種犯罪類型，故贓物之概念，以因財產罪不法所取得之財物為限。所謂財產罪，乃指竊盜、搶奪、強盜、侵占、詐欺、恐嚇、背信或擄人勒贖等罪而言。犯財產罪之所得，除動產外，不動產亦得為竊佔罪、詐欺罪或侵占罪之客體，自得認其為贓物。至因犯財產罪以外之其他犯罪所得財物，例如，因受賄、偽造貨幣或有價證券、賭博、賣淫或走私等所得之財物，則非贓物。他如，違反漁業法之漁獲物、違反野生動物保育法之獵獲物，亦非贓物。

(2)身體與葬祭物

侵害他人身體自由之犯罪，因非屬財產罪，且身體亦非財物，故被害人之身體縱在犯人支配力之下，不得謂為贓物。至發掘墳墓罪所取得之屍體、遺骨、遺髮或殮物等，我實務認其因非犯財產罪之所得，並非贓物❹。惟屍體、遺骨、遺髮或殮物等，如已非祭祀之對象，且係他人所持有者，因仍得成為財產罪之客體，亦有成為贓物之可能。

2.贓物與返還請求權

(1)返還請求權與贓物之認定無關

通說及實例，均認為贓物除為犯財產罪之所得外，尚須被害人於法律上有返還請求權者，始足當之。惟返還請求權，乃基於民法所有權或占有等物權所產生之權利，如以返還請求權之有無，藉以決定贓物之概念，則贓物罪之成否，即全繫於返還請求權之存在與否，實與刑法以侵害法益作為犯罪之本質，有所不符。

(2)不法原因給付之物

因不法原因給付之物，在民法上並無返還請求權（民 180 ④）。侵占或詐欺不法原因給付之物者，仍得成立侵占罪或詐欺罪等財產罪，如因其無

---

❹　最高法院 16 上 460。

返還請求權，即否認其贓物性，實有欠當。因此，贓物之概念，不問被害人有否返還請求權，均無礙於其贓物性之認定。

(3)盜贓或遺失物

盜贓或遺失物，其被害人或遺失人，自被盜或遺失之時起，二年以內，雖得向占有人請求回復其物（民 949）；或占有人係由拍賣或公共市場，或由販賣與其同種之物之商人，以善意買得者，因該物之贓物性仍未喪失，自得為本罪之客體。至其是否成立贓物罪，則應視其有否具備贓物罪之故意而定，與贓物性之認定無關。

3. 贓物與準贓物

(1)原物與代替物

贓物，須為犯財產罪所直接取得之物，故須為原物。倘非原物，而係因贓物變得之財物，本非贓物，惟我刑法於第 349 條第 3 項規定：「因贓物變得之財物，以贓物論」，承認因贓物變得之財物，亦即贓物之代替物，仍具有贓物性。贓物之代替物，乃係原贓物所變得之財物，原非贓物，我刑法規定其以贓物論，故得稱之為「準贓物」。

(2)直接變得之財物

因贓物變得之財物，其範圍甚廣，例如，竊盜犯竊得汽車後，將其出售換取現金，再以現金購買金飾，後以金飾互易家電，再以家電變換電腦，嗣又以電腦換購手機等等，均係原贓物所變得之財物，倘皆將其認為準贓物，則社會交易秩序與法律秩序勢必陷入癱瘓。因此，所謂因贓物變得之財物，應作限縮解釋，須為該贓物直接變得之財物，始能認其為準贓物。茲略為說明如次：

①贓物原形變更之物

贓物之原形，在物理形狀上，雖發生變更，惟其係由該贓物直接變得之財物，得認為準贓物。例如，金戒指熔化為金塊，銀幣銷毀為銀塊等是。

②贓物互易所得之物

贓物互易所得之物，亦即以贓物互易他物者，其贓物之原形與本質，雖均已發生變更，但仍係該贓物直接變得之財物，視為準贓物。例如，以

騙得之電腦換取之手機，騙取之支票兌換之現金，竊取千元券兌換之百元券等是。

③贓物變價所得之物

贓物變價所得之物，如係由贓物直接變價所得者，亦為準贓物。例如，盜取之手機變賣之現金、詐得之現金購買之汽車等是。惟如係由贓物變價間接所得之物，為避免準贓物之概念過度擴張，則不得以贓物論。例如，竊取手錶變賣現金後，再以該現金購買音響，該音響即不得以贓物論。

④贓物附合、混合或加工之物

贓物，因附合、混合或加工所得之物，如係該贓物直接變得之財物，得認為準贓物。例如，以竊取之森林主附產物為原料製成木炭、松節油、其他物品培植菇類者，均得以贓物論（森林法 52 III）。

動產贓物，因附合而為不動產之重要成分者，依民法規定，係由不動產之所有人取得動產所有權（民 811）。該動產贓物，已無回復持有之可能，不能視為準贓物。惟動產贓物與他人之動產附合，非毀損不能分離，或分離需費過鉅，且無法區別其為主物或從物者，依民法規定，各動產之所有人，按其動產附合時之價值，共有合成物（民 812）。因其經附合而成之合成物，仍具有回復持有之可能，得視為準贓物。動產贓物與他人之動產混合時，亦同（民 813）。

至加工於他人之動產者，因其加工物之所有權，屬於材料之所有人，仍係該贓物直接變得之財物，且具有回復持有之可能，得肯定其贓物性。惟如因加工所增之價值顯逾材料之價值者，其加工物之所有權，則屬於加工人（民 814）。此際，原財產犯之被害人已無回復其持有之可能，故該加工物已不具贓物性，自不得為贓物罪之行為客體。

4.贓物與本犯之犯罪

(1)本犯行為須為刑事違法行為

財產罪本犯之犯罪，是否須已成立犯罪，其所取得之財物，始為贓物？有認為本犯之犯罪，僅具有構成要件該當性為已足者；有認為須具有構成要件該當性及違法性者；亦有認為須同時具有有責性者等等，不一其說。

惟財產罪本犯之犯罪，如僅具有構成要件該當性，而未具備違法性時，例如，因自救行為而自竊盜犯人取回之財物，既得阻卻違法，已屬合法取得之財物，自難認為係因犯財產罪不法所取得之財物。至於本犯之行為是否有責，對於財物須不法取得之性質，並無影響。因此，本犯之行為，只須係該當於財產罪構成要件之違法行為為已足，至其是否有責，則非所問。例如，未滿十四歲之人所竊取之財物，仍不失為贓物。再者，本犯是否具有個人刑罰阻卻事由或具備客觀處罰條件，亦在所不論。例如，親屬相盜，雖得免除其刑，其所竊得之財物，仍屬於贓物。此外，本犯之追訴權時效是否完成，是否起訴或處罰，對於贓物性之認定，亦不生任何影響。

⑵本犯非刑法或裁判權之所及

財產罪本犯為外國人，在外國境內犯竊盜等罪，非本國刑法效力所及時，其所取得之財物，得否認為贓物？不無疑義。惟外國人在外國境內犯財產罪，既不在本國刑法適用之範圍（刑5），就本國刑法而言，其行為並非不法行為，其所取得之財物，亦非不法取得，自無法承認其具有贓物性。

惟我國實例，則認其仍具有贓物性。例如，外國人在外國竊物，運至中國境內，由中國人故意買得該物，中國法院對於外國人雖不能論罪，而故買者，仍應論以故買贓物罪❺。

至具有免責特權之外國人，在本國境內犯財產罪，雖非本國裁判權效力所及，惟因其仍有本國刑法之適用，僅本國法院無裁判權而已。因此，其行為仍得認係該當於構成要件之違法行為，其所取得之財物，亦為不法取得，自得認其具有贓物性。

⑶本犯行為須已取得財物

贓物罪之成立，以有贓物存在為前提。故本犯之財產犯罪，須已取得財物，始有贓物之存在。本犯之取得財物，通常固須犯罪已達於既遂，惟犯罪雖僅止於未遂，如已取得財物時，該財物亦為贓物。例如，本犯雖施用詐術或以恐嚇手段，並因而取得財物，惟被害人並非因其施用詐術而陷於錯誤或因恐嚇而心生畏怖，而係出於憐憫之情予以施捨者，僅能成立詐

❺　大理院統字 1959。

欺罪或恐嚇罪之未遂犯，惟其所取得之財物，仍為贓物。

　　財產罪之結合犯，例如，強盜殺人、強盜放火或擄人勒贖強制性交等，其所犯之財產罪已達於既遂時，縱所結合之殺人等罪尚未既遂，其所取得之財物，亦為贓物。侵占罪之侵占行為，如係易持有為所有之行為時，則行為人只須將其意思表現於外，犯罪已為既遂，其所侵占之財物，即為贓物。侵占行為，如係處分行為時，其處分行為完成時，其客體亦同時成為贓物。因此，侵占罪之本犯將其持有之他人財物轉售於人，於其轉售行為完成時，該財物即成為贓物，其知情之買受人應成立故買贓物罪，而非侵占罪之共犯。

㈢實行行為

　　本罪之實行行為，為收受、搬運、寄藏、故買及媒介贓物。茲分別闡述如次：

1.收受贓物

　　所謂收受贓物，係指一切自他人手中取得或持有贓物之行為。例如，受贈、借貸或借用等是。倘贓物本已在自己持有中，即無收受之問題。

⑴有償或無償

　　學界通說，每認收受與故買之區別，端在無償或有償。亦即無償取得為收受，有償取得為故買。惟如作此解釋，將使部分取得或持有贓物之可罰行為，無法依贓物罪論處，而發生適用上之缺憾。例如，明知他人所持有之物為竊得之贓物，而為有償借用。此有償借用之行為，既非故買，亦非搬運、寄藏或媒介之行為，自屬收受贓物之行為。

　　我實務初始認為，收受贓物罪所稱之「收受」，係指無償取得贓物之行為。嗣亦認為，收受贓物罪為贓物罪之概括規定，凡與贓物罪有關，不合於搬運、寄藏、故買、媒介贓物，而其物因他人財產犯罪已成立贓物之後，有所收受而取得持有者，均屬之，旨在處罰追贓之困難，並不以無償移轉所有權為必要❻。

---

❻　最高法院 72 臺非 63（決）；82 臺非 188（決）。

⑵實害犯

收受贓物罪，在本質上為實害犯，其收受行為，如僅為收受之約定，猶有未足，尚須有現實之移轉持有，始足當之。在一般情形，收受行為，通常係對於本犯所得不法利益為被動或消極之參與，故其法定刑，亦較其他贓物罪之法定刑為輕。雖然，由於現代社會日趨複雜，收受行為除具有被動、消極之參與形態外，其積極參與本犯之行為，例如，教唆或幫助竊盜後，進而收受之間接領得形態，亦已屢見非鮮。因此，收受贓物行為是否有必要獨立規定，且其法定刑是否宜較其他贓物罪為輕，實有重新檢討之必要。

2.搬運贓物

所謂搬運贓物，乃搬移運送他人所持贓物之行為，亦即知為他人所持有之贓物，而移轉其場所之行為。至其為有償或無償，搬運距離遠近，並非所問。

⑴具有事後幫助犯之色彩

本犯搬運自己持有犯罪所得之財物者，不成立搬運贓物罪。其幫助本犯犯財產罪者，僅成立該財產罪之幫助犯，在本犯犯罪行為完成前，縱有搬運行為，亦不另成立幫助搬運贓物罪。惟於本犯完成犯罪後，始與本犯共同搬運贓物者，該本犯不成立贓物罪，其共同搬運者，雖具有事後幫助犯之色彩，因本法不承認有事後幫助之概念，故其共同搬運者，得成立搬運贓物罪。至收受、故買贓物，而持有贓物後，加以搬移運送者，亦不成立搬運贓物罪。

⑵實害犯

行為人著手搬運，已將贓物移轉場所時，即為既遂，有否搬運至預定地點，對於搬運贓物罪之成立，並無影響。搬運贓物罪，本質上亦為實害犯，其搬運行為，如僅為搬運之約定，猶有未足，尚須有現實之搬運贓物行為，始足當之。又搬運贓物行為，不以自行搬運為必要，其利用第三人搬運者，亦得成立本罪之間接正犯。例如，利用宅急便託運之情形是。

3.寄藏贓物

所謂寄藏贓物，係指受寄隱藏他人所持贓物之行為。其委託者為本犯或第三人，均無不可。

(1)具有事後幫助犯之色彩

本犯藏匿自己持有犯罪所得之財物；或收受、故買贓物，而持有贓物後，加以藏匿者，並不成立寄藏贓物罪。寄藏贓物，亦具有事後幫助犯之色彩，因本法不承認有事後幫助之概念，故不成立本犯之幫助犯。至其為有償或無償，亦非所問。

我實務認為，寄藏竊盜贓物，雖足以便利行竊，但刑法既不認事後幫助，又將寄藏行為訂為獨立罪名，自不能於寄藏贓物罪外，並論幫助竊盜之罪❼。又代他人將贓物持交第三人寄藏者，應成立搬運贓物罪，而非寄藏贓物罪。

(2)實害犯

寄藏贓物罪，本質上亦為實害犯，其寄藏行為，如僅為寄藏之約定，猶有未足，尚須有現實之寄藏贓物行為，始足當之。至寄藏贓物罪，究為繼續犯抑為狀態犯，亦有不同見解。惟寄藏贓物罪，於寄藏行為完畢時，其犯罪即已完成，其後之占有該贓物，乃犯罪之狀態繼續，而非行為繼續，故應認其為狀態犯，較為適當。

4.故買贓物

所謂故買贓物，係指故意買受他人所持贓物之行為，亦即知為贓物，而故意有償予以買受之行為。例如，買賣、互易、代物清償、返還債務或附利息之消費借貸等是。

(1)具有顯著利欲犯之色彩

故買贓物行為，係直接自本犯買得，抑或自其他故買者轉賣而買得，並非所問。在轉賣之情形，縱賣主不知其為贓物，只須行為人知其為贓物，亦屬無妨。惟於故買贓物後，始生返還之意思；或於故買後，始獲被害人之承諾者，則不影響故買贓物罪之成立。本罪具有顯著利欲犯之色彩，故

---

❼　最高法院 29 上 1674。

雖知其為贓物而故買，如係以返還被害人之目的而取得者，則不成立故買贓物罪。

⑵實害犯

故買贓物，亦為實害犯，僅有償契約成立或支付贓物對價，尚有未足，須現實有贓物之授受為必要。只須有贓物之授受，縱未支付代價或金額延後決定，並無礙於故買贓物罪之成立。

5.媒介贓物

所謂媒介贓物，係指代他人處分贓物之法律行為。本罪原使用牙保一詞，惟牙保之意義，雖類似於現在之所謂媒介、仲介行為，但一般極少使用，為符合罪刑明確性之要求，爰修改為媒介。其為媒介者，不限於仲介或媒介業者，無論何人，祇須為他人處分贓物之一切必要行為，即得成立媒介贓物罪。

⑴以贓物存在為前提

媒介贓物，不以居中介紹為贓物之法律上處分行為為限，其形式上縱以自己之名義為之，惟實質上係為他人處分贓物者，均足當之。媒介贓物之行為，亦不以代為處理買賣贓物為限，即代為處理他人搬運、寄藏、互易或設質等，亦包括在內。至媒介行為，係有償或無償，直接或間接，均在所不論。

又媒介贓物，須贓物已經存在，如尚未有贓物，僅係對本犯之犯財產罪預先約定代為媒介者，尚難成立本罪。例如，與竊嫌約定，事後代為銷贓之情形是。

⑵危險犯

至媒介贓物罪，是否只須有媒介之行為為已足？抑或須其所媒介之契約成立為必要？不無疑義。媒介贓物，乃代人處分贓物之法律行為，無論行為人係以自己名義媒介，或以代理人名義媒介，須其所媒介之契約成立為必要，性質上為危險犯。至事後契約有否履行，贓物是否現實移轉，他人是否履行搬運、寄藏，價金是否支付等等，均不影響本罪之成立。

㈣故　意

1.贓物性之認識

　　本罪為故意犯，行為人須具有贓物性之認識，而決意為收受、搬運、寄藏、故買或媒介行為，始能成罪。所謂贓物性之認識，乃行為人須認識該財物係他人犯財產罪所取得之物。只須為財產罪，至其為何種財產罪，則非所問。至此項認識，不以確定認識為必要，縱僅具或許為贓物之未必認識，亦足當之。再者，本犯所犯為何種財產罪，既無認識之必要，則本犯為誰，以何犯行取得，犯行之時地以及被害人為何人，均更無認識之必要。

2.故意成立之始點

　　行為人只須於收受、搬運、寄藏、故買或媒介時，具有贓物性之認識為已足。至在實行收受等行為之前，尚不知其為贓物，而在實行之際，知其為贓物後，仍續為實行者，以其知為贓物時為故意成立之始點，成立收受、搬運、寄藏、故買或媒介贓物罪。倘當初不知其為贓物，實行收受等行為後，始知為贓物者，因於收受等行為當時，尚無贓物性之認識，自不成立收受、搬運、寄藏、故買或媒介贓物罪。

㈤既遂、未遂

　　本罪之未遂犯，並無處罰之明文。因此，在收受、故買贓物罪，行為人於著手收受、故買行為後，須已持有贓物；在搬運贓物罪，行為人於著手搬運行為後，須已運離現場；在寄藏贓物罪，行為人於著手寄藏行為後，須已使贓物隱匿；在媒介贓物罪，行為人於著手媒介行為後，須已完成處分贓物之法律契約者，始得成立既遂犯。

㈥個人免除刑罰事由

1.一身之處罰阻卻事由

　　於直系血親、配偶或同財共居親屬之間，犯本罪者，得免除其刑（刑351）。親屬間之收受、搬運、寄藏、故買或媒介贓物行為，仍屬該當於收

受、搬運、寄藏、故買或媒介贓物罪構成要件之違法與有責行為，自應成立收受、搬運、寄藏、故買或媒介贓物罪，僅因其具有一定之身分關係，得予阻卻處罰，故為一身之處罰阻卻事由，其效力不及於其他非親屬之共犯。

2.行為人與本犯之間

親屬間之身分關係，有認為須存在於本罪行為人與本犯之間者；亦有認為須存在於本罪行為人與本犯之被害人，即財物持有人之間者。惟贓物罪行為人與本犯之被害人間，並未具有一定親屬間消費共同體之財產秩序關係，實與竊盜罪中親屬相盜之情形，大異其趣；且本罪行為人與本犯之間具有一定親屬關係時，不僅較易有利用、處分贓物之情形；即對於本犯之犯罪，亦更易於介入、庇護或發揮助長之作用。因此，本罪行為人與本犯之間，須具有一定親屬之身分關係，始得阻卻處罰。故本法對於親屬間犯贓物罪，獨立設免刑之規定，並未準用竊盜罪親屬相盜之規定。

(七)罪數及與他罪之關係

1.罪數之認定標準

本罪之保護法益，為本犯被害人之個人對財物之持有利益，其罪數之判斷標準，與普通竊盜罪同，應以侵害持有法益之個數為準，而與動產或不動產等財物之個數及所有權屬於何人或多少人無關。因此，對於單一贓物，加以收受、搬運、寄藏、故買或媒介者，固僅成立贓物罪之單純一罪；複數之贓物，不論係同一被害人所有，或係數人所共有，抑或分屬數人所有，倘係在一個管理或監督狀態之下者，因僅有一個持有法益存在，仍僅成立贓物罪之單純一罪。惟複數之贓物，如係數個被害人所各別持有者，其加以收受、搬運、寄藏、故買或媒介時，因係侵害數個財物持有法益，則應成立數罪。

2.本罪與湮滅證據罪

本罪之保護法益，為個人對於財物之持有利益；湮滅證據罪之保護法益，則為國家刑事司法之作用，二罪間不具保護法益之同一性，自應分別

論罪。例如，將本犯所得之贓物加以隱匿，以湮滅其犯罪證據者，應分別成立寄藏贓物罪與湮滅證據罪，而依想像競合犯處斷。

3. 本罪與賄賂罪

賄賂罪之保護法益，為國民對於公務員廉潔及公正執行職務之信賴，與本罪亦不具保護法益之同一性，自應分別論罪。例如，明知他人所行賄之物為贓物，而仍收受者，應分別成立收受贓物罪與收賄罪，而依想像競合犯處斷。

4. 本罪與其他財產罪

本罪與其他財產罪，例如，竊盜、搶奪、強盜、侵占、詐欺、恐嚇、背信或擄人勒贖等，均在保護個人對財物之持有利益，具有侵害法益之同一性。成立法條競合時，因本罪與其他財產罪間並不具特別關係，亦不具補充關係與吸收關係，僅處於擇一關係，應擇法定刑較重者優先適用；倘法定刑相同時，應就犯罪認識上最先成立之罪，優先適用。例如，教唆行竊後，復代為銷贓者，應分別成立教唆竊盜罪與媒介贓物罪，依法條競合之擇一關係，優先適用法定刑較重之媒介贓物罪，排斥適用法定刑較輕之教唆竊盜罪是。

第十四章　毀棄損壞罪

一、犯罪類型

　　本章之犯罪類型，計有：第 352 條「毀損文書罪」；第 353 條「毀損建築物礦坑船艦罪」；第 354 條「毀損器物罪」；第 355 條「詐術損財罪」以及第 356 條「損害債權罪」。

二、罪　質

㈠攻擊犯

　　毀棄損壞罪，簡稱毀損罪，乃無不法所有之意思，而以單純破壞財物本身或效用為內容之犯罪。毀損罪與其他財產罪最大不同之處，在於毀損罪並無不法所有之意思，其目的不在於取得財物或財產上之利益；且毀損行為純在破壞財物本身之效用與價值，性質上屬於攻擊犯或侵害犯。一般財產罪，則具有不法取得財物或財產上利益之意思，且其行為仍在維持財物之原有價值，而非在破壞財物本身之效用與價值，性質上屬於利得犯或利慾犯。

㈡補充規定

　　刑法上以毀損作為構成要件行為之犯罪，為數不少。例如，損壞外國國旗國章罪（刑 118）、毀損公務上掌管文書物品罪（刑 138）、損壞拘禁處所械具罪（刑 161、162）、破壞交通工具或設備罪（刑 183、184）或損壞公眾往來安全設備罪（刑 185）等是。此等犯罪之毀損行為，其涵義與本章毀損罪之毀損行為，固無重大差異；但其他各章所規定之毀損行為，均有其特定之規範目的存在，實與本章之毀損行為純在保護個人財產法益之情形不同。例如，破壞交通工具罪（刑 183），其規範目的在保護公共安全，

故其破壞行為，須使交通工具之機能或效用全部或一部喪失。如僅以石塊擊破側面車窗玻璃或以刀片割毀車上座椅者，仍僅能依毀損罪論科。因此，本章所規定之毀損罪，就本章以外各章而言，實扮演補充規定之角色❶。

三、保護法益

　　毀損罪，乃破壞他人所持財物本身或效用之犯罪。為毀棄、損壞或致令不堪用之行為，或係侵害他人對財物完整持有之價值；或係侵害他人對財物之利用價值。易言之，毀損行為，乃侵害物之持有人、所有人或其他對該物具有本權者，對財物之持有與利用之利益。因此，毀損罪之保護法益，乃為個人之財產利益，亦即個人對財物完整持有與利用之利益。

四、毀損文書罪

> 第 352 條　毀棄、損壞他人文書或致令不堪用，足以生損害於公眾或他人者，處三年以下有期徒刑，拘役或一萬元以下罰金。

㈠行為主體

　　本罪之行為主體，固無限制，惟在解釋上，須對於文書無事實處分權之人，始足當之。至他人對於文書有無事實處分權，則非所問。因此，他人對於文書有事實處分權者，固勿待論；縱使他人對於文書不具有事實處分權，如行為人亦無事實處分權者，仍得成立本罪。

　　行為人對於文書是否有事實處分權，雖以有無所有權為前提，惟並非僅以行為人係所有權人，即當然享有事實處分權。倘自己所有之文書，已

---

❶　最高法院 77 臺上 2685（決）：「被告持小石塊擲擊火車車箱，僅破壞車窗玻璃，就客觀上觀察，不足使火車往返有衝撞、傾覆、脫軌等災難之虞，亦不足發生具體危險，不能以刑法第 183 條傾覆或破壞現有人所在之交通工具罪相繩，更不生同法第 184 條使火車發生往來危險罪之既遂與未遂問題，被告並無使不特定之交通工具發生往來危險之故意，僅成立刑法第 354 條之毀損罪。」

設有質權，或因租賃、借貸而交予他人；或自己與他人共有者，因自己並不具完整或全部之事實處分權，解釋上，仍屬於他人之文書。

(二)行為客體

本罪之行為客體，為他人文書。茲分述如下：

1. 他人之意涵

所謂他人，係指行為人以外之人，包含法人或非法人之團體在內。解釋上，只要行為人對於文書不具事實處分權者，均屬於他人之文書。至該文書為何人所有或持有，均非所問。其為他人所持有，而自己不具事實處分權者，固屬之；縱為自己所持有，而自己不具事實處分權者，亦屬之。惟倘係他人所持有，而自己具有事實處分權之文書，則不屬之。例如，將自己所有而交予他人保管之文書是。

2. 文書之範圍

文書，除以文字、發音或象形符號，表示一定意思或觀念之有體物外，在紙上或物品上之文字、符號、圖畫、照像，依習慣或特約，足以為表示其用意之證明；或錄音、錄影或電磁紀錄，藉機器或電腦之處理所顯示之聲音、影像或符號，足以為表示其用意之證明者，均得為本罪之行為客體。

文書，不問其係以他人或自己名義作成，亦不問其為公文書或私文書，係屬得證明權利義務關係之文書抑或僅證明事實之文書，均屬之。文書係以他人名義作成者，如行為人具有事實處分權，不成立本罪。反之，縱係以自己名義作成者，如自己不具事實處分權，仍得為本罪之行為客體。此外，文書須為已制作完成之真正文書。如對於尚未制作完成之文書，或對於不真正文書，實施本罪之行為，因不足以生損害於公眾或他人，尚無從成立本罪。

(三)實行行為

本罪實行行為之態樣有三，即毀棄、損壞與致令不堪用。

1.毀　棄

所謂毀棄,係指將文書加以銷毀或廢棄之行為。例如,將文書焚為灰燼,或將文書丟棄廢物堆等是。

2.損　壞

所謂損壞,係指毀損破壞文書本身之行為。至其效用有否喪失或減低,並非所問。因此,將文書撕成兩半,經拼湊後,仍得了解文書之內容者,仍為損壞。

3.致令不堪用

所謂致令不堪用,係指以毀棄、損壞以外之方法,使文書喪失其原有效用之行為。致令不堪用之行為,並未對於文書之物質為有形之破壞,而係對於文書之實質效用加以侵害,使其處於不堪使用之狀態。例如,將他人選票予以污穢,使成為廢票;或將他人文書用墨水加以塗黑或用立可白予以抹除等情形是。

4.本罪行為之辯正

(1)損壞與毀棄無需分開規定

損壞與毀棄行為,均係對於文書之物質性予以侵害之行為。二者之性質相同,只是在程度上有差異而已。毀棄行為,係銷毀、廢棄文書之本體,使其消滅或喪失存在;而損壞行為,係破壞文書之形體,尚未達到消滅或喪失存在之程度。因此,撕破文書一角,或將文書撕成兩半,雖使其形體遭受破壞,但尚非使文書滅失,仍屬損壞行為。其實,損壞與毀棄行為,其法定刑完全相同,強行將其分為二個行為,並無多大意義,以「毀損」一語,即足以涵括此二個行為在內。

惟我實務則認為,所謂損壞文書,係指文書之全部或一部因其損壞致喪失效用者而言。因而,撕破公務員保管中之公文書,經比對文字,依然可觀,尚未喪失其效用,即非損壞❷。此種見解,實有商榷之餘地。

(2)毀棄、損壞與致令不堪用為平行用語

本罪之法文上,係規定「毀棄、損壞或致令不堪用」,而非「毀棄、損

---

❷　最高法院 27 上 2353;47 臺上 1280;47 臺非 14 (決)。

壞或其他致令不堪用」。如規定為「其他」致令不堪用，在解釋上即為毀棄及損壞行為之概括規定，不僅毀棄及損壞行為須具有效用喪失或減低之意涵在內，且除毀棄及損壞行為外，其他凡足以使文書之效用喪失或減低之行為，均涵蓋在內。惟本罪法文上並無「其他」之用語，因而致令不堪用之行為，並非毀棄及損壞行為之概括規定，而係與毀棄及損壞平行之行為，其涵義即有差別。

(3)**物質性與功能性應分開觀察**

財物本身與財物效用，並非同一之概念：前者，為財物之物質性格；後者，則為財物之功能性格。汽車，其物質性，乃眾多零件之組合體；其功能性，乃提供運輸之用途。食器，其物質性，乃金屬或陶瓷等之結構體；其功能性，乃提供飲食之使用。財物之物質性與功能性，雖屬不同，惟二者均屬財物概念內涵之必要要素。

因此，毀棄及損壞，係指毀損破壞文書物質本身之行為，著重於文書之物質性格，而與其效用是否喪失或減低無關；致令不堪用，則著重於文書之功能性格，專指使文書喪失其原有效用之行為。毀損行為，倘已該當毀棄或損壞之要件，縱致令財物之效用喪失，應逕論以毀棄或損壞即為已足，無庸復論以致令不堪用。

(4)**通說及實例之誤解**

歷年來通說及實例均將文書之物質性與功能性，混為一談，認為所謂損壞文書，係指文書之全部或一部因其損壞致喪失效用者而言。因而，撕破公務員保管中之公文書，經比對文字，依然可觀，尚未喪失其效用，即非損壞。此種見解，實大有可議。將公務員保管中之公文書，或他人持有中之文書，加以撕裂成兩半，甚或撕成粉碎，而後加以拼湊比對，其內容之文字依然可觀，或尚能知悉其內容，因文書之效用仍在，即不認其為損壞行為。此種結論，實難以令人理解與接受。其癥結乃在於未將文書之物質性與功能性分開觀察，且忽略法條上致令不堪用係與毀棄及損壞為平行用語所致。

㈣行為結果

1. 具體危險犯

本罪之毀棄、損壞或致令不堪用之行為，須足以生損害於公眾或他人，始能成罪。性質上為具體危險犯。行為人縱有毀棄等行為，倘對於公眾或他人無發生損害之虞者，即不得以本罪律之。所謂足生損害，係指公眾或他人有可受法律保護之利益，因其毀棄、損壞、致令不堪用之行為，致有受損害之虞而言，並不以實際已生損害為必要。

2. 「足以生損害於公眾或他人」宜刪除

嚴格言之，毀損文書罪之毀棄、損壞或致令不堪用之行為，既均已使行為客體喪失或減低其全部或一部之效用或價值，實際上業已發生損害，性質上應屬於實害犯。因此，將「足以生損害於公眾或他人」規定為本罪之具體危險，不僅與毀棄、損害或致令不堪用行為之涵義，互相矛盾，且與本罪為個人對財物完整持有與利用利益之罪質，亦有扞格，允宜刪除為妥。

㈤故　意

本罪為故意犯，行為人須認識其所毀棄、損壞或致令不堪用之客體，為他人文書，始能成罪；如將他人文書，誤認為自己之文書，或雖認識為他人文書，而誤認自己有處分權者，自得阻卻故意，不成立本罪。

㈥既　遂

毀損文書罪之未遂犯，本法並無處罰之明文。因此，行為人於著手毀棄、損壞或致令不堪用之行為後，須文書因而滅失、物質破壞或其效用喪失之結果，且其行為與結果間須具有因果關係者，始得成立既遂犯。

㈦罪數及與他罪之關係

1. 罪數之認定標準

本罪之保護法益，為個人對財物完整持有與利用之利益。因此，其犯

罪個數之判斷，應以侵害其持有法益之個數為準，而與文書等客體之個數無關。因此，侵害數個持有法益時，固應成立數罪；侵害一個持有法益時，倘其所實施之毀損行為，亦為一個時，不論其係一人單獨持有，或係數人共同持有，或另有其他具有本權之人，仍僅成立一罪。

至對同一持有法益實施數次毀損行為時，倘行為人主觀上，係基於一個犯罪決意；客觀上，其所實施之數次毀損行為，乃係利用同一機會所為時，因僅為一次性之侵害，仍應評價為一罪。

2.本罪與侵害公務上掌管文書物品罪

本罪之保護法益，為個人對文書之持有與利用之利益；侵害公務上掌管文書物品罪，主要為國家之權力作用，亦兼及對文書完整持有與利用之利益，具有保護法益之同一性。因此，二者間具有特別關係，本罪為一般規定，侵害公務上掌管文書物品罪則為特別規定。成立法條競合時，應優先適用特別規定之侵害公務上掌管文書物品罪，排除適用一般規定之本罪。

3.本罪與竊盜、侵占等罪

本罪與普通竊盜等罪間，並不具特別關係，亦不具補充關係與吸收關係；因二者具有擇一關係，在適用上，倘發生法條競合時，應擇法定刑較重者優先適用；倘法定刑相同時，應就犯罪認識上最先成立之罪優先適用。例如，拾得他人遺失之身分證，先予侵占，後加以撕毀之情形是。

五、毀損建築物礦坑船艦罪

第 353 條　毀壞他人建築物、礦坑、船艦或致令不堪用者，處六月以上五年以下有期徒刑。

因而致人於死者，處無期徒刑或七年以上有期徒刑，致重傷者，處三年以上十年以下有期徒刑。

第一項之未遂犯罰之。

㈠行為客體

本罪之行為客體，為他人建築物、礦坑或船艦。

1.他　人

所謂他人，係指行為人以外之人，包含法人或非法人之團體在內。

2.建築物

所謂建築物，係指上有屋面，周有門壁，足以蔽風雨，而通出入，適於人之起居，且定著於土地之工作物❸。若僅係圍牆、或僅供休憩之涼亭，並無圍牆等類設備者，即與建築物之意義不合，不能論以本罪，僅能依毀損器物罪處罰。

⑴以建築物整體為對象

建築物，係由許多物質、成分所組成，例如，磚頭、瓦片、鋼筋、水泥、砂石……等等；且其內復有許多從物與獨立物附麗，例如，門窗、燈飾……等等。因此，如毀損之對象，並非以建築物整體為對象，而係以其個別組成之物質、成分或其附屬物為對象者，例如，以毀壞建築物中之磚、瓦或門、窗為對象者，即不得論以毀損建築物罪，僅能以毀損器物罪論科。

⑵不具事實處分權

所謂他人建築物，乃指行為人不具事實處分權之建築物，不論該建築物為何人所持有，均得為本罪之客體。其為他人所持有，而自己不具事實處分權者，固屬之；縱為自己所持有，而自己不具事實處分權者，亦屬之。

❸ 本罪行為客體之建築物與第 193 條違背建築術成規罪行為客體之建築物，其涵義略有不同。後者，其建築物之概念，除定著於土地上或地面下，具有頂蓋、樑柱或牆壁，供個人或公眾使用之構造物外，尚包含水塔、瞭望臺、招牌廣告、樹立廣告、廣播塔、煙囪、圍牆、機械遊樂設施、游泳池、地下儲藏庫、建築所需駁崁、挖填土石方等工程及建築物興建完成後增設之中央系統空氣調節設備、昇降設備、機械停車設備、防空避難設備、污物處理設施等等雜項工作物在內（建築法 4、7）。惟本罪，因尚有第 354 條毀損器物罪之規定，倘有毀損前述之雜項工作物者，即得依毀損器物罪處罰。因此，本罪之建築物，歷年來之實務見解，均未將雜項工作物，兼括在內。

惟倘係他人所持有，而自己具有事實處分權之建築物，則不屬之。例如，將自己所有而交予他人暫時管理之建築物是。

因此，在他人所有之建築物上，雖有典權、抵押權等物權關係或租賃權等債權關係，因典權人、抵押權人或租賃權人，對於該建築物或有持有，但並無處分權，故該建築物，仍屬他人之建築物。典權人倘將所典房屋擅自拆毀者，仍應成立毀損建築物罪。至出租人擅自將承租人所持有之自己所有房屋拆毀者，因出租人對其所有房屋，已不具完整之事實處分權，亦得成立毀損建築物罪。

(3)實務態度

我實務認為，行為人將其所有房屋出租於人，在租賃關係存續中，出租人將該屋拆毀，僅負違反契約之責任，不成立毀壞罪，但如施用強暴脅迫，以妨害承租人之使用權利，應依刑法第 304 條第 1 項處斷；又「在租賃關係存續中，將出租與他人之房屋拆毀，僅負違反契約責任，不成立毀損罪」該房屋既經自訴人合法租與被告等使用，且仍在租賃關係存續中，而被告等果有毀壞其設備或牆壁行為，亦僅為違反契約，應負民事損害賠償責任❹。

3. 礦　坑

所謂礦坑，係指為開採礦物而挖掘之坑道及其設備。礦坑之整體，亦由許多物質、成分所組成，且其內復有許多從物與獨立物附麗。因此，如毀損之對象，並非以礦坑整體為對象，而係以其個別組成物質、成分或其附屬物為對象者，例如，以毀壞礦坑中之抽風機為對象者，即不得論以毀壞礦坑罪。

所謂他人礦坑，係指行為人不具事實處分權之礦坑。不論該礦坑為何人所持有，均得為本罪之客體。

4. 船　艦

所謂船艦，係指裝有機械用以航行之船舶及軍艦而言。倘係尋常舟艇、竹筏，須依人力划行或用小型馬達驅動者，則不屬之。至船舶為公有或私

---

❹　司法院院字 2355；最高法院 80 臺上 5487（決）。

有，則非所問。

　　船艦之整體，亦係由許多物質、成分所組成，且其內復有許多從物與獨立物附麗。因此，如毀損之對象，並非以船艦整體為對象，而係以其個別組成物質、成分或其附屬物為對象者，亦不得論以毀壞船艦罪。

　　所謂他人船艦，係指行為人不具事實處分權之船艦。不論該船艦為何人所持有，均得為本罪之客體。

㈡實行行為

　　本罪實行行為之態樣，為毀壞或致令不堪用。

1. 毀　　壞

　　所謂毀壞，乃毀棄損壞之意，亦即對於建築物等之物體本身加以破壞之行為。至其效用有否喪失或減低，並非所問。

⑴毀壞用語之商榷

　　本罪之構成要件行為，使用「毀壞」一辭，而毀損文書罪之構成要件行為，則使用毀棄、損壞。兩罪之構成要件行為，用語並未一致，涵義是否有別，頗費猜疑。通說及實例均認為，所謂毀壞建築物罪，係指對於建築物之物質加以破壞，致其效用之全部或一部喪失者而言。倘依此解釋，毀壞之涵義，實與毀棄損壞，並無何差異。本罪與毀損文書罪之構成要件行為，宜修改為毀損，以求用語之一致。

⑵物質性與功能性應分開觀察

　　如前所述，財物具有物質性與功能性兩面之價值，且致令不堪用之行為，與毀壞行為，係平行用語，並非毀壞行為之概括規定。因此，毀壞是針對財物之物質性所為之侵害行為，其物質之效用有否一部或全部喪失，應非所問。而致令不堪用，則是針對財物之功能性所為之侵害行為，其物質性本身有否受到破壞，亦所不論。通說及實務未將財物之物質性與功能性分開觀察，且忽略法條上致令不堪用係與毀壞為平行用語，頗有商榷餘地。

⑶建築物之重要部分

　　所謂毀壞建築物等之物體整體，並不以物體整體全部滅失為必要，僅須破壞建築物等之重要部分，即為已足。所謂建築物等之重要部分，即形成建築物等所不可或缺之主要結構。以建築物為例，基礎樑柱、主要樑柱、承重牆壁、樓地板及屋頂之構造等，即屬建築物之主要結構（建築法 8）。因此，對於建築物之主要結構加以破壞者，即得成立毀壞建築物罪。至該建築物之全部或一部是否失其效用，則不影響本罪之成立。

⑷實務態度

　　我實務歷來均認為，所謂毀壞建築物罪，須毀壞建築物之重要部分，足致該建築物之全部或一部失其效用，始能成立。因此，附著房屋之牆壁，乃為房屋之重要部分，如有毀壞，則不論其為全部或一部，苟因此致該房屋原來效用之全部或一部喪失，即應成立本罪。共用之牆壁，並非自己單獨所有，倘有無端毀損之行為，亦同。如僅鋸去他人住房後簷之瓦椽、毀損其附屬之門窗等物、毀損伸出屋外之瓦簷或亂擲石塊致將他人房屋之牆壁上泥土剝落一部分等情形，並未使該建築物之效用全部或一部喪失，只能依毀損器物罪論處，而不能以毀壞建築物罪相繩❺。

　　上述實務見解，認為本罪之毀壞行為，須對於建築物之重要部分加以毀損破壞，始能成罪，固甚妥當；惟認為須足致該建築物之全部或一部失其效用，則未將毀壞行為與致令不堪用行為嚴予區別，則頗有商榷餘地。

2.致令不堪用

　　所謂致令不堪用，係指以毀壞以外之方法，致使建築物、礦坑或船艦之原有效用全部或一部喪失之行為。

⑴建築物之功能性

　　致令不堪用之行為，與前述毀壞之行為有異，並未對於建築物等物質為有形之破壞，而係對於建築物等之效用加以侵害，而使其處於全部或一部不堪使用之狀態。例如，以積水將建築物或礦坑淹沒；或放逸核能物質於建築物等之中，使其無法居住或採礦等是。

---

❺　最高法院 24 上 2253；56 臺上 622；27 上 2618；30 上 463；48 臺上 1072；50 臺上 870。

(2)附加價值之效用

所謂建築物等之效用，除該建築物等依原來之用途加以使用之效用外，尚有該建築物等所附加價值之效用，例如，美觀、採光、通風等是。致令不堪用之行為，如使該建築物等依原來之用途加以使用之效用，處於全部或一部不堪使用之狀態，固得成立本罪；惟如未破壞該建築物等依原來之用途加以使用之效用，而僅破壞其所附加價值之效用者，是否仍得成立本罪？則不無疑義。

有認為建築物等所附加價值之效用，亦為使用該建築物等之重要機能與價值，倘實施顯著有害於該附加價值效用之行為，縱對於該建築物等本質之機能無害，亦足以減損物之效用者❻。惟亦有認為，建築物等所附加價值之效用，純屬感情之對象，依建築物等之性質或狀態，不僅附加價值效用之內容千差萬別，且破壞行為達於如何程度始有礙於該附加價值之效用，亦無明確之判斷標準，可能使本罪之成否，胥流於恣意之判斷。故縱對於該附加價值之效用加以破壞，亦不成立本罪者❼。

(3)原來用途之效用

上述二說，各有其道理，頗難評斷其是非。惟基於罪刑明確性之原則，避免因恣意判斷，致人民受不虞之損害，應以否定之見解為妥。是所謂建築物等之效用，係指原來效用，亦即指該建築物等依原來之用途加以使用之效用。至其所附加價值之效用，不宜包含在內。因此，倘對於他人建築物之牆壁、大門等噴漆、塗鴉或黏貼傳單、廣告貼紙等行為，雖嚴重損及觀瞻，但並非對於建築物等之原有效用部分為破壞，尚不成立本罪。

(三)故　意

本罪為故意犯。行為人須認識其所毀壞或致令不堪用者，為他人之建築物、礦坑或船艦，始能成立。如出於過失者，則尚不成罪，僅為民事損害賠償之問題。例如，駕車時煞車失靈，衝入路旁撞倒民房之情形是。

❻　名古屋高金支判昭 42.3.25 下集 9.3.191。

❼　田中久智，《刑法基本講座》，第 5 卷《財產犯論》，頁 348。

㈣既遂、未遂

本罪之未遂犯，罰之（刑 353 III）。行為人對於建築物等開始實施毀壞或致令不堪用之行為，即為本罪之著手。如尚未使建築物等之重要部分發生破壞、滅失或喪失全部或一部之效用時，即為本罪之未遂。如已使建築物等之重要部分發生破壞、滅失或喪失全部或一部之效用時，即為本罪之既遂。

我實務因未嚴格區分毀壞與致令不堪用涵義之差別，故區別本罪既遂與未遂之標準，向以該建築物等之效用是否全部或一部喪失為準。例如，刑法第 353 條之毀壞建築物罪，係指對於建築物之物質上加以破壞，致其效用之全部或一部喪失者而言。附著房屋之牆壁，既為房屋之重要部分，如有毀壞，則不論其為全部或一部，苟因此致該房屋原來效用之全部或一部喪失，均應以該罪既遂論❽。

㈤本罪與他罪之關係

1. 本罪與放火、決水罪

本罪之保護法益，為個人對財物完整持有與利用之利益；放火、決水罪之保護法益，為社會之公共安全，並兼及個人對財物完整持有與利用之利益。因放火、決水罪之罪質，當然含有毀損建築物罪之罪質，二者間具有吸收關係，放火、決水罪為吸收規定，本罪為被吸收規定。成立法條競合時，應優先適用吸收規定之放火、決水罪，排斥適用被吸收規定之本罪。

我實務認為，放火罪原含有毀損性質在內，放火燒燬他人住宅損及牆垣，自無兼論毀損罪之餘地❾。

2. 本罪與毀損文書罪

行為人破壞建築物時，同時將建築物內之文書毀壞者，因本罪與毀損文書罪，具有侵害法益之同一性，成立法條競合時，應擇法定刑較重之本

---

❽　最高法院 24 上 2253。
❾　最高法院 29 上 2388。

罪優先適用。

3.本罪與暴行脫逃罪

　　本罪之保護法益，為個人對財物完整持有與利用之利益；暴行脫逃罪之保護法益，主要為國家司法之權力作用，亦兼及個人之財產法益。因此，二者間具有保護法益之同一性。暴行脫逃罪之罪質，當然含有毀損建築物罪之罪質在內，二者間具有吸收關係，暴行脫逃罪為吸收規定，毀損建築物罪為被吸收規定。成立法條競合時，應優先適用吸收規定之暴行脫逃罪，排除適用被吸收規定之本罪。

六、毀損器物罪

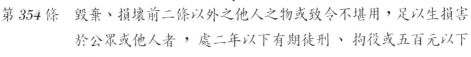

第 354 條　毀棄、損壞前二條以外之他人之物或致令不堪用，足以生損害於公眾或他人者，處二年以下有期徒刑、拘役或五百元以下罰金。

㈠行為客體

　　本罪之行為客體，為前二條以外之他人之物，亦即除文書、建築物、礦坑或船艦外，其他一切屬於他人之物。其範圍至為廣泛，不問其種類與性質，亦不論其有否經濟上之交換價值，凡得為財產權標的之一切物件，均屬之。例如，飛機、汽車、電車、自行車、土地及其他不動產、桌椅、鉛筆、皮包、家具、衣服、書籍以及所有之動物或植物等是。又建築物、礦坑、船艦之組成物質、成分或其附屬物，亦得為本罪之行為客體。

　　所謂他人之物，係指行為人不具事實處分權之物，不論該物為何人所持有，亦不論是否為違禁物，均包括在內。至無主物，則非他人之物。共有物，在共有人相互間，相互地屬於他人之物。故毀損自己與他人之共有物，亦得成立本罪。

㈡實行行為

本罪實行行為之態樣有三：即毀棄、損壞或致令不堪用，其義詳見毀損文書罪之說明。

毀棄他人之物之情形，例如，燒燬書籍、縱鳥高飛、投衣入河等是。損壞他人之物之情形，例如，刮傷車門、打破玻璃等是。致令他人之物不堪用之情形，例如，吐口水於他人食物；將他人碗盤等食器浸以尿液；或將路旁機慢車行車交通標誌擅改為原地打轉等情形等是。至將他人車胎放氣，除視其具體情形論以強制罪外，因無毀棄、損壞或使車胎之效用喪失，並不成立毀損罪。我實務亦認為，放逸車輛胎內空氣，並非毀壞輪胎，空氣非財產，故不成立犯罪❿。

㈢故　意

本罪為故意犯，行為人須認識其所毀棄、損壞或致令不堪用者，為他人之物，始能成罪。如出於過失者，則尚不成罪，僅為民事損害賠償之問題。

㈣既　遂

毀損器物罪之未遂犯，本法並無處罰之明文。因此，行為人於著手為毀棄、損壞他人之物或致令不堪用之行為後，須他人之物，因而發生滅失、物質破壞或其效用喪失之結果，且其行為與結果間須具有因果關係者，始得成立既遂犯。

依本條法文之規定，本罪之毀棄、損壞他人之物或致令不堪用等行為，尚須足以生損害於公眾或他人，始能成罪。就法文之規定而論，毀損器物罪在性質上，應為具體危險犯。行為人縱有毀棄等行為，倘對於公眾或他人無發生損害之虞者，即不得以本罪律之。惟嚴格言之，本罪實際上亦為實害犯，其使他人之物發生滅失、物質破壞或其效用喪失時，已有實害產生，故宜將「足以生損害於公眾或他人」之規定刪除，俾符本罪之罪質。

❿　66.7.2 臺 66 刑㈡函 1000。

㈤本罪與他罪之關係

1. 本罪與毀損文書罪

本罪與毀損文書罪，不具特別關係。惟就立法條文之體系解釋而言，本罪之行為客體，乃為毀損文書罪以外之物，本罪應為毀損文書罪之補充規定。成立法條競合時，應優先適用基本規定之普通毀損文書罪，排斥適用補充規定之毀損器物罪。

2. 本罪與毀損建築物礦坑船艦罪

本罪與毀損建築物礦坑船艦罪，不具特別關係。惟就立法條文之體系解釋而言，本罪之行為客體，乃為毀損建築物礦坑船艦罪以外之物，本罪應為毀損建築物礦坑船艦罪之補充規定。成立法條競合時，應優先適用基本規定之毀損建築物礦坑船艦罪，排斥適用補充規定之毀損器物罪。

3. 本罪與其他毀損特定物罪

本罪與暴行脫逃罪（刑 161）、放火罪（刑 175）、破壞防水蓄水設備罪（刑 181）、妨害救火防水罪（刑 182）、妨害公眾往來安全罪（刑 185）等等毀損特定物之罪，具有吸收關係，成立法條競合時，應優先適用吸收規定之毀損特定物之罪，排斥適用被吸收規定之本罪。

4. 本罪與發掘墳墓罪

本罪之保護法益，為個人對財物完整持有與利用之利益；發掘墳墓罪之保護法益，為社會之善良風俗，並兼及個人之財產法益。因發掘墳墓罪之罪質，當然含有毀損器物罪之罪質，二者間具有吸收關係，發掘墳墓罪為吸收規定，本罪為被吸收規定。成立法條競合時，應優先適用吸收規定之發掘墳墓罪，排斥適用被吸收規定之本罪。我實務認為，發掘墳墓，當然於墳墓有所毀損，自不另行成立毀損罪❶。

---

❶　最高法院 32 上 2248。

七、詐術損財罪

第 355 條　意圖損害他人，以詐術使本人或第三人為財產上之處分，致生財產上之損害者，處三年以下有期徒刑、拘役或五百元以下罰金。

㈠行為主體

本罪之行為主體，並無何限制。惟本罪與前述之各種毀損罪不同，前述之各種毀損罪，係由行為人實施毀損行為；本罪則係由行為人施用詐術，而使本人或第三人自為有害其財產之處分行為，亦即行為人僅係施用詐術，其有害其財產之處分行為，則係由本人或第三人自行為之，性質上頗類似於間接正犯，故學理上每將本罪稱為「間接毀損罪」或「準毀損罪」。

㈡行為客體

本罪之行為客體，為他人之財產。所謂他人之財產，乃指行為人以外具有處分權之本人或第三人之財產。如為財物，則該財物為何人所持有，並非所問。

財產之涵義，較財物為廣，除動產、不動產等財物外，即權利，如債權、物權、回贖權、優先購買權等財產上之權利以及其他財產上之利益，均包括在內。

㈢實行行為

本罪之實行行為，係以詐術使本人或第三人為財產上之處分。因此，本罪之犯罪流程，為 1.行為人意圖損害他人而實施詐術； 2.該他人陷於錯誤； 3.使本人或第三人因錯誤而為財產上之處分行為； 4.使本人或第三人因而發生財產上之損害。

本罪之犯罪流程，頗類似於詐欺罪，其所異者為，詐欺罪之行為人主

觀上須具有意圖為自己或第三人不法之所有，且須被害人因錯誤而為財產處分行為，致使行為人或第三人因而取得財物或財產上利益。本罪則為行為人主觀上須具有意圖損害他人，且須被害人因錯誤而為財產處分行為，致使該本人或第三人因而發生財產上之損害，而行為人或第三人並未因而取得財物或財產上利益。

㈣行為結果

本罪在性質上為結果犯，其既遂犯之客觀構成要件要素，須因詐術行為，而使該他人陷於錯誤；該本人或第三人因錯誤而為處分財產之行為以及使本人或第三人因而發生財產上之損害。

詐術→錯誤→處分財產→財產損害，環環相扣，前者為後者之原因，後者則為前者之結果。此等構成要件要素，有者為成文要素，有者為不成文要素，性質上均屬於客觀之構成要件要素。其中，詐術乃為構成要件行為，其餘均為構成要件結果。因此，行為人在主觀上，對於此等客觀之構成要件要素，均須具有認識，且在客觀上，此等客觀之構成要件要素，均須具有連鎖之因果關係存在。

1.陷於錯誤

行為人實施詐術之結果，須使其施詐之對象陷於錯誤。詐術行為與陷於錯誤間，須具有因果關係。如其陷於錯誤，並非詐術行為所引起者，並不成立本罪之既遂犯。

行為人施詐之對象，或係其意圖使受財產損害之人，或係其意圖加害以外之第三人。因此，本條法文所謂「本人」，即指其意圖使受財產損害之人；其所謂「第三人」，即指其意圖加害以外之第三人。

2.處分財產

行為人實施詐術之結果，須使其施詐之對象陷於錯誤；受詐人並須因陷於錯誤而為財產上之處分行為，始有成立詐術損財罪既遂犯之可能。

所謂財產上之處分，即將財產予以處分之行為，不問其為法律行為或事實行為，均屬之。法律行為，例如，將土地販售，提供房屋設定抵押權

或贈與等是。事實行為，例如，將物拋棄、毀滅或損壞等是。此等法律或事實行為，亦不論其為積極或消極行為，均足構成。消極行為，例如，聽任請求權罹於時效消滅是。

3.財產損害

行為人實施詐術之結果，須使其施詐之對象發生財產上之損害，始得成立本罪之既遂犯。

本罪行為之結果，須致生財產上之損害。雖有財產上之處分，並未發生財產上之損害者，因本罪無處罰未遂犯之規定，均應不予論罪。例如，詐稱金價即將下跌，致他人因誤信而大量拋售金條，嗣後金價果然大跌，以致財產並未受損是。至所謂損害，不論係積極使財產減少或消極使財產未能增加，均足當之。

㈤故意與意圖

1.故　意

本罪為故意犯，行為人須有意施詐，並對其可能致生財產上損害之犯罪流程，具有認識，始能成立。

2.意　圖

本罪亦為目的犯，除故意外，尚須具有損害他人之意圖，方能成罪。行為人如主觀上並無使他人蒙受財產上不利益之目的，即無由構成本罪。例如，因景氣復甦，判斷股市即將上揚，而勸使他人進場下單，不意竟遭套牢之情形，因無施詐之故意與損害他人之意圖，自不成立犯罪。

㈥既　遂

詐術損財罪之未遂犯，本法並無處罰之明文。因此，行為人基於損害他人財產之意圖，對其意圖使受損害之他人或第三人實施詐術，致受詐人陷於錯誤，因而為處分財產之行為，並因此受有財產上之損害者，始得成立本罪之既遂犯。

㈦罪數及本罪與他罪之關係

1.罪數之認定標準

本罪之保護法益，為個人財產之安全；因其施詐行為，係使受詐人陷於錯誤而處分財產，並致生財產上之損害。因此，其犯罪個數之判斷，應以受損害財產法益之個數為準。例如，以損害他人財產之意思，向甲、乙、丙三人詐稱某公司股票，即將大漲，應立即搶進，甲、乙、丙誤信，而大量買入該公司股票，結果股價大跌，損失不貲者，因其侵害甲、乙、丙三人之財產法益，應分別論罪，而依想像競合犯處斷。

2.本罪與普通詐欺罪

本罪與普通詐欺罪，不具特別關係，亦不具補充關係與吸收關係；因二者具有擇一關係，在適用上，倘發生法條競合時，應擇法定刑較重之普通詐欺罪優先適用。例如，高速公路拖吊車輛之拖吊人員，見他人車輛拋錨，拖回修車廠後，詐稱其車輛多處零件已老舊，須更換新零件，否則極易故障肇事。該他人因誤信而同意更換，並給付高於市價之代價者，得同時成立本罪與詐欺取財罪，應適用法定刑較重之詐欺取財罪，排除本罪之適用。

八、損害債權罪

> 第356條　債務人於將受強制執行之際，意圖損害債權人之債權，而毀壞、處分或隱匿其財產者，處二年以下有期徒刑、拘役或五百元以下罰金。

㈠保護法益

本罪之保護法益，為個人債權之安全，亦即債權人之受償利益。

㈡行為主體

本罪之行為主體，為債務人，惟並非泛指一般債務人，而係指將受強制執行之債務人。易言之，乃指債權人已依強制執行法第 4 條之規定取得執行名義，得聲請法院予以強制執行之債務人，故本罪為身分犯。債務人，包含連帶債務人在內。至其財產是否屬於為處分之債務人所有，則非所問。

我實務認為，連帶債務人之財產為債權人債權之總擔保，故連帶債務人中之一人，於將受強制執行之際，如基於損害債權人債權之意圖而毀壞、處分或隱匿連帶債務人中任何一人之財產，縱該財產不屬為處分之債務人所有，亦應論以刑法第 356 條之損害債權罪，始與立法意旨相符 ❷ 。

㈢行為客體

本罪之行為客體，為行為人之財產。所謂行為人之財產，係指行為人具有處分權之財產。倘為財物，不論為何人所持有，僅須行為人具有處分權，即足當之。此處所謂財產，涵義甚廣，除動產、不動產等財物外，即權利，如債權、物權等財產上之權利以及其他財產上之利益，均包括在內。

㈣實行行為

本罪之實行行為，為毀壞、處分或隱匿。所謂毀壞，乃毀棄、損壞財物之行為，亦即銷毀、廢棄物之整體，使其滅失；或破壞財物物質之行為 ❸ 。至其客體，應以財物為限，不含財產上之利益。

所謂處分，應限縮解釋，係指對於財產為法律上之處分行為。例如，將財產出售、贈與、設質或抵押等是。至事實上處分，不在其內。蓋毀壞行為，性質上，即屬事實處分行為，如不對本條「處分」之文義予以限縮

---

❷　最高法院 76 臺非 114（決）。

❸　本條法文對於損害債權罪之行為態樣，並未規定「致令不堪用」，應屬立法上之缺失。蓋以毀壞以外之方法，使財物之效用喪失之行為，物質雖存而效用全失，則財物之價值已然降低，自有損債權人之受償利益。

解釋，則毀壞行為態樣之規定，即屬多餘。至所謂隱匿，則係將財產隱蔽藏匿，使人不能或難以發現之行為。例如，將貴重物品託友人代為收藏是。

㈤行為情狀

1.將受強制執行之際

本罪之行為情狀，為於將受強制執行之際，實施本罪之行為，始能成立。所謂將受強制執行之際，係指債務人所負債務，經債權人取得強制執行名義後，強制執行程序尚未終結前之期間而言。易言之，所謂將受強制執行之際，如債權人已取得強制執行法第 4 條第 1 項各款所定之執行名義、或如業經受有確定之終局判決、或受有假執行宣示之判決，以及已經開始執行尚未終結以前，固屬之；又若於執行法院發給債權憑證交債權人收執後，債權人即重新取得強制執行法第 4 條第 1 項第 6 款之強制執行名義，債務人之財產仍處於隨時得受強制執行之狀態，亦屬之❶❹。至在強制執行終結前之查封、拍賣，亦均包括在內❶❺。

2.強制執行名義

所謂強制執行名義，包括⑴確定之終局判決；⑵假扣押、假處分、假執行之裁判及其他依民事訴訟法得為強制執行之裁判；⑶依民事訴訟法成立之和解或調解；⑷依公證法規定得為強制執行之公證書；⑸抵押權人或質權人，為拍賣抵押物或質物之聲請，經法院為許可強制執行之裁定；⑹其他依法律之規定，得為強制執行名義者（強執 4 I）。

3.執行程序終結

在債權人取得執行名義前，或在強制執行程序終結後，債務人縱為本罪之行為，並無成立本罪之餘地。例如，債務人於民事訴訟進行中，將不動產移轉第三人，致確定判決後，已無財產可供執行，因其係於債權人取得執行名義前，實施本罪之行為，即與本罪構成要件不合，無由成立本罪。

又所謂執行程序終結，係指執行名義所載債權已全部滿足獲償而言。

---

❶❹　最高法院 95 上易 976（決）。

❶❺　最高法院 30.6.10 刑議。

若債務人無財產可供強制執行，或雖有財產經強制執行後所得之數額仍不足清償債務，經命債權人查報而到期故意不為報告而發給債權憑證，雖強制執行至此暫告段落，惟執行名義所載債權尚未全部獲償，只能謂為部分終結，而非全部終結。

㈥故意與意圖

1. 故　意

本罪為故意犯，債務人須有意毀壞、處分或隱匿其財產，且須認識其行為時，已處於將受強制執行之際者，始能成罪。

2. 意　圖

本罪亦為目的犯，除故意外，尚須具有損害債權人之意圖。本罪之保護法益，為債權之安全，屬於侵害財產法益之犯罪。如債務人並無損害債權人之意圖，縱有故意毀壞、處分或隱匿財產之事實，仍不成立本罪。

㈦既　遂

損害債權罪之未遂犯，本法並無處罰之明文。因此，行為人意圖損害債權人之債權，於將受強制執行之際，著手於毀壞、處分或隱匿自己財產，因而使自己財產發生滅失、形體破壞、權利移轉、使人不能發現或難以發現等結果，且其行為與結果間須具有因果關係者，始得成立本罪之既遂犯。

又本罪之性質，為抽象危險犯，行為人僅須基於損害他人債權之意圖，於將受強制執行之際，而毀壞、處分或隱匿其財產者，對於債權人之債權受償利益，即具有一般危險。因此，其犯罪之成立，並不以債權人之債權因而造成無法受償之實害或危險為必要。

第十五章　妨害電腦使用罪

一、犯罪類型

　　本章之犯罪類型，計有：第 358 條「入侵電腦罪」；第 359 條「侵害電磁紀錄罪」；第 360 條「干擾電腦罪」以及第 362 條「製作惡意電腦程式罪」。

二、妨害電腦使用罪之立法經緯

㈠電腦犯罪之定義

　　電腦犯罪，向有廣義、狹義之分別。廣義之電腦犯罪，指凡犯罪之工具或過程牽涉到電腦或網路，即為電腦犯罪；狹義之電腦犯罪，則專指以電腦或網路為攻擊對象之犯罪。由於廣義之電腦犯罪，我國刑法原本即有相關處罰規定，毋庸重複規範，故本章所規範之妨害電腦使用罪，乃指狹義之電腦犯罪（本章立法理由）。

㈡現代型之犯罪型態

　　由於網際網路之發展迅速，以及電腦使用日益普及，電腦在人類生活中已占有不可或缺之地位。惟另一方面，新興之犯罪型態，亦在此一領域悄悄興起。自電腦入侵行為、盜取電腦資料行為，以至於網路連線遊戲等，各種各樣之犯罪態樣逐漸發生，已形成現代型之犯罪型態。有鑑於網路犯罪與電腦犯罪，對於社會或個人之損害日漸深遠，立法院乃於 92 年 6 月 3 日通過刑法修正案，增訂刑法第三十六章妨害電腦使用罪，並於 92 年 6 月 25 日公布施行。

㈢立法理由

　　本章立法理由嘗云：「按電腦使用安全，已成為目前刑法上應予保障之

重要法益，社會上發生妨害他人電腦使用案件日益頻繁，造成個人生活上之損失亦趨擴大，實有妥善立法之必要，因此種電腦犯罪所規範之行為及保護之對象，與現行刑法分則各罪章均有不同，應有獨立設章之必要，爰新增本章。……本章所定之罪，其保護之法益兼及於個人法益及社會安全法益（如修正條文第359條、第360條），並非僅止於個人法益，增訂本章於刑法最後一章，乃為顧及刑法原有條文及條次不宜輕易變更，並將關於妨害電腦使用之犯行歸入一章，以求刑法立法體系之統一。且目前刑法之立法體系，並不特別強調以保護法益之種類作為章節之區別，而係屬混合式之立法方式，例如，在保護個人財產法益之毀損罪章（刑法第三十五章）中亦有出現保護社會法益之『足以生損害於公眾或他人』之構成要件（刑法第354條規定參照），故將本章列在刑法分則最後一章。」

三、保護法益

妨害電腦使用罪之保護法益，在保護電腦使用之安全，且兼及個人法益及社會安全法益（本章立法理由）。具體而言，在保護社會大眾資訊之安全與個人秘密及財產之安全。

㈠保護社會大眾資訊安全

電腦之用途甚廣，尤其在資訊處理方面，已為公私團體所仰賴與使用。如以不正當方法妨害其電腦之使用，將使不特定或多數人之權益遭受不測之損害，譬如金融卡之帳號密碼遭到破解而被盜領存款、個人資料外洩而被假造證件、公司商業機密外洩導致財產或商譽損失等等，目前在實務上已屢見不鮮。無論係入侵電腦行為、無故取得刪除或變更電磁紀錄行為或干擾行為，均對於社會大眾資訊之安全法益，造成極大之破壞性與危險性。

㈡保護個人秘密及財產安全

妨害電腦使用行為，亦可能使他人電腦或相關設備中所儲存之資料，有遭受窺視、外洩或非法取得之危險，例如，考試題目、未發表之著作或

具有特殊創意之設計圖樣等是。尤其，入侵他人電腦、侵害電磁紀錄或惡意攻擊、癱瘓或干擾他人電腦者，更可能造成他人電腦或網路系統之癱瘓，導致電腦無法運作、故障或資料流失之結果。因此，妨害電腦使用行為，對於個人之秘密與財產法益，亦將造成不虞之損害。

㈢競合性或重疊性法益

　　職是，妨害電腦使用罪之保護法益，屬於競合性或重疊性法益，除在保護社會大眾資訊之安全外，並兼及個人秘密及財產之安全。再者，妨害電腦使用行為，對於資訊化社會所造成之破壞性與危險性，遠比對個人之秘密與財產安全之危害，重大且深遠。因此，妨害電腦使用罪，應以社會大眾資訊之安全為其主要保護法益，而以個人之秘密與財產安全為其次要保護法益。

四、入侵電腦罪

第 358 條　無故輸入他人帳號密碼、破解使用電腦之保護措施或利用電腦系統之漏洞，而入侵他人之電腦或其相關設備者，處三年以下有期徒刑、拘役或科或併科十萬元以下罰金。

㈠立法意旨

1.可罰性之基礎

　　世界先進國家立法例對於無故入侵 (Access) 使用電腦之行為，均有處罰。例如，美國聯邦法典第 18 章第 1030 條 (18 U.S.C. §1030)、英國電腦濫用法案第 1 條 (Computer Misuse Act Section 1) 等，我國刑法則未有相關處罰之規定。鑑於對無故入侵他人電腦之行為採刑事處罰已是世界立法之趨勢，且電腦系統遭惡意入侵後，系統管理者須耗費大量之時間人力檢查，始能確保電腦系統之安全性，此種行為之危害性應已達科以刑事責任之程度，為保護電腦系統之安全性，爰增訂本條。

2.重大無故入侵行為

　　國外立法例有對凡是未經授權使用他人電腦者（例如，美國伊利諾州刑法第 16 條 D–3），均科以刑事處罰者。惟如採此種立法例，可能導致無故借用他人電腦，但並未造成他人任何損害者，亦受到刑事處罰，未免失之過苛，亦未必符合社會通念及國民法律感情。故本條僅針對情節較重大之無故入侵行為，即以盜用他人帳號密碼或破解相類似保護措施，或利用電腦系統漏洞之方法入侵電腦系統之行為處罰。

3.所有人與使用人

　　由於資訊科技發展日新月異，對於「電腦」、「電腦系統」及「網路」等科技名詞定義不易，為免掛一漏萬，或未來法律適用無法跟上科技腳步，故仿照英國電腦濫用法案 (Computer Misuse Act) 之立法方式，對上開名詞不另作定義。

　　因電腦系統之所有人與使用人可能不同，是本條構成要件中先後出現二次之「他人」，此二「他人」可能為同一人，亦可能為不同人。故如：乙為丙所有之電腦之合法使用者，乙並擁有獨立之使用帳號及密碼，甲無故輸入乙之密碼而入侵丙之電腦或其相關設備，亦可能構成本罪。

㈡行為客體

　　本罪之行為客體，為他人之電腦或其相關設備。因本罪之保護法益，在於電腦使用之安全。因此，所謂「他人之電腦或其相關設備」，係指「他人『使用』之電腦或其相關設備」而言。

　　所謂「他人」，指行為人以外其他具有合法使用電腦權限之人而言，不論該電腦為何人所有。倘非行為人所有，惟行為人具有合法使用權限者，即屬行為人「自己使用」，非屬「他人使用」之電腦；縱為行為人所有，惟行為人不具合法使用權限，另有其他具有合法使用權限之人，則仍屬「他人之電腦」。

　　所謂電腦，其全名為「電子計算機」，「電腦」一詞，則係俗稱。電腦，係一種可以解譯並執行程式命令之電子裝置，得以處理輸入、輸出、算術

以及邏輯運算。其主要結構，係由輸入裝置（如鍵盤、麥克風、滑鼠）、處理器 (CPU)、輸出裝置（如螢幕、喇叭或印表機）以及儲存裝置（如軟碟、硬碟、光碟）等四個基本元件所組成。

　　所謂相關設備，乃指雖非電腦之主要結構裝置，惟得透過連線而將資料輸入或輸出電腦之輔助設備而言。例如，數據機是。

㈢實行行為

　　本罪之實行行為，為入侵他人電腦或其相關設備之行為。

1.入侵之意義

　　所謂入侵，乃未得使用人之同意而擅自使用之行為。其入侵之對象，可能係獨立之個人電腦，亦可能是網路連線中之伺服器。

2.入侵之行為方法

　　入侵他人電腦或其相關設備之行為方法有三：

⑴輸入他人帳號密碼

　　所謂輸入他人帳號密碼，係指輸入他人使用電腦之身分辨識秘密號碼。通常用在電腦程式系統開啟前，提示使用者輸入，作為核可其使用電腦之權限確認。

⑵破解使用電腦之保護措施

　　所謂破解使用電腦之保護措施，係指破除或解消使用電腦之保護措施。破解之方式，包括物理力與非物理力之使用在內。前者，例如破壞保護電腦系統使用之監測裝置；後者，例如使用程式解除帳號管理程式之限制。使用電腦之保護措施，則包括硬體之保護措施與軟體之保護措施在內。前者，例如為保護伺服器所安裝之監測裝置或指紋辨識系統，此種裝置係以硬體之形式存在，可獨立作用，亦可屬於電腦之一部分；後者，例如電腦系統中所安裝之帳號管理程式或防火牆程式，此種裝置係以軟體之方式存在，可能依存於獨立之監測裝置或存在於電腦之中。

⑶利用電腦系統之漏洞

　　所謂利用電腦系統之漏洞，係指以和平之方法使用電腦系統之漏洞，

亦即未為任何之破壞行為，僅係順應電腦系統之漏洞而為入侵之行為。電腦系統之漏洞，亦包括硬體之漏洞與軟體之漏洞在內。前者，例如監測裝置之保管人員疏失，漏未插上電源使之運作，致其保護失效；後者，例如防火牆程式上之臭蟲 (Bug)，使得駭客乘機入侵等是。

㈣故　意

本罪為故意犯，行為人主觀上須認識他人所使用之電腦或其相關設備，自己並無使用權限，且未經有使用權限之人同意，而以盜用他人帳號密碼或破解相類似保護措施，或利用電腦系統漏洞之方法使用他人之電腦系統，並有意使其發生，始得成立本罪。至其為直接故意或間接故意，則非所問。

㈤阻卻違法事由

本罪須行為人無故入侵他人電腦系統，始得成立。所謂「無故」，即無正當理由，亦即行為人不具任何阻卻違法事由之謂，包含法定或超法定阻卻違法事由在內。倘行為人入侵他人電腦系統之行為，合於阻卻違法之一般原理，則其行為人即非無故，自得阻卻本罪之違法性。

㈥既　遂

本罪之性質，為舉動犯，行為人主觀上基於無權使用他人電腦系統之意思，開始輸入他人帳號密碼或破解使用電腦之保護措施，或利用電腦系統漏洞，始屬本罪之著手；如進而完成入侵他人電腦系統之行為，則屬本罪之既遂；倘未能完成入侵行為者，則屬未遂。因本罪並無處罰未遂犯之明文，應不予論罪。

㈦罪數及與他罪之關係

1.罪數之認定標準

本罪之保護法益，以保護社會大眾資訊之安全為主，而以保護個人之秘密與財產安全為輔。因此，本罪罪數之認定標準，應以妨害社會大眾資

訊之安全之次數為準。妨害一次社會大眾資訊之安全者，為一罪；妨害數次社會大眾資訊之安全者，為數罪。

2.本罪與妨害書信秘密罪

本罪之保護法益，為社會大眾之資訊安全及個人秘密與財產安全；妨害書信秘密罪之保護法益，則為個人之私生活秘密之安全，兩罪間具有保護法益之同一性。因此，本罪與妨害書信秘密罪間，具有吸收關係，本罪為吸收規定，妨害書信秘密罪則為被吸收規定。成立法條競合時，應優先適用吸收規定之入侵電腦罪，排除適用被吸收規定之妨害書信秘密罪。

五、侵害電磁紀錄罪

第 359 條　無故取得、刪除或變更他人電腦或其相關設備之電磁紀錄，致生損害於公眾或他人者，處五年以下有期徒刑、拘役或科或併科二十萬元以下罰金。

㈠立法意旨

1.可罰性之基礎

電腦已成為今日日常生活之重要工具，民眾對電腦之依賴性與日俱增，若電腦中之重要資訊遭到取得、刪除或變更，將導致電腦使用人之重大損害。鑑於世界先進國家立法例，對於此種行為亦有處罰之規定。例如，美國聯邦法典第 18 章第 1030 條 (18 U.S.C. §1030)、英國電腦濫用法案第 3 條 (Computer Misuse Act Section 3) 等，爰增訂本條。

2.規範行為之範圍

本條規範之行為，除「刪除」外，尚包括取得及變更。又電磁紀錄，須有用意之證明者，方得視為準文書，故本條之保護範圍較刑法第 352 條毀損文書罪為廣。例如，故意散布電腦病毒導致他人電腦中之電磁紀錄遭到刪除、變更，故意在他人電腦中植入木馬程式，取得電磁紀錄，或未經授權刪除他人電腦系統中沒有文義性之電子檔案（例如：部分系統檔）等，

均可構成本條之罪。

3.與電腦詐欺罪之差異

本條規定與刑法第 339 條之 3 不同處，在於後者之行為係針對財產權之得喪、變更紀錄，且須有取得他人財產或得財產上不法利益之結果，保護重點在於維持電子化財產秩序。本條則無上開限制，是本項規範之範圍較廣，但因未涉金融秩序之危害，故刑責較輕。

㈡行為客體

本罪之行為客體，為他人電腦或其相關設備之電磁紀錄。所謂電磁紀錄，是指以電子、磁性、光學或其他相類之方式所製成，而供電腦處理之紀錄（刑 10 VI）。所謂他人之電腦或其相關設備，其涵義與入侵電腦罪同。又因電磁紀錄，係屬無形之電腦程式語言之紀錄，須藉由儲存裝置始得保存。因此，不論係保存於電腦系統之儲存裝置中他人電磁紀錄，或者卸載於電腦系統之儲存裝置中之他人電磁紀錄，例如，離開電腦系統之磁碟片中之電磁紀錄，均得成為本罪之客體。

㈢實行行為

本罪之實行行為，為無故取得、刪除或變更他人電腦或其相關設備電磁紀錄之行為。所謂取得，係指透過電腦之使用，以包括複製在內之方法，將他人之電磁紀錄移轉為自己所有。如係以物理力之實施而取得電磁紀錄，則應視其行為手段，分別成立刑法上之財產犯罪或妨害秘密罪，不成立本罪。

所謂刪除，係指以反於電磁紀錄製成之方法，將電磁紀錄永久消除之謂。刪除之行為，並不以透過電腦之使用為必要。例如，以磁鐵消磁之方法，將磁碟片中之電磁紀錄消除，亦屬於刪除之行為。且此處之刪除，必係使之永久消失，如尚可透過其他方法回復該電磁紀錄者，則不屬於本條之刪除行為。

所謂變更，係指透過電腦之使用，更動他人電磁紀錄原本之內容。其

更動之範圍，不論係一部抑或全部，均所不論。如僅係儲存位置之搬移，未對內容有所更動者，應不屬於此處之變更。

㈣故　意

本罪為故意犯，行為人主觀上須認識其為他人電腦或其相關設備之電磁紀錄，自己並無使用權限，且未經有使用權限之人同意，而取得、刪除或變更，始得成立本罪。至其為直接故意或間接故意，則非所問。

㈤阻卻違法事由

本罪須行為人無故取得、刪除或變更他人之電磁紀錄，始得成立。所謂「無故」，即無正當理由，亦即行為人不具任何阻卻違法事由之謂，包含法定或超法定阻卻違法事由在內。倘行為人取得、刪除或變更他人電磁紀錄之行為，合於阻卻違法之一般原理，則其行為人即非無故，自得阻卻本罪之違法性。

㈥既　遂

本罪之性質，係屬結果犯，行為人之取得、刪除或變更他人電磁紀錄之行為，須致生損害於公眾或他人，始成立既遂犯；倘未致生損害於公眾或他人者，則屬未遂。因本罪並無處罰未遂犯之明文，應不予論罪。

㈦罪數及與他罪之關係

1.罪數之認定標準

本罪之保護法益，以保護社會大眾資訊之安全為主，而以保護個人之秘密與財產安全為輔。因此，本罪罪數之認定標準，應以妨害社會大眾資訊之安全之次數為準。妨害一次社會大眾資訊之安全者，為一罪；妨害數次社會大眾資訊之安全者，為數罪。倘未侵害社會大眾資訊之安全，而僅侵害個人秘密之安全者，因秘密安全為個人專屬法益之一種，其罪數，應依所侵害人格主體之數，分別計算。如僅侵害個人財產之安全者，則以其

所侵害持有法益之個數為準。

2.本罪與妨害書信秘密罪

本罪之保護法益，為社會大眾之資訊安全及個人秘密與財產安全；妨害書信秘密罪之保護法益，則為個人之私生活秘密之安全，兩罪間具有保護法益之同一性。本罪與妨害書信秘密罪間，雖不具特別關係與補充關係，惟二者間具有吸收關係，本罪為吸收規定，妨害書信秘密罪則為被吸收規定。成立法條競合時，應優先適用吸收規定之侵害電磁紀錄罪，排除適用被吸收規定之妨害書信秘密罪。

3.本罪與毀損文書罪

本罪與毀損文書罪間，雖不具特別關係與補充關係，惟二者間具有吸收關係，本罪為吸收規定，毀損文書罪則為被吸收規定。成立法條競合時，應優先適用吸收規定之侵害電磁紀錄罪，排除適用被吸收規定之毀損文書罪。例如，開啟他人所使用之電腦，將該他人所撰寫之論文底稿約數萬字全數刪除之情形是。

六、干擾電腦罪

第 360 條　無故以電腦程式或其他電磁方式干擾他人電腦或其相關設備，致生損害於公眾或他人者，處三年以下有期徒刑、拘役或科或併科十萬元以下罰金。

㈠立法意旨

1.可罰性之基礎

鑑於電腦及網路已成為人類生活之重要工具，分散式阻斷攻擊 (DDOS) 或封包洪流 (Ping Flood) 等行為，已成為駭客最常用之癱瘓網路攻擊手法，故有必要以刑法保護電腦及網路設備之正常運作，爰增訂本條。又本條處罰之對象，乃對電腦及網路設備產生重大影響之故意干擾行為。為避免某些對電腦系統僅產生極輕度影響之測試（例如：正常 ping 測試）

或運用行為亦被繩以本罪，故加上「致生損害於公眾或他人」之要件，以免刑罰範圍過於擴張。

2. 限縮干擾方式

為避免任何方式之干擾（例如：砸毀電腦等）均有可能成立本罪之誤解，有必要將干擾之方式予以限縮，以符合罪刑法定主義之明確性原則，故增訂「以電腦程式或其他電磁方式」之限制。其他電磁方式，包括有線或無線之電磁干擾方式。本條文就新興之無線網路之通訊安全，亦可提供適當之保護。

3. 垃圾郵件

就電子廣告郵件而言，發信之目的是為了廣告，除非能證明其有破壞 ISP 系統、灌爆使用者信箱之故意，並致生損害於公眾或他人者，才能構成本條之罪。否則，若單純僅郵件較多，不堪其擾，尚與本條之規範有間。

因干擾尚未達到毀損之程度，且通常是暫時性，排除干擾源後，電腦系統及網路即可恢復運作，故可罰性較刑法第 359 條略低，爰將刑度訂為三年以下有期徒刑、拘役或科或併科十萬元以下罰金。

㈡行為客體

本罪之行為客體，為他人電腦或其相關設備。詳見入侵電腦罪，茲不再贅。

㈢實行行為

本罪之實行行為，為以電腦程式或其他電磁方式干擾他人電腦或其相關設備。

所謂電腦程式，係指由電磁紀錄所組成，專供電腦使用而具備一定功能之電腦語言。所謂其他電磁方式，則指除使用電腦程式外，其他透過電腦或相類之電子裝置所實施之無形行為。

所謂干擾，本指一切妨害電腦系統本身正常處理電磁紀錄之行為，包括破壞電腦系統之軟硬體設備等行為在內。此次立法，為避免任何方式之

干擾（例如：砸毀電腦等），均有可能成立本罪之誤解，乃規定須以電腦程式或其他電磁方式為干擾行為，例如，使用電腦程式進行封包攻擊，癱瘓目標電腦系統的運作等，始能成立本罪。

惟因網路及電腦之使用，日趨普及，不少程式上之正常操作，均有可能對他人之電腦產生干擾。例如，不斷地重複登入登出，或不斷地連往某個網站，在某一時刻網路之使用者眾多時，均會造成網路擁擠，電腦負荷增加，嚴重時可能造成網路癱瘓、電腦當機等。此等正常使用電腦之行為，形式上亦屬於干擾行為，其與駭客攻擊電腦之行為，僅係強度之差而已。因此，宜就本罪之干擾行為，增設行為之程度，俾能符合本罪之立法意旨。

㈣行為結果

本罪為結果犯，須致生損害於公眾或他人，始能成罪。所謂致生損害，係指公眾或他人有可受法律保護之利益，因干擾行為，而受有損害者而言。例如，侵入捷運公司之電腦主機，造成電聯車停駛；切斷醫院電腦主機電源，造成醫院無法藉由電腦系統處理醫療事務等是。

㈤故　意

本罪為故意犯，行為人主觀上須認識其為他人電腦或其相關設備，而有意為干擾行為，始得成立本罪。至其為直接故意或間接故意，則非所問。

㈥阻卻違法事由

本罪須行為人無故為干擾行為，始得成立。所謂「無故」，即無正當理由，亦即行為人不具任何阻卻違法事由之謂，包含法定或超法定阻卻違法事由在內。

㈦既　遂

本罪之性質，係屬結果犯，行為人之無故干擾行為，須致生損害於公眾或他人，始成立既遂犯；倘未致生損害於公眾或他人者，則屬未遂。因

本罪並無處罰未遂犯之明文，應不予論罪。

㈧罪數及與他罪之關係

1.罪數之認定標準

本罪之保護法益，以保護社會大眾資訊之安全為主，而以保護個人之財產安全為輔。因此，本罪罪數之認定標準，應以妨害社會大眾資訊之安全之次數為準。妨害一次社會大眾資訊之安全者，為一罪；妨害數次社會大眾資訊之安全者，為數罪。倘未侵害社會大眾資訊之安全，而僅侵害個人財產之安全者，則以其所侵害持有法益之個數為準。

2.本罪與入侵電腦罪

本罪與入侵電腦罪之保護法益，主要均為社會大眾之資訊安全，具有保護法益之同一性，兩罪間屬於補充關係，入侵電腦罪為補充規定，本罪為基本規定。成立法條競合時，應優先適用基本規定之干擾電腦罪，排斥適用補充規定之入侵電腦罪。

七、製作惡意電腦程式罪

第 362 條　製作專供犯本章之罪之電腦程式，而供自己或他人犯本章之罪，致生損害於公眾或他人者，處五年以下有期徒刑、拘役或科或併科二十萬元以下罰金。

㈠立法意旨

1.可罰性之基礎

鑑於電腦病毒（例如：梅莉莎、I Love You 等）、木馬程式（例如：Back Office 等）、電腦蠕蟲程式（例如：Code Red 等）等惡意之電腦程式，對電腦系統安全性危害甚鉅，往往造成重大之財產損失，致生損害於公眾或他人，1999 年 4 月 26 日發作之 CIH 病毒造成全球約有六千萬臺電腦當機，鉅額損失難以估計，即為著名案例。因此，實有對此類程式之設計者處罰

之必要，爰增訂本條。

2.惡意程式

坊間許多工具程式，雖可用於入侵電腦系統，但究其主要功能，乃係用於電腦系統或網路之診斷、監控或其他正當之用途，為避免影響此類工具程式之研發，故本條文限於專供犯本章之罪之惡意程式。

㈡行為客體

本罪之行為客體，係專供犯本章之罪之電腦程式。所謂電腦程式，係指由電磁紀錄所組成，專供電腦使用而具備一定功能之電腦語言。

一般電腦程式，依其執行特性，大致可分類為主程式、外掛程式與升級程式。主程式，係指安裝後可直接執行，使用程式本身功能之單一程式；外掛程式，係指附掛於主程式，與主程式有依存關係，可補足主程式功能或提供主程式所無之額外功能；升級程式，則指用於主程式升級之用，藉以修正主程式之臭蟲，提供主程式新功能或增強主程式之功能。後二者均無法獨立執行其功能，必須藉助主程式才能發揮效用。

在解釋上，本章所規範之電腦程式，應以主程式為主；主程式之功能，如係用以「專供犯本章之罪」者，當然係本罪所指之電腦程式。主程式之功能，雖非用以「專供犯本章之罪」，惟得透過外掛程式或升級程式改造為「專供犯本章之罪」，升級後或附掛後之該主程式，因其功能已成為「專供犯本章之罪」之用，亦屬於本條所規範之「電腦程式」。

㈢實行行為

本罪實行行為之態樣有二：

1.製作專供犯本章之罪電腦程式

所謂製作，指以電腦語言加以撰擬、編寫，而作成電磁紀錄之謂。無論係就主程式、外掛程式或升級程式為之，均需係原始製作，始足當之。所謂專供犯本章之罪，係指其所製作之電腦程式，專門用以違犯本章所規定之入侵電腦罪、侵害電磁紀錄罪以及干擾電腦罪。例如，電腦病毒（例

如：梅莉莎、I Love You 等）、木馬程式（例如：Back Office 等）、電腦蠕蟲程式（例如：Code Red 等）等是。

2.供自己或他人犯本章之罪

所謂供自己犯本章之罪，係指行為人利用自己所製作，專供犯本章之罪之電腦程式，進而實施本章所規定之入侵電腦罪、侵害電磁紀錄罪以及干擾電腦罪。就此而言，本罪之規定，應屬入侵電腦罪、侵害電磁紀錄罪以及干擾電腦罪等罪之加重構成要件類型。

所謂供他人犯本章之罪，係指行為人利用自己所製作，專供犯本章之罪之電腦程式，進而提供予他人犯本章之罪。就此而言，本罪之規定，實屬入侵電腦罪、侵害電磁紀錄罪以及干擾電腦罪等罪之特別幫助犯類型。

㈣行為結果

本罪為結果犯，須致生損害於公眾或他人，始能成罪。所謂致生損害，係指公眾或他人有可受法律保護之利益，因製作專供犯本章之罪之電腦程式，而供自己或他人犯本章之罪，致受有損害者而言。例如，1999 年 4 月 26 日發作之 CIH 病毒造成全球約有六千萬臺電腦當機，鉅額損失難以估計。

㈤故　意

本罪為故意犯，行為人主觀上須有製作專供犯本章之罪之電腦程式，而供自己或他人犯本章之罪之故意，始得成立本罪。至其為直接故意或間接故意，則非所問。倘僅有製作相關惡意電腦程式之知與欲，惟無供自己或他人犯本章之罪之知與欲，則無成立本罪之餘地。

㈥阻卻違法事由

本罪須行為人無故為干擾行為，始得成立。所謂「無故」，即無正當理由，亦即行為人不具任何阻卻違法事由之謂，包含法定或超法定阻卻違法事由在內。

㈦既　遂

本罪之性質，係屬結果犯，行為人製作專供犯本章之罪電腦程式之行為，須致生損害於公眾或他人，始成立既遂犯；倘未致生損害於公眾或他人者，則屬未遂。因本罪並無處罰未遂犯之明文，應不予論罪。

㈧罪數及與他罪之關係

1. 罪數之認定標準

本罪之保護法益，以保護社會大眾資訊之安全為主，而以保護個人之秘密與財產安全為輔。因此，本罪罪數之認定標準，應以妨害社會大眾資訊之安全之次數為準。妨害一次社會大眾資訊之安全者，為一罪；妨害數次社會大眾資訊之安全者，為數罪。

2. 本罪與入侵電腦罪、侵害電磁紀錄罪或干擾電腦罪

本罪與入侵電腦罪、侵害電磁紀錄罪或干擾電腦罪間，具有特別關係，後者係屬一般規定，本罪為特別規定。成立法條競合時，應優先適用特別規定之製作惡意電腦程式罪，排斥適用一般規定之入侵電腦罪、侵害電磁紀錄罪或干擾電腦罪。

Criminal Law
法學啟蒙　刑法系列

刑法總論　　　　　　　　　　　　　　　　余振華／著

　　本書依據「理論體系」，針對刑法各種爭議問題，集結各家學說與實務見解，提出適切解決問題之論點。全書由第一篇「刑法基礎論」、第二篇「犯罪論」、第三篇「刑罰、沒收與保安處分」等三大部分所架構而成，其中第二篇「犯罪論」係本書之重要環節。第二篇「犯罪論」，主要係採德國與日本通說之犯罪三階層理論體系，就構成要件論、違法性論、責任論、未遂論、正犯與共犯論、罪數論分別深入詮釋與解說。第三篇「刑罰、沒收與保安處分」，更針對最近所增修之新規定，做提綱挈領之介紹與分析。

刑法分則：財產犯罪篇　　　　　　　　　　古承宗／著

　　基本上，核心刑法的財產犯罪可區分為兩大系統：一者為「所有權犯罪」；另一者為「整體財產犯罪」。本書即是以此套區分系統作為發展基礎，分別就所有權犯罪與整體財產犯罪的理論及解釋方法進行體系性的分析，其中輔以許多的實例說明，以期能夠讓抽象理論的應用更加地具體。除了財產犯罪外，本書亦有針對「電腦犯罪」以獨立篇章提出完整的介紹與實例應用，藉此釐清電腦犯罪與特殊詐欺罪（以不正方法使用自動付款設備、電腦設備等）於具體適用上的差異。

刑法分則實例研習：個人法益之保護　　曾淑瑜／著

　　通常刑法教科書最讓法律學子頭痛，因其艱深的語詞、繁多的學理，不僅難以理解，適用時更是常有似是而非的感覺。本書嘗試使用案例式的寫作方式導引出相關概念及問題，且適時將實務案例穿插其中，使理論及實務並進，並提供練習題，期增加學習效果。按刑法分則中個人法益犯罪乃是我國社會最常見的犯罪型態，舉凡個人的生命、身體、自由、名譽、財產等的保護皆與我們日常生活息息相關，故本書依刑法個人法益犯罪條文的編排次序，有系統地設計三十個問題，以擺脫傳統教科書的窠臼。

Criminal Law
法學啟蒙　刑法系列

刑事訴訟法論

朱石炎／著

　　刑事訴訟法是追訴、處罰犯罪的程序法，其立法目的在於確保程序公正適法，並求發現真實，進而確定國家具體刑罰權。實施刑事訴訟程序的公務員，務須恪遵嚴守。近年來，刑事訴訟法曾經多次局部修正，本書是依截至民國一〇七年七月最新修正內容撰寫，循法典編章順序，以條文號次為邊碼，是章節論述與條文釋義的結合，盼能提供初學者參考之用。本書提供刑事妥速審判法概要說明，並於附錄特別探討「公民與政治權利國際公約」與刑事訴訟法之關係，尤盼各界體認懲治犯罪與保障人權兩者兼顧之意旨。